Bernhard Gerstenkorn

EINE LEERE SCHALE WERDEN

Die Reise nach Hause in die Freiheit
des ewigen Friedens

Das Werk erschien erstmals 2017 unter dem Titel *METAPHYSIS*.
Bibliografische Information der Deutschen Nationalbibliothek:
Die Deutsche Nationalbibliothek verzeichnet diese Publikation in der Deutschen Nationalbibliografie; detaillierte bibliografische Daten sind im Internet über http://dnb.d-nb.de abrufbar.

INHALTSVERZEICHNIS

VORWORT

Mit *Ein Kurs in Wundern* scheine ich meinen spirituellen Weg gefunden zu haben. Des Öfteren habe ich online Videos von Vertretern der Kursgemeinschaft angeschaut und Audioaufnahmen angehört, meistens in englischer Sprache. Dabei stieß ich mehrmals auf Regina Dawn Akers. Sie berichtete über ihre eigenen Erfahrungen auf dem spirituellen Weg und erzählte von ihrem durch innere Führung empfangenem Werk *The Holy Spirit's Interpretation of the New Testament (Die Interpretation des Neuen Testaments durch den Heiligen Geist)*, abgekürzt NTI. So ergab es sich, dass ich nach einer ihrer Präsentationen die zu diesem Zeitpunkt erst auf Englisch verfügbare Version kaufte.

Die beiden Werke ergänzen sich wunderbar, denn im Kern geht es um das Aufdecken des Ego-Denksystems, das auf eingebildeter, im Unbewussten verborgener Schuld basiert. Das Verständnis des Ego-Denksystems zusammen mit angewandter spiritueller Praxis führt zu einem Bewusstseinswandel und zur Auflösung der unbewussten Schuld bis hin zur Erlösung, Erleuchtung oder Transzendenz. Die im Unbewussten schlummernde Schuld wird automatisch projiziert, ohne dass ich es merke, wenn der Geist nicht geschult ist, um diesen Mechanismus zu durchschauen. Die Projektion erfolgt in zwei Varianten. Entweder wird die Schuld externalisiert und ich ärgere mich oder sie wird internalisiert und ich fühle mich depressiv.

Ein Kurs in Wundern behandelt im Schwerpunkt das Externalisieren der Schuld. Alle individuellen wie kollektiven Beziehungskonflikte in der Welt lassen sich auf diesen Mechanismus zurückführen. Helen Schucman und William Thetford, welche gemeinsam unter Anleitung von Jesus uns allen den Kurs zugänglich gemacht haben, arbeiteten zusammen in einem kompetitiven und konfliktreichen Berufsumfeld und hatten eine sehr schwierige Beziehung. Der Kurs bezeichnet alle Beziehungen, die in der Welt eingegangen werden, als besondere Liebes- und Hassbeziehungen. Der Kurs lehrt, wie diese Beziehungen in heilige Beziehungen überführt werden können. Dieser Geisteswandel wird als Wunder bezeichnet. Es ist eine andere Betrachtungsweise der Wirklichkeit der Welt. Die einzige Verantwortung eines jeden Einzelnen liegt im Annehmen der Sühne für sich selbst, der Berichtigung aller Fehler und Irrtümer mithilfe des Heiligen Geistes oder Jesus und dem Aufgeben des Glaubens an Sünde, Schuld und Opfer.

Während der Niederschrift des Kursmaterials betete Bill Thetford, dass sie eine lebende Person kennenlernen mögen, welche diese Lehren in ihrem Leben verkörperte. In der Folge ergab es sich, dass sie durch einen befreundeten Geistlichen mit Mutter Theresa aus Indien zusammentreffen sollten, als sie ein in der Südbronx eröffnetes Zentrum ihres Ordens in New York besuchte. Anfänglich fühlte er sich besorgt, dass seine Gebete erhört wurden und er eine lebende Heilige treffen würde. Als sie jedoch von dieser kleinen Frau mit offenen Armen empfangen wurden, war es mit einem Gefühl der sofortigen Erleichterung, wie wenn sie eine alte Bekannte wieder getroffen hätten. Völlig selbstlos und ohne Affektiertheit strahlte sie die Freude totaler spiritueller Verpflichtung aus. Danach traf er Mutter Theresa weitere Male bei verschiedenen Gelegenheiten. Für ihn war ihr Leben eine Demonstration der Wichtigkeit totaler Hingabe und vollkommener Konsistenz auf dem spirituellen Weg.[1]

Dieses Beispiel illustriert, wie selbst innerhalb einer etablierten formalen Religion über alle Dogmen hinweg zum Kern der Sache vorgestoßen werden kann. In anderer Form ist dies Regina mit der Niederschrift von NTI geschehen. NTI offenbart das gleiche metaphysische Modell wie der Kurs und legt in wunderbarer Ergänzung den Fokus auf das Internalisieren der Schuld. NTI wurde von Regina im Alleingang aufgeschrieben und widerspiegelt ihre Natur im Umgang mit der unbewussten Schuld. Wie durch zahlreiche Audioaufnahmen dokumentiert, machte sie meistens nicht andere für ihre wahrgenommenen Unzulänglichkeiten verantwortlich, und wenn doch, dann fühlte sie die Schuld in sich hochsteigen. Vielfach berichtete sie, wie sie durch den Prozess der Heilung hindurchging, bei dem sich die internalisierte Schuld in Form von Wertlosigkeit, Niedergeschlagenheit oder Unwürdigkeit zeigte. Beispielhaft scheint Regina wie ein Modell für viele Kursschüler abzugeben, denn sobald

---

[1] Interview with William N. Thetford, PhD, *New Realities Magazine* © Sept/Oct 1984

man die Schuldzuweisung vom Äußeren abzieht, besteht eine starke Tendenz, innen an ihr festzuhalten. (EKIW T–11.IV.4.5)[2] So erzählt Regina:»NTI scheint die Berichtigung vieler Fehlwahrnehmungen zu sein, die ich mir als Schülerin von *Ein Kurs in Wundern* angeeignet hatte.« (2007-08-16 Ro4–7 1:02:58)

Das Internalisieren der Schuld kann nicht nur im Einzelfall, sondern auch in Sippen oder Gemeinschaften auftreten. So kann sich eine Art kollektive Schuld für die unrühmliche Vergangenheit einer ganzen Nation zusammengebraut haben, als ob die Verantwortung für den Sündenfall auf einem lastet und unterschwellig auf die allgemeine Befindlichkeit drücken. Auch hier dürfte mit dem Studium von NTI offensichtlich werden, dass die bereits im Unbewussten schlummernde Schuld auf die kollektive Vergangenheit projiziert wird und da die Verantwortung dafür nicht auf andere abgeschoben werden kann, internalisiert wird.

Mit NTI bekommt die ganze Thematik eine neue Bedeutung, denn:»Du hast verleugnet, dass die Welt und alles in ihr dein Werk ist, entstanden aus deinem Glauben an Schuld, ein Erzeugnis deiner Angst.« (Mt 27v1–10.8) NTI lehrt, diese Gefühle und die zugrunde liegenden Gedanken zu betrachten und mit Hingabe an den Heiligen Geist loszulassen. Hingabe, Loslassen und wie eine leere Schale werden sind die Schlüsselbegriffe, die NTI in Form praktischer Übungen in die Erläuterungen der metaphysischen Grundlagen eingeflochten hat. NTI nimmt vielerorts unerwartete Wendungen, die spirituelle Prinzipien aufdecken und auf diese Weise zu Selbstreflexion anregen. Der spirituelle Weg mit NTI hat zum Ziel, durch Beseitigung der unbewussten Schuld die Täuschung aufzulösen, die unsere wahre Identität verbirgt. Dazu müssen wir lernen, der inneren Führung des eigenen Heiligen Geistes zu folgen, Ihn als das eigene Selbst annehmen, um eins mit Ihm zu werden. NTI und *Ein Kurs in Wundern* sind in unserer Zeit in die Welt gekommen und bieten einen effektiven Weg zu dieser Erfahrung. Für alle, die *Ein Kurs in Wundern* bereits kennen, wirkt NTI wie ein Wirkungsverstärker. Das Letzte, was die Welt heute braucht, ist eine neue Religion oder Konfession, sondern eine Transformation auf eine höhere spirituelle Ebene.

---

2 **Quellenangaben** EKIW: *Ein Kurs in Wundern;* Datum: Audio-Aufnahme von Regina Dawn Akers; NT: Neues Testament Zürcher Bibel; Renard: *Gary R. Renard, Deine unsterbliche Realität;* übrige: *The Holy Spirit's Interpretation of the New Testament*

Bei spirituellen Texten stellt sich immer die Frage nach der Echtheit. In der akademischen Welt erfolgt die Validierung anhand verschiedener Textquellen. Wenn unterschiedliche Autoren den gleichen Sachverhalt berichten, wird angenommen, dass er authentisch ist. Dieses Verfahren bietet aber keine absolute Sicherheit, denn die Autoren könnten aus derselben nicht authentischen Textquelle, die nicht mehr verfügbar ist, entnommen haben. Um diese Art Probleme bei der Feststellung der Authentizität auszuschließen, wird hier eine andere Art der Validierung vorgestellt und zwar die Abstraktion. Dabei wird von der einen Prämisse ausgegangen, dass Gott vollkommene, unbegrenzte, ewig unveränderliche Liebe ist, die erste Ursache allen Seins ohne Anfang und ohne Ende, das Absolute und in Seinem Einssein alles einschließende, ein Gewahrsein reiner Nicht-Dualität. Deshalb kann von Gott kein Bild gemacht werden, denn das Absolute kann nicht wahrgenommen oder gesehen, sondern nur erkannt werden. Ein authentisches spirituelles Werk bietet in diesem Sinne einen Weg vom Konkreten zum Abstrakten, von der konkreten dualen Alltagserfahrung mit all seinen Problemen, Konflikten und Ängsten zurück in den Zustand vollkommener Glückseligkeit, in einen Frieden, der alles Verstehen übersteigt. (NT Phil. 4,7) Ein fundiertes Verständnis von *Ein Kurs in Wundern* und NTI vorausgesetzt dürfte aufzeigen, dass beide Werke diese Art der Validierung erfüllen und auf ihre je eigene Weise diesen Weg darlegen.

Als Konsequenz der obigen Prämisse muss im Zusammenhang mit der Person von Jesus angenommen werden, dass er, unter Weglassung aller Legenden und Mythen um seine Person, der erste uns bekannte ganz normale Mensch wie du und ich war, der durch spirituelle Praxis alle Schranken und Hindernisse aus seinem Geist entfernt hatte, um zum Gewahrsein des Absoluten vorzustoßen. Dies lässt sich durch zahlreiche rein nicht-duale Textpassagen aus dem Neuen Testament und dem Thomas-Evangelium begründen, welche ihm zugeschrieben werden. In diesem Sinne ist er den Weg vom Konkreten zum Abstrakten, den wir alle früher oder später einmal beschreiten werden, vorangegangen. Dieser Weg ist die Reise vom Ego-Selbst in die Transzendenz des göttlichen Selbst.

Seit dem ersten Lesen begleitete mich der Wunsch, NTI in meiner eigenen Sprache studieren zu können. Jahre später, während ich mein erstes Manuskript über meine eigenen spirituellen Erfahrungen am

Fertigstellen war, tauchte in mir immer wieder die Idee auf, ein Buch über NTI zu verfassen, um damit vielleicht eine Übersetzung herbeizuführen oder zu beschleunigen und im besten Fall deren Verbreitung zu unterstützen. Durch meine langjährige Erfahrung mit *Ein Kurs in Wundern* und dem Schreiben des Manuskripts hatte ich ein tieferes Verständnis erlangt, was dieses Vorhaben in den Bereich meiner Möglichkeiten rückte, obwohl ich mich eigentlich nicht als Schriftsteller sehe. In Gedanken spielte ich verschiedene Ansätze durch, wie das bewerkstelligt werden könnte, bis ich eines Tages mit einer konkreten Vorstellung begann, die Einleitung zu schreiben, sozusagen als Aufwärmübung, um in der Folge ganz konkret den Text von NTI zu erläutern. Dabei halfen mir über hundert meist mehr als einstündige Audio-Aufnahmen aus der Zeit von 2006 bis 2009, die ich beim ersten Lesen von NTI heruntergeladen hatte und in welchen Regina zum ersten Mal öffentlich auf Paltalk in einer online Diskussionsgruppe NTI erklärte. Die Aufnahmen dienten vielfach als Inspirationsquelle, lieferten spirituelle Erfahrungen von Regina und lehrreiche Beispiele für die praktische Anwendung, die ich dank meinen eigenen metaphysischen Erfahrungen verstehen und einordnen konnte und die über zahlreiche Zitate in den Text eingeflossen sind.

Während des Schreibens kam mir die Aufgabe oftmals überwältigend groß vor. Eines Morgens erwachte ich mit einer Traumszene im Gedächtnis: Ich befand mich in einem der renommiertesten Orchester Europas in der Funktion eines Cellisten. Fünf Tage zuvor hatte ich im Radio eine Direktübertragung eines Konzerts mit diesem Orchester gehört und in der Konzertpause wurde ein Gespräch mit zwei Orchestermitgliedern gesendet. Ich bin weder Musiker noch hätte ich das Talent, ein anspruchsvolles Instrument zu spielen. Der Traum schien aber offenbar auszusagen, dass mir eine Rolle zugewiesen wurde, die ich bewältigen kann – das Schreiben – und es nicht an mir liegt, dies zu beurteilen. Ich habe einfach meiner inneren Führung zu folgen, denn als Orchestermusiker bin ich einer unter vielen und mir obliegt die Leitung nicht. So nahm das Schreibprojekt seine eigene Richtung. Nach den ersten drei Kapiteln fragte ich mich, ob Sinn macht, was ich schreibe und fand, was ich zu Beginn als Einleitung nach eigener Vorstellung schrieb, nicht mehr zum Text passte wie er sich entfaltete. Inspiriert durch eine Frage in einem Zeitungsartikel fand sich der geeignete Einstieg ins erste Kapitel. Anschließend habe ich den Text mit meiner Kursgruppe geteilt und die positive Resonanz bestätigte mich in meinem Vorhaben weiterzumachen.

Als ich begleitend zum Weiterschreiben einen Abschnitt im Kurs las, in dem es um Licht geht, hatte ich den Eindruck, als ob ich *Ein Kurs in Wundern* paraphrasieren würde. Schnell wurde mir aber klar, dass es eigentlich umgekehrt ist. Der Kurs zitiert laut eigenen Angaben über achthundert Bibelstellen, (EKIW Seite viii) ohne explizit anzugeben, um welche es sich handelt, und NTI ist eine Interpretation, die auf dem Neuen Testament der Bibel beruht. Da also beide Werke aus derselben Quelle schöpfen, ist es unvermeidlich, dass viele Stellen sehr ähnlich klingen. Beispielsweise gleicht »Ich bin als Licht in eine Welt gekommen, … « (EKIW T–8.IV.2:1) aus dem Kurs der Bibelstelle »Ich bin als Licht in die Welt gekommen, … « (NT Joh. 12,46) fast aufs Wort. Dies ist nur eine von zahlreichen Stellen aus dem Johannes-Evangelium, in denen es um Licht geht. Folglich erscheint die Metapher »Licht« auch oft in NTI. Licht ist in diesem Sinne nicht als physikalische Größe zu verstehen, sondern als Metapher für die Wahrheit, die wir alle in Wirklichkeit sind.

Da die Aufgabe nun vollbracht ist, möchte ich allen Beteiligten ganz herzlich für den jeweiligen Beitrag danken, vor allem Regina Dawn Akers für die Veröffentlichung der Audioaufnahmen, ohne die dieses Buch nicht zustande gekommen wäre, und der hilfreichen Unterstützung im Veröffentlichungsprozess.

DAS ZIEL ERFASSEN

Woher komme ich, wohin gehe ich? Diese Frage mag lange latent vor sich hin schlummern. Im Laufe des Lebens mag diese Frage immer mehr Aufmerksamkeit auf sich ziehen, sodass die Suche nach der Antwort an Dringlichkeit gewinnt. Dieser Frage liegt die unbestimmte Ahnung zugrunde, dass es mehr geben muss als die physische Welt, wie sie uns alltäglich begegnet. Es ist die Frage nach dem Sinn, um was es wirklich geht, der Wahrheit, der Wirklichkeit jenseits aller Kompromisse.

Die etablierten formalen Religionen bieten vielen offensichtlich keine zufriedenstellenden Antworten. Zu widersprüchlich scheinen deren Lehren und Dogmen zu sein, zu ausgrenzend ihr Hierarchie- und Machtgehabe, zu unglaubwürdig ihre Wahrheits- und Allgemeingültigkeitsansprüche. Dies alles scheint symptomatisch zu sein, wie sich das Ego dem Thema Religion bemächtigt hat. Die Wahrheit scheint so komplex zu sein, dass nur akademische Theologen einen Zugang zu ihr zu haben scheinen und alle anderen werden zu Laien herabgestuft und haben blindlings zu glauben, was die Obrigkeit verkündet.

Wenn es eine Wahrheit gibt, dann muss sie für alle verständlich sein, die danach suchen, denn sie macht die Essenz unseres Wesens aus. Wenn es eine Wahrheit gibt, dann muss sie einfach zu verstehen sein, denn in ihr lerne ich die Wirklichkeit des eigenen Wesens wieder kennen. Wenn es eine Wahrheit gibt, dann muss sie für ausnahmslos alle die gleiche sein und die gleiche Gültigkeit besitzen. Im Innersten eines jeden Herzens liegt das unauslöschbare Begehren, sich selbst zu erkennen. Sich selbst zu erkennen ist eine Erfahrung, die nur schwer in Worte zu fassen ist. Und dennoch müssen wir uns in einer Sprache und mit einem Vokabular verständigen, um den Weg zu beschreiben, der zur Selbsterkenntnis führt.

Im riesigen Angebot spiritueller und esoterischer Lehren und Literatur gibt es nur einige wenige Grundlagenwerke, welche den gesamten Weg aufzeigen und die vollständige Metaphysik enthüllen.

Ein solches Werk jüngeren Datums ist *The Holy Spirit's Interpretation of the New Testament – A Course in Understanding and Acceptance (Die Interpretation des Neuen Testaments durch den Heiligen Geist – Ein Kurs im Verstehen und Annehmen)*, abgekürzt NTI. NTI wurde unter Anleitung des Heiligen Geistes von Regina Dawn Akers aufgeschrieben. Dies ging folgendermaßen vor sich: Zuerst las sie einen Abschnitt aus dem Neuen Testament, um anschließend alle Gedanken, Ideen und Urteile über das eben Gelesene loszulassen, und als ihr Geist vollkommen leer und nur noch vom Wunsch erfüllt war, den Heiligen Geist zu hören, strömten Worte einer Stimme zu ihr, die sie so schnell wie sie konnte in ein Notizheft aufschrieb, um alle Worte zu erfassen, die sie vernahm. Entstanden ist eine metaphysische Interpretation des Neuen Testaments.

Die Botschaft von Jesus Christus ist die Botschaft der Liebe. Durch die Umstände der Entstehung und Weiterverbreitung des Christentums wurde sie stark verwässert. NTI ist von allen Verwässerungen bereinigt und beschreibt die Reise vom Ego-Selbst in die Transzendenz des göttlichen Selbst. Alle Formulierungen in NTI beziehen sich auf den Inhalt, den rein nicht-dualen Geist der vollkommenen Liebe, und nicht auf die Form, das Physische. Alles Physische ist symbolisch zu verstehen. Wenn vom Bruder die Rede ist, sind alle gemeint, egal ob weiblich oder männlich, jung oder alt, fremd oder verwandt. Bruder, Heiliger Geist, Christus, Sohn Gottes, Gott, Liebe und Himmel sind als rein abstrakte nicht-duale Begriffe zu verstehen, welche metaphysisch über der Zuordnung zu einem Geschlecht stehen und die geistige Dimension beschreiben.

Auf Unity Online Radio wurde Regina von Jennifer Hadley befragt. Sie berichtete von einer Vision, die sie vor der Niederschrift hatte und ihre Berufung sowie die Bedeutung von NTI andeutet: Sie befand sich zusammen mit vielen Leuten in einer sehr dunklen und tiefen Höhle mit etwa acht Ausgängen, die aber für niemanden zu sehen waren. Sie hatte die Arme voll mit hell leuchtenden Kerzen und gab allen eine Kerze, damit sie einen Weg hinaus finden konnten.

Die metaphysische Wirklichkeit des eigenen Wesens ist unveränderlich. Alles Veränderliche gehört folglich einer anderen Kategorie an und ist im Endeffekt illusionär. Der Weg zur Selbsterkenntnis besteht im Verlernen alles Illusionären. Allein könnte der Weg aus dem

Labyrinth der Illusionen nicht gefunden werden. Der Heilige Geist ist der Führer aus diesem Labyrinth hinaus. Er entspricht dem höheren Selbst im eigenen Geist. Seine Stimme ist aber nur schwach, wenn überhaupt, vernehmbar. Seine Gedanken mögen sich als Intuition, Inspiration, Bauchgefühl oder dergleichen bemerkbar machen. Überdeckt ist diese Stimme durch die eigenen, privaten und individuellen Gedanken, welche den Geist auszufüllen scheinen. Diese Gedanken sind aber nicht die Wirklichkeit, denn sie sind sehr flüchtig. NTI bietet einen Weg, wieder auf die Führung durch die Stimme des Heiligen Geistes lernen zu hören. Mit NTI hat sich das eigene höhere Selbst in Form eines verständlichen Kurses manifestiert, um den Geist aus dem Gewirr des unsteten privaten Gedankenstroms zu befreien, mit der eigenen Wirklichkeit in Kontakt zu kommen, mit ihr eins zu werden und sich selbst wieder als Gottes vollkommene Schöpfung zu erkennen.

Dies geschieht nicht von heute auf morgen, setzt Bereitwilligkeit und jahrelange Übung voraus. Es ist eine Schulung auf der Ebene des Geistes, während das gewohnte Leben in der Welt ganz normal weiterzugehen scheint. Der gesamte Weg vom Anfang bis zum Ende wird sich Schritt für Schritt durch innere Führung entfalten. (Mt 2v1–23.2) Der Verlauf des Weges hängt von den Entscheidungen ab, die ich treffe. Entscheidungen basieren auf Angst oder Vertrauen. Aus Angst Entscheidungen zu treffen scheint wie die natürliche Wahl in der Welt zu sein. Als Beispiel dient die Geschichte von Joseph, der heimlich daran dachte, die nicht vom ihm schwanger gewordene Maria aus Angst vor Schande zu entlassen. Es kam anders. Vertrauen in die innere Führung setzen und offen bleiben, ist die bessere Wahl, als Entscheidungen aus Angst zu treffen. Das Schöne an der Interpretation des Heiligen Geistes ist, dass Er die Geschichten aus dem Neuen Testament nimmt und daraus eine Geschichte über uns macht, wer immer der Leser oder die Leserin sei. Er zeigt uns, wie die Geschichte für unseren eigenen Zweck des Erwachens als Symbol hilfreich sein kann. (2008-11-09 Mt1–8 0:10:10) Wenn wir uns nicht sicher sind wie die Führung sei, aber eine Idee haben, was wir machen wollen, empfiehlt es sich offen zu bleiben für Führung und wenn keine andere Idee kommt, darauf zu vertrauen, dass wir im Einklang mit ihr sind. (Mt 1v1–25.9) Am Ende führen alle Wege zum Ziel, denn die innere Führung kann nie verloren gehen.

In der Interpretation der Seligpreisungen gibt der Heilige Geist einen flüchtigen Blick auf die Art und Weise wie Er sieht und zeigt uns damit unser Ziel. Wenn wir die Dinge so sehen, dann wissen wir, dass wir wie Er sehen. Solange wir nicht so sehen, nehmen wir die Dinge noch nicht so wahr wie Er. Zum Vergleich stellen wir Vers 10 gegenüber, zuerst aus der Bibel: »Selig, die verfolgt sind um der Gerechtigkeit willen – ihnen gehört das Himmelreich.« (NT Mat. 5,10) Die gleiche Stelle aus NTI lautet: »Selig sind diejenigen, welche nur Liebe in ihren Brüdern sehen, denn sie wissen, was sie gefunden haben.« (Mt 5v10.1) Auf den ersten Blick mag erscheinen, als ob der Heilige Geist die Bibel überhaupt nicht interpretiert. Er macht jedoch klar, dass Er keine Verfolgung sieht, sondern nur Liebe und Einssein. Das zeigt, wie vollkommen Seine Schau ist. Und das Ziel, so zu sehen wie Er, ist, in allen nur noch Liebe zu sehen. Der Heilige Geist sieht unsere Erfahrung in der Welt als Ausdruck der Freiheit, eine Erfahrung zu haben, die nicht der Wahrheit entspricht. Er sieht dies nicht als Verfolgung, sondern als Ausdruck von Freiheit. (2008-11-09 Mt1–8 0:49:56)

Der inneren Führung des Heiligen Geistes zu folgen beginnt damit, sich der eigenen Gedanken bewusst zu werden, sie zu betrachten und mit der Zeit zu lernen, welche für die Wahrheit sprechen und welche illusionär sind. Durch das Aussortieren illusionärer Gedanken wird der Geist gereinigt. Viele Gedanken, Ideen, Pläne und Bedürfnisse scheinen miteinander in Konflikt zu stehen. Irgendwann sind wir vom Konflikt ermüdet, von der Welt gesättigt, die unzähligen Wege der Welt verlieren zunehmend an Bedeutung und wir möchten nur noch wissen, was die Wahrheit ist. Die Suche nach ihr hat eingesetzt, der Wert ist von der Welt abgezogen und in den Himmel gesetzt, im Wissen, wo der wirkliche Schatz liegt. (Mt 5v11–12.1)

»Die Welt ist bedeutungslos. Alles, was Bedeutung in die Welt hineinbringt, bist du, denn du bist alles, was es gibt.« (Mt 5v13–16.1,2) So richtet sich die Aufmerksamkeit nach innen in den Geist, ins Herz des eigenen Wesens. In diesem Herz ruht das Einssein mit allen unseren Brüdern. Im Geist finden wir nicht immer nur Frieden, sondern auch Angst und Hass. Das ist der Punkt, an dem Vergebung ansetzt. Nur Illusionen können vergeben werden und die Tatsache, dass sie vergeben werden können, bezeugt deren illusionäre Natur. Die Wahrheit kann nicht vergeben, sondern nur verleugnet werden, indem sie ins Unbewusste verdrängt wird. Aber auch eingebildete, unerträgliche Schuld oder ein Trauma können verdrängt werden. Der Geist scheint also zweigeteilt zu sein. Auf dem spirituellen Weg mit der Praxis wahrer Vergebung taucht alles Verdrängte Stück für Stück wieder aus dem Unbewussten auf, um es loszulassen.

Empfinde ich gegenüber einem Bruder einen Hass, dann ist das, wie wenn ich ihn in meinem Geist gefangen setze. Der wirkliche Gefangene bin ich, denn als Gefängniswärter muss ich dafür sorgen, dass er nicht freikommt. Damit beschränke ich meine Wahrnehmung auf das Leiden und halte mich im eigenen Gefängnis gefangen. Was immer ein Bruder getan haben mag, ist bedeutungslos, weil die Welt selbst bedeutungslos ist. Vergeben bedeutet, allen Groll und Hass gegen einen Bruder loszulassen, egal wie groß oder klein er zu sein scheint. Nur dann befreie ich meinen eigenen Geist zum Frieden. (Mt 5v25,26)

Jemand, der seinen Bruder liebt, wird keine verletzenden Gedanken über seinen Bruder denken. Wenn verletzende Gedanken in seinem Geist auftauchen, wird er sie loslassen, denn er will keinen Gedanken in seinem Geist, der nicht dem Gedanken der Liebe entspricht. Auf diese Weise wird sein Geist in Übereinstimmung mit dem Gesetz des Herzens leben, und die Gefängnistüren werden geöffnet werden, und er wird frei sein, verbunden und tanzend in Lobpreisung mit seinem Bruder. (Mt 5v27,28.2–4)

Die Erfahrung in der Welt sagt uns, dass sie von vielen verschiedenen Menschen bevölkert ist. In dieser Wahrnehmung scheint Ärger manchmal gerechtfertigt zu sein. Da die Welt aber bedeutungslos ist, liegt alle Bedeutung im Geist. Auf metaphysischer Ebene sind wir im Geist alle miteinander verbunden. »Denn der VATER des HIMMELS hat bestimmt, dass ER nur einen SOHN hat, und dieser SOHN ist eine Ausdehnung SEINER SELBST.« (Mt 5v38–48.6) Das Rechtfertigen und Urteilen scheint uns von diesem Einssein zu trennen, was in Wirklichkeit unmöglich ist. Also ist jedes Urteil und jeder Ärger über jemanden in Wirklichkeit immer ein Urteil oder ein Ärger über mich selbst. Folglich ist bedeutsam, was ich über andere denke. Der Geist scheint aber wie automatisch alles und alle zu beurteilen und zu bewerten. Sich seiner Gedanken bewusst zu werden, urteilende Gedanken als bedeutungslos loszulassen und sich jeweils nach innen dem Herzen zuzuwenden, befreit den Geist von der selbst auferlegten Last der Trennung. Der inneren Führung des Herzens folgend lässt es den Bruder und die Welt mit neuen Augen sehen und wir werden erkennen, dass Liebe alles ist, was es gibt.

»Deine innere Führung bringt dich nach Hause in eine neue Welt und von dort aus wirst du die Brücke zum HIMMEL finden. Mit deinem HERZEN als Führer wirst du die Brücke mit deinen Brüdern überschreiten.« (Mt 5v33–37.8,9) Der Weg zurück erfolgt in zwei Schritten. Zuerst muss die neue Welt erreicht werden. Die neue Welt ist lediglich eine andere Betrachtungsweise der Wirklichkeit der Welt, frei jeden Urteils. Die urteilsfreie Wahrnehmung sieht die physisch gleiche Welt wie zuvor, aber mit geistigen Augen. Alle dunklen Gedanken der Schuld sind aufgelöst. Da ist keine Trennung mehr. Das Licht der Liebe wird in allen Brüdern gesehen. Erleuchtung ist das Erkennen des eigenen Selbst in allen Brüdern. Dies ist das Ziel, das in der Welt mit dem Körper erreicht werden muss. Es ist der Wechsel in der Identifikation mit dem Körper hin zur Identifikation mit dem Heiligen Geist, wie Er unmissverständlich klarmacht: »Es gibt keine Belohnung außer MIR.« (Mt 16v27.3) Danach mögen wir beliebig lange in der Welt weiterleben, bis mit dem endgültigen Ablegen des Körpers die Brücke überquert wird. Dies ist die Wiederkehr in den Himmel, der in Wirklichkeit nie verlassen wurde.

Wer dieses Ziel nicht erreicht, wird so oft zurückkehren, bis es erreicht ist, denn auf der anderen Seite, jenseits des körperlichen Todes, kann es nicht gefunden werden, wie folgender Vers andeutet: »Blickt zum Lebendigen, solange ihr lebt. Sonst werdet ihr Ihn nicht sehen können, wenn ihr sterbt und Ihn zu sehen sucht.« (Renard, Thomas Vers 59) Mit dem Lebendigen ist der Heilige Geist gemeint, nach dem gesucht werden muss. Die spirituelle Praxis mit Ihm besteht aus zwei Elementen: Vergebung und Gebet. Vergebung beinhaltet, allen Groll, Hass, Ärger und alle Schuld, Unwürdigkeit etc., was immer im Geist erscheint, zu erfahren ohne es auszuleben und durch Hingabe an den Heiligen Geist im Inneren loszulassen.

Meditation oder Gebet ist eine Zeit der Ruhe und Stille. Es ist die Zeit, in der Verbindung mit dem Höheren, mit Gott, gesucht und gefunden wird. Was wir von Ihm erbitten mögen, ist bereits gegeben worden. Er kennt Seine Kinder und weiß aus erster Hand, was ihre wirklichen Bedürfnisse sind. Durch Seine Schöpfung sind sie alle befriedigt. Würden wir uns von Gott konkrete, weltliche Dinge erbitten, dann sagten wir Ihm, dass Seine Schöpfung unvollkommen sei. Diese Art von Gebet hört Gott nicht. Das Einzige, was wir wirklich erbitten können, ist, dass wir wieder erkennen mögen, was bereits gegeben wurde. Gegeben wurde der Heilige Geist, der für Seinen Willen und Sein Wort als innerem Führer spricht. Auf diese Bedeutungsebene ist das bekannteste christliche Gebet angehoben:

»VATER unser, lass mich DICH erkennen. Lass DEIN Himmelreich in meinem Geist aufklären, damit ich durch DEINEN WILLEN geführt sein möge und eins mit ihm werde. Lass mich DEIN WORT in meinem Geist hören. Lass meine Aufgaben mir gegeben werden, damit ich DIR durch die Werke meines Tages näher kommen möge. Lass mich mir selber vergeben, wie ich weiß, dass DU vergeben hast. Lass mich meine Brüder schuldlos sehen, was sie wahrlich sind. Lass unsere Geister wachsam sein gegenüber bösen Gedanken, die uns zu täuschen suchen und das LICHT im Inneren verschleiern. Und lass uns diese Gedanken loslassen, damit sie unsere Geister nicht vom Erkennen der Wahrheit trüben mögen. Amen.« (Mt 6v9–13.2–10)

Aufgefallen ist, dass nach dem Satz mit der Bekräftigung der Schuldlosigkeit der Brüder die Formulierung von der Einzahl in die Mehrzahl wechselt. (2008-11-09 Mt1–8 1:04:50) Dies deutet auf den Wandel hin, den wir über die Zeit durchlaufen, indem wir andere nicht mehr als getrennt von uns wahrnehmen. Es ist der Weg vom Ich zum Einssein. Konsequenterweise vergebe ich immer mir selber, auch wenn ich einem anderen zu vergeben scheine. Mit dem weiteren Voranschreiten auf dem spirituellen Weg mag die Gebetsformel kürzer werden, bis das Gebet schließlich zu einem wortlosen Verschmelzen mit Gott wird, in einem Gefühl der Dankbarkeit und Geborgenheit vollkommener Liebe. Mit dem weiteren Voranschreiten verschmelzen Vergebung und Gebet zu einer Wachsamkeit, bei der alles, was durch den Tag hindurch den Geistesfrieden beeinträchtigt, als bedeutungslos übersehen und losgelassen wird.

Dies führt direkt zur Ursache der Störung des Geistesfriedens, dem Urteilen. In der Bibel heißt es: »Richtet nicht, damit ihr nicht gerichtet werdet! Denn wie ihr richtet, so werdet ihr gerichtet werden, und mit dem Mass, mit dem ihr messt, wird euch zugemessen werden.« (NT Mat. 7,1–2) Jedes meiner Urteile ist ein Urteil über mich selbst. Alles, was ich gebe, wird mir selbst gegeben. »Jedes Urteil ist wie ein Schwert, das den SOHN GOTTES in Stücke zerteilt, denn was ich als getrennt von mir beurteile, sehe ich als getrennt von mir, also kann es nicht als eins gesehen werden.« (Mt 7v1–5.1) Alle Urteile müssen bewusst gemacht und losgelassen werden, nicht nur gegenüber anderen Menschen, sondern in allen Situationen.

Regina erzählt, wie sie angewiesen wurde, einen Hass gegen eine Firma loszulassen: »Ich wurde vom Heiligen Geist angeleitet, meine Vorurteile gegenüber McDonalds aufzugeben, weil ich McDonalds hasste. Ich hasste, hasste McDonalds. Und ich bekam Führung, jedes Mal, wenn meine Tochter danach verlangte, bei McDonalds essen zu gehen, hinzugehen. Zu dieser Zeit war meine Tochter etwa sieben Jahre alt und sie bat mich mindestens zweimal wöchentlich, bei McDonalds essen zu gehen. Und ich hatte klare Führung, jedes Mal zu McDonalds zu gehen, wenn sie danach verlangte. Zu Beginn betrat ich McDonalds mit all meinem Hass, Groll und voller Abneigung und es dauerte buchstäblich neun Monate, bis ich in der Lage war, bei McDonalds hineinzugehen, etwas zu bestellen, zu essen und dabei glücklich und in Frieden zu sein. Es dauerte sehr lange. Zusammenfallend mit dem Zeitpunkt, als mir dies möglich war, verlangte meine Tochter nicht mehr, bei McDonalds essen zu gehen.« (2008-11-09 Mt1–8 1:09:37)

Die meisten von uns werden Führung anders als in diesem Beispiel erfahren. Wenn ich einmal verstanden habe, dass jeder negative Gedanke und jedes negative Gefühl ein Signal ist, dass Verdrängtes an die Oberfläche tritt und die Bereitwilligkeit vorhanden ist, kann ich mit der Vergebungsarbeit beginnen. Wenn die Bereitwilligkeit nicht vorhanden ist, bleibt die ungelöste Situation wie ein Hindernis vor dem Gewahrsein der Gegenwart der Liebe bestehen. Gott ist Liebe und Liebe ist allumfassend. Ich kann Gott nicht erkennen, wenn ich meine Brüder getrennt von mir wahrnehme. Wenn ich sie im Geist trenne, spalte ich mein eigenes Herz und ein gespaltenes Herz kann die Liebe nicht erkennen, *weil* es gespalten ist. Ein gespaltenes Herz ist ein krankes Herz. Die Trennung ist die Krankheit, die geheilt werden muss. »Der VATER unterstützt den SOHN nicht im Aufrechterhalten seiner Krankheit.« (Mt 7v9–11.4) Doch da, wo die Krankheit ist, hat Er das Heilmittel hingelegt, den Heiligen Geist.

»Der gesunde Teil deines Herzens ist klein, aber sein WILLE ist vollständig. Und es WILL mit GOTT. Höre dem gesunden Herzen zu und seine Gesundheit wird sich ausbreiten und dein Herz erneuern.« (Mt 7v24–27.2–4) Mit Bereitwilligkeit und Vergebung lerne ich, meine Brüder im Geist wieder als mich selbst wahrzunehmen.

Indem ich den Weg der Heilung beschreite, werde ich für andere zum Beispiel, auf dass sie sich dem Weg der Heilung ebenso anschließen mögen. Viele werden noch nicht bereit sein, aber durch das Beispiel anderer wird die Bereitschaft wachsen. In diesem Kontext bekommt der folgende Vers die einzig sinnvolle Bedeutung: »Ich werde euch auswählen, einen unter tausend und zwei unter zehntausend, und sie werden als ein Einziger dastehen.« (Renard, Thomas Vers 23) Als das Symbol von Gottes Sohn, der eins mit allem ist, wählte Jesus natürlich immer alle, erkannte jedoch, dass nur wenige wählten zu hören. Dies ist Ausdruck des freien Willens. Alle sind berufen. Die Verbindung findet im Geist statt. Wer sich noch nicht verbinden will, kann nicht ausgewählt werden. »Alle werden zu der von ihnen bestimmten Zeit geheilt werden, denn was ist der SOHN GOTTES mit weniger als jedem Teil von seinem SELBST?« (Mt 8v14–17.2) Es ist nur eine Frage der Zeit, bis alle bereit sein werden, der inneren Führung nach Hause zu folgen. Je mehr sich dieser inneren Bewegung anschließen, umso stärker wächst die Bereitwilligkeit. Da alle Geister auf metaphysischer Ebene miteinander verbunden sind, werden immer mehr diese Wahl treffen. Wer die Wahl getroffen hat, braucht nicht auf andere zu warten, bis auch sie diese Wahl treffen werden. Mit dem Erreichen des Ziels wird die Zeit transzendiert und erkannt, dass alle als ein Einziger dastehen.

Es scheint vorderhand verschiedene Willen zu geben: Mein eigener, individueller Wille und der Wille Gottes oder des Heiligen Geistes. Aus Erfahrung steht mein eigener Wille oft in Konflikt mit dem anderer. Dieser Konflikt beraubt mich meines Friedens. Solange es verschiedene Willen zu geben scheint, ist Friede unmöglich. Identifiziert mit einem eigenen Willen versuche ich mich gegen andere Willen zu behaupten, kann mich manchmal durchsetzen und triumphieren, aber auch unterliegen. Ich kann es aber drehen und wenden wie ich will. Auch wenn ich es zeitweise schaffe, andere zu beherrschen, schließe ich mich mit dem eigenen Willen vom Einssein aus. Ein Gefühl des Mangels oder der Einsamkeit kann die Folge sein. Der Heilige Geist bietet jederzeit an, sich mit Seinem Willen zu verbinden. Sein Wille ist frei, da Er auf der Erkenntnis der Einheit beruht.

Willensfreiheit liegt letztendlich in den zwei Möglichkeiten, einen unabhängigen, getrennten Willen zu haben, der immer im Konflikt ist, weil er mich der Erkenntnis meiner wahren Identität beraubt oder mich dem geeinten Willen des Heiligen Geistes anzuschließen. Die einzige Lösung des Konflikts liegt in der Bereitschaft, sich aus freien Stücken dem Willen des Heiligen Geistes anzuschließen. »Indem du deinen Willen mit MEINEM verbindest, wirst du dein SELBST als dasselbe wie MICH erkennen werden. Gib deinen Willen MIR, damit ICH dir MEINEN geben möge, und wir werden eines Willens sein.« (Mt 10v24,25.1,2) Es geht nicht darum, etwas aufzugeben oder zu verdrängen, sondern Werte zu hinterfragen, loszulassen und eine andere Wahl zu treffen. »Deine Aufgabe liegt im Loslassen dieser Welt und deines Willens innerhalb von ihr. Nur durch das Loslassen des Vergänglichen wirst du das Ewige im Inneren finden. Lass dich nicht verwirren. ICH bin deine Wahrheit.« (Mt 10v37–39.1–4)

Wirklich ist nur, was ewig und unveränderlich ist. Was veränderlich ist, ist folglich nicht wirklich. Auch das Schöne in der Welt – Kunstwerke, Musik, Sonnenuntergänge, etc. – ist vergänglich. Es ist vergleichbar mit einer Widerspiegelung des Himmels. Wenn ich im Traum ein schönes Erlebnis träume, ist es dennoch nicht wahr. Aber die Schönheit in der Welt ist wie eine Erinnerung an etwas Dauerhaftes von außerhalb des Traums der Welt. Alle Sehnsucht nach der Schönheit ist die Sehnsucht nach der Rückkehr in die Wirklichkeit des Himmels. Wer aber an die Wirklichkeit der Welt glaubt, wird weiterhin in der Welt suchen und die hier dargelegten Gedanken beängstigend finden.

»Du bist nicht von dieser Welt, wie es auch deine Brüder nicht sind. Aber diejenigen, welche auf die Welt fokussiert sind, glauben für sich, dass sie Teil von der Welt sind, wie sie es auch von dir glauben. Ihnen zu erzählen, dass sie nicht von dieser Welt sind, ergibt keinen Sinn, denn ihnen zu sagen, dass die Welt nicht wirklich ist, würde ihr Herz nur in Angst und Hass versetzen.

Wir mögen nicht von dieser Welt sein, aber wir sind Liebe, und so ist es Liebe, die wir geben müssen. Liebe ist nicht Angst. Und so bitte ICH dich, deinen Brüdern zu geben, was sie von dir erwarten, und gib im Wissen der Liebe, damit sie sich nicht fürchten. Aber setze dein Vertrauen nicht in deine Gaben, damit du dich oder deine Brüder nicht auf deine Gaben beschränkst. Setze dein Vertrauen in MICH, damit ICH deine Gaben verwenden möge, um die Gabe des LEBENS zu geben.« (Mt 17v24–27.1–8)

Der Heilige Geist spricht nicht von einer persönlichen Liebe, sondern von der allumfassenden Liebe, welche die Essenz unseres Seins ausmacht. Im Bewusstsein dieser Liebe sollen wir geben, in liebevollen Gedanken. Wir geben, ohne eine Gegengabe zu erwarten, sonst würden wir die Gabe auf ein Tauschgeschäft beschränken. Die Liebe macht weder Geschäfte noch urteilt sie oder lässt sich beschränken. Beim Geben wollen wir uns an den Heiligen Geist erinnern, im Wissen, dass Er die Gabe zum Besten aller verwenden wird.

Vergebung, was so viel heißt wie im Voraus geben, wird so zu einer Praxis, in welcher die Stärke des Heiligen Geistes gewählt wird. Vergebung strebt keine äußeren Veränderungen an, sondern das Auflösen der Blockaden vor dem Gewahrsein der Liebe im Inneren. Es wird nicht immer leicht sein, anderen und sich selbst alles zu vergeben. Es mag sehr großer Widerstand vor dem Vergeben aufkommen. Der Unwille zu vergeben hält die Blockaden vor der Liebe aufrecht und stellt die Wahl der eigenen Schwäche dar. Loslassen bedeutet, die eigenen Gedanken zu betrachten und sie infrage zu stellen. »Gedanken der Liebe und Gedanken der Angst befinden sich jetzt in deinem Geist.« (Mt 13v36–43.17) Alle Verwirrung und Unsicherheit stammt aus dem Glauben, die eigenen Gedanken seien wichtig und wahr. Das Infragestellen lässt die Bereitwilligkeit wachsen, Vergebung zu üben und frei zu werden. Durch das, was ich in anderen wahrnehme, das es zu vergeben gibt, werden sie zu meinen Vergebungslehrern. Ich muss aber nicht zu jemandem hingehen und sagen, dass ich ihm oder ihr jetzt vergeben habe. Vergebung ist eine stille Gedankenarbeit im eigenen Geist.

Ein Konflikt in Bezug auf eine Situation oder Beziehung mag im eigenen Geist trotz Vergebung immer wiederkehren. Dies ist deshalb der Fall, weil die mit dem Konflikt zusammenhängende unbewusste Schuld Stück für Stück an die Oberfläche des Bewusstseins tritt. Das Bewusstsein ist wie ein Eisberg im Meer, bei dem der größte Teil unter Wasser liegt und unbewusst ist. Die Vergebung muss so oft wiederholt werden, bis der Konflikt aufgelöst ist. Aus Erfahrung sucht sich die unbewusste Schuld danach wieder ein anderes Thema, um woanders erneut aufzutauchen. Somit ist der Praxis der wahren Vergebung ein langwieriger Prozess, der aber die Ursache auflöst. »Du wirst wissen, dass deine Vergebung vollständig ist, wenn du deine Brüder mit deinem ganzen Herzen und deiner ganzen Seele und deinem ganzen Denken liebst.« (Mt 18v10,11.4)

»Der GEIST GOTTES ist eins und niemand kann draußen gelassen werden. Solange du deinem Bruder nicht vergeben hast, ist der GEIST GOTTES dir entschwunden.« (Mt 18v12–14.1,2) Dies besagt dreierlei: Erstens wurde niemand vom Geist Gottes ausgeschlossen, zweitens führt nur vollständige Vergebung zurück in den Geist Gottes und drittens wurde er niemals wirklich verlassen, weil er eins ist.

Es muss die eigene Entscheidung gewesen sein, ihn zu verlassen und weil das in Wirklichkeit nicht möglich ist, hat der Geist sich scheinbar in einen illusionären Zustand versetzt. Dafür muss sich der getrennte Geist in seiner Verwirrung selbst verurteilt und die Schuld abgespalten haben, um sie außerhalb von sich zu sehen. Das Resultat ist die Welt, wie sie als wirklich erscheint. Die Schuld wurde ins Unbewusste verdrängt und liegt nun immer irgendwo in der Außenwelt, in Umständen jenseits der eigenen Kontrolle oder bei anderen Menschen. Und niemand kann sich mehr daran erinnern, wo all der Ärger und Groll herrührt, der einen ungefragt befällt. Der Heilige Geist ist in diesem Schlamassel mitgekommen und erinnert daran, dass es eine andere Wahl gibt. »Der GEIST GOTTES ist LIEBE. Die Liebe fällt keine Urteile und die Liebe hegt keinen Groll.« (Mt 18v12–14.5,7)

Vergebung ist die Alternative zum Urteilen, die einzige. Urteilen ist Konflikt, die Wurzel des Konflikts und versteckt sich hinter Formen wie Vorlieben, Meinungsverschiedenheiten, Erwartungen, wie die Dinge verlaufen oder andere sich verhalten sollten und dem Hegen von Groll, wenn die Erwartungen enttäuscht werden. Jede Erwartung beruht auf einem Vorurteil. Urteilen geschieht wie automatisch. Deshalb ist es viel schwieriger, die Praxis des Nichturteilens anzuwenden als Vergebung zu üben. Wenn ich mich des Urteilens bewusst werde, kann ich mich jedes Mal freuen, eine weitere Möglichkeit zum Vergeben gefunden zu haben. Vergebung löscht die unbewusste Schuld, die sich durch Urteilen angesammelt hat.

Nur vollständige Vergebung führt zurück zum Einssein. Einssein ist der natürliche Zustand des Geistes. Will ich einen Groll nicht loslassen oder jemandem nicht vergeben, dann schließe ich mich selbst vom Einssein aus, weil ich ein Urteil gefällt habe und glaube, die Schuld könne abgetrennt und nur auf den anderen beschränkt werden. »Der Glaube an Getrenntheit und Unterschiede ist die Wurzel, die du loslassen musst.« (Mt 12v46–50.1)

Vorlieben sind der Wunsch, dass sich die Vergangenheit wiederhole und halten die Gegenwart wie in Ketten gefangen. Mag ich beispielsweise Vanilleeis mehr als Schokoladeneis und stehe vor der Wahl, nehme ich automatisch Vanilleeis. Schmeckt es dann nicht so gut wie erwartet, gerate ich in Konflikt, falsch geurteilt zu haben und frage mich, ob ich mich nicht besser anders entschieden hätte. Wenn ich ohne Urteilen wählen möchte, erinnere ich mich an meine Vorliebe, lasse sie los und folge der Intuition, höre auf die innere Stimme und diese wird immer zu dem führen, was gerade jetzt für alle am besten ist. So mag der Kopf an Vanilleeis denken, das Bauchgefühl aber sagt Schokoladeneis, und wenn ich danach handle, folgt eine freudige Erfahrung.

»Die Geldwechsler im Tempel repräsentieren das Ego, welches der Glaube an die Trennung ist. Denn sie waren nicht im Tempel, um mit GOTT und den Brüdern Kommunion zu halten. Die Geldwechsler haben den Tempel für ihre eigenen Zwecke betreten. Aber der Tempel ist das Symbol für Einheit und Kommunion. Einheit und Kommunion sind die einzigen Zwecke im Tempel. So waren die Geldwechsler wie Fremde im Tempel, weil ihr Zweck anders als sein Zweck war.

In diesem Sinne bist du wie der Tempel *und* die Geldwechsler. Deine Wahrheit ist wie das Symbol des Tempels. Dein einziger Zweck ist Einheit und Kommunion. Aber du hast einem fremden Zweck erlaubt, in deinem Geist zu wohnen. Und durch das Einlassen auf den fremden Zweck ist dir dein wahrer Zweck verloren gegangen. Jesus möchte, dass du deinen Geist vom fremden Zweck säuberst, damit dein wahrer Zweck erinnert werden möge.« (Mt 21v12,13.1–12)

Die Geschichte der Geldwechsler im Tempel, transformiert auf die metaphysische Ebene, liefert die Definition für das Ego: der Glaube an die Trennung von Gott. Es scheint Gott und das Ego zu geben, die sich aber gegenseitig ausschließen. Das eine leugnet die Existenz des anderen. Gott ist das ewige Leben und als dessen Gegenteil muss das Ego der Tod sein. Der Glaube an den Tod ist gleichzeitig der Glaube ans Ego als Gott des Todes. Das Ego – die Idee der Einzigartigkeit, der Individualität – ist ein fremder Zweck und hat den Geist scheinbar gespalten. Da die Wahrheit unveränderlich ist, musste sie aus dem Gewahrsein entschwinden, um dem fremden Zweck illusionären Raum im Geist zu gewähren. Die Erinnerung an die Wahrheit ist mitgekommen, auch wenn sie ins Unbewusste verdrängt wurde, um die Erfahrung des fremden Zwecks nicht zu behindern. Durch die Identifikation mit dem Ego bin ich mir selbst ein Fremder und sterblich geworden. Die Erfahrung mit dem Ego ist instabil und chaotisch, zeitweilig positiv, dann wieder negativ, mit Gewinn und Verlust, materiell wie menschlich, alles Attribute der Dualität, und sie endet ausnahmslos immer im Tod. »Der SOHN GOTTES ist eine Ausdehnung seines VATERS, aber dies hat er vergessen. Dass er es vergessen hat, ändert nichts daran, was wahr ist.« (Mt 13v36–43.1,2)

Mit Jesus als Manifestation des Heiligen Geistes ist die Erinnerung an die Wahrheit im Geist wieder aufgedämmert. Was Jesus möchte, wird zum eigenen Bedürfnis, wenn das Verlangen nach der wahren Berufung über egoistische Zwecke zu obsiegen beginnt. Die Wahrheit drängt sich nicht auf. Sie kann wieder erinnert werden, wenn ihre Bedingungen erfüllt sind. Unmissverständlich wird dargelegt, dass der Geist vom Ego vollständig gesäubert werden muss. Weil es die eigene Entscheidung war, das Ego anzunehmen, ist die eigene Bereitwilligkeit gefordert, das Ego wieder aufzugeben.

Das Problem hierbei ist, dass die Schuld, dem fremden Zweck Gehör geschenkt zu haben, ins Unbewusste verdrängt wurde und ich mich mit dem Ego gleichgesetzt habe, dessen Aufgeben sich wie Identitätsverlust anfühlt. Der Konflikt im Unbewussten widerspiegelt sich sodann in den Gedanken über die Außenwelt. Die Bereitwilligkeit sollte darin bestehen, alle wahrgenommenen Konflikte zu vergeben, damit der Heilige Geist die Ursache, die Schuld im Unbewussten und damit das Ego, auflösen kann. »Die Zeit wird kommen, wann du wissen wirst, dass der Tod nicht wirklich ist und die Welt nicht wirklich ist, und ICH deine Wirklichkeit bin.« (Mt 16v1–4.3)

»Die Wahrheit ruft dich,
und die Wahrheit ist nicht von dieser Welt.«

»ICH habe dir bereits gesagt, dass du frei bist, dem Kaiser zu geben, was des Kaisers ist. Das bedeutet, dass du frei bist in der Welt zu leben und zu tun, was du tun musst, während du in der Welt lebst. Du brauchst dich nicht schuldig zu fühlen, Steuern zu bezahlen, Gesetze zu befolgen, Kinder aufzuziehen und all die Dinge zu tun, welche die Welt erfordert, aber verliere dich auch nicht in diesen Dingen. Die Welt ist nichts als eine Ablenkung und sie lenkt dich ab vom HIMMEL. Deshalb sollst du in der Welt leben, aber nicht von der Welt sein.« (Mt 23v1–4.2–7)

Eine typische Ego-Falle auf dem spirituellen Weg ist die Idee, dass ich die schönen und erfüllenden Dinge in der Welt nicht mehr genießen darf, ohne mich dabei schuldig zu fühlen. Dem ist nicht so. Ebenso brauche ich mich nicht schuldig zu fühlen, wenn ich bei gesundheitlichen Problemen zum Arzt gehe, weil Gebet und Vergebung keine Lösung herbeigeführt haben. Alle Dinge in der Welt sind neutral. Erst durch die eigene Bewertung wird der Welt Schuld auferlegt. Keine Tätigkeit ist spiritueller als eine andere. Es spielt keine Rolle, was ich tue, aber es spielt eine entscheidende Rolle, in welcher Absicht ich etwas tue.

Der inneren Führung des Heiligen Geistes zu folgen bedeutet, alle Wertzuschreibungen loszulassen und in eine innere Haltung des Friedens zu gelangen. Mit innerem Frieden kann ich alle Dinge tun wie alle anderen auch, arbeiten, einen Haushalt führen, Zähne putzen, in den Urlaub fahren, aber ohne mich darin zu verlieren. Alle diese Dinge dienen dem Zweck, mich innerlich von ihnen zu lösen. Über die Zeit löst sich das Anhaften an den Dingen der Welt. Was nicht mehr von Nutzen ist, wird aufgegeben, nicht als Opfer, sondern als Befreiung, denn das Anhaften an den Dingen der Welt lenkt von der Wahrheit ab, genauso wie das Streben nach Ruhm und Ansehen. »Wenn du dich erinnerst, dass du auf einer Reise bist, werden viele Dinge der Welt scheinbar wegfallen.« (Mt 22v15–22.14)

»Jesus dient als Modell für die Vergebung. Jesus verneinte seine egoistischen Gedanken nicht. Jesus deckte seine Gedanken auf und gab ihnen Raum. Aber dann ließ er sie schnell los, sicher im Wissen, dass sein Zweck eins ist mit GOTTES Zweck.« (Mt 26v39.2–5)

Die Vergebung beinhaltet *drei* wichtige Schritte. Zuerst müssen unerwünschte Gedanken wie Ärger, Groll und Hass bewusst gemacht werden, ohne darauf zu reagieren. Damit wird die Verantwortung für die eigenen Gedanken übernommen, ohne die Ursache dafür auf andere abzuschieben oder für die eigene Unzulänglichkeit zu halten. Die unerwünschten Gedanken sind wie dunkle Wolken, welche das Licht – die Wahrheit – im eigenen Geist verschleiern. Im zweiten Schritt werden die Gedanken als bedeutungslos losgelassen. Wir lassen sie Wolken gleich am eigenen Geist vorbeiziehen, auf dass sie sich im Nichts auflösen. Im dritten Schritt erinnern wir uns an den wahren Zweck. Wir wenden uns dem Heiligen Geist zu. Er beseitigt die Schuld im Unbewussten, welche Brennstoff gleich die Energie für die egoistischen Gedanken liefert. Er ist die Erinnerung, dass nur die Liebe wirklich ist. Alles andere ist ein illusionärer Traumzustand. Wir vergeben keine Sünden, sondern anerkennen, dass es niemals Sünden gab, sondern lediglich Fehler und Irrtümer, die losgelassen und sich durch die Wahrheit ersetzen lassen.

»Vergebung scheint nicht mit einem Mal vollständig zu sein. Es mag erscheinen, als ob Gedanken losgelassen würden, nur um wiederzukehren. Lass dich davon nicht beunruhigen.« (Mt 26v42.1–3) Solange unbewusste Schuld im Geist verborgen ist, werden unerwünschte Gedanken zurückkehren. Wenn ein Thema oder eine konflikthafte Beziehung endlich vollständig vergeben ist, wird die unbewusste Schuld andere Ziele finden, um wieder aufzutauchen. Der Prozess der Praxis wahrer Vergebung mag lange dauern.

»Es ist der wachsame Geist, der die Vergebung vervollständigen wird. Konzentriere dich auf deinen Zweck. Beobachte deinen Geist. Lass alle Gedanken los, die den Zweck der LIEBE nicht teilen.« (Mt 26v43,44.1–4) Das Ergebnis dieser Praxis ist Geistesfrieden, der immer häufiger erfahren wird, je weiter wir voranschreiten. Wachsamkeit bedeutet, dass alles vergeben wird, was den Geistesfrieden stört, von der kleinsten Verstimmung bis zum größten Ärger. Am Ende ist der Geist von aller unbewussten Schuld gesäubert, der gespaltene Geist geheilt und frei für das Aufwachen aus dem Traum.

»Die Auferstehung wird keine Überraschung sein. Die Auferstehung wird auf deine eigene Wahl hin geschehen, denn wenn du bereit bist, wirst du auferstehen.« (Mt 24v36–41.1,2) Auferstehung geschieht im Geist und hat nichts mit dem Körper zu tun. Gegen Ende seines Lebens hatte Jesus diesen Zustand erreicht. Seine Identifikation war nicht mehr im Körper, sondern vollkommen eins mit dem Heiligen Geist. Er sah in allen nur noch das Antlitz Christi, die vollkommene Liebe. Es gab für ihn keinen Anlass mehr, sich gegen falsche Beschuldigungen zu verteidigen. Nichts konnte mehr seinen Geistesfrieden stören oder ihm Leiden verursachen. Diesen Zustand der Transzendenz werden ausnahmslos alle irgendwann erreichen, auch wenn das noch weit in der Zukunft liegen mag.

»Die Hohenpriester repräsentieren deine Verleugnung, denn du hast verleugnet, dass die Welt und alles in ihr dein Werk ist, entstanden aus deinem Glauben an Schuld, ein Erzeugnis deiner Angst. Die Welt ist wie der Acker des Töpfers. Er ist ein Ort, der aus Angst gebraucht wird, um die Schuld zu verbergen und es ist ein Ort, an dem Fremde wandeln.« (Mt 27v1–10.8–10) Die Welt wurde offenbar nicht von Gott erschaffen und beinhaltet folglich nichts Schöpferisches, sondern ist ein Machwerk, um die Schuld zu verbergen und von ihr davonzulaufen. Solange Schuld im Unbewussten schlummert, wird die dadurch gespeiste Angst den Kreislauf von Tod und Wiedergeburt aufrechterhalten. Die Welt ist nicht unser wahres Zuhause. Wir sind hier Fremde und irren in endloser Suche umher, bis uns dämmert, dass es einen anderen Weg geben muss.

»Lass die Welt aus deiner Sicht weichen. Lass sie wie eine Vision tanzender Symbole ohne Wahrheit in ihnen sein. Dies ist, was ICH meine, wenn ICH dich bitte, nur MICH zu suchen.« (Mt 11v16–19.7–9) Im Irrgarten der Welt ist der Heilige Geist die verbliebene Verbindung mit unserer wahren Natur. Seine alternative Deutung der Welt bringt zu Bewusstsein, dass der Geist gespalten ist. »Die Gedanken, die in deinen Geist eintreten, stammen von zwei Vätern. Einer ist der VATER der LIEBE und in IHM bist du eins mit MIR. Der andere ist der Vater von Illusionen, aber jedes Kind kann nur einen wirklichen VATER haben.« (Mt 28v11–15.8–10) Durch die Erfahrung der Spaltung lernen wir, die beiden Stimmen zu unterscheiden. Das Ego spricht immer zuerst, mit lauter, befehlender und urteilender Stimme. »Höre nicht auf die Ego-Gedanken in deinem Geist.« (Mt 28v11–15.1) Die Stimme des Heiligen Geistes ist ruhig und sanft und zeigt die Alternative auf, ohne sich aufzudrängen. Ich bin frei in der Wahl, auf welche Stimme ich hören möchte. Aber ich muss mich entscheiden. Die Spaltung des Geistes wird geheilt, je mehr ich mich entscheide, auf die sanfte Stimme des Heiligen Geistes zu hören und eine vergebende Geisteshaltung einzunehmen.

»Niemand kann einen anderen als schuldig und sich selbst als unschuldig sehen, denn er glaubt, dass Schuld wirklich ist.

ICH bitte dich,
den Glauben an die Schuld selbst loszulassen.

Ohne den Glauben wird keine Schuld mehr sein.« (Mt 27v38–40.2–4) Jesus hatte vollständige Schuldlosigkeit wiedererlangt. »Jesus betrachtete seine Ankläger und Peiniger nicht als schuldig, weil er nicht an Schuld glaubte. Er wusste, dass sie an Täuschung litten. Jesus schaute in Liebe auf sie, ohne ihre Täuschung zu sehen, sondern ihre Wahrheit. Er liebte ihre Wahrheit, weil ihre Wahrheit LIEBE ist. Und Jesus war dankbar für seine Schau.« (Mt 27v41–44) Nach der Niederschrift dieses Abschnitts tauchte Regina an ihrem Schreibplatz sitzend und mit dem Schreibstift in der Hand in eine Vision ein:

»In meinem Bewusstsein übernahm ich den Platz von Jesus und hing in der Tat am Kreuz. Ich sah alles, wie ich es gerade in der Bibel gelesen hatte. Ich sah die Soldaten das Los um meine Kleider werfen; ich sah die Leute Steine nach mir werfen und mich verfluchen; ich sah ein paar Frauen wegen mir weinen. Sie waren traurig mich am Kreuz hängen zu sehen. In der Ferne war ein Weg und ich konnte Leute vorbeigehen sehen, die von der Kreuzigung keine Notiz nahmen und einfach ihren Geschäften nachgingen. Ich sah alles wie in der Bibel beschrieben, aber das Verblüffendste an dieser Erfahrung war für mich, dass ich überhaupt nichts davon glaubte. Ich wusste zweifelsfrei, dass alles, was ich sah, nicht die Wahrheit war. Und ich war vollkommen eingebunden in Liebe, Freude, Dankbarkeit und auf einem phänomenalen Energieniveau. Es war erstaunlich, dass am Kreuz zu hängen die herrlichste Erfahrung war, die ich jemals hatte. Es war, als ob ich mein gesamtes Leben nur diese Erfahrung wollte und suchte. Es war die Erfahrung, die Wirklichkeit besser zu kennen als die Illusion. Ich war überwältigt von Freude, Dankbarkeit und Liebe. Diese Erfahrung hatte mir gezeigt, dass Jesus am Kreuz nicht gelitten hatte. Für ihn war es die Erfahrung vollständigen Erwachens, nichts als reine Liebe und Dankbarkeit.« (2008-11-30 Mt23–28 1:08:30)

FORM UND INHALT

NTI Markus ist laut Regina eine Sammlung erfundener Geschichten. (2008-12-14 Mk9–11 0:08:55) Neuere Forschungsergebnisse deuten in der Tat darauf hin, dass das Markus-Evangelium größtenteils erdichtet und erst nach der Zerstörung des Jerusalemer Tempels durch die Römer im Jahre 70 n. Chr. in Rom verfasst wurde, wie die Autorin einer Forschungsarbeit in einer Radiosendung erläuterte.[1] Die vier Evangelien wurden vierzig bis achtzig Jahre nach der Kreuzigung geschrieben, zuerst Markus und danach die anderen. Sie enthalten meist keine Tatsachenberichte, wie die Forschung immer deutlicher aufzuzeigen vermag, sondern frei erfundene religiöse Geschichten, in welche die Verfasser überlieferte Aussagen und Legenden von Jesus aufgenommen hatten. Jesus selbst kann wohl am besten als jüdischer Mystiker und Weisheitslehrer verstanden werden.

NTI Markus berichtet von Jesus' dreijähriger Lehrtätigkeit und seinem inneren Wachstum bis zum Erreichen der Transzendenz. Aus den dargestellten Erzählungen lassen sich grundlegende metaphysische Konzepte herleiten. Lassen wir die Form der Geschichten hinter uns und wechseln auf die Ebene des Inhalts, dann lernen wir wie der Geist funktioniert und was in ihm geschieht. Dies öffnet das Feld für eine Reihe von praktischen Beispielen für die spirituelle Praxis.

»Bevor die Wahrheit dämmern kann, gibt es Arbeit zu verrichten. Diese Arbeit muss mit Glauben und aus einem Verlangen nach der Wahrheit getan werden.« (Mk 1v1–3.1,2) Es gibt keine Tätigkeit, durch die Erlösung erlangt werden kann. Keine Tätigkeit ist spiritueller als eine andere. Entscheidend ist die innere Einstellung, mit der wir unserer Arbeit nachgehen, und dem Verlangen nach der Wahrheit. Im Idealfall erledigen wir jede Arbeit in einem Gefühl inneren Friedens und dem Bedürfnis, wahrlich hilfreich zu sein. Gedanken, welche diesen Frieden stören, sollten aussortiert und losgelassen

---

[1] *Christus militans* © 2015 Gabriella Gelardini

werden, um sich wieder dem Frieden des eigenen Heiligen Geistes im Inneren zuzuwenden. Arbeit findet demnach auf zwei Ebenen statt: der Tätigkeit in der Welt und der inneren spirituellen Praxis, die wir immer und überall durchführen können. Alle Beispiele hier beziehen sich auf die innere spirituelle Praxis – den Inhalt – und machen keine Vorgaben, was wir in der Welt tun sollen – der Form. Alle Beispiele mit Handlungen in der Welt sind symbolisch zu verstehen. Das ist das grundlegende Konzept von Form und Inhalt.

»Die Taufe ist ein Symbol für das Reingewaschen-Werden. Derjenige, der ins Wasser eintaucht, taucht als Individuum ein, mit der Bereitschaft, sein Selbst wegzulegen. Das Wiederauftauchen aus dem Wasser symbolisiert die Auferstehung, die Rückkehr zum Gedanken der Einheit, dem einen WILLEN GOTTES.« (Mk 1v4,5.1–3) Der Wille Gottes ist glücklich zu machen. Als Individuum kann kein dauerhaftes Glück gefunden werden. Das Konzept der Individualität basiert auf verschiedenen Individuen mit unterschiedlichen Willen und der Folge, dass ich als Individuum mit anderen im Wettbewerb und mit deren Willen in Konflikt stehe. Über die Zeit wächst das Verlangen nach der Wahrheit wieder an. Ich werde bereit, den Wert der Individualität infrage zu stellen. Die Bereitwilligkeit, anderen Gedanken Gehör zu schenken, gewinnt an Dringlichkeit. Früher oder später wird klar, dass nicht im Äußeren gesucht, sondern intuitiv die Aufmerksamkeit nach innen gerichtet werden muss.

NTI Markus zeigt, wie Jesus auf seinem Weg nur Gott gesucht hat. Damit wird unser aller Weg aufgezeigt und Jesus wird zum Symbol für den eigenen Weg. Er wusste, dass Gott im Inneren gesucht werden muss. Er suchte Führung, fand sie im Heiligen Geist, folgte Ihm bis zur Auferstehung im eigenen Geist, die vor dem Ablegen des Körpers stattfinden muss und bei ihm stattgefunden hatte. Der Weg ist nicht gradlinig und frei von Versuchungen. Die Taufe ist das Symbol für das Säubern des Geistes, dem Loslassen aller Gedanken, die nicht mit dem geeinten Willen des Heiligen Geistes im Einklang stehen. Jesus war noch nicht frei von seinem Ego, als er seine Lehrtätigkeit aufnahm. Er hegte noch tief verborgene Furcht. Und so wurde er durch den Geist auf einem hilfreichen Weg geführt, um eines Tages die Stärke zu finden, sich der Furcht zu stellen und sie vollständig wegzulegen.

Form und Inhalt

Jesus lehrte aus einem tiefen Gefühl der Liebe für alle Menschen. »Durch Jesus begannen die Menschen GOTT zu entdecken. Sie entdeckten, dass GOTT bei ihnen ist, bereit, sie in jedem Moment zu lieben und zu heilen, nur auf ihre Einladung wartend, dass ER eintrete.« (Mk 1v40–42.1,2)

»Jesus berührte einen Gelähmten in Liebe und forderte ihn auf im Glauben zu gehen. Und der HEILIGE GEIST flüsterte in den Geist des Mannes: ›Gehe!‹ Der Mann war überrascht von seinem eigenen Gedanken und machte, was er ihm sagte. Alle Zuschauer waren erstaunt. Sie dachten, Jesus habe den Mann geheilt.« (Mk 2v8–12.4–8)

Die Heilung des Gelähmten beleuchtet den Grundsatz, wie Heilung geschieht. Krankheit ist eine Entscheidung des Geistes. Krankheit wird nicht hier auf der Ebene der Welt und des Bewusstseins gewählt, sondern ist eine Entscheidung des Geistes auf einer Ebene jenseits von Raum und Zeit, die uns unbewusst ist. Jesus war durch den Heiligen Geist in Kontakt mit dieser Entscheidungsebene gekommen. Heilung geschieht auf dieser Ebene des Geistes. In Anwesenheit von Jesus wurde der Geist des Gelähmten daran erinnert, dass er unschuldig war und nicht länger auf die Stimme der Krankheit – das Ego – zu hören brauchte. Durch Jesus' Gegenwart war die Bereitschaft in seinem Geist so weit gestiegen, dass er die Stimme des Heiligen Geistes als seine eigene vernahm und ihr folgte. Nicht jede Heilung auf der Ebene des Geistes hat wie in diesem Beispiel direkt eine Heilung auf der Ebene der Form zur Folge. Das ist eher die Ausnahme, kann in einzelnen Fällen aber durchaus geschehen.

»Was innen ist, wird außen gesehen, und durch das Sehen des Äußeren begreifst du, dass sich das Innere auch ändert.« (Mk 2v21,22.4) Die Welt dient als Projektionsfläche der Gedanken des eigenen Geistes. Ist der Geist in Sorge und Angst, dann werde ich eine ebensolche Welt erblicken. Ist der Geist hingegen erfüllt von Liebe, dann ist es dies, was in der Welt gesehen wird. Der inneren Führung des Heiligen Geistes zu folgen führt weg von der Angst hin zur Liebe. Und so lehrte Jesus die Leute, dass Gott im Inneren des Herzens zu finden sei, und was außen ist, verliert an Wichtigkeit. Jesus' Verständnis wuchs kontinuierlich, als er mehr und mehr dem Geist im Inneren zuhörte und ihm vertraute. »Jesus begann das Antlitz CHRISTI in jedem zu sehen. Und er wusste, dass er in jedem sein SELBST fand.« (Mk 2v13–17.2,3)

Jesus folgte in seiner Tätigkeit den eingegebenen Gedanken des Heiligen Geistes in Freude und Dankbarkeit. Er erklärte, dass die Gebote für die Menschen gemacht wurden, dass die Menschen aber dazu bestimmt seien, die Beschränkungen durch die Gebote zu transzendieren und dem Licht im Inneren zu folgen.

Aufbruch

Jesus fand die Lehrtätigkeit schwierig, denn nur wenige waren bereit, sich die frohe Botschaft des Himmelreichs zu Herzen zu nehmen. Gerüchte über Wunderheilungen verbreiteten sich schnell. Von weit her kamen Leute zur Heilung von körperlichen Beschwerden zu ihm, ohne sich um die Heilung des Herzens zu kümmern. Jesus fühlte sich nutzlos und verloren im Volk. Er zog sich zurück und versuchte, seine Bestimmung in der Einsamkeit zu finden.

»Es war in der Stille, wo Jesus Führung empfing, zwölf, die im Heilen des Herzens interessiert zu sein schienen auszuwählen, und seine Anstrengungen auf das Lehren dieser zwölf zu fokussieren. Auf diese Weise sollte das WORT, das er gelernt hatte, verbreitet werden und viele würden durch sie die Wahrheit entdecken. Jesus fand zwölf, die ihm aufrichtige Fragen des Herzens stellten. Diese zwölf nannte er Apostel und er versprach, sie alles zu lehren, was er gelernt hatte, damit sie andere lehren mögen.« (Mk 3v13–19.1–4)

Auf Jesus lastete großer Druck, denn viele verstanden ihn nicht. Das Volk suchte nur körperliche Heilung. Also richtete er sich ans Volk und sprach: »Ein Mensch kann einen anderen nicht heilen. Schaut im Inneren von euch selbst und findet heraus, was euch vom Geheiltwerden abhält, damit ihr dieses Ding überwinden und geheilt sein möget.« (Mk 3v20–30.16,17) Die Macht der Heilung liegt in jedem. Jesus schien seine Familie zugunsten seiner Jünger zu verlassen. »Doch er sandte auch eine Einladung an seine Familie, sich zu ihnen zu gesellen, denn die Familie GOTTES ist eins.« (Mk 3v31–35.3)

Jesus lehrte das Volk, vor allem aber seine Apostel, durch Gleichnisse. »Im Gleichnis vom Sämann entsprechen wir dem Boden. Das Saatgut ist das WORT des HEILIGEN GEISTES, das auf den Weg, auf steinigen Boden, unter Dornen und auf guten Boden fällt. Unser VATER bringt SEIN Saatgut gleichwohl liebevoll über alle SEINE Kinder aus, ohne Unterschiede unter ihnen zu sehen. Aber in unserer Wahrnehmung gibt es Unterschiede.

Einige der Kinder sind wie der Weg. Sie haben kein Interesse am WORT des HEILIGEN GEISTES und SEIN WORT mag nicht bis in ihre Herzen vorzudringen. Dies ist die Wahl, die sie getroffen haben und wir werden sie in Frieden ihren Weg gehen lassen.

Einige der Kinder unseres VATERS sind wie der steinige Boden. Sie scheinen sich an SEINEM WORT zu erfreuen, doch wenn die Umstände widrig werden, wenden sie sich wieder ab, denn sie suchen nicht den VATER vor allem anderen. Sie begnügen sich mit Behaglichkeit und so werden sie fortfahren, vorübergehende Behaglichkeit zu suchen. Sie haben unseren Segen und in Frieden werden wir sie ziehen lassen.

Einige sind wie der Boden unter den Dornen. Das WORT mag etwas Interesse in ihnen auslösen, aber sie sind zu stark von der Welt in Anspruch genommen, um sie loszulassen und nach dem WORT zu streben. Mit unserem Segen und in Liebe lassen wir sie in Frieden gehen.

Und die anderen sind wie die Saat, die auf guten Boden fällt, denn sie sind zu dieser Zeit bereit für das WORT. Sie werden kommen und mit uns arbeiten, wie Brüder mit uns leben und sich mit uns in der Arbeit, das WORT zu teilen, verbinden.« (Mk 4v1–20.45–61)

Genauso verhält es sich heute. Einige Menschen haben absolut kein Interesse an der Botschaft des Geistes. Sie leben in der Welt und wollen die Welt, wie sie ist, als ihre eigene Wirklichkeit erleben. Wieder andere lassen sich leicht für diese Botschaft begeistern, doch die Begeisterung ist wie ein Strohfeuer, denn wenn es konkret um den Wechsel in der Wahrnehmung weg vom Ego hin zum Denksystem des Heiligen Geistes geht, machen sie einen Rückzieher, denn sie wollen ihre lieb gewonnenen Überzeugungen nicht loslassen. Einige verlieren sich in der Geschäftigkeit der Welt. Wie in einem Hamsterrad drehen sie ihre Runden, springen von Ablenkung zu Ablenkung, hätten zwar Interesse an den Ideen des Heiligen Geistes, aber schlichtweg keine Zeit dafür.

Das Missionieren hat noch nie richtig funktioniert. Fragen zu spirituellen Themen können aber beantwortet werden ohne zu missionieren. Wer zu dieser Zeit bereit ist und Zeit findet, wird wiederkommen, weitere Fragen stellen und sich auf das Thema einlassen. Wenn sich bei diesen Menschen im Inneren etwas auszulösen beginnt, dann werden sie im Geiste wie unsere Brüder werden und an der Ausbreitung des Lichts aktiv teilnehmen.

»Das LICHT im Inneren von uns ist das LICHT des HIMMELS. Wenn das LICHT im Geist leuchtet, werden dunkle Gedanken aufgedeckt. Lass sie aufgedeckt werden, damit sie aufgegeben und dem LICHT überbracht werden. Auf diese Art und Weise breitet sich das LICHT GOTTES durch die Welt aus.« (Mk 4v21–23.2,12–14) Urteile sind die Gedanken der Dunkelheit. Urteilen geschieht wie automatisch als Teil des denkenden Geistes. Urteilen ist weder gut noch schlecht, sondern der Selbsterhaltungsmechanismus des Ego. Dunkle Gedanken aufzudecken und im Licht auflösen zu lassen, lässt das Ego wie Schnee in der Sommersonne wegschmelzen. Das einzige Erfordernis ist die Bereitwilligkeit, sich durch den Heiligen Geist inspirieren zu lassen. Ist die Bereitwilligkeit gegeben, dann wächst sie an wie ein kleiner Samen, der in die Erde gepflanzt wurde. Der Samen wird sprießen und zu einer Pflanze gedeihen. Tag und Nacht wird sie größer werden. In dieser Art und Weise wird die Bereitwilligkeit, die dem Heiligen Geist gegeben wird, wachsen.

Auf der Überfahrt eines Sees kam ein Sturm auf und die Apostel fürchteten sich. Sie weckten den schlafenden Jesus. Er versicherte ihnen, dass das nichts zu bedeuten habe. Damit ließen sie sich aber nicht beruhigen. »Als er aufstand und aufs Deck ging, beruhigte sich der Sturm und er lächelte. ›Seht, der SOHN GOTTES braucht nichts zu fürchten. Alles ist jetzt ruhig.‹ Den Aposteln erschien es, als ob die Winde vollständig aufhörten, als Jesus diese Worte sprach. Jesus ging zurück, um seinen Schlaf fortzusetzen, aber die Apostel versammelten sich, um diesen Anspruch zu diskutieren, dass Jesus der SOHN GOTTES sei.« (Mk 4v35–41.10–16)

Jesus sagte nicht, er allein sei der Sohn Gottes und die anderen nicht. Die Apostel verstanden aber, als ob Jesus sagte, dass er der Sohn Gottes sei, denn in ihnen war der Glaube noch nicht soweit angewachsen, dass sie die Idee akzeptieren konnten, auch der Sohn Gottes zu sein. Sie schienen sich vielmehr den Geschehnissen der Welt ausgeliefert zu sehen. Jesus' Identifikation mit dem Heiligen Geist war indessen schon so weit fortgeschritten, dass er sich nur mehr Gott ausgeliefert sah. In dieser Sicherheit gibt es buchstäblich nichts zu fürchten.

Auf der anderen Seeseite begegneten Jesus und die Apostel einem gefährlichen, von Dämonen besessenen Mann. Aus Furcht wollten die Apostel einen anderen Weg einschlagen, um dem Mann auszuweichen. »›Habt ihr nichts gelernt?‹, fragte Jesus mit einem neckischen Lächeln. ›Der SOHN GOTTES braucht nichts zu fürchten.‹« (Mk 5v1–20.8,9) Jesus kam mit dem Mann ins Gespräch. »Jesus wollte dem Mann nur helfen zu sehen, dass seine geistige Gesundheit in ihm drin ist und sein Wahnsinn ihm fremd sei, sodass der Wahnsinn losgelassen werden konnte.« (Mk 5v1–20.33) Um zu zeigen, dass sie zahlreich waren, willigten die Dämonen ein, den Mann zu verlassen und in eine Schweineherde zu fahren. Zusammen mit Jesus und den Aposteln kehrte der Mann zu seiner Familie zurück, um seine Heilung fortzusetzen. Sie passierten die friedlich in der wärmenden Morgensonne ruhende Schweineherde. Jesus teilte seine Lehre mit der Familie und übergab sie der Führung des Heiligen Geistes.

Der unreine Geist entspricht dem Ego und die Dämonen den Gedanken des Ego. Die eigenen Dämonen kann ich beliebig lange ignorieren. Von sich aus werden sie nicht aus dem Geist ausfahren. Ich muss mich dem eigenen Wahnsinn stellen und dem Problem direkt in die Augen blicken. Ich mache dies, nicht indem die Dämonen ausgelebt werden, sondern innerlich erfahren und als nicht mehr wünschenswert losgelassen werden. Wenn der Wahnsinn ausgelebt wird, wird ihm Wirklichkeit verliehen und damit wird er aufrechterhalten, wie beim gefährlichen Mann. Erst wenn ich die Dämonen erlebe und an mir vorbeiziehen lasse, ist es, wie wenn ich sie ins Leere laufen lasse, symbolisiert durch das Ausfahren in die Schweineherde.

»Mit jedem Tag fühlte Jesus seine Verbundenheit mit dem HEILIGEN GEIST wachsen. Sie vergrößerte sich innerhalb seines Geistes. Ein Verschmelzen schien sich zu ereignen. Jesus erfuhr den HEILIGEN GEIST als seinen ständigen Begleiter, so unmittelbar wie seinen Atem und als Teil von seinem SELBST.

In diesem Gewahrsein wurde Jesus' Lehr- und Heiltätigkeit natürlicher für ihn. Er ließ sich durch das Volk nicht mehr länger beunruhigen. Er bemerkte das Volk nicht mehr. Er sah nur einen Geist mit dem Bedürfnis nach Heilung, und sein einziger Zweck wurde die Heilung dieses einen Geistes.« (Mk 5v21–34.1–8)

Das einzig wirkliche Bedürfnis ist die Heilung des einen Geistes, in dem wir alle als eins verbunden sind. Im Voranschreiten auf dem spirituellen Weg rückt diese Betrachtungsweise immer mehr ins Zentrum. Der Geist scheint fragmentiert zu sein, symbolisiert durch das Volk, doch Vielheit ist Täuschung. Im Verschmelzen mit dem Heiligen Geist sehen wir unsere eigenen Bedürfnisse nicht mehr als getrennt von den Bedürfnissen der anderen. Den eigenen Geist durch spirituelle Praxis zu heilen trägt zur Heilung des Gesamtgeistes bei. Jesus war so weit fortgeschritten, dass er keine Unterschiede mehr sah. Mit der Schau des Heiligen Geistes blickte er durch die Fragmente hindurch zum einen Geist.

Eines Tages versammelte sich viel Volk um Jesus und seine Jünger, als sie von Jairus, dem Vorsteher der Synagoge, aufgesucht wurden. Jairus suchte Hilfe für seine kranke Tochter. Er wusste, dass alle Heilung von Gott kommt. Er glaubte, dass Jesus eine besondere Beziehung zu Gott habe. Also suchte er Jesus auf, dass Gott seine Tochter durch ihn heilen möge. Jesus wollte den Mann aber lehren, dass Gott auch in ihm ist. Die Ablenkung durch das viele Volk und die Angst des Mannes waren aber zu groß für eine hilfreiche Unterhaltung. Also willigte Jesus ein, mit Jairus zu ihm nach Hause zu gehen.

Auf dem Weg wurden sie von viel Volk begleitet. Eine Frau fühlte sich seit Jahren energielos. Ihr Mann bezeichnete sie als unbrauchbare Ehefrau. Es bekümmerte sie sehr, nutzlos zu sein und ihre mangelnde Energie war begleitet von Depressionen. Als sie hörte, dass Jesus in der Nähe war, bat sie ihre Schwestern, ihr zu helfen zu ihm zu gelangen. Sie stellten sich auf dem Weg auf, an dem er vorbeikommen sollte. Doch sie schaffte es nicht, ihn zu berühren, und im Versuch ihm nachzurennen fiel sie in ihrer Schwäche hin und berührte im Hinfallen sein Gewand. Um zu sehen, woher der Ruck kam, blieb Jesus stehen, drehte sich um und sah das von Tränen verzerrte Gesicht der Frau ihn anstarren. »Was ist mit dir, Weib?«, fragte er. Sie erklärte Jesus ihre Beschwerden und ihr Gefühl der Wertlosigkeit. Er empfand großes Mitgefühl und Liebe für sie. Er reichte zu ihr hin, um ihr zu helfen in seine Nähe zu gelangen und er blickte liebevoll in ihre Augen.

»Ich sage dir«, flüsterte er. »Du bist nicht wertlos. In den Augen des HERRN bist du wie ein hell leuchtendes Juwel, nur bist du dir deiner Helligkeit nicht bewusst gewesen. Sie ist in dir drin und wartet nur auf deine Anerkennung und dein Willkommen. Geh nach Hause. Bitte in der Stille diese Helligkeit sich dir zu offenbaren. Sie wird, und sie wird viel Energie und Liebe und Freude mit sich bringen. Geh jetzt und bitte. Du wirst empfangen.« Die Frau tat wie von Jesus erbeten. Und durch ihren Glauben und ihre Wachsamkeit verließen sie ihre Beschwerden. (Mk 5v21–34.30–46)

Hier taucht das Internalisieren der unbewussten Schuld auf, das zu einem Gefühl von Wertlosigkeit, Minderwertigkeit, Unwürdigkeit und Depression führen kann. Im weiteren Verlauf wird das Thema weiter ausgeführt und vertieft. Hier ist ein erster Lösungsansatz, falls du dich niedergeschlagen fühlst. Das Gefühl der Wertlosigkeit ist eingebildet. Es ist nicht wahr. Du kannst dich daran erinnern, was Jesus zur Frau sagte, denn er sagt das Gleiche jetzt zu uns allen: »In den Augen des HERRN bist du wie ein hell leuchtendes Juwel.«

Etwas weiter des Weges kamen Boten von Jairus' Haus mit der Nachricht, dass die Tochter tot sei. Jesus ahnte, dass mit der Nachricht etwas nicht stimmte und dass er zum Haus zu gehen hatte. Ob all der Verwirrtheit und Verzweiflung spürte er ein Gefühl der Dringlichkeit. Mit nur drei Aposteln eilte er zum Haus von Jairus. Als er eintraf, waren Zeichen von Trauer zugegen. Er bat alle, das Haus zu verlassen, um mit dem Mädchen allein sein zu können. Intuitiv fühlte er sich angeleitet, die Zunge des Mädchens mit seinen Fingern festzuhalten, um den Luftweg frei zu machen und durch den Mund einzuatmen. Bald setzte ein leichtes Hüsteln ein. Jesus trat zurück und beobachtete, wie das Mädchen den ersten Atemzug alleine machte. Jesus bat seine Jünger, die Eltern des Mädchens zu holen. Als sie den Raum betraten, öffnete es seine Augen. (Mk 5v35–43.17–22)

Anstelle von Wunderheilung erfahren wir hier, was man als Erste Hilfe bezeichnen könnte. Viele in westlichen Gesellschaften besuchen irgendwann, und sei es nur um den Führerschein zu erwerben, eine Ausbildung in Erste Hilfe. Als eine der wichtigsten lebenserhaltenden Maßnahmen wird die Mund-zu-Mund-Beatmung kombiniert mit Herzmassage eingeübt. Auf dem spirituellen Weg leben wir gleichwohl in der Welt und es spricht nichts dagegen, dabei auch praktisch zu sein. Dies kann als Anregung gesehen werden, sich wieder einmal die Methoden der Ersten Hilfe anzuschauen und im Ernstfall so zu reagieren wie Jesus: Nach innen hören, und wenn wir einen Impuls spüren und uns angeleitet fühlen, leisten wir Hilfe. Verallgemeinert kann das auf jede Form der Hilfeleistung übertragen werden.

Nachdem Jesus etwas Zeit mit Jairus und seiner Familie verbracht hatte, um die Wahrheit Gottes zu unterrichten, ging er in seinen Heimatort, um seine Mutter und Brüder und Schwestern zu sehen. Er bekam die Möglichkeit, in der Synagoge zu sprechen. Die meisten waren aber nicht bereit, die Veränderung in ihm wahrzunehmen und beharrten darauf, dass er immer noch derjenige sei, den sie von früher kannten. Ein paar wenige hörten aber etwas anderes. Mit ihnen verbrachte er im privaten Rahmen Zeit, um Fragen zu beantworten und sie mehr zu lehren. Jesus' Mutter war unter diesen wenigen, als ihre Augen für die Wahrheit jenseits des Körpers ihres Sohnes geöffnet wurden. (Mk 6v1–6.1,10–12)

Dann verließ Jesus seinen Heimatort. Er zog von Ort zu Ort, um die frohe Botschaft zu verbreiten. Seine Apostel stellten viele Fragen, die er immer vollständig zu beantworten suchte. Als er die Zeit für gekommen hielt, schickte er seine Jünger zu zweit los, um das Wort zu verbreiten. Er wusste, dass sie durch ihre eigene Teilnahme als Lehrer viel lernen würden und er war sehr dankbar für diesen Heilungsplan. Jesus gab den Aposteln Anweisungen, bevor er sie losschickte. Vor allem wollte er die Wichtigkeit betonen, dem Heiligen Geist in allen Dingen zu vertrauen.

»›Ihr wisst nicht‹, sagte er ihnen. ›Nur der HEILIGE GEIST weiß, also vertraut SEINER Führung im Inneren. Denkt nicht von euch aus, was ihr tun oder sagen sollt. Bittet IHN und horcht im Vertrauen SEINER Antwort. ER soll euch wahrhaftig führen. Ihr werdet ausgesandt, um SEINEN Plan auszuführen.‹« (Mk 6v7–13.7–12) Diese Anweisung hat für uns alle nach wie vor Gültigkeit. Aber nicht alle, denen wir begegnen, mögen sich für spirituelle Dinge interessieren. Wir grüßen sie in Frieden und geben ihnen unseren Segen. Die Zeit wird kommen, wenn auch sie bereit sein werden.

»Das WORT wird manchmal gehört und anerkannt, aber nicht angenommen, weil derjenige, der hinzuhören scheint, seinen Geist durch Ego-Gedanken leiten lässt. Ego-Gedanken sind Gedanken der Trennung und sagen innerhalb des Geistes: ›Du bist getrennt und verschieden von allem, was du kennst und deshalb bist du schuldig. Du musst dich davor schützen, denn wenn deine Schuld aufgedeckt wird, wirst du endlos leiden. Du wirst von allem, was es gibt und vom Leben selbst abgeschnitten sein.‹ Das sind schlimme Gedanken der Täuschung, denen du Glauben geschenkt hast. Die einzige Möglichkeit, dich von ihnen zu befreien, besteht darin, ganz aufzuhören, an sie zu glauben. Dies kannst du als Gelegenheit erkennen, wenn du das LICHT in den guten Neuigkeiten hörst.« (Mk 6v14–29.1–7)

Die Geschichte von König Herodes und Johannes dem Täufer ist die von einem, der die Gelegenheit für Frieden erkannte, sich aber von der Angst leiten ließ. Im Übermut beging er einen Fehler, indem er seiner Nichte einen beliebigen Wunsch zugestand, und anstatt den Fehler öffentlich einzugestehen, gab er dem unerwarteten Wunsch der Nichte nach und ließ ihr den Kopf von Johannes auf einer Schüssel bringen. Herodes fühlte die Schuld in sich hochsteigen und er fürchtete sich vor Vergeltung. Nur das Ego verleitet aus Angst vor Gesichtsverlust zu Fehlern und nur das Ego fordert Vergeltung für begangenes Unrecht. Im Ego-Denksystems sind die Probleme in einer Art und Weise angelegt, dass sie ewig unlösbar bleiben. Ein Fehler führt zum nächsten und so fort. Der einzige Ausweg liegt im vollständigen Aufgeben des Ego-Denksystems. Fehler bieten dann die Gelegenheit, die Ego-Gedanken zu durchschauen und sich dem Licht des Heiligen Geistes im Inneren zuzuwenden. Am Ende wird das Ego so oft sein Gesicht verloren haben, bis es nicht mehr ist.

Die erste Ursache

»Jesus und die Apostel beabsichtigten allein an einen einsamen Ort zu gehen, um die Wahrheiten tiefer zu erforschen, aber der HEILIGE GEIST führte viele interessierte Anhänger, sie zu begleiten. So lehrte Jesus all die Leute auf diese Weise: Seine Apostel sammelten die Fragen im Volk und brachten sie zu ihm. Jesus beantwortete die Fragen für die Apostel, welche die Antworten ihrerseits dem Volk überbrachten. Auf diese Weise waren die Apostel in der Lage zu erfahren, wie der Meister die Fragen der breiten Masse beantwortete und die breite Masse konnte alle Fragen und alle Antworten ohne Anstrengung oder Schwierigkeiten hören. In dieser Weise empfingen alle das Ganze.« (Mk 6v30–44.6–11)

Die Speisung der Fünftausend aus der Bibel ist in dieser Interpretation von der Form – der Speisung des Körpers – auf die Ebene des Inhaltes – der Speisung des Geistes mit Wahrheit – übersetzt. Wenn Ideen geteilt werden, die auf fruchtbaren Boden fallen, vermehren sie sich. Dieses Beispiel zeigt, wie sich die Lehre der Wahrheit, das

Licht, ausbreitet. Die Apostel sahen wie Jesus die Fragen des Volks beantwortete und dadurch lernten sie selber, Fragen zu beantworten. Das ist der Plan des Heiligen Geistes, das Licht auszubreiten. Wir alle, die wir diese spirituellen Texte lernen und in der Praxis anwenden, sind zugleich Schüler und Lehrer. Lange vor dem Erreichen der Meisterschaft werden wir in die Lage versetzt, anderen durch Beantwortung ihrer Fragen zu helfen und durch unser Beispiel der spirituellen Praxis vorzuleben, wahre Vergebung anzuwenden.

»Während der Nacht, als das Volk ruhte, ging Jesus auf einen Berg hinauf, um nahe bei einem kleinen Baum zu beten und meditieren. In seinem Geist strebte er die Möglichkeit an, die Grenzen seines Körpers zu überwinden, im Wissen, dass sein Körper ihn nicht enthalten konnte. Er übergab sich selbst und seinen Willen dem HEILIGEN GEIST und ruhte seinen Geist, bis ihn das Verlangen nach der Erfahrung verlassen hatte. Als er nicht mehr an der Idee der Erfahrung haftete, erfüllte eine Stille seinen Geist.« (Mk 6v45–56.3–6)

Jesus war noch nicht frei von der Versuchung nach besonderen Erfahrungen. Aber ebenso gegenwärtig war seine Wachsamkeit, diese Gedanken zu bemerken und sie zusammen mit seinem Willen loszulassen. Der eigene Wille ist nicht der eine Wille, den wir alle als unsere eine Wirklichkeit teilen. Erst das Loslassen des eigenen Willens erfüllt den Geist mit Stille und öffnet ihn für das Einssein.

Petrus und die anderen Apostel schliefen währenddessen auf den Booten. Petrus war ruhelos und konnte nicht schlafen. Er ging hinaus an die frische Luft, um unter den Sternen zu meditieren. »Viele Sorgen und Bedenken wirbelten Petrus' Geist auf, der ebenso mit Verwirrung und Zweifeln ausgefüllt war. Petrus setzte sich nieder und übte, wie der Meister sie gelehrt hatte zu üben. Er betrachtete jeden Gedanken, der ihm in den Sinn kam, und übergab ihn im Vertrauen zum Zweck der Heilung an den HEILIGEN GEIST. In dieser Weise klärte Petrus seinen Geist von allen Gedanken, die ihn vollstopften und beunruhigten und eine Friedfertigkeit überkam ihn.

Als Petrus sich am allumfassenden Frieden erfreuend ruhig dasaß, hörte er in seinem Geist die Stimme seines Meisters. ›Ich bin es, Petrus. Wir sind zusammen in Meditation, wie wir verbunden und eins sind durch den HEILIGEN GEIST. Komm mit mir, Petrus, eins in unserem Zweck und Glauben. Erfreue dich an der Liebe unseres GOTTES, die unser SELBST ist.‹

Und dann spürte Petrus, als ob der Meister und der HEILIGE GEIST und der HERR zusammen hinausreichten und ihn innerhalb seines Geistes berührten. Petrus schwelgte in einer Herrlichkeit und Freude, wie er es von früher nicht kannte.« (Mk 6v45–56.9–15,19–24)

Petrus liefert hier ein vorzügliches Beispiel für angewandte Vergebung. Alle Gedanken und Gefühle, die den Frieden im Geist behindern, müssen betrachtet, losgelassen und dem Heiligen Geist übergeben werden. Im Licht des Heiligen Geistes löst sich alle Dunkelheit auf. Das Resultat ist Geistesfrieden. Darin verblasst der Glaube an die Trennung. In dieser Ruhe hörte Petrus in seinem Geist die Stimme Jesus', obwohl sie physisch kilometerweit voneinander entfernt waren. Dies kann symbolisch für Erfahrungen stehen, wie wir sie alle machen können oder schon gemacht haben. Zum Beispiel kommt dir in den Sinn, jemanden anzurufen. Du rufst an und die andere Person erzählt dir, dass sie gerade an dich gedacht hat. Dieses Beispiel illustriert einen weiteren metaphysischen Grundsatz der Lehre des Heiligen Geistes: Geister sind miteinander verbunden. Die Distanz, wie weit wir voneinander entfernt sind, spielt keine Rolle. Und auch die Zeit spielt keine Rolle, was bedeutet, dass Jesus im Heiligen Geist jetzt mit uns verbunden ist und seine Botschaft an Petrus jetzt für uns bedeutsam und erlebbar ist.

Jesus lehrt, dass die wahre Identität jenseits des Persönlichen in der Liebe Gottes liegt. In Wirklichkeit ist meine Identifikation nicht diejenige Person, als welche ich diesen Text lese. Das ist in vielerlei Hinsicht die bedeutsamste und grundlegendste Botschaft in diesem Textabschnitt. Denn sie besagt, dass ich für rein nichts verantwortlich bin, als mein wahres Selbst als Liebe Gottes anzunehmen. Ich bin nicht Gott selbst, nicht die erste Ursache, sondern Seine Ausdehnung als Liebe, und da Gott mit Seiner Schöpfung eins ist, die genauso vollkommen ist wie Gott Selbst, ist das nicht wirklich ein Unterschied. Wäre ich tatsächlich erste Ursache, dann wären alles Leiden und aller Schmerz, die ich in der Welt erlebe, Wirklichkeit, die Hölle eine Tatsache und alle meine Fehler wirklich. Da Gott diesen Wahnsinn nicht teilt, ist dies alles bloß unsere kollektive Halluzination. Es gibt keine größere Sicherheit, als sich seiner wahren Identität als Liebe Gottes gewahr zu sein, die absolute Abhängigkeit, die vollkommen frei macht.

Petrus akzeptierte vorbehaltlos, wie ihn der Meister unterwies.

Was ihm danach geschah, kann als Offenbarung bezeichnet werden. Es ist die direkte Kommunikation von Gott mit Seiner Schöpfung, ein Gewahrsein des Absoluten jenseits von Worten und Begriffen, Raum und Zeit. Alle Schranken sind beseitigt und die Verbindung mit etwas Größerem und Allumfassenderen wird erfahren. Aus eigener Erfahrung und derjenigen anderer können alle in einer beliebigen Situation in eine Offenbarung gelangen, wenn die Bereitschaft im Geist gegeben ist.

Zusammenfassend lehrt diese Geschichte, dass unsere einzige Verantwortung darin besteht, alles, was nicht im Einklang mit Gottes vollkommener Liebe ist, als Täuschung zu betrachten, loszulassen und sich dem Heiligen Geist hinzugeben.

Die Bibel berichtet in diesem Textabschnitt, wie Jesus über das Wasser wandelte. Dies kann als Symbol für Transzendenz, das Überwinden aller Schranken, gedeutet werden. Ist Jesus wirklich jemals über Wasser gewandelt? Um herauszufinden, ob das möglich ist, gibt es nur einen sicheren Weg: selber den Zustand der Transzendenz wie Jesus zu erreichen. In diesem Zustand ist der eigene Wille ausgelöscht, im einen Willen des Heiligen Geistes voll aufgegangen und jedes Verlangen nach besonderen Erfahrungen vergangen. Insofern gibt es auf diese Frage keine Antwort, sondern nur eine Erfahrung.

Das metaphysische Modell

»Jesus versammelte sich mit den Aposteln und anderen Jüngern an einem Ort außerhalb von Jerusalem, sodass es für eine Gruppe von Pharisäern ein Leichtes war, dorthin zu gelangen und Jesus zu sehen. Einige aus der Gruppe der Pharisäer waren gespannt, Jesus' Worte zu hören und sie waren offen dafür. Andere hofften, Jesus vor seinen Jüngern zu diskreditieren. In dieser Weise war der Geist der Pharisäer gespalten, als sie hingingen, um Jesus zu sehen. Was Jesus an diesem Tag zu machen schien, wurde deshalb von verschiedenen Schriftgelehrten verschieden gesehen.

Wenn man zuhört, ist es der Geist, mit dem er zuhört. An diesem Tag hörten einige der Pharisäer Jesus von Liebe und Frieden und von GOTT als gänzlich liebend sprechen. Eine Ruhe legte sich auf ihre Herzen und ein Frieden erfüllte ihre Geister, als sie sich der Herrlichkeit seiner Worte bewusst wurden.

Wegen der Spaltung im Geist schienen andere Pharisäer durch die Geschehnisse unter dem Volk zerstreut zu sein. Sie schienen jede Regung im Volk zu bemerken und sie bildeten sich Urteile über das, was sie sahen. Sie hörten Jesus' Worte der Bedeutung der Liebe oder des Friedens jenseits aller Worte nicht.

Die Pharisäer, die Jesus nicht zuhörten, waren sich vieler Geschehnisse bewusst, welche sich die Pharisäer, die zuhörten, nicht bewusst waren. Deshalb waren es die Pharisäer, die zerstreut waren, die bemerkten, dass einige von Jesus' Jüngern aßen, ohne sich die Hände zu waschen. Die Pharisäer, die offenen Herzens zuhörten, nahmen keine Notiz davon.

›Warum essen deine Jünger, ohne sich ihre Hände zu waschen?‹, fragten die zerstreuten Pharisäer. ›Dies ist entgegen unserer Überlieferung. Durch dieses Verhalten machen sie sich unrein. Macht sie das nicht ungeeignet für die Verehrung unseres HERRN?‹« (Mk 7v1–23.1–18)

Die Pharisäer symbolisieren den gespaltenen Geist, mit dem wir alle unsere Reise hier in der Welt beginnen. Der rechtgesinnte Teil des Geistes ist erfüllt vom Heiligen Geist und der Bereitschaft, auf rechtgesinnte Gedanken zu hören und sie aufzunehmen. Er repräsentiert unser höheres Selbst. Der falschgesinnte Teil des Geistes ist gleichzusetzen mit dem Ego, dem schuldbeladenen Gedanken, von Gott getrennt zu sein. Das Ego repräsentiert das niedere Selbst und widersetzt sich, auf rechtgesinnte Gedanken zu hören.

Hören und Sehen sind wie alle Formen der Wahrnehmung aktive Prozesse. Der Geist entscheidet zuerst, was sein Zweck sei und dann wird die Wahrnehmung danach ausgerichtet. Es gibt immer nur zwei Möglichkeiten: rechtgesinnt mit dem Heiligen Geist oder falschgesinnt mit dem Ego wahrzunehmen. Der rechtgesinnte Geist ist frei von Vorurteilen, in Frieden und offen für die Wahrnehmung der Liebe. Der falschgesinnte Geist ist mit sich selbst in Konflikt wegen der ihm innewohnenden Schuld, die er loswerden will. Er ist darauf bedacht, die Schuld außen zu sehen. Die Welt dient ihm als Projektionsfläche und was projiziert wird, das wird wahrgenommen, wie das Beispiel mit den Pharisäern zeigt. Er sieht also gar nichts. Er interpretiert lediglich das, was er projiziert. Er ist wie ein Filter im Geist, durch den wir alles sehen und erfahren. Wenn wir uns dem nicht bewusst sind, läuft der Prozess, wie von Heiligen Geist durch Regina übermittelt, automatisch in der Form ab: »Was ich denke, das sehe ich; was ich sehe, das erfahre ich; und was ich erfahre, über das denke ich nach.« Es ist ein geschlossener Kreislauf, der endlos dreht, wie der Lauf im Hamsterrad. Wenn ich mir das bewusst mache, kann ich eine andere Wahl treffen und dem Kreislauf entrinnen.

»Alle Augen drehten sich nach den Pharisäern um, als ob sie eben die Diskussion aus einem anderen Bereich des Bewusstseins betreten hätten. Jesus erhob sich friedlich und wandte sich allen Menschen zu, als er sprach.

›Jeder ist geeignet, unseren HERRN zu verehren. Jedes Herz im Kind GOTTES ist rein und frei jeden Gedankens der Unreinheit. Nichts, was das Kind macht, kann es unrein machen, denn das Kind erbt die Reinheit des VATERS.‹

›Aber, Meister‹, erkundigte sich ein Jünger. ›Sicherlich ist ein Mensch unrein, der Sünden begeht und das Gesetz bricht, und er muss unserem HERRN ein Opfer darbringen, bevor ihm erlaubt ist, ihn zu verehren.‹

Jesus schaute den Jünger mit einer Sanftheit in seinem Blick an.

›Nichts, was ein Mensch tut, kann ihn unrein machen, denn seine Reinheit kommt von innen, jenseits der unreinen Gedanken. Wenn ein Mensch den unreinen Gedanken seines Geistes glaubt, wird er nach ihnen handeln. Aber wenn ein Mensch den unreinen Gedanken seines Geistes nicht glaubt, wird er nicht nach ihnen handeln. Wenn ein Mensch eine Wahl hat bezüglich seiner Gedanken, können diese Gedanken nicht die Essenz des Menschen sein, denn kein Mensch hat eine Wahl bezüglich seiner Essenz. Die Essenz eines Menschen ist einfach, jenseits seiner Wahl oder seiner Taten. Seine Essenz kann sich nicht ändern, denn seine Essenz ist ihm durch GOTT gegeben.‹

›Diese Essenz, von der ich spreche, ist in jedem Menschen unterhalb der Gedanken, die rein oder unrein zu sein scheinen und jenseits der Taten, die rein oder unrein zu sein scheinen. Es ist eines Menschen Essenz, welche GOTT verehrt. Es ist Essenz, welche festlegt, wer er ist.‹

Jedermann, der zuhörte, war erstaunt durch Jesus' Antwort. Aber diejenigen, die nicht bereit waren hinzuhören, dachten, er habe überhaupt nichts gesagt.« (Mk 7v1–23.19–37)

Dieser Textabschnitt enthüllt die Metaphysik mit den drei Ebenen Essenz, Geist und Körper. Im YouTube-Video »The Two Dreams«

stellt Kenneth Wapnick ein metaphysisches Modell vor. Inspiriert davon betont die folgende Grafik hingegen die drei Ebenen.

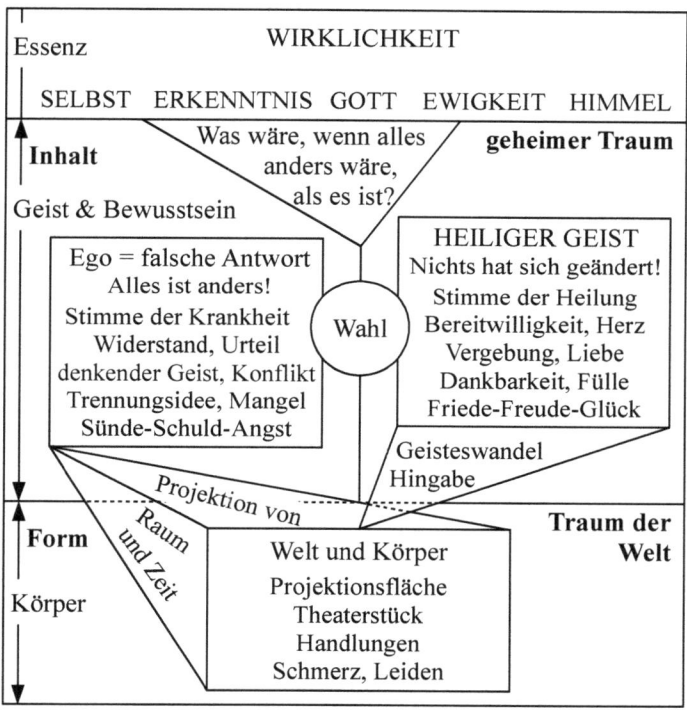

Die Ebene der Essenz liegt in der Ewigkeit. Daraus scheint ein winzig kleiner Teil des Selbst oder Christus, der Neugier verfallen durch das Erforschen einer unmöglichen Frage, in einen Traumzustand eingetaucht zu sein, in dem es Wahlmöglichkeiten gibt. Wie am Beispiel der Pharisäer dargelegt, scheint der Geist gespalten zu sein. In der traumatischen Erfahrung des Verlustes der Glückseligkeit des Himmels scheint sich der Geist in seiner Verwirrung nach eigenem Urteil falsch entschieden zu haben. Um der eingebildeten Schuld zu entfliehen, ist er in eine weitere Traumebene eingetaucht, indem er sich in eine geistlose Form hineinprojiziert und sich in scheinbar unendlich viele Teile fragmentiert hat. Das Ergebnis ist eine Welt bevölkert von Körpern.

Die Essenz, der reine Geist, die unveränderliche Seele oder das innerste Wesen unseres Seins liegt jenseits des Bewusstseins mit all seinen Gedanken und unberührt von allen Ereignissen der Welt. Es ist die Domäne der Erkenntnis, des Absoluten, in der Gott mit Seiner Schöpfung im Himmel als Einheit weilt.

Darunter befindet sich der Bereich des Bewusstseins, die Domäne des Ego. Das Ego hat ein Universum von Raum und Zeit projiziert, eine geistlose Form, um davon abzulenken, dass der Geist gespalten-en ist und es eine andere Wahlmöglichkeit gibt. Das Ego tut dies, indem es uns in der Welt mit erstrebenswerten Zielen ködert und mit einer endlosen Reihe von Problemen konfrontiert, bei denen wir Fehler machen müssen, um uns schuldig zu fühlen. Die Schuld dafür tragen gemäß Ego immer die anderen.

Wenn wir bereit sind innezuhalten, können wir uns daran erinnern, dass es im gespaltenen Geist eine andere Wahlmöglichkeit gibt. Die Lehre des Heiligen Geistes zielt darauf ab, die Spaltung zu heilen, indem den unreinen Gedanken der Glaube entzogen wird. Sie verlangt nicht, dass wir keine unreinen Gedanken haben, besagt aber, dass wir keine behalten möchten. Frohlockend nimmt Er jeden unreinen Gedanken entgegen und gibt ihn in geläuterter Form als Geistesfrieden zurück. Erst der geheilte Geist kann sich seiner unveränderlichen Essenz wieder erinnern. Im Kern ist jedes Lebewesen rein und unschuldig. Indem jedes Lebewesen unschuldig gesehen wird, wird die Unschuld im eigenen Geist wieder hergestellt.

Zu Beginn mögen wir daran zweifeln, dass alle unabhängig von ihren Handlungen in der Welt im Kern unschuldig sind, wie dies vom Jünger berichtet wird, denn es widerspricht unserer Erfahrung in der Welt. Die Lehre des Heiligen Geistes zielt aber darauf ab, jedes Urteil über Ereignisse in der Welt infrage zu stellen und loszulassen. Ich habe die Wahl, auf die Urteile des Ego zu hören oder mich der Sichtweise des Heiligen Geistes anzuschließen. Die Wahl muss getroffen werden, denn ich kann nicht zwei Herren gleichzeitig dienen. Was ich im Kern meines Wesens aber bin, liegt jenseits jeder Wahl. So führt der Weg der rechten Wahl unausweichlich zur Nichtwahl, zum Annehmen der Reinheit, dem Erbe als Kind Gottes.

Dämonen austreiben

»Jesus ging weg, um Zeit mit dem HEILIGEN GEIST in Gebet und Meditation zu verbringen. Eine Frau kreuzte seinen Weg. Sie erkannte ihn, weil sie von ihm gehört hatte. Hin- und hergerissen zwischen ihrem Gefühl der Verzweiflung wegen ihrem Problem und der Dankbarkeit, Jesus gefunden zu haben, fiel sie vor ihm auf die Knie. Ihre Tochter schien von einem bösen Geist besessen zu sein und sie wusste nicht, was tun.

Jesus berührte sie auf dem Kopf und dehnte Liebe zu ihr aus. Ein Augenblick der Ruhe entstand zwischen ihnen. Eine Veränderung geschah im Geist der Frau. In Jesus' Gegenwart war sie sich der Gegenwart der Liebe gewahr. Was nicht Liebe war, schien aus ihrem Bewusstsein zu weichen. Ihr Problem verlor die Bedeutung, die es hatte. Mit Offenheit in ihrem Herzen schaute sie den Meister an und fragte: ›Welche Worte möchtest du mir mitteilen?‹ Der Meister lächelte sie an, denn sie hatte Heilung für ihre Tochter gesucht und jetzt suchte sie Heilung für sich selbst.

›Geh zu deiner Tochter‹, antwortete Jesus, ›und siehe, dass sie wohlauf ist. Dehne Liebe zu ihr aus wie ich zu dir ausgedehnt habe. Sei geduldig mit ihr, wie ich es mit dir gewesen bin. Urteile nicht über sie, wie ich nicht über dich geurteilt habe. Siehe, dass sie wohlauf ist, wie ich gesehen habe, dass du wohlauf bist. Lass sie ihren Zustand des Wohlbefindens durch deine Liebe erfahren, wie du deinen Zustand des Wohlbefindens durch die meine erfahren hast.‹

Die Frau küsste Jesus' Hände in Dankbarkeit und lief weg zu ihrem Heim, begierig, ihre Tochter zu lieben, wie Jesus sie geliebt hatte.« (Mk 7v24–30.1–3,5,8–12,14–23)

Aus eigener Erfahrung berichtet Regina: »Ich habe das in meinem Leben angewendet und glaube, dass es funktioniert. Meine Tochter ging durch eine Phase, von der ich geglaubt haben könnte, dass sie von bösen Geistern besessen war. Viele, die Töchter im Teenager oder Vorteenager-Alter gehabt haben und die sich dementsprechend verhalten haben, können sich vorstellen, wovon ich spreche. An einem bestimmten Punkt akzeptierte ich, dass es an mir lag. Das war sehr wichtig. Ich bemerkte, als ich sehr starke negative Reaktionen von ihr bekam, dass ich wie eine E-Mail oder so ähnlich in meinem Geist an sie schickte und sie kam dann zu mir und sagte: ›Mama!‹ Mein erster Gedanke war: ›Ich wünschte, sie wäre nicht hier; ich wünschte, sie würde mich nicht unterbrechen; ich wünschte, sie würde weggehen.‹ Und das lief die ganze Zeit so ab, weil sie zu dieser Zeit nicht zur Schule ging und bei mir zu Hause war. Ich hatte immer das Gefühl, als ob sie volle Aufmerksamkeit von mir einforderte. Sie reagierte wie der Teufel, obwohl ich nichts zu ihr sagte. Es war nur in meinem Kopf. Und ich realisierte, dass mich ihre Gegenwart stark widerstrebte. Ich wünschte, sie wäre nicht hier, damit ich mich auf meine Arbeit konzentrieren konnte. Das erzeugte das dämonische Kind, das ich hatte. Ich musste mir eingestehen, dass an ihr nichts falsch war. Ich musste mir eingestehen, dass sie vollkommen war. Ich musste meine Urteile über ihr Verhalten loslassen. Und ich musste mir eingestehen, dass ich diese Situation erzeugt hatte.

Was ich dann machte, als sie jeweils zu mir kam, und mein erster Gedanke war natürlich immer noch, ich wünschte, dass sie mich nicht unterbräche, aus Gewohnheit war der erste Gedanke immer noch Zurückweisung, aber als ich die Verantwortung dafür akzeptiert hatte, gewöhnte ich mir an, sobald ich den zurückweisenden Gedanken feststellte, dass ich ihn zurücknahm. Ich ließ mich daran erinnern, dass ich das nicht wollte. Und ich pflegte zu unterbrechen, was ich gerade am Machen war, drehte mich zu ihr hin und gab ihr meine volle Aufmerksamkeit. Ich machte das buchstäblich nur für eine kurze Zeit, ein oder zwei Tage, und die Dämonen waren aus ihr ausgefahren. Sie veränderte sich vollständig, als ob ein Exorzismus stattgefunden hätte. Und ich glaube tatsächlich, dass das geschah, weil ich meine Einstellung ihr gegenüber vollständig geändert hatte. Ich entschied, sie zu lieben, sie nicht zu beurteilen und volle Verantwortung für meine Gedanken zu übernehmen. Das ist, was Jesus mit dieser Geschichte lehrt. Es bedeutet nicht, dass es mit meiner Tochter keinen Aufruhr mehr gibt. Aber es eskaliert nicht mehr. Alles, was kommt, geht schnell vorbei, weil ich für meinen Teil davon verantwortlich bin. Und in Verpflichtung mir gegenüber nehme ich die Verantwortung für meinen Teil weiterhin wahr.« (2008-12-14 Mk6–9 0:43:00)

Was ich über andere denke, bestimmt meine Erfahrung, denn Geister sind miteinander verbunden und immer in Kommunikation. Dies geschieht auf einer unbewussten Ebene des Geistes. Wenn wir wie Jesus die Meisterschaft erlangt haben, mögen wir uns dieser Ebene bewusst sein und alles durchschauen. Für die spirituelle Praxis, um dahin zu gelangen, ist das nicht erforderlich. Alles, was es braucht, ist sich der eigenen Gedanken bewusst zu sein und sich einzugestehen, dass sie tatsächlich eine Wirkung haben.

Form und Inhalt

Die wahre Krankheit liegt in den eigenen Gedanken, die Dämonen zum Leben erwecken können. Lassen wir alle Ego-Gedanken und jedes Urteil weg, dann breitet sich Geistesfrieden aus und die uns allen innewohnende unbegrenzte Liebe wird erfahrbar. Es ist nicht eine persönliche Liebe. Jesus sagte der Frau nicht, sie solle ihre Liebe ausdehnen, sondern die Liebe an sich. Um diesen Prozess anzustoßen, müssen wir uns die Zeit nehmen einen Moment innezuhalten, um uns der Gedanken im eigenen Geist bewusst zu werden. Wie Jesus lehrt, sollten wir mit anderen geduldig sein, auch mit uns selber. Es bedarf einer langfristigen Verpflichtung, die Verantwortung für die eigenen Gedanken zu übernehmen. Am Ende hilft es Zeit einzusparen, weil wir weniger Zeit verstrickt in Konflikten verbringen.

Schuld, die Quelle der Angst

Jesus' Jünger wurden zeitweise von Zweifeln und Ängsten heimgesucht, weil sie vieles aufgaben, um ihm nachzufolgen. Das trifft mehr oder weniger auf uns alle zu, die wir dem inneren Ruf zu folgen beginnen. Vieles, was wir erfahren werden, wird der Logik der Welt widersprechen. Nur widerspricht die Logik der Welt sich selbst, denn in ihr endet alles im Tod. Es gibt keine einzige Ausnahme. Es ist lediglich eine Frage der Zeit. Sich in Augenblicken des Zweifels dem bewusst zu sein, öffnet die Bereitwilligkeit hinzuhören, um auf dem inneren Weg weiter voranzuschreiten.

»Diejenigen, welche der VATER berufen hat, SEINEN Dienst zu verrichten, werden ihrem Ruf folgen. Denn sie können nichts anderes tun.« (Mk 8v14–21.11,12) Regina ist dafür ein gutes Beispiel. Obwohl sie für ihre kleine Tochter verantwortlich war, gab sie dem inneren Ruf folgend ihre Stelle auf, um für den Heiligen Geist zu arbeiten. Nach der Niederschrift von NTI wurde sie auf eine Stellenausschreibung aufmerksam gemacht, die genau zu ihrem Berufsprofil passte. Sie stellte eine aktualisierte Stellenbewerbung zusammen und fuhr am nächsten Morgen mit der Bewerbung im Briefumschlag zum Postamt. Auf halbem Weg wurde ihr durch Eingebung bewusst, dass sie sich jetzt entscheiden konnte, zurück in ihr altes Leben zu gehen oder weiterzumachen. Sie kehrte um, denn sie konnte und wollte nichts anderes mehr tun, als dem inneren Ruf weiter zu folgen und zu dienen. (2008-10-17 Jas2 0:54:00)

»Jesus fragte Petrus, was er denke, wer er sei. Petrus war einen Moment lang ruhig, bevor er antwortete, über die Antwort nachdenkend, die ihm in seinem Geist gegeben wurde. ›Du bist ich, Meister ... der SOHN GOTTES ... der CHRISTUS. Du bist einer, der sich dieses Gewahrsein angeeignet hat, und jetzt teilst du es mit uns.‹« (Mk 8v27–30.11–13) Petrus hatte zuerst angezweifelt, was es war, das er im Inneren vernahm. Seine Antwort kam nicht aus seiner eigenen Lebenserfahrung oder seinem eigenen Wissen. Was er sagte, war jenseits seiner eigenen Vorstellungskraft. Ohne die vorangegangene Schulung durch Jesus wäre dies für ihn unaussprechbar gewesen. Seine Antwort ist ein Beispiel für Inspiration. Es ist ein unpersönliches Wissen aus einer höheren Bewusstseinsebene.

Analoges berichtet Regina von ihrer Zeit, als sie NTI aufschrieb. Sie hatte oft Zweifel, denn was sie niederschrieb, hatte nichts mit ihrem eigenen Wissen zu tun und widersprach ihm häufig. Doch sie überwand ihre Zweifel, machte weiter und ihr Verständnis für die Lehre des Heiligen Geistes wuchs. (2008-12-14 Mk6–9 1:04:30)

»Die STIMME im Inneren wird euch klar führen, wenn ihr euer Vertrauen in SIE setzt und eure Zweifel beiseitelegt. SIE wird euch Wahrheiten offenbaren, die für euch unvorstellbar waren und deshalb werdet ihr wissen, dass sie wahr sind. Und sogar wenn diese STIMME spricht, könnt ihr eine andere Stimme hören, die Zweifel und Angst bringt. Legt diese Stimme beiseite, denn die Stimme der Angst wird die Sicht auf das LICHT benebeln und das LICHT vor euch verbergen.« (Mk 8v27–30.19–22) Die Stimme, die Zweifel und Angst sät, kommt vom Ego. Sind wir uns dem bewusst, können wir uns entscheiden, diese Gedanken zu glauben oder sie beiseitezulegen. Gedanken des Zweifels und der Angst sind wie dunkle Wolken, die das Licht der Wahrheit im Geist bedeckt halten. Ihnen den Glauben zu entziehen, transzendiert sie, bis nichts mehr übrig bleibt als Licht.

»Wenn ihr euren Zweifeln glaubt, werdet ihr bestimmt sterben. Denn Zweifel ist, was euch an diese Welt bindet. Zweifel ist die Angst vor GOTT, geboren aus Schuld. Wer von Schuld weiß, kann den HIMMEL nicht erkennen. Um den HIMMEL zu erkennen, müsst ihr eure Zweifel und euren Glauben an Schuld überwinden. Ihr müsst das Selbst loslassen, das sagt, dass ihr schuldig seid. Denn im Loswerden dieses Selbst erreicht ihr das LEBEN. Aber im Beibehalten dieses Selbst sterbt ihr.« (Mk 8v31–38.3–10)

Nun dringen wir zum Kern des Ego-Denksystems vor, der Schuld. Sie zeigt sich meistens indirekt als Projektion in die Zukunft in Form von Furcht und Angst. Was ist Nervosität anderes als Angst vor zu erwartendem Ungemach oder zu begehenden Fehlern, um sich dann schuldig zu fühlen? Alle Schuld ist im Unbewussten bereits vorhanden. Das Ego hält an der Schuld fest, denn damit sichert es sich sein Überleben, indem wir immer wieder neuen Situationen begegnen, um uns schuldig zu fühlen. Die Schuld lässt sich nicht mit anderen teilen. Sie bindet den Geist an den Körper und die Welt und lässt sie wirklich erscheinen, als eine Welt der Sünde und des Todes. Alle Angst lässt sich auf die Angst vor Gott zurückführen, auf den Glauben, gegen Gott gesündigt zu haben. Alle Einsamkeit stammt aus dem Glauben, von Gott getrennt zu sein.

Der andere Teil des Geistes ist nie allein. Er kennt keine Trennung und ist erfüllt von Glück und Liebe. Er steht immer in Verbindung mit Gott und allen Lebewesen. Sein einziges Bedürfnis ist das Teilen von Glück und Liebe, um diese Gaben Gottes zu vermehren. In ihm ist ewiges Leben. Schuld ist vergänglich, weil sie sich auflösen lässt. Liebe ist unsterblich. Sie kann aber durch die dunklen Wolken der Schuld und Einsamkeit verschleiert sein. Durch Fokussierung auf das Licht im Inneren wächst die Bereitwilligkeit, alle dunklen Wolken vergehen zu lassen. Je stärker das Licht wird, umso mehr wächst das Verlangen und die Kraft, alle Schuld, Zweifel und Ängste zu überwinden. Das Auflösen der Schuld transzendiert den Tod.

Die Macht der Gedanken

»Jesus kam mit drei Aposteln einen Berg hinunter und traf auf viel Volk. Es schienen Meinungsverschiedenheiten entstanden zu sein und seine Apostel begrüßten seine Rückkehr, damit er ihnen Fragen beantworten konnte, mit denen sie vom Volk konfrontiert wurden.

›Warum kannst du böse Geister austreiben‹, fragte einer aus dem Volk, der im Glauben in seine eigene Autorität zu sprechen schien, ›während deine Apostel es nicht können? Machst du das mit Magie?‹

›Wer hat gesagt, dass ich böse Geister austreibe?‹, fragte Jesus.

›Dieser Mann und jener Mann‹, antwortete dieser. ›Und ich selbst habe es dich machen sehen.‹

Jesus lächelte den Mann an und legte eine Hand auf seine Schulter. ›Ich kann keine bösen Geister austreiben‹, antwortete Jesus. ›Was du gesehen hast, entstammt deinem eigenen Glauben, denn was du glaubst, das wirst du bezeugen.‹

›Ich glaube, dass du böse Geister ausgetrieben hast‹, sagte der Mann.

›Aber um das zu glauben, musst du glauben, dass böse Geister wirklich sind und du ihr Opfer werden kannst. Wahrlich ich sage dir, wenn du deinen Glauben in unseren HERRN setzt, gibt es nichts, was dich zum Opfer machen kann.‹« (Mk 9v14–32.1–14)

Die Macht der eigenen Gedanken erzeugt die eigene Erfahrung und ist nicht zu unterschätzen. Alle Gedanken erzeugen Erfahrung auf irgendeiner Ebene. Wenn ich an Böses glaube, werde ich Böses um mich herum wahrnehmen und mich dagegen zu wehren suchen. Indem ich mich gegen Böses wehre, greife ich es an und verleihe ihm für mich Wirklichkeit. Ich mag anderen gegenüber dies oder jenes erzählen, darüber lästern oder in Angriffsgedanken grollen. Die Form spielt keine Rolle, denn Angriff ist Angriff und Angriff ist nicht von Gott. Ich bin nur das Opfer der eigenen Gedanken.

Jesus zeigt einen anderen Weg auf. In ihm sind weder Angriffsgedanken noch Glaube an das Böse. Seine Heilmethode beruht darauf, den Glauben an Böses in anderen durch seine Gegenwart auszulöschen. Jetzt ist seine heilende Gegenwart eins mit dem Heiligen Geist. Setze ich den Glauben in Ihn, dann schwindet die Idee des Opferns, Geistesfrieden breitet sich aus und ich erfahre, dass ich rechtgesinnt denke. Habe ich das verstanden und angenommen, werde ich feststellen, dass ich immer hin und her pendle zwischen Falsch- und Rechtgesinntheit. Demgegenüber ist Wachsamkeit gefordert, aber mit Beharrlichkeit wird immer häufiger Frieden erfahren.

Was danach in der Bibel wie als Anleitung zu Selbstverstümmelung missverstanden werden könnte (Mark. 9, 43: Und wenn dich deine Hand zur Sünde verführt, so haue sie ab!…), interpretiert der Heilige Geist als spirituelle Praxis der Wachsamkeit den eigenen Gedanken gegenüber.

»Ich aber sage euch, beobachtet *euch selbst* hinsichtlich euren Bruder. Euer Geist und euer Herz sind eure einzigen Anliegen. Wenn ihr glaubt, euren Bruder sündigen zu sehen, bittet den HEILIGEN GEIST um Hilfe, anders zu sehen. Erinnert euch an den Zweck in allen Dingen.«

»Wenn ihr glaubt, einen Fehler begangen zu haben, bittet den HEILIGEN GEIST um Hilfe, anders zu sehen. Erinnert euch an den Zweck in allen Dingen.«

»Wenn ihr glaubt, dass ihr vom Weg des HERRN abgeirrt seid, bittet den HEILIGEN GEIST um Hilfe, anders zu sehen. Erinnert euch an den Zweck in allen Dingen.«

»Wenn ihr glaubt, dass ihr Böses seht und euer Geist überzeugt ist, dass es wahr ist, bittet den HEILIGEN GEIST um Hilfe, anders zu sehen. Erinnert euch an den Zweck in allen Dingen.« (Mk 9v42–50.1–10)

Der Zweck in allen Dingen ist mit der Liebe des Heiligen Geistes zu sehen. Er sieht zwar, was in der Welt vorgeht, aber im Wissen, dass nichts davon wahr ist. Die einzige Wahrheit, die Er kennt, ist die vollkommene Liebe Gottes. Auch wenn es verlockend erscheinen mag, alles Böse außen zu sehen, lade ich mir damit nur eine unnötige Last auf, die den Fortschritt verzögert. Die Last des Urteils liegt schwer auf dem Herzen. Immer, wenn etwas in der Art wie oben aufgeführt gesehen wird, habe ich mich mit dem Ego identifiziert. Das ist lediglich eine von zwei Wahlmöglichkeiten. Mich daran zu erinnern, dass ich anders wählen kann, ist der erste Schritt in der Umkehr, anders zu sehen. Tue ich das nicht, dann erscheinen die Schrecken und Qualen der Welt als wirklich. Die einzige Freiheit als scheinbar Gefangener dieser Welt besteht darin, mich daran zu erinnern, eine andere Wahl zu treffen. In der Wahl für den Heiligen Geist allein kann wirkliche Freiheit gefunden werden. In dieser Wahl liegt die wirkliche Macht.

Verkaufe alles, gib es den Armen und folge mir nach

»Ein hervorragender Mann kam zu Jesus. ›Guter Lehrer‹, fragte er, ›wie kann ich ewiges Leben erlangen?‹

›Warum nennst du mich gut?‹, fragte Jesus.

›Ich kenne die Gebote. Ich lebe selber nach ihnen, und so weiß ich, was gut ist, wenn ich Gutes sehe‹, antwortete der Mann aufrichtig. Für diesen Mann schien Jesus über allen anderen zu stehen.

›Du machst einen Fehler‹, antwortete Jesus. ›Ein Mensch kann nicht gut oder schlecht sein. Entweder hört er auf unseren VATER oder er tut es nicht, und darin liegt kein Urteil.‹« (Mk 10v17–31.1–9)

Der Mann betrachtete Jesus als ihm gegenüber höhergestellt. Er stellte Jesus auf ein Podest. Aus eigener Erfahrung mögen wir uns an Begegnungen erinnern, in denen wir uns ebenso verhalten haben. Einem Meister gegenüber ist unzweifelhaft Respekt geboten. Ein wahrer Meister wie Jesus lehrt jedoch, ihm gleich zu werden. In Gott sind wir alle gleichsam Seine Kinder, ohne jede Hierarchie. Einssein und Hierarchie schließen sich gegenseitig aus.

Weisheit, wie sie die Welt lehrt, zielt auf ein treffliches Urteilsvermögen ab, um Gutes von Schlechtem zu unterscheiden. Nach diesem Muster macht sich das Ego spirituelle Lehren zu eigen. Wenn wir diesem Muster verfallen, Urteile und Bewertungen vornehmen, dann folgen wir dem Weg des eigenen spirituellen Ego. Das ist ein Fehler, wie Jesus betont, aber keine Sünde. Bemerkte Fehler können wir einfach als nicht mehr wünschenswert loslassen. Ohne Urteil werden wir feststellen, dass Menschen dem Weg zur Wahrheit folgen oder ihre eigenen Wahrheiten hochhalten. Darin liegt kein Urteil, sondern die Freiheit der Wahl. Echte Weisheit liegt darin, in allen Dingen dem Heiligen Geist das Urteil zu überlassen.

»›Lehrer‹, antwortete der Mann, ›ich höre auf alle Gebote unseres VATERS, und ich habe sie befolgt seit ich ein Junge war. Mein Herz ist erfüllt von Liebe und ich wünsche für alle nur das Beste. Was soll ich machen, um ewiges Leben zu erlangen?‹

Jesus blickte in Liebe auf den Mann. ›Es gibt eine Sache, die du tun musst. Geh hin, verkaufe alles, was du hast, und gib es den Armen. Dann komm und folge mir nach. Zusammen werden wir im Dienst an unseren Brüdern leben.‹

›Mein geschätzter Meister, ich habe für eine Familie zu sorgen. Sie sind von mir abhängig. Ich kann sie nicht verhungern lassen.‹

›Um das Reich GOTTES zu erben, musst du das Reich der Welt loslassen. Du kannst nicht Herrscher über dein eigenes Reich sein und eins sein mit dem VATER in SEINEM. Denn entweder siehst du dich selbst als eins mit dem VATER oder du wirst dich selbst als allein sehen.‹

Der Mann hatte nicht verstanden. Traurig und enttäuscht ging er weg und dachte, dass Jesus nicht der gute Mann war, der er zu sein schien.« (Mk 10v17–31.10–25)

Wir können den Mann gut verstehen, wie von ihm Opfer abverlangt werden. Es mag uns selbst ein schlechtes Gewissen beschleichen, weil wir nicht bereit sind, so weit zu gehen, wie Jesus hier verlangt. Würden wir tatsächlich alles weggeben und auf der Straße landen, gäben wir uns der Verwahrlosung preis und würden hierzulande im Winter den Erfrierungstod erleiden. Schuld oder Tod scheinen die Alternativen zu sein. Doch diese Darstellung ist die klassische Verwechslung der Ebenen von Form und Inhalt. Es geht hier nicht um das Verhalten in der Welt, sondern um den Geisteswandel.

Das Reich der Welt beruht auf den Gesetzen des Ego von Ungleichheit und Mangel. In diese Abhängigkeit führt der Glaube an die Wirklichkeit der Welt, in die Sklaverei des Ego. Die Armen sind diejenigen, die die Welt für wirklich halten. Sie klammern sich an die vergänglichen Dinge und verleihen ihnen dadurch eine Wirklichkeit, die sie nicht besitzen. Opfer werden aber keine abverlangt. Alle Werte, die wir den Dingen der Welt zuschreiben, müssen betrachtet und innerlich losgelassen werden. Spätestens beim körperlichen Tod muss sowieso alles losgelassen werden, warum also nicht gleich jetzt? Loslassen bedeutet nicht Aufgeben oder Weggeben, sondern das emotionale Anhaften an den Dingen aufzulösen. Dies ist der Geisteswandel, der frei macht, um Jesus im Geiste nachzufolgen.

»Auch die Apostel waren überrascht durch Jesus' Antwort, denn sie wussten, dass dieser Mann gut und sehr verantwortungsvoll mit seiner Familie und seinen Bediensteten umging.

›Ins Reich GOTTES einzutreten benötigt große Wachsamkeit gegenüber den Versuchungen der Welt‹, erklärte Jesus. ›Es ist leichter, dass ein Kamel durch ein Nadelöhr hindurchgeht, als dass ein Mensch in das Reich GOTTES eingeht.‹

Die Apostel waren schockiert und fragten sich, was sie mit dem Verlassen ihrer Familien getan hatten, um Jesus zu folgen. ›Wer kann denn erlöst werden?‹, fragten sie.

Jesus blickte in Liebe auf sie. ›Kein Mensch kann sich selbst erlösen. Er muss alle Dinge an GOTT übergeben. Für Menschen ist Erlösung unmöglich; aber bei GOTT sind alle Dinge möglich, sogar bis zur Erlösung.‹« (Mk 10v17–31.26–34)

Für die Apostel scheint Jesus die Latte gleich noch etwas höher gelegt zu haben. Wie sie neigen auch wir dazu, die Dinge der Welt nach den Werten der Welt zu beurteilen. Gegenüber dieser Versuchung ist Wachsamkeit gefordert, denn im Reich Gottes sind verschiedene Werte unbekannt, würden sie doch Ungleichheit bedingen.

Das Nadelöhr kann als Symbol für die Himmelspforte verstanden werden. Durch die Mitte, frei von Anhaftungen, gelangt man hindurch. Die Mitte steht für reine Nicht-Dualität. Anhaften an Dingen, egal ob positiv bewertet, das sind die Begierden, oder negativ bewertet, das sind die Abneigungen, hält in der Welt der Dualität gefangen.

Das Kamel ist ein Lebewesen, das eine aufgebürdete Last mit großer Ausdauer in einer Karawane durch die Wüste trägt. Es ist ein Symbol für die innere Haltung auf dem spirituellen Weg, der Karawane des Heiligen Geistes zu folgen. Die Welt ist die Wüste, in der am Ende alles stirbt. Wie das Kamel, dem die Wüste nichts anhaben kann, können wir mit großer Ausdauer an ihr vorbeigehen. Die selbst auferlegte Last ist die Last des Urteils, die sich bei genauer Betrachtung immer als Selbsturteil herausstellt und manifestiert sich durch die Schwere des Körpers.

Der Himmel ist das Reich des reinen Geistes. Dort gibt es keine Körper, keine Menschen. Erlösung ist für den Geist und nicht für den Körper bestimmt. Der Weg der Erlösung ist die Transformation vom persönlichen menschlichen Wesen zum unpersönlichen göttlichen Wesen, dem Christus in uns. Durch Weglegen des Urteils wird die Schwere des Körpers nachlassen und erstaunt werden wir feststellen, dass das Nadelöhr immer größer wird, je weniger an den Dingen der Welt angehaftet wird.

Jesus nachzufolgen bedeutet also, alle vergänglichen Werte, alles Urteilen und alles Anhaften an den Dingen der Welt Gott, repräsentiert durch den Heiligen Geist, zu übergeben und in allen Dingen der inneren Führung des Heiligen Geistes zu folgen. Das ist der Geisteswandel, der es möglich macht, aus der inneren Quelle der Liebe allen Menschen Segen und bedingungslose Vergebung anzubieten.

Der Weg der Erlösung

Die Geschichte der Geldwechsler im Tempel, in der Jesus gemäß Bibel außer sich gerät und Tische umwirft, erfährt hier eine Transformation von der Form zum Inhalt. Jesus gerät zwar innerlich in Aufruhr, bleibt aber gleichsam ruhig, weil er gegenüber seinen Gedanken wachsam ist.

»Im Tempel bemerkten die Apostel an diesem Tag eine Veränderung in Jesus, als er die Geldwechsler und Händler erblickte. Auf

Form und Inhalt

dem Weg zum Tempel hatte er mit den Aposteln gesprochen und mit ihnen gelacht, jetzt aber verharrte er ruhig und gelassen, als er das Geschehen dort erblickte.

›Meister‹, fragte ein Apostel, ›ist etwas nicht in Ordnung?‹

Jesus gab ihm keine Antwort, verharrte aber ruhig, wachsam gegenüber Urteilen in seinem Geist. Er glaubte diesen Urteilen nicht und er reagierte nicht auf sie, aber er nahm sie wahr und ließ sie aus seinem Geist entweichen. Dann verließ er den Tempel, ohne ein Wort zu sagen. Die Apostel waren erstaunt, denn sie hatten von ihm erwartet, dass er beten und lehren würde.« (Mk 11v15–19.1–7)

Dieses Beispiel lässt sich auf verschiedene Situationen im eigenen Leben übertragen. Wenn wir denken, dass wir uns etwas gegenübersehen, was nicht richtig ist, sollten wir uns daran erinnern, zuerst einmal innezuhalten. Innere Aufruhr können wir lernen als Signal zu deuten, tief durchzuatmen, ruhig zu bleiben und erst die eigenen Urteile zu betrachten und infrage zu stellen. Sind meine Urteile gerechtfertigt? Weiß ich es tatsächlich besser? Sich Zeit zu nehmen, bevor wir reagieren, ist der erste Schritt, um innerlich wieder abzukühlen. Mit dem Abkühlen schwindet die Bedeutsamkeit der Urteile, wir brauchen nicht mehr darauf zu reagieren, können sie loslassen und uns wieder der Ruhe der inneren Führung zuwenden. In dieser Art und Weise funktioniert wahre Vergebung.

»Beobachte deine Gedanken. Sie scheinen manchmal trickreich zu sein, denn sie scheinen nur zu kommen, um dich zu täuschen und deines Zwecks zu berauben. Aber du brauchst nicht zu glauben, was du in deinem Geist vorfindest und du brauchst nicht zu glauben, was du mit deinen Augen siehst. Sei wachsam gegenüber Täuschung. Wenn du wachsam bist, wirst du sie an ihrem Namen erkennen. Ihr Name ist Angst.« (Mk 11v20–26.5–10)

Aufruhr ist immer ein Lebenszeichen des Ego. Das Ego scheint den Geistesfrieden zu sabotierten. Wenn ich nicht in Frieden bin, habe ich mich auf Ego-Gedanken eingelassen. Ego ist Täuschung. Aus ihm kommt alle Angst, denn es ist dessen scheinbare Quelle. Ich habe immer die Wahl, mich meines Zwecks zu erinnern, mich gegen das Ego zu entscheiden und ihm den Glauben zu entziehen. Davor hat das Ego Angst. Wenn die Ego-Gedanken schwinden, schimmert die Liebe wieder durch. Die Wahl besteht am Ende immer zwischen der Liebe des Heiligen Geistes und der Angst des Ego. Und wohin ich meinen Glauben setzte, das werde ich erfahren. Die Liebe braucht keine Verteidigung, denn sie ist einfach. Ihr scheinbares Gegenteil braucht Verteidigung durch Glauben, um es wirklich erscheinen zu lassen. Mich gegen Täuschung nicht mehr zu wehren, lässt sie in sich zusammenfallen.

Dies leitet direkt über zum wichtigsten Gebot, das fast unverändert aus der Bibel übernommen wurde und den Kern der Lehre des Heiligen Geistes ausmacht, auf dem alles andere aufbaut.

»Der HERR, unser GOTT, ist eins. Liebe den HERRN, unseren GOTT, mit deinem ganzen Herzen und mit deiner ganzen Seele und mit deinem ganzen Verstand und mit all deiner Kraft. Das zweite ist diesem gleich. Liebe deinen Nächsten wie dich selbst in der Liebe GOTTES. Es gibt kein Gebot größer als diese.« (Mk 12v28–34.5–9)

Als Würdigung seiner Autorität verlangt das Ego nach einer Vielzahl von Opfern. Diese zwei Gebote beenden das Opferwesen. Das Gebot der Liebe widerspiegelt eine innere Haltung, die wir uns aneignen können und müssen. Indem ich meinem Nächsten, jedem, alles immer vorbehaltlos vergebe, mache ich mir diese Liebe zu eigen. Jeder nicht vergebende Gedanke verdunkelt den Geist vor dieser Liebe. Das Problem wie auch die Erlösung liegen im eigenen Geist.

»Der Messias ist der Gedanke der Erlösung und dieser Gedanke ist jetzt bei dir. Der CHRISTUS ist die Annahme dieses Gedankens. Jeder hat die Ermächtigung, diese Gabe anzunehmen, denn es ist eine Gabe unseres VATERS an alle SEINE Kinder als eins.« (Mk 12v35–40.16–18)

Der Messias ist jetzt im eigenen Geist. Die Erlösung verlangt nur eine einzige Sache, dass ich all mein Denken, alle meine Gedanken, dem Heiligen Geist zur Bewertung offenlege. Durch Seine Schau werde ich erfahren, was ich wirklich bin. Was ich dem Heiligen Geist vorenthalte und in der Welt wertschätze, ist wie eine Kette, die den Geist an die Welt fesselt und ihn vom Himmelreich fernhält. Alle privaten Gedanken loszulassen »ist die Gabe der Unterwerfung unter den WILLEN GOTTES und der Annahme dieses WILLENS als den eigenen.« (Mk 12v41–44.16) Diese Gabe mag sich wie Selbstaufgabe anfühlen und es ist tatsächlich das Aufgeben des eigenen Ego, der Kleinheit. Das Aufgeben der Kleinheit macht nicht, wie wir befürchten könnten, obdachlos, sondern eröffnet den Weg, die Gabe wahrer Größe, das Erbe als Kind Gottes, zu empfangen.

Form und Inhalt

Die Endzeit

»Einer der Apostel war vom Tempel sehr beeindruckt. ›Schau, Lehrer! Welch massive Steine! Was für prachtvolle Gebäude!‹

Jesus lächelte dem Apostel zu und legte einen Arm auf seine Schultern. ›Du bist von nichts beeindruckt, mein Freund. Vor der Schau des HIMMELS werden alle diese Steine verschwinden.‹« (Mk 13v1–3.1–7)

Wie der Apostel lassen wir uns gerne von den Dingen der Welt oder der Größe des Universums beeindrucken. Was Jesus dem Apostel antwortete, interpretierte dieser als Weltuntergang, und davor hatte er Angst. Von Zerstören ist aber nicht die Rede, lediglich von Verschwinden. Die Welt wird nicht untergehen. Alles, was wir als Zeichen für den Untergang deuten könnten, sind die Geburtswehen der Welt. (Mk 13v4–37.12) Was in der Bibel als der Endzeit vorangehender Anfang der Wehen beschrieben ist, kehrt der Heilige Geist in Seiner Interpretation ins Gegenteil um. Das ist sehr aufschlussreich, denn Geburtswehen sagen aus, dass das Kind – die Welt – noch gar nicht da ist. Die Welt ist eine Halluzination von einer Welt. Alle Dramen und Katastrophen dienen nur dem einen Zweck, die Welt als wirklich erscheinen zu lassen. Furcht und Angst als Folge der im Unbewussten verborgenen Schuld lässt die Welt als massiv erscheinen.

»Die Welt wird die Welt sein, bis der Gedanke, der sie machte, nicht mehr ist. Wenn der Gedanke vergangen ist, wird die Welt mit ihm verschwunden sein. Ihr werdet nichts vernehmen als einen winzigen Lufthauch und dann wird sie nicht mehr sein. Und ihr werdet froh sein, denn alles, was ihr kennen werdet, ist Friede und Freiheit und Freude.

Sorgt euch nicht, dass ihr nicht bereit sein werdet. Denn vor dieser Zeit werdet ihr auf diese Welt schauen und den CHRISTUS sehen, als ob es aus von Engeln aufgespannten Wolken auf die Welt regnen würde. Ihr werdet diese Macht und Herrlichkeit in euch erkennen.« (Mk 13v4–37.33–39)

Die Erlösung erfolgt in zwei Schritten. Der Glaube an die Schuld ist der Gedanke, der aus Angst eine Welt erscheinen ließ. Zuerst muss alle unbewusste Schuld aus dem Geist getilgt sein, um in Frieden und vollkommener Unschuld den Christus in allen zu sehen. Der

Weg des Loslassens durch wahre Vergebung führt Schritt für Schritt immer weiter zurück zur ersten scheinbar falschen Entscheidung für das Ego, um eine andere Wahl zu treffen. Alles Denken und Urteilen dem Heiligen Geist zu überlassen, ermöglicht es Ihm, die einzig richtige Wahl zu treffen, bis Sein Wille als der eigene angenommen ist. Die Unschuld in allen zu sehen legt Zeugnis für die eigene Unschuld ab. Das ist das Erwachen aus dem Traum der Welt.

Der zweite Schritt erfolgt unausweichlich aus dem ersten. Die Welt wird einfach aufhören scheinbar zu sein, wenn ihr Nutzen vorbei und die Erlösung vollständig ist. Das Erwachen aus dem geheimen Traum ist das endgültige Entsagen allen Träumens. Als Christus werden wir im Einssein des Himmels weilen und uns an nichts mehr erinnern, was zuvor wirklich erschien.

Es gibt nichts zu fürchten. Die Endzeit ist jetzt. Jetzt ist die Zeit der Erlösung, denn es gibt keine andere Zeit. Jetzt muss ich wachsam sein, meinen Geist beobachten und alle Gedanken dem Heiligen Geist übergeben. Mit Ihm bin ich nie allein, denn Er ist eins.

Transformation

Die Hohenpriester und einige Schriftgelehrte kamen überein, Jesus gefangen zu setzen und dafür zu sorgen, dass er getötet werde. Als Manifestation des Heiligen Geistes werden in seiner Gegenwart alle Gedanken, die aus dem Ego stammen, als Täuschung aufgedeckt. Das Ego ist auf Selbsterhalt bedacht und versucht, die Stimme des Heiligen Geistes aus Angst vor dem Verlust der eigenen Existenz zu verleugnen. Jesus umzubringen kann als Versuch gedeutet werden, die Stimme des Heiligen Geistes zum Verstummen zu bringen und auf diese Art und Weise den Konflikt zu verdrängen.

Im Geist befinden sich zwei Stimmen, diejenige des Heiligen Geistes, die Stimme für Gott, und diejenige des Ego, die Stimme der Täuschung. Die Frau, welche Jesus salbte, folgte der Stimme des Herzens. »Aus Dankbarkeit für die Liebe, die sie durch ihn kennengelernt hatte, beschenkte sie Jesus, indem sie ihn mit einer teuren Salbe einölte.« (Mk 14v3–9.2) Wie sich die Führung durch den Heiligen Geist äußert, kann nicht beurteilt werden, außer, dass niemandem geschadet wird. Für jeden Menschen wird sich Führung in einer Art und Weise zeigen, wie sie von der jeweiligen Person in Frieden verstanden und angenommen werden kann. Dieser Führung zu folgen wird begleitet von einem Gefühl des Glücks. Die Frau wurde daraufhin von den Jüngern für ihre Handlung getadelt, doch ruht diese Beurteilung auf den Gesetzen der Welt.

Judas Iskariot hingegen folgte der Stimme der Täuschung. Er befürchtete, Jesus könnte ein falscher Prophet sein und der Stimme der Angst folgend verriet er Jesus, im Glauben, vor einem weltlichen Gericht könne die Wahrheit gefunden werden. Diese Beschreibung widerspiegelt die Denkweise des Ego, dass in der Welt Gerechtigkeit gefunden werden kann. Alle negativ bewerteten historischen Figuren wie Judas können als Projektionsfläche betrachtet werden, auf die wir unsere eigene unbewusste Schuld projizieren. Doch die Lösung für den Konflikt kann nicht außen in der Welt gefunden werden, wie der weitere Verlauf der Geschichte von Judas zeigt. Der Konflikt liegt im eigenen Geist. Nur da kann und muss er gelöst werden. Die Geschichten mit der Frau und mit Judas zeigen, dass die Wahl zwischen Glücklichsein und Rechthaben besteht.

Am Abend versammelten sich die zwölf Apostel mit Jesus, um ihrer Tradition folgend das Passamahl zu halten. »Jesus stand vor ihnen mit einem Laib Brot in seiner Hand. Er brach das Brot und gab es den zwölf. ›Esst dies‹, wies er sie an. ›Denn es ist nicht mehr als mein Körper.‹

›Macht euch keine Sorgen über das, was mit meinem Körper geschehen wird. Er ist nichts, über das ihr euch selbst zu kümmern braucht. Der reine GEIST ist alles, was von Bedeutung ist und der reine GEIST ist ewig.‹

Jesus schenkte ein Glas Wein ein und gab es den Aposteln zu trinken. ›Trinkt von diesem Kelch. Es ist der Kelch der Vergebung. Wenn ihr zusammen trinkt, vergebt einander eure Einbildungen, denn ihr müsst einander lieben, wie GOTT euch liebt.‹« (Mk 14v17–26.4–14)

Das Passamahl zu halten war in der jüdischen Tradition ein Anlass, wie wenn wir heute an einem Feiertag zu einem Essen zusammenfinden. Es lag bestimmt nicht in der Absicht von Jesus, ein neues Ritual einzuführen. In der Deutung des Heiligen Geistes wird die Geschichte wieder in die richtige Perspektive gerückt. Jesus spricht die Versuchung an, ihn für einen Körper zu halten und den Geist außer Acht zu lassen. Der reine Geist ist ewig, der Körper aber vergänglich. Der Körper ist weder gut noch schlecht. Als nützliches Hilfsmittel ist er neutral. Mit ihm kann der Geist lernen, wo die wahre Bedeutung liegt. Das gegenseitige Vergeben von Einbildungen beseitigt die verborgene Schuld, die den Geist an den Körper bindet, und befreit den Geist in den Zustand der ewigen Liebe. Daran sollten sich die Apostel und wir alle erinnern, wenn der Körper eines geliebten Menschen stirbt. Jeder Todesfall kann die Lektion lehren, dass der Körper bedeutungslos ist und alle Bedeutung im Geist liegt.

Später ging Jesus mit drei Aposteln in den Garten von Gethsemane. »Jesus schien besorgt zu sein und die drei fragten ihn, was mit ihm los sei.

›Ich fühle die Angst des Todes in mir‹, antwortete er. ›Ich muss mich jetzt mit dem VATER verbinden. Bleibt hier und seid euren eigenen Ängsten gegenüber wachsam.‹« (Mk 14v32–42.5–8)

Jesus ging weiter in den Garten hinein, um sich in seinen Geist zu vertiefen und mit Gott zu verbinden. Das Ego vollständig aufzugeben ist die letzte zu überwindende Angst. Es ist die traumatische Vorstellung der vollständigen Selbstvernichtung, solange wir noch an einem eigenen Willen anhaften. Das Ego ist der Glaube an die Trennung von Gott, welche die Erfahrung der Individualität als Person ermöglicht. Das Ego wegzulegen ist wie der Tod des Todes, denn das Ego ist das Einzige, was sterblich ist. Um zu diesem entscheidenden Punkt zu gelangen, ist die vollständige Vergebung der unbewussten Schuld nötig. Irgendwann werden wir alle an diesen Punkt gelangen.

»In seinem Geist übergab Jesus die Angst dem HEILIGEN GEIST. Er wartete ruhig im Vertrauen und in Gewissheit. Er wusste, dass dies die endgültige Übergabe war. Von diesem Punkt an würde es keinen Jesus mehr geben, sondern nur noch den WILLEN des HEILIGEN GEISTES.« (Mk 14v32–42.14–17)

»Als Jesus zum dritten Mal aus dem Garten kam, war er bereit, denn er hatte den WILLEN des HEILIGEN GEISTES vollständig als einzigen WILLEN angenommen. Im Geist von Jesus war kein getrennter Wille mehr.« (Mk 14v32–42.31,32)

Als er die ersten beiden Male aus dem Garten zu seinen drei schlafenden Aposteln zurückkehrte, war immer noch die Versuchung in seinem Geist anwesend, über das Verhalten der Apostel zu urteilen. Urteilen macht blind. Die Versuchung lehrt immer die gleiche Lektion: andere als Körper zu sehen, nach Äußerlichkeiten zu beurteilen und den Geist außer Acht zu lassen. Das Loslassen unerwünschter Gedanken bedarf im Normalfall mehrerer Anläufe. Die Stärke der Verurteilung nimmt mit jedem Loslassen ein wenig ab, bis die Versuchung vergangen ist.

Jesus brauchte drei Anläufe, bis er so weit war, der Versuchung vollständig zu entsagen, sein Ego endgültig loszulassen und aus dem Traum der Welt zu erwachen. Er war buchstäblich durch das Nadelöhr hindurch gehüpft. Es ist wie der Sprung auf die andere Seite. Auf der anderen Seite werden wir feststellen, dass wir gar nie woanders waren. Alles war nur Einbildung. Nichts wurde aufgegeben, um ins Einssein zu gelangen. Die wahre Identität im Geist ist wiederhergestellt, die Identität mit dem einen Willen, in dem Konflikt unmöglich ist. Alle dunklen Wolken der Schuld sind aus dem Geist entschwunden. Übrig bleibt das ewige Licht, Erleuchtung. Dahin zu gelangen zielt alle spirituelle Praxis wahrer Vergebung letztendlich ab.

Erlöst vom Ego blickte Jesus durch jede Situation hindurch zur Liebe, die wir in Wirklichkeit alle sind. Als Judas ihn den bewaffneten Männern auslieferte, erkannte er die Verwirrung in Judas' Geist. Er erkannte, dass Judas einen Fehler machte, der Verwirrung im Geist folgte und ihn durch einen Kuss verriet. Er sah ganz klar, was Judas machte, doch weder nahm er es an noch wies er es zurück, sondern liebte Judas gleichwohl.

Ohne zu urteilen können wir zur Kenntnis nehmen, was andere tun und sagen, und es weder als wahr annehmen noch als falsch zurückweisen. Wenn wir uns beispielsweise in einer Klatschrunde wiederfinden, in der über andere gelästert wird, können wir alles an uns vorüberziehen lassen, ohne an etwas festzuhalten, weder daran zu glauben noch es abzulehnen, und alle einfach zu lieben. (2007-01-04 Mk14–16 0:04:00) Über andere zu klatschen ist ein Ruf nach Liebe und Jesus lehrt, nur Liebe zu sein. »Wir sind eins, meine lieben Brüder. Zwischen uns kann es keinen Konflikt geben.« (Mk 14v43–52.12,13)

Nachdem Jesus abgeführt war, überkam die Apostel große Furcht. Ihrer Angst folgend zerstreuten sie sich in alle Richtungen. »Aber ein Apostel verblieb im Garten und suchte in der Ruhe Führung durch den HEILIGEN GEIST.« (Mk 14v43–52.18) Welcher Apostel war das? Symbolisch trifft das auf alle zu, die sich im Aufruhr daran erinnern und sich nach innen an die Führung des Heiligen Geistes wenden.

Im darauf folgenden Gerichtsverfahren erkannte Jesus, dass in den Anschuldigungen keine Wahrheit enthalten war. Er ruhte in Frieden und im Einssein, sagte nichts und liebte alle gleichermaßen. »Der Hohepriester fragte ihn: ›Bist du der CHRISTUS, der SOHN unseres HERRN?‹ ›Ja‹, antwortete Jesus. ›Wie auch du es bist.‹« (Mk 14v53–65.21,22) Jesus hatte jede Form der Besonderheit abgelegt und sah im Geist alle als gleich an. Wir alle zusammen sind der eine Sohn Gottes, der Christus. Seiner Angst folgend verleugnete Petrus in der Nacht des Gerichtsverfahrens Jesus wie vorhergesagt dreimal. Wir alle sind Petrus, solange wir in geistiger Umnachtung dem Rat des Ego folgen, bis wir wie Petrus uns wieder erinnern, die Wahl für den Heiligen Geist zu treffen.

Auferstehung

In der Folge wurde Jesus an Pilatus überstellt, um Gericht über ihn zu halten. Alle Personen dieser Geschichte repräsentieren Gedanken im gespaltenen Geist. Der Konflikt im Geist wurde mit dem Resultat ausgetragen, dass Jesus den Soldaten zur Kreuzigung übergeben wurde. Im Gegensatz dazu war Jesus' Geist geheilt und vollkommen erfüllt von Liebe. Ohne sich gegen Illusionen zu verteidigen und unberührt von den Geschehnissen um ihn herum, lehrte er Frieden und Liebe. Die Soldaten projizierten die Schuld für die Entbehrungen und die Einsamkeit, die sie fern ihrer Heimat im Land der Juden zu ertragen hatten auf Jesus, indem sie ihn demütigten.

»Jesus blieb ruhig, ohne sich auf die Illusion des Hasses zu fokussieren und bemerkte den Wunsch nach Liebe. Ohne ein Wort zu sagen, versicherte er den zornigen und verängstigten Männern, dass sie LIEBE sind, und dass sie unschuldig sind.

Die Stille in Jesus' Geist war stärker als das ihn umgebende Chaos. Ein Soldat hörte die Stille. Er verharrte dem Ruf des Friedens zuhörend, während diejenigen um ihn herum sich dagegen zu wehren schienen.« (Mk 15v16–20.8–12)

Jesus, vollkommen im Willen des Heiligen Geistes aufgegangen, sah nur Liebe und den Wunsch nach Liebe. Alles, was nicht Liebe ist, ruft nach ihr, ungeachtet der Form, die es anzunehmen scheint. Der geheilte Geist ist befreit von der Täuschung durch die Form und sieht durch alles hindurch. Er sieht zwar immer noch die Form, aber ohne den Glauben an ihre Wirklichkeit. Er sieht alles als Ausdruck von Liebe. Die Stille hinter dem Chaos ist in jedem Geist gegenwärtig. Wie die Soldaten haben wir immer die Wahl, im Tumult innezuhalten und dem Ruf des Friedens zu lauschen.

»Der Geist von Jesus war vollkommen geheilt. Er sah aber auch den Gesamtgeist, der zum Teil noch ungeheilt war. Der ungeheilte Teil des Geistes war keine Ablenkung für Jesus. Er war sich der Wahrheit im Klaren und deshalb war es nur die Wahrheit, der jetzt seine Aufmerksamkeit galt. Der Geist von Jesus war vollständig von Liebe und Dankbarkeit und Wirklichkeit erfüllt. Dies war alles, was er kannte und dies war seine einzige Erfahrung.« (Mk 15v24–32.3–6) Diesen Zustand hatte Regina in ihrer Vision erfahren. Es ist der Übergang in die Ewigkeit. Es ist das Erwachen aus dem zweiten Traum, des ursprünglich geheimen Traumes, der nach dem Erwachen aus dem Traum der Welt zum glücklichen Traum wird. Ob wir nur kurze Zeit oder Jahrzehnte im glücklichen Traum verweilen, spielt keine Rolle, denn der Nutzen der Zeit liegt einzig darin, dahin zu gelangen. Auch die Form des Übergangs, ob durch Kreuzigung oder scheinbar sanftes Ablegen des Körpers, ist bedeutungslos, denn der Tod hat den Geist mit dem Verlöschen des Ego bereits verlassen und der ego-freie Geist kann nicht leiden.

Die Perspektive der Kreuzigung durch die Linse des ungeheilten Geistes ist eine von Schmerz und Leiden, von Dunkelheit, Trennung, Einsamkeit und Gottverlassenheit. Der ungeheilte Geist ist identifiziert mit dem Körper. Die eigene Erfahrung von körperlichem Schmerz wird beim Betrachten der Bilder der Kreuzigung auf sie als ein schreckliches, leidvolles Ereignis projiziert und dann als solches wahrgenommen.

»Die Perspektive des geheilten Geistes ist die Freude, sich selbst mit GOTT als eins zu erfahren, nie getrennt und nie imstande gewesen zu sein, sich zu trennen. Die Perspektive des geheilten Geistes ist die von Friede und Dankbarkeit für das Erkennen jenseits allen möglichen Zweifels, dass Illusionen Illusionen sind und nur die Wahrheit immer und ewig wahr ist.« (Mk 15v33–41.1,5,7)

Einige der Zuschauer waren irgendwo zwischen den beiden Perspektiven und erkannten, dass etwas nicht von dieser Welt gegenwärtig war und verstanden, dass es von ihnen war. Jetzt kann genau das Gleiche geschehen, wenn die Bereitschaft vorhanden ist, den Geist für die Botschaft des Heiligen Geistes zu öffnen und Seiner Lehre Raum zu schaffen. Das Wunder der Heilung im Geist hat eingesetzt.

Nach der Kreuzigung erschien Jesus anders als in der biblischen Überlieferung zuerst den Frauen und danach den Jüngern als weißes Licht im Geist. Das körperliche Erscheinen von Jesus nach der Kreuzigung wurde irrtümlicherweise als körperliche Auferstehung gedeutet, als Verwechslung der Ebenen von Form und Inhalt. Identifiziert mit dem Körper erfahren wir die Trennung von Gott. Im Geist wird die Trennung überwunden, findet die Auferstehung statt und ist die Wahrheit zu finden, das Einssein und Jesus. Im Geist ist Jesus jetzt erfahrbar. »Das ist die Botschaft der Kreuzigung, denn es ist die Botschaft der Offenheit und der Annahme dessen, was bereits ist. Es ist immer wahr gewesen und ist immer wahr. Friede ist in dir drin, mein Bruder, weil du im Frieden zu Hause bist.« (Mk 16v1–20.28–30)

Regina hat durch den Heiligen Geist erfahren, wie Jesus durch die Kreuzigung hindurchging. Jesus hatte sich die Kreuzigung weder erwünscht noch sich ihr widersetzt. Er akzeptierte, wie es geschah. Er hatte es wie den bedeutungslosen Ablauf eines vorbestimmten Drehbuchs gesehen und dabei erkannt, dass es ein hervorragendes Lehrbeispiel war. Seine Jünger begannen nämlich, ihn als eine Art Guru zu betrachten, obwohl er sie immer lehrte, sich nach innen zu wenden, und durch die Kreuzigung blieb ihnen nichts anderes mehr übrig, als in den eigenen Geist hineinzuhören. (2007-01-04 Mk14–16 1:20:00)

Das Symbol des Kreuzes kann für den Körper und das Symbol der Kreuzigung für Reinkarnation gedeutet werden. Der reine Geist ist unbegrenzt und auf immer und ewig schuldlos. Solange der Geist gespalten ist, werden wir fortfahren uns zu kreuzigen und den unbegrenzten Geist auf die Begrenztheit des Körpers einzugrenzen. Das Ziel wahrer Vergebung liegt im Überwinden der Identifikation mit dem Körper und der Rückkehr zur Identifikation mit dem reinen Geist, repräsentiert durch den Heiligen Geist.

Mit den ersten beiden Kapiteln, basierend auf den ersten beiden Büchern aus NTI, ist das metaphysische Fundament gelegt, um im weiteren Verlauf tiefer in die Materie einzutauchen.

DIE ZWEI STIMMEN

»Dieses Buch wurde in Liebe geschrieben und mit dem Segen zu wahrer Entdeckung gegeben. Auf diese Weise bietet das Buch die Gelegenheit für Entdeckungen. Wir können uns seiner Kraft öffnen und unsere Wahrheit zusammen entdecken.

Jeder kommt zum Gewahrsein der Wahrheit von wo aus er sich befindet, und wo er sich befindet, ist, wo er mit dem Lernen beginnen muss. In seinem Ausgangspunkt ist keine Beschämung, wo immer dieser Ausgangspunkt zu sein scheint.

Das Buch von Lukas beginnt mit der Geschichte gewöhnlicher Leute an verschiedenen Punkten in ihren Leben. Sie wurden vom Verfasser des Buches als gut beurteilt, aber dieses Urteil ist belanglos. Denn würde ihre Güte sie würdig für den HEILIGEN GEIST machen, andere könnten als unwürdig beurteilt werden und dies ist unmöglich. Jeder Einzelne ist würdig und jeder Einzelne hat den HEILIGEN GEIST empfangen. Es gibt keine Unterschiede unter den Menschen. Alle werden als kostbar geliebt; für alle ist gesorgt; alle erhalten Führung; und alle sind aufgerufen zum HERRN zurückzukehren. Die Form ihrer Berufung und ihre Wege mögen unterschiedlich erscheinen, aber ihr Zweck ist der gleiche.

Du, der du dies liest, bist gesegnet, denn du bist unermesslich geliebt. Du bist der Schatz, nach dem gesucht wird. Du bist alles, vollständig in GOTT. Der HEILIGE GEIST ist in dir geboren. SEIN Himmelreich ist im Inneren deines Gewahrseins, denn SEIN Himmelreich ist dein Himmelreich. Du, geliebter Einer, bist der EINE. Zusammen werden wir diese Lektion lernen. Amen.« (Lk 1v1–56)

Das Buch von NTI Lukas beginnt mit einem Liebesbrief des Heiligen Geistes an jeden und jede, der oder die das hier liest. Er ist der Überbringer der Botschaft der Liebe, um mit ihr eins zu werden. Zusammen mit Ihm gilt es diese Wahrheit zu entdecken. Das ist ein ziemlich großes Versprechen und es mag als unerreichbar erscheinen, aber wo wir uns auf dem Weg befinden und wie wir uns selbst beurteilen, ist belanglos, denn der Heilige Geist sieht keinen Menschen als unwürdig an. Gegenüber dem eigenen Selbsturteil ist eine gewisse Skepsis angebracht. Auf das Urteil des Heiligen Geistes ist jedoch immer verlass. Er wirkt inwendig im Geist, wo das Himmelreich ist. Seiner Führung zu folgen führt zurück zum Gewahrsein des Himmelreichs. Um zu diesem Gewahrsein zu gelangen, gibt es eine Lektion zu lernen. Diese eine Lektion mag unendlich groß erscheinen, sodass sie in viele kleine Schritte unterteilt zu sein scheint. Wenn die vielen kleinen Schritte vollständig gelernt sind, wird es nur eine einzige Lektion gewesen sein.

Der Schlüssel zum Entdecken der ewigen Wahrheit liegt im Lernen, der inneren Führung zu folgen und ihr mehr zu vertrauen als dem Urteil der Welt. Wir müssen lernen, auf sie zu hören und in den entscheidenden Momenten ihr nachzufolgen. Äußere Umstände werden immer wieder von ihr abzulenken versuchen und deshalb müssen wir verstehen, woher die Versuchung rührt, die innere Führung zu ignorieren, um der Versuchung zu widerstehen.

Im Geist ist ein Glaube, der in Opposition zu Gott ist. Er erscheint nicht als sündhaft und wird daher nicht als Quelle der Sünde erkannt. Es ist der Glaube, ein separates Ding zu sein. Es ist der Glaube, dass es ein Ich und alle anderen gibt, ein Ich und ein Universum der Dinge getrennt von mir. Dieser Glaube ist als Tatsache akzeptiert und wird nicht hinterfragt, sodass es nicht erscheint, dass dieser falsche Glaube aufgegeben werden könnte. Dieser Glaube hat eine Stimme im Geist und diese Stimme sind meine Gedanken. Die sorgfältige Betrachtung dieser Gedanken würde aufdecken, dass sie nicht liebevoll sind, als ob irgendetwas mit mir als separatem Ding an sich schon nicht in Ordnung wäre. Diese Gedanken verneinen meinen wahren Wert vollständig. Mangelnder Selbstwert verführt dazu, der inneren Führung zu misstrauen und die Stimme des Heiligen Geistes zu verneinen, die den wahren Wert kennt. Dies verführt dazu, sich gegen die innere Führung zu entscheiden und der Stimme der Unwürdigkeit, dem Ego, Gehör zu schenken.

Die Stimme des Ego und die Stimme des Heiligen Geistes lassen sich mit etwas Übung unterscheiden. Das Ego ist die Stimme der Besonderheit und erfüllt uns mit Stolz und Überheblichkeit, besser zu sein als andere. Andererseits lässt sie uns als Versager erscheinen, etwas verpatzt zu haben, macht unsicher und rät, lieber auf die anderen zu hören, weil wir selbst weniger wert sind. Der Heilige Geist sieht alle als gleich wertvoll und Gottes würdig an. In Seiner Führung liegt kein Zwang. Sie ist sanft und hat immer das Beste für alle im Blick. Die Wahl für die Stimme des Heiligen Geistes kann durchweg getroffen werden, denn wir alle sind würdig, Seiner Stimme, der Stimme der Würde, zu folgen.

Bereitwilligkeit

Die Geburt von Jesus verkörpert metaphysisch betrachtet die Geburt der Bereitwilligkeit. »Die Bereitwilligkeit ist im Geist geboren worden. Diese Bereitwilligkeit verspricht alle Herrlichkeit des HIMMELS, denn diese Bereitwilligkeit ist der Erlöser, der CHRISTUS, und sie ist bei dir in deinem Herzen drin. Sorge dich nicht, wie diese Bereitwilligkeit wachsen wird, um die Herrlichkeit zu werden, die zu sein sie verspricht. Ruhe stattdessen mit dem Gedanken des Versprechens und sei dankbar. Durch deine Liebe und Dankbarkeit wird dieses kleine Kind genährt. Sein Wachstum ist unvermeidbar, also sorge dich nicht darum. Liebe es in deinem Herzen und sei glücklich darin.« (Lk 2v1–20.4–10)

Die kleine Bereitwilligkeit wird vom Heiligen Geist als herrliche Gabe in Dankbarkeit empfangen. Wie bescheiden sie anfangs erscheinen mag, spielt keine Rolle, denn genau darauf hat Er gewartet. Wie ein Licht wird Er den Geist durch sie erhellen und Gedanken der Täuschung aufdecken. Täuschung soll als Täuschung und Wahrheit als Wahrheit gesehen werden.

Mit dem Heranwachsen der Bereitwilligkeit wird im Geist Konflikt auftreten. Wir mögen vom Ziel abschweifen und uns der Welt zuwenden, aber die Bereitwilligkeit kann nicht verloren gehen, denn sie ist geboren worden und ruht sicher im Herzen. Kein Fehler kann gemacht werden, der zu ihrem Verlust führen würde. Sie ist immer da und wartet geduldig. Wenn wir uns wieder erinnern, werden wir weitermachen, wo wir zuvor abgeschweift sind. Nichts kann je verloren gehen oder weggenommen werden.

Bereitwilligkeit ist die Stimme innerhalb eines gespaltenen Geistes, die ihn zur Rückkehr zum einen Geist aufruft, welcher der Christus ist. Christus ist frei von Illusionen, fokussiert nur auf die singuläre Bereitwilligkeit, die der Wille Gottes ist.

»Was lenkt *dich* vom singulären Gedanken GOTTES ab? Ablenkungen nehmen viele Formen an. Sie können als positive oder negative Ablenkungen erscheinen; sie können als Probleme, denen du dich gegenübersiehst, oder als Vergnügen, an denen du dich erfreust, erscheinen; aber wenn sie deine Gedanken vom singulären Gedanken GOTTES fernhalten, sind es Ablenkungen für dich.« (Lk 3v1–20.7–9) Wie üblich ist hier die innere Haltung angesprochen und nicht die Tätigkeit in der Welt. Mit einer liebevollen inneren Haltung kann ich Probleme bearbeiten oder mich an Vergnügungen erfreuen, ohne an ihnen anzuhaften. Die Wahrheit ändert sich nicht. Also brauche ich mich nicht schuldig zu fühlen, wenn ich innerlich Ablenkungen nachgebe. Ablenkungen sind Täuschungsmanöver des Ego. Wenn die erwachte Bereitwilligkeit zurückkehrt, ist dies der Ruf, mich von Ablenkungen abzuwenden und dem Heiligen Geist im Inneren zuzuwenden. In dieser Weise wird das Spiel hin und her gehen. Jedes Mal, wenn auf die Bereitwilligkeit gehört wird, wacht der Ruf im Geist ein Stück weiter auf. Dies wird andauern, bis wir alle Ablenkungen hinter uns gelassen haben und vollständig zum singulären Gedanken Gottes ohne Ablenkungen erwacht sind.

Am hilfreichsten ist es, sich nicht als besonders zu sehen. Das Ego will sich selbst als besonders sehen. Der Besonderheit nachzugeben trennt von Gott und das ist nicht hilfreich. Jesus wurde gleich wie alle anderen getauft, als der Sohn Gottes, über den gesagt wurde:

»Du bist MEIN geliebter SOHN, an dir habe ICH Wohlgefallen.«

»Diese Worte sprechen *von dir*. Lies diese Worte. Hör ihnen zu. Nimm sie zu Herzen. Akzeptiere sie als wahr für dich, wie sie wahr waren für Jesus, denn es gibt keinen Unterschied irgendwelcher Art.« (Lk 3v21–38.9–14) Jesus war nicht besonders, niemand ist besonders, alle sind gleich. Zusammen sind wir der eine Sohn Gottes, jeder Einzelne, genauso wie es Jesus war. Das ist jetzt die Wahrheit, wie sie es immer war. Für das Ego klingen diese Worte sehr arrogant, denn Erlösung muss in der Zukunft liegen, damit sie unerreichbar bleibt. Diese Worte sind aber keine Aussage über die Zukunft, sondern über die Gegenwart. Sie können jetzt erfahren werden, wenn der Ruf im Inneren gehört wird. Es ist der Ruf, das zu sein, was wir in Wirklichkeit sind: Der Sohn Gottes als vollkommene Liebe.

Krankheit und Heilung

Dies ist ein Kurs im Nach-innen-Schauen, denn in Wahrheit gibt es nirgendwo sonst hinzuschauen. Der Geist ist erfüllt von verwirrenden Gedanken, die hinterlistig und täuschend sein können. Sie erzählen davon, dass ich sei, was ich nicht bin, und täuschen uns bezüglich der eigenen Identität. Zweifel begleiten diese Gedanken und ihre Stimme spricht von Angst. Die Gedanken werden aufgedeckt, wenn wir die Verantwortung übernehmen, hinzuschauen und die Stimme als das bezeichnen, was sie ist: die Stimme der Krankheit. Auf sie haben wir lange gehört, doch gibt es auch die andere Stimme, die nicht verwirrt ist. Diese leise Stimme, kaum hörbar, beginnen wir zu hören und ihr zu vertrauen, weil wir sie als wahr erkennen. Das ist die Stimme der Heilung, der Wahrheit und des Heiligen Geistes.

Alles, was außen gesehen wird, erblicken wir durch den eigenen Geist und erscheint als Symbole in ihm. So wie Jesus in die Wüste ging, geht dieser Kurs mit uns durch die Wüste, die das Symbol für das Denksystem des Ego ist. In der Ego-Wüste gibt es nichts als Luftspiegelungen, die als wirkliche Gedanken erscheinen. Nur der Glaube daran lässt sie wirklich erscheinen. Wenn durch sie hindurchgeschaut wird, können die Überzeugungen aufgedeckt werden, an denen festgehalten wurde. Mit dem Heiligen Geist als Führer müssen alle Überzeugungen ehrlich untersucht werden, um zu entscheiden, ob ich weiter auf sie hören möchte oder nicht.

Solange ich die Wahl habe, der Stimme des Ego oder des Heiligen Geistes Gehör zu schenken, ist der Geist gespalten und bedarf der Heilung. Und so führt der Heilige Geist weiter aus: »ICH bin dein Führer im Prozess der Heilung. Es ist am besten für dich zu realisieren, dass du die Antworten nicht kennst und dich nicht selbst heilen könntest. Der Weg der Heilung besteht darin, MIR mit der vollen Aufmerksamkeit deiner Ohren zuzuhören. Fokussiere sie auf nichts anderes und niemanden anders. Ruhe deinen Geist, damit du nur MICH hören kannst.« (Lk 4v31–37.1–5)

Krankheit und Heilung liegen im Geist nebeneinander. Der Prozess der Heilung besteht darin, die Heilung im Geist sich ausdehnen zu lassen. Erst muss ich anerkennen, dass ich krank bin und mich erinnern, dass ich mich entschieden habe, geheilt zu werden. Dies erfordert die Bereitwilligkeit, mich von der Stimme der Krankheit abzuwenden und mit aller Aufmerksamkeit der Heilung zuzuwenden. Im Vertrauen in die eigene Bereitwilligkeit wird der Geist von den täuschenden Ego-Gedanken gesäubert.

»Die Dinge sind nicht, wie sie erscheinen. Deshalb bitte ICH dich, MIR zu vertrauen und MIR zu folgen. ICH weiß wie die Dinge sind. Du bist diesen Tatsachen gegenüber blind, denn du weißt nur, was du denkst, dass du weißt, und das ist nichts als ein tiefer und lästiger Schlummer.« (Lk 5v1–11.1–4) Alles, was ich denke, sind Gedanken in einem Traum und überdeckten die Wirklichkeit. Die eigenen Gedanken und die Dinge nicht mehr so ernst zu nehmen, ist ein Schritt auf die Wahrheit zu. Ich kann den Fluss der Dinge an mir vorüberziehen lassen, ohne an ihnen anzuhaften und ohne sie zu beurteilen. Es wird einige Zeit dauern, bis das zur Gewohnheit wird. Ist die Reise mit dem Heiligen Geist einmal begonnen, können zeitweilig Zweifel aufkommen. Ich brauche mich nicht zu sorgen, ob ich genügend Vertrauen aufbringen werde, um die Reise zu beenden. Mit dem Heiligen Geist als Führer ist die Zielerreichung garantiert.

Auf der Reise mit diesem Kurs werde ich allen Arten von Selbsthass begegnen. Ohne alle diese aufzudecken, könnten sie nicht in der Liebe des Heiligen Geistes aufgelöst werden. »Verbringe Zeit mit MIR, wenn dich Hass überkommt. Ziehe dich an einen ruhigen Ort zurück und bitte MICH um Hilfe. Warte in Ruhe und Vertrauen auf MEINE Antwort. ICH locke deine ungeheilten Stellen ins Licht, damit ICH sie heilen kann. ICH werde dich nicht verlassen, wenn die ungeheilten Stellen MEINEM Ruf antworten und hervortreten, um geheilt zu werden.« (Lk 5v12–16.11–15) Wenn der Hass auftaucht, mag ich in Zweifel geraten, ob ich der Liebe überhaupt würdig bin. Das ist aber nur eine weitere ungeheilte Stelle, die zur Oberfläche aufsteigt, um geheilt zu werden. Vom Heiligen Geist kann ich nie verlassen werden, egal wie befleckt mit Unwürdigkeit, Schuld und Selbsthass ich mich fühlen mag. Zu deren Heilung ist Er im eigenen Geist. Sein einziges Ziel ist eins zu werden mit dem gesamten Geist, mit allem, was Ihm scheinbar vorenthalten wurde. Heilung ist Ganzheit.

Die andere Sichtweise

»Das Urteil ist eine Art und Weise auf die Welt zu schauen und zu entscheiden, was gut und was schlecht ist oder was richtig und was falsch ist. Du bist in der Welt gelehrt worden, dein Urteil auszuüben, um ein ›gutes Urteil‹ zu fällen, denn sogar das Urteil selbst kann gut oder schlecht, richtig oder falsch sein.

Jetzt bitte ICH dich, alles zu vergessen, was du gelehrt wurdest und was du gelernt hast. Denn wenn du nichts weißt, kannst du nicht urteilen. Jedes Urteil, das du fällst und als eine Überzeugung in deinen Geist annimmst, ist ein Irrtum, denn jedes Urteil, das du fällst, setzt etwas innerhalb von Illusionen als wirklich voraus, und innerhalb ihrer Wirklichkeit ist etwas besser oder wertvoller als etwas anderes. Das Urteil akzeptiert als wirklich und sondert dann ab, also muss alles Urteil vom Ego stammen.« (Lk 6v1–11.1–6)

Urteilen läuft wie automatisch als Teil des Denkens nach eingeübten Regeln im Geist ab und verleiht den Gedanken im eigenen Geist eine Wirklichkeit, die sie nicht besitzen, denn das meiste ist eingebildet oder illusionär. Urteile beruhen auf bewussten Erfahrungen in der Welt. Jeder macht aber verschiedene Erfahrungen und in der Welt ändert sich über kurz oder lang alles. Etwas in der Welt kann nicht wirklicher sein als etwas anderes, außer ich will mich täuschen lassen. Folglich kann in der Erfahrung der Welt kein festes Fundament für ein sicheres Urteil gefunden werden.

Die Wahrheit verändert sich nie. Sie ist ewig. Der Heilige Geist kennt die Wahrheit und die Welt. Ihm jedes Urteil zu überlassen ist wahrlich weise, nicht weil ich damit eine Fähigkeit aufgebe, sondern einsehe, dass ich sie nie wirklich besaß. Nur das Ego versucht verzweifelt, am Urteil festzuhalten, denn ohne Urteil wird es aufhören scheinbar zu sein. So muss ich lernen wie ein kleines Kind zu werden, mit großen Augen und neugierig, offen für alles, was es zu erfahren scheint, und dies im Vertrauen in den Heiligen Geist.

»Die Welt ist eine große Versuchung für dich, denn sie wurde als Ablenkung von der Wahrheit gemacht.« (Lk 6v17–26.1) »ICH bitte dich jetzt, die Welt anders zu betrachten. Akzeptiere nicht länger, dass es ein ›Du‹ und ein ›Sie‹ gibt, das von dir getrennt ist. Das ist die Sicht, welche das Ego von der Welt hat.

In MEINER Sicht ist die Welt alles ein Lied mit verschiedenen Noten, gespielt in Harmonie, um das eine zu erschaffen. Es ist das Lied, das geschätzt wird, nicht die Noten. Und das Lied wird gerade jetzt von MIR als Dirigent vollendet gespielt. Wenn du das Lied von MEINEM Standpunkt aus betrachtest, siehst du seine Schönheit und

Vollkommenheit. Wenn du das Lied aber vom Standpunkt einer Note aus betrachtest, die glaubt, dass sie für sich und in Konkurrenz mit anderen Noten ist, dann scheint das Lied ein Krieg voller Angriff und Groll und Sorge zu sein.« (Lk 6v27–36.2–9)

Beim Aufschreiben dieses Abschnitts hatte Regina eine Vision und sie berichtet: »Ich hatte mich buchstäblich in eine kleine schwarze Note verwandelt und ich befand mich in einem sehr komplizierten Stück Musik. Eine Unmenge Dinge gingen in dieser Musik einher und es war, als ob ich in einer Art Klavier eingeschlossen war, obwohl ich eine Note war. Ich wusste nie, woher die nächste Note kommen würde, wie laut sie sein würde und wie lange sie dauern würde. Ich fürchtete mich sehr vor all diesen anderen Noten. Es fühlte sich schrecklich an. Dies ist, was der Heilige Geist eben meinte. Wenn du das Lied als ganzes betrachtest, ist es ein wunderbares Stück Musik, aber aus der Sichtweise einer kleinen Note fühlt es sich an wie Angriff und Krieg, Groll und Sorge, und dies habe ich als kleine Note wirklich erfahren.« (2007-01-18 Lk5–7 0:38:24)

»Erinnere dich, dass du nicht die Note bist. Das ist eine verzerrte Sicht der Musik. *Wir sind das Lied* als *ein Klang* zusammen. Liebe das ganze Lied. Jeder Aspekt ist gleich wichtig für das Ganze, jeder Aspekt wertvoll und geschätzt für seinen Teil in ihm. Teile die Perspektive des Lieds und sieh dich selbst *als das Lied*, indem du das ganze Lied liebst, gerade so wie es ist, ohne Urteil oder Verlangen, dass das Lied anders gespielt werden sollte.« (Lk 6v27–36.10–15)

Regina berichtet weiter: »Ich erfuhr eine Menge Widerstand, als ich dies aufschrieb. Es bereitete mir große Schwierigkeiten. Ich glaubte überhaupt nicht, was ich schrieb. Ich hatte das Gefühl, dass ich einen Haufen Mist aufschrieb. Das ist ein deutlicher Beleg, dass der Text nicht von mir stammt. Ich war nur die willige Schreiberin und überhaupt nicht immer damit einverstanden, was mein Lehrer mir erzählte. Zum Glück schrieb ich es auf und gab es weiter, obwohl es für mich keinen Sinn ergab. Im weiteren Verlauf ist meine Bereitwilligkeit gewachsen und ich bin dieser Sicht der Welt nahegekommen, so schön, die Welt als ein Lied zu sehen. Es hat mich buchstäblich von der kleinen Note zum Lied angehoben. Ich sehe jetzt dieses eine Lied. Ich sehe, wie vollkommen es ist, wie alles wohl orchestriert ist, wie alles zusammenwirkt und ich bin so dankbar. Nur etwas mehr als ein Jahr ist vergangen, seit ich dies aufschrieb. Was diesen Wandel in meinem Geist verursachte, war Tag für Tag meine Bereitwilligkeit zu geben und Tag für Tag zu üben, was mich der Heilige Geist zu üben bat. Und wenn ich jetzt zurückblicke, frage ich mich, wie ich mich jemals so gefühlt haben konnte (lachen).« (2007-01-18 Lk5–7 0:40:20)

Der Heilige Geist macht mit der Lied-Analogie zwei weitgehende Aussagen: Erstens, dass wir als Noten, Individuen, alle gleichwertig sind, und zweitens, dass wir in Wirklichkeit nicht eine Note, sondern das Ganze sind. Das widerspiegelt die holografische Natur des Geistes, dass in jedem Teil das Ganze enthalten ist. Folglich ist jedes Urteil ein Urteil über mich selbst. Was ich von der Ganzheit durch Urteilen abtrenne und als unwürdig betrachte, verdränge ich ins Unbewusste. Ab dem allerersten Urteil muss ich mich davor gefürchtet haben, dass meine eigene Unwürdigkeit wieder auftauchen könnte. Das scheint die Quelle jedes Konflikts und Kriegs zu sein. Das ist die verzerrte Sicht. Wieder das Ganze zu lieben setzt die Bereitwilligkeit voraus, alles Verdrängte aufsteigen und vom Heiligen Geist beurteilen zu lassen. In Seinem Urteil wird alles der Liebe zurückerstattet.

»Alles, was du siehst und erfährst,
siehst und erfährst du durch den Filter deines Geistes.«

»Es gibt keine Ausnahme. Das ist immer wahr. All dieses ›Sehen‹ geschieht durch den Ego-Geist, der überhaupt nicht sieht. Er interpretiert.« (Lk 6v37,38.1–3,5,6) Dies ist der Kerngedanke in diesem Kapitel. Deshalb können verschiedene Personen das Gleiche sehen und jeweils eine andere Meinung dazu haben. Das Sehen ist immer eingefärbt durch die Interpretation des eigenen Ego-Geistes. Der Ego-Geist ist ein Fragment wie eine kleine Note, weiß es aber nicht und hält seine Interpretation irrtümlich für die Wahrheit. Deshalb scheinen Ego-Geister in Konflikt miteinander zu sein.

Erkenntnis kann nicht in Konflikt sein, weil sie ganz ist. Interpretation ist Illusion und weil sie nicht wirklich ist, scheint sie nur in Konflikt zu sein. Um Frieden zu finden, müssen Interpretationen aufgegeben werden, um sich wieder an die Erkenntnis erinnern zu können. Durch diesen Lernprozess werde ich vom Heiligen Geist geführt. Ich muss mir eingestehen, dass ich nicht weiß und die eigene Interpretation loslassen, damit die Erkenntnis dämmern kann. Das

Loslassen führt zu Frieden und im Frieden liegt die Erkenntnis, da sie frei von Konflikt ist, weil sie ganz und wahr ist.

»Alles, was du siehst und erfährst, siehst und erfährst du durch den Filter deines eigenen Geistes. Das sind gute Nachrichten, denn was du siehst und erfährst, bezeugt deinen Glauben an Interpretation, die du für Erkenntnis hältst. Wenn du das im Wissen siehst, dass es nicht Erkenntnis ist, weil es nicht Frieden ist, kannst du dich entscheiden zurückzutreten und deine falsche Interpretation gehen lassen.« (Lk 6v39–42.1–3) Die Praxis mit dem Heiligen Geist ist ein glücklicher Weg ohne Selbstzüchtigung. Jede Ihm überlassene falsche Interpretation rückt die Erkenntnis ein Stück näher. Ich brauche keine Angst zu haben, Fehler zu begehen, denn Er ist immer da, wo ich mich befinde und wartet mit unendlicher Geduld, alle Ihm angebotenen Fehler zu berichtigen. Ich brauche niemandem außer Ihm zu beichten. Ich kann das im stillen inneren Dialog tun oder durch Aufschreiben. Wichtig ist, dass ich dabei ehrlich bin und nichts verberge, denn was Ihm vorenthalten wird, kann Er nicht berichtigen.

»Du siehst den Splitter im Auge deines Bruders, den Balken in deinem Auge aber siehst du nicht. Wenn du den Balken aus deinem Auge holst, wirst du genug sehen, um auch den Splitter aus dem Auge deines Bruders zu holen.« (Renard, Thomas Vers 26) Splitter, symbolisch für Fehler, die ich in anderen sehe, widerspiegeln meist eigene falsche Interpretationen, die hier als Balken bezeichnet werden. Wenn ich eine bemerke, sollte ich innehalten und sie in Ruhe mit dem Heiligen Geist teilen, in der Erwartung, dass ich falsch liege, und den Bruder sein lassen, wie er ist. In solcher Demut liegt die Bereitwilligkeit, Interpretationen loszulassen und den Geist dem Frieden zurückzuerstatten. Der Heilige Geist wird nie auf Fehler in anderen hinweisen, sondern immer nur die eigenen beseitigen.

Im Heilungsprozess werde ich zwischen Perioden von Ruhe und Loslassen hin und her pendeln. In der Ruhephase bin ich in Frieden, gefolgt von einer Wachstumsphase, in der ich bereit bin, mit dem Heiligen Geist die dunklen Seiten im eigenen Geist anzuschauen. In solcher Hingabe wird Material aus dem Unbewussten auftauchen, um losgelassen zu werden. Wenn ich davon genug habe, brauche ich eine Pause, in der ich in Frieden bin und sich weiteres Vertrauen aufbaut, bis ich für die nächste Aufräumphase wieder bereit bin.

Die zwei Stimmen

Hingabe

»Es gibt keinen Tod, aber in dir drin ist ein tiefer Schlummer, der dem Tod ähnelt, denn er ist sich der Wahrheit oder des LEBENS nicht gewahr. ICH bin gekommen, um dich aus diesem Schlummer zu erwecken und von diesem Tod auferstehen zu lassen. Doch jeder ist durch seine eigene Entscheidung gestorben, und deshalb muss sich jeder selbst entscheiden, MEINEM Ruf der Auferstehung zu antworten.« (Lk 7v11–17.1–3)

Der Heilige Geist bekräftigt die Tatsache des freien Willens, wenn dieser auch nur in den zwei Wahlmöglichkeiten besteht, weiter in Phantasien zu träumen oder aufzuwachen. Die Erlösung aus dem Traum des Todes ist nicht von der Gnade einer äußeren Macht, eines Gurus oder von Gott abhängig. Der Weg der Auferstehung wurde von Gott vor Anbeginn der Zeit in Form des Heiligen Geistes bereitgestellt. Der Wille des Heiligen Geistes kann aber niemandem aufgezwungen werden. Im eigenen Geist muss die Bereitwilligkeit wachsen, aus dem Traum des Todes zum Leben erwachen zu wollen. Jede Erwartung, wie Erwachen geschehen soll und was die Wahrheit sei, basiert auf Erfahrung im Schlummer, auf Interpretation und Tod. Deshalb muss der Geist von diesen Gedanken befreit und ungebunden von Erwartungen dem Heiligen Geist geöffnet werden. Dies ist der Weg wachsender Hingabe.

Das Ego verkleidet sich gern spirituell, umgibt sich mit Mysterien und spricht von einem sich entwickelnden Bewusstsein. Es wird zum Meister und schart Gefolgschaft um sich, die in blindem Gehorsam seine Regeln und Rituale zu befolgen haben. Erwartungen und wünschenswerte Ergebnisse in aller Ehrlichkeit anzuschauen, enthüllt den endlosen Ego-Erlösungsweg, der sich nichts als im Kreise dreht. Als einzige Erwartung sollte ich Hingabe an den Heiligen Geist hegen, denn dazu ist das Ego nicht bereit, weil sie das Ego auflöst.

»Deine Hingabe *ist* Vergebung. In dem Maße, in dem du dich MIR hingibst, in dem Maße sind deine Gedanken, die nicht von MIR sind, vergeben. Denn wenn du MEINE Gedanken akzeptierst und MEINEN WILLEN in der Anerkennung tust, dass sie deine Gedanken und dein WILLE sind, lebst du nicht als ein separates Wesen. Du bist wirklich ein WILLE mit MIR. Und dies *ist* Vergebung, welche ist, wo deine Liebe herkommt.« (Lk 7v36–50.1–5)

»Wenn du Hingabe übst, werde ich dir vergeben«, mag das traditionelle christliche Verständnis sein. Hier ist es genau umgekehrt. Im Heiligen Geist ist die Vergebung vollendet. In Ihm ist die Liebe vollkommen. Je mehr Ego-Wünsche zugunsten ungeteilter Hingabe aufgegeben werden, umso näher komme ich dem Gewahrsein vollendeter Vergebung. In dieser Welt ist Vergebung die Quelle der Liebe, wie im Himmel Gott die Quelle der Liebe ist. Hingabe an den Willen der Liebe ist Erwachen, so wie dem privaten eigenen Willen zu folgen Weiterschlafen bedeutet. Vollständige Hingabe ist das tiefste Begehren des Herzens.

Was zuerst kommt, ist zuerst

Wenn ich das Gefühl habe, auf dem Weg mit diesem Kurs Fehler zu machen, nicht genügend Zeit dafür aufbringen zu können und mich als schlechter Kursschüler empfinde, bin ich auf dem richtigen Weg, weil die unangenehmen Seiten im eigenen Geist aufgedeckt werden. Selbsturteile sind Ego-Gedanken und entsprechen der zu heilenden Krankheit. Was verborgen gehalten wird, kann nicht geheilt werden. Es mag ungewohnt erscheinen, aber wenn ich die Bereitwilligkeit aufbringe, Schuld, Hass und Angst hervortreten zu lassen und ich mich deswegen schlecht fühle, gerade dann kann dies alles zusammen mit dem Heiligen Geist geheilt werden.

»ICH habe dir bereits gesagt, dass dies ein Kurs im Nach-innen-Schauen ist. Und doch schweift dein Geist ab in die Welt als Quelle der Schuld. Nichts in der Welt ist die Quelle der Schuld. Nicht einmal, was du in der Welt machst, kann für dich zur Quelle der Schuld werden. Das Äußere ist eine Widerspiegelung des Inneren, weil alles, was du siehst und erfährst, siehst und erfährst du durch den Filter deines Geistes.

Was zuerst kommt, *ist zuerst*. Aber wenn das, was zuerst kommt, verändert wird, muss sich auch alles verändern, was folgt.« (Lk 8v16–18.1–5,8,9) Zuerst war die Verurteilung des Selbst. Daraus ist die Schuld entstanden, ein Selbst getrennt von Gott gemacht zu haben und aus dieser Schuld ist Unwürdigkeit, daraus Furcht, Angst und alles Übrige hervorgegangen. Auf metaphysischer Ebene steht am Anfang das Selbsturteil. Also muss Schuld schon im Geist sein, bevor sie in der Welt gesehen werden kann.

Regina berichtet hier über eine ihrer Erfahrungen: »Auf einer sehr tiefen Ebene habe ich gesehen, dass ich wirklich glaube, einen Willen haben zu können, der von Gott getrennt ist. Dies klingt nur wie Worte, aber an diesen Worten haftet ein sehr tiefes und furchterregendes Gefühl an. Es ist sehr tief und mit einer Menge Schuld behaftet. Deswegen haben wir uns verurteilt. Es ist das metaphysische Urteil.

Später werden wir sehen, dass wir frei sind, ein beliebiges Erlebnis zu haben, das anders als die Wirklichkeit ist. Wir können zwar nicht ändern, wer wir sind, aber wir können uns alles vorstellen, wie wir es haben wollen. Wir sind vollkommen frei dies zu tun und das ist vollkommen in Ordnung. Aber das Problem ist, dass wir das nicht so sahen. Wir haben uns dafür verurteilt, einen Willen zu besitzen, der von Gott getrennt ist. Wir haben uns nicht mehr länger als Teil von Seinem Willen gesehen. Deshalb haben wir uns selbst als schuldig gesehen. Dies war das metaphysische Urteil, das zuerst kommt und zuerst ist.

Dagegen kannst du nichts tun, außer in der Bereitwilligkeit ruhen, dass es geheilt werde. Wir wissen, dass wir keinen Willen getrennt von Gott haben können, aber der Glaube daran ist so wirklich-ähnlich und stark, dass du nicht einfach hingehen kannst und sagst, dass du das nicht mehr glauben willst. Der Glaube ist im Geist so fest verwurzelt, dass er nicht einfach losgelassen werden kann. Ich muss mich ihm bewusst werden und mit dem Heiligen Geist Licht auf ihn leuchten lassen, bewusst sein, dass er nicht wahr sein kann, und so wird er kleiner und kleiner und kleiner und verschwinden, weil in ihm keine Wahrheit ist. Es ist nur ein Glaube.« (2007-01-25 Lk8–11 0:12:30)

Dass Regina die Angst erfahren hatte, zeigt, dass die Schuld nicht mehr verdrängt wurde, sondern an die Oberfläche getreten ist, um aufgelöst zu werden. Erfahrungen dieser Art scheinen zum spirituellen Weg zu gehören und zeigen, dass wir uns der Ursache nähern, um sie aufzulösen. Deshalb ist dies ein Kurs in Ursache, und wenn die Ursache verändert wird, verändert sich die nachfolgende Wirkung: die Art und Weise, wie die Welt erfahren wird, ohne dass sich außen etwas zu verändern braucht. Mit wachsender Bereitwilligkeit beginnen wir immer mehr zu akzeptieren, dass der eigene Wille eine Täuschung ist.

»Es gibt nur einen WILLEN, und das ist GOTTES WILLE.«
(Lk 8v19–21.1)

Urteil und Schuld gehen Hand in Hand. Sie sind wie ein Sturm, der im Geist tobt. Er tobt dort, weil wir am Schlafen sind. Wenn ich zum Willen Gottes erwacht wäre, dem eigenen wahren Willen, könnte ich keinen Sturm wahrnehmen, weil es keinen gibt. Weil ich im Schlaf aber nichts anderes kenne, denke ich, dass die Wolkendecke alles ist, was es gibt. Dass über den Wolken der grenzenlos blaue Himmel ist, dessen bin ich mir im Schlaf nicht bewusst. Die Wolkendecke steht symbolisch für den denkenden Geist oder das Ego. Im Schlaf denke ich sogar, dass ich die Wolkendecke sei und an sich schon unwürdig bin, weil ich nichts anderes kenne. Das ist alles nur ein Glaube, der mit Hingabe an den Heiligen Geist aufgelöst werden kann. Ich muss bereit sein, den Sturm an mir vorbeiziehen zu lassen und über die Wolken, die ich für wirklich hielt, hinweg zum grenzenlosen blauen Himmel und Frieden zu schauen, was ich in Wirklichkeit bin. Denn wo bleibt ein tobender Sturm im Traum, wenn ich aus dem Traum erwacht bin? Der Frieden war vor dem Sturm da, er ist während dem Sturm da und auch danach. Wenn wieder einmal dunkle Wolken in Form eines Ego-Sturms von Hass, Unwürdigkeit oder Schuld aufziehen, rät es sich zu ruhen und alles an sich vorüberziehen zu lassen, bis der Sturm vorbei ist und Frieden wiederkehrt.

Der einzige Zweck

»Jeder, der MEIN WORT liest, MEINEM WORT zuhört und MEIN WORT praktiziert, *lehrt* MEIN WORT. Es kann keine Ausnahme geben. Du, der du dies jetzt liest, bist MEIN heiliger Lehrer.« (Lk 9v1–6.1–3)

Gott spricht hier durch den Heiligen Geist direkt zu mir. Er spricht zu niemandem sonst als zu mir, der ich jetzt gerade dies lese. Ich brauche mich nicht zu sorgen, ob ich würdig bin, Sein Lehrer zu sein. Wenn ich Zweifel habe, ist das ein Selbsturteil, das ich weglegen muss, denn in Seinem Urteil bin ich würdig und das ist alles, was zählt. Ich brauche mich nicht zu sorgen, was ich machen, sagen oder wohin ich gehen soll. Ich muss Ihm nur zuhören, wo immer ich mich zu befinden scheine. Indem ich zuhöre, bin ich Sein Schüler. Indem ich Seine Gedanken als die meinen annehme und meine eigenen

Ego-Gedanken weglege, setze ich Sein Wort in die Praxis um. Indem ich Sein Wort in die Praxis umsetze, lehre ich Sein Wort.

»Jeder Gedanke, den du denkst, wird buchstäblich um die ganze Welt gehört. Das Bewusstsein der Menschheit wird durch jeden deiner Gedanken erschüttert. Und so lehrst du durch Gedanken, egal was du sagst oder tust, und egal wo du bist.« (Lk 9v10–17.12–14)

Auf metaphysischer Ebene ist mein Geist Teil des gesamten Bewusstsein und meine Gedanken beeinflussen den Gesamtgeist. Meinem eigenen Denken zu folgen, wie es für mich Sinn ergibt, hat mich in die Lage hineinmanövriert, in der ich Heilung benötige, weil in meinem eigenen Denken der Blickwinkel für den Gesamtgeist fehlt. Folglich kann mich mein eigenes Denken nicht daraus befreien. Nur die Bereitwilligkeit, dem Heiligen Geist zu vertrauen, führt zurück zum ewigen Leben. Falls ich zeitweilig vom Weg abkomme, kann ich jederzeit zurückkehren. Nichts Gelerntes geht jemals verloren, weil das Lernen die unbewusste Schuld auflöst, und was aufgelöst ist, ist nicht mehr im Geist. Die unbewusste Schuld ist wie ein Schleier vor dem Gewahrsein der vollkommenen Liebe. Mit jedem Lernen wird der Schleier durchlässiger und das Gewahrsein der Liebe leuchtet stärker hindurch. »Ein Lehrer ist ein Schüler, der alles in die Praxis umsetzt, was er lehrt, im vollen Wissen, dass die Botschaft, die er mitteilt, auch für ihn ist.« (Lk 9v46–50.3)

Der einzige Zweck der Zeit ist Heilung. Jeder Augenblick kann neue Gelegenheiten für Heilung mit sich bringen. Heilung findet immer jetzt statt. Wenn die Gedanken in die Vergangenheit abschweifen oder ich mir Sorgen über die Zukunft mache, bin ich im Ego. Verpasste Gelegenheiten scheinen die Heilung zu verzögern. Doch weil der einzige Zweck der Zeit Heilung ist, wird die Zeit solange andauern, bis die Heilung vollendet ist.

»Denk nicht für dich selbst. Erinnere dich, dass es dein Denken ist, das dich an den Punkt gebracht hat, an dem du Heilung benötigst. Verzichte auf deinen eigenen Gedanken im Tausch für MEINEN Gedanken. Jetzt ist die Gelegenheit für den Tausch. Leg deinen eigenen Gedanken *jetzt* nieder und ICH werde dich mit MEINEM Gedanken füllen.« (Lk 10v1–24.6–10)

Der denkende Geist ist synonym mit dem Ego. Das Bestreben ist groß, an der eigenen Art zu denken festzuhalten. Das eigene Denken scheint die eigene Unabhängigkeit zu verkörpern und die Kontrolle über die eigenen Gedanken zu sichern. Durch sie definiere ich mich als klug und intelligent. Ich bin meine Gedanken, und diese loszulassen ist wie die eigene Identität aufzugeben. Mit dem Loslassen geht die Identität nicht verloren. Sie verschiebt sich lediglich sachte vom Ego zum Heiligen Geist, und Er lehrt immer dieselbe Lektion.

>>*GOTT zu lieben,*
dich selbst zu lieben
und einen anderen zu lieben
ist alles dasselbe.<<

>>Dies ist die eine Lektion, von der ICH möchte, dass du sie lernst. Es gibt keinen Unterschied zwischen irgendjemandem oder irgendetwas innerhalb deines Geistes. Es ist alles eins im GEIST GOTTES.<< (Lk 10v25–37.1–4)

Wirkliche Liebe kennt keine Hierarchie zwischen Gott, Christus, mir und anderen. Sie sieht keine Unterschiede. Sie wählt nicht aus und fällt keine Urteile. Die Lektion der Liebe zu lernen erfordert die Bereitwilligkeit, alles Urteilen wegzulegen. Das Urteil trennt und scheint Unterschiede zu machen. Das Urteilen als Aktivität des denkenden Geistes ist wie ein Schleier, der die wirklichen Gedanken des Heiligen Geistes überdeckt.

>>Geh in deinen Geist hinein und betrachte, wie der Prozess dort abläuft, den du ›Denken‹ nennst. Was du beobachten wirst, ist, dass es ein fortlaufender Prozess von Trennen, Urteilen, Auswählen und Benennen ist. Es ist dieses Berechnen, das Getrenntheit definiert. Es ist alles außer der Akzeptanz der Wahrheit.<< (Lk 10v25–37.9–12)

Was nicht mit dem Heiligen Geist gedacht wird, hat keinen Einfluss auf die Wahrheit. Sie ist eins. In ihr ist Urteilen unbekannt. Was gibt es im Einssein auszuwählen, wenn alles vollkommene Liebe ist? Unsere Erfahrung in der Welt unterscheidet sich ziemlich stark von der Idealvorstellung des Einsseins, wie sie hier präsentiert wird. Und wie kann ich zwischen Ego-Gedanken und wirklichen Gedanken unterscheiden? Muss ich da nicht wieder urteilen? >>ICH habe dich bereits gebeten, durch Annehmen MEINER Gedanken und Weglegen deiner eigenen Gedanken mit MIR zu denken. MEINE Gedanken sind folgende: Es sind Gedanken der Vergebung, Liebe, Annahme, Dankbarkeit und des Frohlockens.<< (Lk 11v1–13.5–7)

Mit dem Ego zu denken ist ein Abwägen und Evaluieren, immer behaftet mit Unsicherheit, weil ich ohne vollständiges Wissen urteile. Ich kann es leicht bemerken, weil ich nicht glücklich und nicht in Frieden bin. Im Heiligen Geist ist keine Unsicherheit. Er überschaut alles. Mit Ihm zu denken fühlt sich an wie inspiriert zu sein und intuitiv zu wissen. Ich bin in einer liebevollen, friedfertigen Haltung, begegne allen und allem mit Vergebung und kann das Glück des Verbundenseins spüren. Daraus werde ich wieder abschweifen und urteilende Gedanken werden zurückkehren. Wenn ich es bemerke, sollte ich mich deswegen nicht selber verurteilen, denn Züchtigung ist vom Ego und nicht vom Heiligen Geist. Jede Rückkehr zum Gedanken des Heiligen Geistes ist eine Gelegenheit zum Frohlocken.

»Das Gebet ist der unaufhörliche Gedankenakt. Mit jedem Gedanken betest du für alles oder für überhaupt nichts.« (Lk 11v1–13.2,3) Der Heilige Geist setzt das Denken mit dem Beten gleich. Der endlose Gedankenstrom im Geist ist das Gebet. Die Gedanken gehören entweder in die Kategorie Wirklichkeit oder Illusion. Das sind die beiden Wahlmöglichkeiten. Richtig und Falsch oder Gut und Böse sind Konzepte des Ego und wie es selbst Teil der Illusion. Wenn ich meine Gedanken aufmerksam beobachte, werde ich leicht feststellen, wenn ich Illusionen nachhänge. Es ist unabdingbar, eine Wachsamkeit zu entwickeln, in der ich mich immer häufiger für die Wirklichkeit entscheide. Das Ziel ist, Wachsamkeit nur noch für die Gedanken des Heiligen Geistes einzusetzen.

Erheblicher Widerstand gegen alles, was der Heilige Geist verlangt, wird auftauchen. Es ist der Wunsch, dass die Dinge gleich bleiben, wie wir sie kennen. Es ist die Angst vor Veränderung. Es ist der falsche Glaube an die Sicherheit der Welt, wie sie gerade jetzt erscheint. Das ist ein Widerspruch in sich selbst, denn in der Welt verändert sich immer alles. In ihr gibt es keine Gewissheit. Die einzige Sicherheit liegt in der Identifikation mit dem reinen Geist, unserer wahren Natur, und zu dieser Gewissheit führt der Heilige Geist. In dieser Gewissheit ist alle Angst ausgelöscht und unser ewiges Licht der Liebe leuchtet auf die Welt.

Der Widerstand mag sich in verschiedene Formen kleiden und wie Licht aussehen. Bei allem sollte ich mir die Frage stellen: »Wozu dient es?« »Was ist der Zweck?«, ist die Frage, die ich mir stellen muss, um ehrlich auf die Antwort des Herzens zu warten. Einziger Zweck der Zeit ist die Heilung des eigenen Geistes. Alles, was einem anderen Zweck dient, ist Zeit ungenutzt verstreichen lassen. Wenn ich mich mit einem anderen Zweck beschäftige, sollte ich mich fragen, was ich wirklich will. Wenn die Antwort aus dem Herzen kommt, wird die Bereitwilligkeit zurückkehren, sich vom Ego als innerem Führer abzuwenden und in allen Dingen der Welt dem Heiligen Geist als Lehrer zu folgen.

Die zwei Erfahrungen

»Gerade jetzt denkst du, dass du auf die Welt fokussiert bist. Du denkst, du seist auf Beziehungen, Arbeit, Unterhaltung und Erholung fokussiert, aber ICH sage dir, dass du auf keines von diesen Dingen fokussiert bist. Du warst es nie. Sogar dein Gedanke, dass du auf die Welt fokussiert bist, ist eine Illusion.

Auf was du fokussiert bist und immer fokussiert warst, sind Gedanken. Jeden Augenblick in deiner scheinbaren Interaktion mit der Welt bist du auf Gedanken fokussiert. Und weil du dich als separates Wesen innerhalb der Welt siehst, bist du auf Gedanken fokussiert, die im Inneren des zu dir gehörenden privaten Geistes erzeugt zu sein scheinen. Lass uns sehr sorgfältig auf diesen Vorgang schauen, dem du dir kaum bewusst bist und der dennoch alles festlegt, was du denkst, glaubst und machst.« (Lk 12v1–12.7–14)

Der Denkvorgang läuft automatisch ab und beschäftigt sich mit dem Abwägen, Bewerten und Urteilen. Ich sehe einen Gegenstand nicht so wie er ist, sondern nehme meine Gedanken darüber wahr. Die unhinterfragten Urteile definieren alles und jeden in meiner Welt. Ohne dass ich den automatischen Denkvorgang hinterfrage, bin ich blind. Diese Tatsache zu akzeptieren mag großen Widerstand hervorrufen. Der erste Schritt scheint darin zu liegen, den Widerstand zu Bewusstsein zu bringen und in Dankbarkeit als nicht mehr wünschenswert wegzulegen.

Als Nächstes, und es geht nicht anders, muss ich Tempo aus meinem Leben herausnehmen und Ablenkungen reduzieren. Wie und was weggelassen werden kann, ist jedem Einzelnen überlassen. Ich muss mir die Zeit nehmen, den Gedanken bewusst zu werden, die wie automatisch im Geist abzulaufen scheinen. Solange ich diese Arbeit nicht mache, bin ich mir überhaupt nicht bewusst, weshalb ich bestimmte Dinge mache, die ich mache. Ich bin mir nicht bewusst, dass ich ein Sklave der eigenen Ego-Gedanken bin.

Die Bereitwilligkeit, sich Zeit zu nehmen, verbindet mich automatisch mit dem Heiligen Geist in mir. Mit Ihm fällt es leicht, alle Gedanken zu betrachten und alles, was urteilend ist, als wertlos abzulegen. Habe ich diesen Weg einmal eingeschlagen, dann brauche ich mich nicht zu sorgen, ob ich mich genügend dafür einsetze, denn allein die Tatsache, dass ich auf dem Weg bin und darüber nachdenke, lässt die Bereitwilligkeit gedeihen.

»Auf diesem Weg wirst du nur zwei Erfahrungen machen, auch wenn es wie viele aussehen mag. Die eine ist die Erfahrung der Bereitwilligkeit, welche die Reise in Freude voranbringt. Die andere ist die Erfahrung des Widerstands, welche die Reise eine kleine Weile verzögert. Das Geheimnis einer einfachen und erfreulichen Reise liegt im Lernen, zwischen den beiden Erfahrungen zu unterscheiden und dann immer die freudige zu wählen.« (Lk 12v22–34.5–9)

»Es wird hilfreich sein, wenn du dich an dies erinnerst:

> GOTTES WILLE *ist, dass du in jedem Augenblick*
> *der Ewigkeit vollkommen glücklich bist.*

Das ist einfach. Und wenn du also nicht glücklich bist, hast du eine Wahl getroffen, die nicht GOTTES WILLE ist. Das ist alles. Wenn du nicht glücklich bist, hast du mit Widerstand gewählt. Es ist kein Kampf oder Aufstand; es ist bloß Widerstand. Er entfernt dich nicht von GOTT oder trennt dich von IHM; er widersetzt sich bloß deiner Bereitwilligkeit, IHN zu erkennen.« (Lk 12v35–48.1–8)

Wenn ich nicht glücklich bin, ist dies das Zeichen, dass ich falsch gewählt habe. Ich kann anderen Geistes werden und zur Bereitwilligkeit in meinem Herzen zurückkehren. Selbst wenn der Widerstand sehr stark ist und 99.9 % des Geistes behaupten mögen, dass ich schuldig sei, Grund zu Angst habe und unwürdig bin, dann ist hinter allem immer noch 0.1 % des Geistes in der Kontinuität des Friedens und der Bereitwilligkeit, die vergewissern, dass alles in Ordnung ist, ich unschuldig bin und der Sturm vorüberziehen wird. Ohne den Widerstand zu bekämpfen oder sich ihm versuchen zu widersetzen, wird er nach einiger Zeit einfach in sich zusammenfallen. (2009-02-08 Lk12–16 0:09:02)

»Die Welt kann dich nicht glücklich machen,
also kann die Welt nicht GOTTES WILLE für dich sein.«

»Sorge dich nicht um die Welt. Lass die Welt sich um sich selbst kümmern und vertraue darauf, dass alle Dinge in liebevoller Weise gehandhabt werden.« (Lk 12v49–53.2–4)

Ich habe die Wahl, den Wegen der Welt zu folgen und mein Glück in der Welt zu suchen oder dem Weg des Herzens zu folgen. Wir werden wohl zuerst alle Wege der Welt ausprobiert haben, bevor wir zur Einsicht gelangen, dass in der Welt kein dauerhaftes Glück gefunden werden kann. Diese Einsicht schafft die Bereitwilligkeit, nach innen zu schauen, wo das dauerhafte Glück zu Hause, aber zeitweilig von Widerstand überdeckt ist. Auf dem Weg der Heilung gilt meine einzige Sorge, wie ich mich fühle. Wenn ich keine Freude empfinde, bin ich dem Widerstand aufgesessen. Das ist ein Fehler, für den mein Ego mich verurteilen wird und gleichzeitig ein Weckruf, der mir in Erinnerung ruft, das Selbsturteil wegzulegen und in Bereitwilligkeit zur Freude zurückzukehren. Auf diese Weise wähle ich meine wirkliche Freiheit, wecke mich selbst auf und werde durch das Ausbreiten der Freude im Geist wahrlich hilfreich für alle.

Gedanken und Urteile

»Wenn du die Welt anschaust, erinnere dich, dass du durch den Filter deines eigenen Geistes schaust. Wenn du feststellst, dass du auf die Welt reagierst, die du siehst, erinnere dich, dass du nur auf die Gedanken in deinem Geist reagierst. Dies bietet dir die Möglichkeit, die Gedanken zu *sehen*, die du denkst.« (Lk 13v1–9.1–3)

Meine Gedanken scheinen für mich wirklich und bedeutungsvoll zu sein. Aber alle Bedeutung, die sie für mich haben, habe ich ihnen gegeben. Sie sind keine Tatsachen, sondern die Folge der von mir vorgenommenen Bewertungen. In der Welt sehe und erlebe ich viele Dinge. Einige davon scheinen gut, schön, lustig und wünschenswert zu sein, andere beängstigend, widerlich, falsch und unerwünscht. Ich bewerte alle Dinge auf einer fließenden Skala zwischen gut und schlecht. Und diese Bewertungen sind dann meine Gedanken.

Das Bewertungskonzept selbst ist aber auch nur ein Gedanke in meinem Geist. Wichtig ist, dass ich mir zu Bewusstsein bringe, dass ich der Besitzer der eigenen Urteile bin und alles nur durch den Filter meines eigenen Geistes gesehen habe. Wenn ich bereit bin, die Verantwortung für meine Urteile zu übernehmen, kann ich sie loslassen und nochmals wählen, anders zu sehen, mir gestatten, anders zu denken. Das Urteil ist der Filter im Geist und macht blind für die Schönheit der Schau von Gottes Sohn. Die kleinste Bereitwilligkeit, das Urteil wegzulegen, wird vom Heiligen Geist in Dankbarkeit angenommen, um den Geist zu heilen.

»Man wird den Frieden und die Freude GOTTES erfahren, indem MIR zugehört wird, wie ein kleines Kind, das begierig ist zu lernen, einem Elternteil zuhört. Und dann, wie es dieses Kind macht, indem alles versucht wird zu machen, was der Elternteil bittet zu versuchen. Aber wenn du einem Kind zuschaust etwas Neues zu lernen, wirst du feststellen, dass das Ergebnis selbst nicht von der Anstrengung des Kindes zu kommen scheint. Das Üben ist jedoch ein Ausdruck der Bereitwilligkeit zu lernen. Das Ergebnis selbst scheint wie ein Wunder über das Kind zu kommen, denn plötzlich kann das kleine Kind machen, was es zuvor nicht machen konnte.« (Lk 13v18–21.4–8)

Regina erinnert sich an eine Erfahrung mit ihrer kleinen Tochter: »Meine etwa dreijährige Tochter lernte die Schuhe zu binden und die kleinen Finger machten einfach nicht, was sie machen sollten, um Schuhe zu binden. Sie versuchte und versuchte und versuchte, und eines Tages haben sie es einfach getan. Und sie war so erfreut. In ihrem Fall war es wie ein Wunder, nicht wie stetes Fortschreiten. Die Finger konnten machen, was sie zuvor nicht konnten und seither kann sie Schuhe binden.« (2009-02-08 Lk12–16 0:29:48)

Zuhören und Üben sind Ausdruck der Bereitwilligkeit und das Ergebnis ist ihre Folge. Bereitwilligkeit setzt voraus, mir einzugestehen, dass ich einem kleinen Kind gleich nicht weiß. Von mir aus kann ich nie mit Sicherheit wissen, wo auf dem spirituellen Weg ich stehe. Nur der Heilige Geist weiß es, weil Er alles überblickt.

Wenn ich ein Urteil im Geist feststelle, kann ich in Bereitwilligkeit den Gedanken zurücknehmen und ihm den Glauben entziehen. Urteile sind Blockaden. Irgendwann werden diese Art von Gedanken einfach nicht mehr auftauchen, wie wenn Blockaden weggefallen sind. Zwangsläufig werde ich mich durch die Geschehnisse der Welt ablenken lassen und wieder dem Urteil anheimfallen. Ablenkungen sind Versuchungen, hervorgerufen durch Widerstand. Wenn ich mir dem jeweils bewusst werde, kann ich mich entscheiden, den Ablenkungen zu widerstehen. So werden Ablenkungen zu einem Weckruf, mich wieder auf den Weg der Heilung zu begeben. Bereitwilligkeit ist alles und alles Lernen ist ein Verlernen des Urteilens.

Der gegenwärtige Augenblick ist die einzige Zeit, in dem ich etwas ändern kann. Von mir aus weiß ich aber nicht, wozu der gegenwärtige Moment am besten geeignet ist. Wenn ich in Demut dem Jetzt begegne, ist das nur ein Zeichen der Ehrlichkeit, denn ich kann nicht mit Sicherheit wissen, was geschehen wird, was ich tun oder wohin ich gehen soll. Wenn ich dem gegenwärtigen Moment in Demut und Ehrlichkeit begegne, öffne ich mich der inneren Führung, auf die Stimme des Heiligen Geistes zu hören.

»Wenn du dich im gegenwärtigen Augenblick MIR näherst und deine Gebete mitteilst, bete nicht über die Probleme, die du in der Welt wahrnimmst und von MIR erwartest, Antworten zu liefern. Überdenke stattdessen *deine Reaktionen* auf die Probleme, die du wahrgenommen hast. Welche Gedanken hast du in deinem Geist bemerkt? Welche Urteile hast du gefällt?

Denk ans Gebet als einer Gelegenheit, deinen Geist von Schuld, Angst, Zerstreutheit, Widerstand und Urteilen zu leeren, indem du sie zu MIR bringst. Denk ans Gebet als einer Gelegenheit, deine Bereitwilligkeit zu erneuern und deinen Glauben neu zu beleben. Wenn das getan ist, frage MICH ohne spezifische Erwartungen, was du tun sollst. Du wirst mit der Führung belohnt werden, die für die Heilung in diesem Augenblick vollkommen ist.« (Lk 14v12–14.1–8)

Um Konkretes zu beten würde bedeuten, der Form Wirklichkeit zu verleihen und weitere Formen herbeizuwünschen. Heilung ist das Entfernen der unbewussten Schuld aus dem Geist. Der Heilige Geist kann dies tun, wenn alle Gedanken und Urteile, welche die Schuld heraufbeschworen hat, Ihm überbracht werden. Das befreit den Geist aus den Fesseln der Schuld und öffnet ihn, die Belohnungen zu empfangen, die für ihn bereitliegen.

Der Geist Gottes ist eins. Alle Urteile entspringen aus der Idee, dass dem nicht so ist, dass es mich und andere gibt. Ohne Urteil könnte es diese Trennung nicht geben. Viele Urteile sind Urteile über meine Brüder. Aber alle Urteile sind bloß Gedanken in meinem Geist. Das Urteil ermöglicht die Wahrnehmung von anderen als getrennt von mir. Wenn ich jemanden betrachte oder über jemanden nachdenke, beschäftigt sich mein Geist automatisch mit dem Urteil.

Regina erzählt: »Ich erinnere mich an ein Bild, das mir der Heilige Geist einst gegeben hatte. Es war eine Backsteinmauer, die in einem Tunnel war, in den hinein die Liebe floss. Aber die Mauer hatte den Durchfluss blockiert. Der Heilige Geist sagte mir, dass meine Aufgabe darin bestünde, die Backsteinmauer niederzureißen. Zuerst schaute ich auf diese Mauer mit all den fest eingemauerten Backsteinen und fragte mich, wie ich denn bloß diese Backsteinmauer niederreißen könnte. Der Heilige Geist sagte mir, dass ich mich nicht darum sorgen müsse. Er würde die Backsteine lösen und wenn ich einen gelösten Backstein sähe, solle ich ihn herunternehmen.

Die Backsteinmauer steht symbolisch für die Urteile, die den Fluss der Liebe in meinem Geist blockieren. Der Heilige Geist wird mir helfen, den Urteilen in meinem Geist bewusst zu werden. Wenn ich wachsam bin, werde ich beginnen die Urteile zu bemerken und wenn ich sie sehe, kann ich entscheiden sie loszulassen. Es erfordert einfach meine Bereitwilligkeit, die wahrgenommenen Urteile wie die gelockerten Backsteine, die ich herunternehmen kann, wegzulegen.« (2009-02-08 Lk12–16 0:51:38)

»Wenn du also diesen Weg der Heilung mit MIR gehst, bitte ICH nur um deine Bereitwilligkeit, deine Urteile wegzulegen. Leg sie jetzt nieder und deine Last wird leicht sein. Befreie dich von deinen Urteilen, denn sie enthalten keinen Wert für dich. Komm und wandle mit MIR.« (Lk 14v25–35.6–9)

Das verlorene Selbst

Ich nehme mich selbst als separates Wesen in einer von mir getrennten Welt wahr. In dieser Wahrnehmung habe ich mich in einem Haufen von Illusionen verloren. Weil ich ihnen glaube, bin ich verwirrt darüber, was ich wirklich bin. Alles, was ich suche und je gesucht habe, mündet schlussendlich ich der Suche nach meinem verlorenen Selbst. Dass ich mich als separates Wesen betrachte, ist keine Tatsache, sondern eine Wahrnehmung. In der Wirklichkeit bin ich nicht verloren, nur in der Wahrnehmung meiner selbst als separatem Wesen. Alles, was existiert, ist in Wahrheit eins. Es gibt keine Unabhängigkeit. Alles, was ich von mir als getrennt wahrnehme – andere Menschen, Gegenstände, Kleider – ist Illusion. »Und deshalb muss dieser Kurs ein Kurs sein, um dich zu finden. Alles, was dieser Kurs bieten kann, muss aufgeboten werden, um dir zu helfen, die Wahrheit über dich zu entdecken. Deshalb soll frohlockt werden, wenn der eine, der verloren ist, gefunden ist; weil der eine, der verloren ist, alles ist, was es gibt, und wenn er gefunden ist, ist er alles, was benötigt wird.« (Lk 15v1–10.21–23)

Im Gleichnis von den hundert Schafen aus Lukas 15, 4–7, in welchem eines verloren ging, bin ich das verlorene Schaf, nach dem gesucht wird. Die Suchmannschaft, die losgeschickt wurde, um mich zu finden und nach Hause zu führen, ist der Heilige Geist. Es ist nur *ein* Schaf, das verloren ist, und das bin ich, niemand sonst. Dies trifft auf alle zu, die dies lesen und in der Welt umherirren, weil niemand von irgendetwas in der Welt abhängig ist, was die Rückkehr betrifft. Solange ich in der Welt umherirre, fehle ich im Himmel. Dies ist eine Zeitangabe, die in der Ewigkeit des Himmels keine Bedeutung hat. Meine Reise in den Traum der Welt hat in der Wirklichkeit des Himmels nie stattgefunden, weil die Ewigkeit zeitlos ist.

Der verlorenen Sohn aus Lukas 15, 11–24 bin wiederum ich. Die Geschichte besagt, dass ich aus freiem Entschluss aus meinem Zuhause im Himmel weggegangen bin und widerspricht damit der Idee aus dem Alten Testament, dass Gott uns aus dem Paradies hinausgeworfen hat. Bei der Rückkehr lässt der Vater sogar das gemästete Kalb schlachten und eine Feier veranstalten. In Wirklichkeit kann ich nicht aus dem Himmel weggehen und verloren sein, weil alles eins ist. Die Reise ist nur eine Reise in der Wahrnehmung meiner selbst. Die Rückkehr aus der eingebildeten Reise ist nur eine Frage der Bereitwilligkeit.

»ICH bin gekommen, dir zu begegnen und dir zu helfen, zur Wahrheit deines Selbst zurückzukehren. Hier sind einige Gedanken, die ICH dich bitte zu üben und anzunehmen:

Der GEIST GOTTES ist eins.
Nichts existiert, das außerhalb vom GEIST GOTTES ist.
Ich existiere und deshalb muss ich inwendig im GEIST GOTTES sein.
Das, was inwendig im GEIST GOTTES ist, ist der GEIST GOTTES.
Ich und der GEIST GOTTES sind eins.
Alles andere ist Illusion.« (Lk 15v11–24.10–17)

Bei jedem Üben dieser Gedanken wird der Geist ein Stück weit aus der Trennung herausgelöst und zum Einssein befreit. Ich sollte mich auch daran erinnern, dass was ich für wahr halte, für alle und alles wahr sein muss. Wenn ich der verlorene Sohn bin, sind alle Menschen der verlorene Sohn, denn in Wirklichkeit sind wir eins. Bei Lukas 15, 25–32 gibt es einen älteren Sohn, der zornig wird, weil er seinem Vater widerspruchslos gedient hatte und nie mit einer Feier belohnt wurde. »Der andere Sohn in der Geschichte repräsentiert den Widerstand innerhalb deines Geistes. Er dient keinem Zweck als zu verleugnen, dass du und der VATER eins sind. Schau nicht auf den Widerstand in dieser Geschichte. Bleib bei deiner Bereitwilligkeit. Bleib bei deiner Freude.« (Lk 15v25–32.1–5)

Vergebung

Im Folgen des Weges mit dem Heiligen Geist lebe ich nach wie vor in der Welt und muss Entscheidungen treffen. Ich werde mich etwa fragen, dies oder jenes zu tun. Das mag zu Verwirrung und Sorge führen, aber das sind nur Anzeichen von Widerstand. »Wenn Verwirrung und Sorge über dich kommen, ruhe einfach und lass sie vorüberziehen. Wenn du dich wieder friedlich und fröhlich fühlst, tue, was immer dir in den Sinn kommt zu tun.« (Lk 16v1–15.6,7)

Entscheide ich mich falsch, ist das kein Fehler, sondern bloß eine Verzögerung. Es ist kein Grund, mich selbst zu verurteilen. Ich kann mich daran erinnern, anders zu wählen. Alles, was ich auszuwählen scheine, sind Gedanken in meinem Geist. Ich habe immer nur die Wahl zwischen Bereitwilligkeit und Widerstand, Freude und Aufschub. Nur die Wahl, dem Heiligen Geist zu folgen, lässt die Bereitwilligkeit durch Freude wachsen. Alles andere ist Aufschub und hat nichts zur Folge.

»Das Gesetz, nach dem du Urteile fällst, ist in deinen Geist eingeprägt. Und diesem Gesetz bist du bisher treu geblieben. Jetzt wird dir eine neue Art der Wahrnehmung zu Bewusstsein gebracht. Du fühlst dich aber schuldig, weil sich deine Wahrnehmung noch an die alte Art des Urteilens zu klammern scheint. Lass MICH dich wissen, dass du von dir aus nicht aufhören kannst, nach dem Gesetz zu urteilen, an das du in deinem Geist geglaubt hast. Das ist so, weil es *deine Wahl war, diesem Gesetz zu glauben* und deshalb ist das Gesetz dein

Verlangen. Um das Gesetz aus deinem Geist ausgelöscht zu bekommen, musst du deine Bereitwilligkeit geben, dass es ausgelöscht werde.« (Lk 16v16–18.1–7)

Aus der Situation, in der ich mich zu befinden scheine, kann ich mich nicht selbst befreien. Als Individuum bin ich mit dem denkenden Geist identifiziert und kann mich selbst nicht aus ihm hinausdenken. Der denkende Geist kann sich Einssein einfach nicht vorstellen. Das wird nie und nimmer geschehen, weil der denkende Geist am Gesetz der Trennung angeklebt ist. Zur Befreiung braucht es die Hilfe von der anderen Seite, von jenseits des denkenden Geistes. (2007-02-08 Lk16–19 0:13:50) Das Urteilen wird weiter wie automatisch im Geist ablaufen. Mit Wachsamkeit kann ich mir den Urteilen bewusst werden, innehalten, ihnen den Glauben entziehen und den Glauben in die Bereitwilligkeit setzen, auf dass sich das alte Gesetz durch Glaubensentzug auflöst. Das verschiebt die Macht des Geistes zunehmend vom Ego hin zum Heiligen Geist.

»Auf welchem Gesetz beruhen deine Urteile und deine alte Wahrnehmung? Es ist das Gesetz der Trennung. Es ist das Gesetz, das besagt, dass der GEIST GOTTES *nicht* eins ist.« (Lk 16v16–18.10–12) Wenn ich Urteile feststelle, kommt sofort der denkende Geist ins Spiel und bietet als Lösung das Konzept der Rechtfertigung an. Mit dem Spiel der Rechtfertigung kann sich der denkende Geist genüsslich beschäftigen und abwägen, wieso und warum jemand oder etwas ist, wie es zu sein scheint. Dadurch wird die Trennung aufrechterhalten. Mittlerweile sollte klar sein, dass sich der denkende Geist im Kreise dreht. Wenn die Versuchung zu urteilen aufkommt, ist die einzig echte Alternative, den Geist ruhen zu lassen und zur Perspektive des Heiligen Geistes zu wechseln.

Die Geschichte vom reichen Mann und vom Bettler Lazarus aus Lukas 16, 19–31 erzählt, wie Lazarus nach dem Tod im Himmel und der reiche Mann in der Hölle enden. Das ist eine so typische Geschichte, in der sich das Ego als Gott verkleidet und über die Seelen richtet. Es ist das alte Gesetz, nach dem der Geist Gottes nicht eins ist. »Das Gleichnis ist eine Sammlung von Gedanken, die im Geist auf ihren Wert geprüft werden. Die Gedanken sind nicht voneinander getrennt, denn jeder Gedanke wurde geplant, um dem Test gründlich unterworfen zu werden. Da ist der Gedanke von mehr und der Gedanke von weniger nebeneinander gelegt, als ob sie separat wären.

Da ist der Gedanke von Leiden; und der Gedanke von Richtig und Falsch wurden eingeworfen, um die Illusion der Trennung aufrechtzuerhalten. Die Geschichte spielt sich als Test ab, und wie die Geschichte sich abspielt, scheint sie sich durch die Skalen von Vergnügen und Leiden hin und her zu bewegen.« (Lk 16v19–31.10–15)

Wenn wir uns in die Geschichte hineinversetzen, vergessen wir schnell, dass alles nur Gedanken im Geist des Denkenden sind, reine Illusion, ohne Wirklichkeit irgendeiner Art und Weise. Wir lassen uns leicht dazu verführen, Urteile zu fällen und der Geschichte leben einzuhauchen. Nichtsdestotrotz ist die Geschichte nie etwas anderes als Gedanken, ohne irgendwelche Macht, außer auf den Geist des Denkenden. Jede Wahrnehmung ist ein Gedanke im Geist des Denkenden. Ich, der Denkende, gebe allen Gedanken die gesamte Bedeutung, die sie für mich haben. Diese Tatsache zu bedenken mag auf großen Widerstand stoßen. Es ist die konsequente Weiterentwicklung des Konzepts von Form und Inhalt, das besagt, dass die Ursache für alles im Geist liegt. Die Auswirkung ist, dass es das altbekannte Denken endgültig auf den Kopf stellt.

> *»Alles, was du erfährst,*
> *erfährst du durch den Filter deines Geistes.*
> *Du bist nie auf die Welt fokussiert;*
> *du bist immer auf Gedanken fokussiert.*
> *Die Grundlage all deiner bisherigen Erfahrung*
> *war der Glaube an das ›Gesetz‹ der Trennung.*
> *Der GEIST GOTTES ist eins, und alles, was existiert,*
> *existiert inwendig im GEIST GOTTES.*
> *Die Wahrheit ist immer wahr.« (Lk 16v19–31.27–31)*

Wenn das auf die Geschichte von Lazarus zutrifft, dann trifft das folgerichtig auf jede Erfahrung zu, die ich in der Welt zu machen scheine. Nichts bedeutet irgendetwas, außer der Bedeutung, die ich den Gedanken im Geist auferlege. Das Gesetz der Trennung zeigt sich in der althergebrachten Art der Vergebung. Wenn mich eine andere Person beleidigt, verletzt oder betrügt, kann ich beschließen, ihr zu vergeben oder nicht zu vergeben und meinen Groll beizubehalten. Um das zu tun, muss ich die andere Person als von mir getrennt beurteilt haben. Gottes Gesetz besagt, dass der Geist Gottes eins ist.

Niemand, der mich beleidigen, verletzen oder betrügen kann, ist getrennt von mir. Alles ist eine Ansammlung von Gedanken in meinem Geist. Aus sich heraus haben die Gedanken keinerlei Bedeutung. Nur durch meinen eingeübten Bewertungsmechanismus scheinen die Gedanken Bedeutung zu bekommen.

Vergebung ist einfach die Anerkennung der Tatsache, in welcher Weise die Verletzung wirklich zustande kam. Sie ist nicht von irgendjemandem gekommen, sondern von der Bedeutung, die ich den Gedanken im eigenen Geist auferlegt habe. Vergebung nimmt diese Einsicht noch einen Schritt weiter zum Eingeständnis, dass ich nicht mehr verletzt werden möchte. Ich anerkenne, dass die Bedeutung, die mich verletzt hat, in meinem Geist ist. Ich bin der Eigentümer dieser Bedeutung, also bin ich auch derjenige, der jede auferlegte Bedeutung loslassen kann. Und wenn sie losgelassen wird, muss auch der Schmerz oder die Kränkung verschwinden, denn damit entziehe ich meinen Gedanken die ihnen verliehene Macht über mich. Als Erstempfängerin von NTI bestätigt Regina, dass diese Art der Vergebung aus ihrer eigenen Erfahrung heraus funktioniert. Der Prozess der Vergebung löst die Trennungsphantasien auf und erstattet den Geist dem Frieden zurück.

»Es ist MIR klar, dass es manchmal starkes Vertrauen zu brauchen scheint, deine Gedanken als bedeutungslos zu sehen, denn du hast dich gelehrt, dass deine Gedanken große Bedeutung haben. Du glaubst tatsächlich, dass deine Gedanken einem Zweck dienen. Und der Zweck ist, deine Welt zu definieren und ihr Sinn zu geben, und dich zu definieren und schützen. Das ist die versteckte Bedeutung, die du ihnen gegeben hast. Darum musst du deine Gedanken weglegen. Denn wenn du dem ganz und gar Bedeutungslosen Sinn und Bedeutung gegeben hast, lebst du in einer Welt der Illusionen und glaubst daran. Um zu entdecken, was wahr ist, musst du Illusionen weglegen, denn du kannst die Wahrheit nicht finden, wenn du durch einen Filter von Illusionen schaust.« (Lk 17v5,6.1–7)

Diese Gedanken anzunehmen setzt wachsende Bereitwilligkeit voraus. Wer ich wirklich bin, kann ich nicht wissen, solange ich mich in Illusionen verstrickt sehe. Der Heilige Geist in mir kennt meinen Wert und die Wahrheit über mich. Auf dem Weg mit Ihm werden meine falschen Wahrnehmungen meiner selbst geheilt, um mein Einssein mit Ihm wiederzuerlangen.

Dankbarkeit

»Dankbarkeit ist eine großartige Gabe, die in dir drin lebt, denn wahre Dankbarkeit ist das Wiedererkennen der Wahrheit. Sie ist eine angeborene Würdigung deiner selbst und deiner Freiheit. Dankbarkeit, als Erinnerung an die Wahrheit, nährt deine Bereitwilligkeit bis zur vollständigen Heilung. Halte deine Dankbarkeit nicht zurück. Nimm dir Zeit, in der Stille zu sitzen, um deine Dankbarkeit kennenzulernen. Die Fülle deiner Dankbarkeit kennenzulernen, bedeutet, einen flüchtigen Blick auf deine Wahrheit zu erhaschen, denn deine Wahrheit *ist* Dankbarkeit und Liebe.« (Lk 17v11–19.1–6)

Das Himmelreich ist inwendig und das Himmelreich ist mein wahres Selbst, mein natürlicher Zustand, wenn die Fehlwahrnehmung meiner selbst geheilt ist. Die Praxis der Dankbarkeit richtet sich nicht an spezifische Dinge in der Welt, sondern ist die Vertiefung ins wahre Selbst, aus dem heraus sich Dankbarkeit ausbreitet. Das vollständige Erwachen aus dem Traum der Trennung ist das Gewahrsein vollkommener Dankbarkeit und Liebe.

Die Heilung der Fehlwahrnehmung meiner selbst ist nicht eine Frage der Zeit, sondern eine der Bereitwilligkeit. Wenn ich mir Gedanken über die Zukunft mache, wie lange es dauern wird, bis meine Fehlwahrnehmungen geheilt sein werden, bringt mich das keinen Schritt weiter. Das Himmelreich ist jetzt, jenseits der Zeit. Jetzt muss ich mich auf meine Gedanken fokussieren, bedeutungslose fallen lassen und den Widerstand beiseitelegen. Jetzt kann ich die Dankbarkeit für das wahre Selbst nähren. Die Heilung der Fehlwahrnehmung findet jetzt statt, wenn ich mich darauf konzentriere. Und es ist meine Dankbarkeit, die meine Bereitwilligkeit gedeihen lässt.

»Das Gebet ist eine Praxis, die den Glauben und die Bereitwilligkeit wachsen lässt, denn das Gebet ist *ein Akt der Dankbarkeit*. Wann immer du betest und was immer du sagen magst, im Inneren deines Herzens jenseits der Worte sagst du auch: ›Ich glaube, dass es mehr gibt als das, was ich als Wirklichkeit erfahre. Ich bin bereit, meinen Glauben auszudehnen und diesem Weg zu folgen, damit ich die Wahrheit kennenlernen möge, welche mir jetzt ausweicht.‹« (Lk 18v1–8.1–3)

Die Wahrheit weicht mir aus, weil ich an meine eigenen Definitionen meiner selbst und der Welt glaube. Sie beruhen auf Vorlieben und auf Urteilen über Konzepte aller Art. Diese scheinen mich zu definieren, doch verschleiern sie die Wahrheit über mich, und so müssen sie offensichtlich Fehlwahrnehmungen sein. In Bereitwilligkeit muss ich aufhören zu glauben, dass ich weiß, wer ich bin. Solche Demut öffnet den Geist, die eigene Wahrheit wiederzuentdecken. Deshalb müssen wir wie die Kinder werden, frei von Selbstkonzepten, die blind machen für die Einfachheit der Wahrheit. Wenn ich meinen Geist dem Heiligen Geist öffne, wird Er mir zeigen, was ich bin.

Ich glaube, die Gedanken, die ich denke, sind meine Identität. Der Heilige Geist verlangt von mir, sie alle loszulassen und Er scheint keine Ausnahme zu machen. Sie loszulassen ist wie die eigene Identität aufzugeben und das macht Angst. Dabei wird eigentlich nur die Angst sichtbar, mit der ich mich im Verborgenen gleichgesetzt habe. Angst vor mir selber oder vor Gott ist Fehlwahrnehmung. Nur der Glaube an sie scheint ihr Wirklichkeit zu verleihen. Jetzt ist meine Bereitwilligkeit gefragt, die Angst als Illusion zu betrachten und sie loszulassen. Wenn ich das in Dankbarkeit tue, lerne ich, dass ich durch Geben gewinne und bereit sein werde, mehr Bereitwilligkeit zu geben. »Dein Verständnis, was ICH lehre, scheint Schritt für Schritt zu dir zu kommen. Dem ist so, weil Verständnis die Gabe der Bereitwilligkeit ist. Wenn mehr Bereitwilligkeit gegeben wird, wird mehr Verständnis empfangen werden. Mit vollständiger Bereitwilligkeit geht vollständiges Verständnis einher und die Angst wird vergangen sein.« (Lk 18v31–34.1–4)

»Die Welt der Form ist eine Beschäftigung für dich, weil du glaubst, dass die Form Bedeutung hat. Du machst Vergleiche und fällst Urteile und Entscheidungen basierend auf dem, was du innerhalb der Form erfährst oder erlebst. ICH sage dir, dass die Welt der Form überhaupt keine Bedeutung hat. Sie ist vollkommen bedeutungslos. Jede Bedeutung, von der du glaubst, dass sie sie hat, wurde gänzlich innerhalb deines Geistes erfunden. Und weil sie unabhängig von GOTTES Bedeutung erfunden wurde, muss sie Illusion sein und kann nicht miteinander geteilt werden.« (Lk 19v1–10.1–6)

Gott ist nur Liebe. Was nicht Liebe ist, hat für Gott keine Bedeutung, kann mit Ihm nicht geteilt werden und hat folglich in Seinem Geist keine Existenz. Das sind gute Nachrichten. Wenn ich etwas die Bedeutung von Sünde oder Schuld oder Angst zuschreibe, ist das reine Illusion und in der Wirklichkeit bedeutungslos. Dieser Gedanke vollständig akzeptiert, löscht die Vergangenheit vollständig aus. Die Sünder haben nicht gesündigt und es gibt keine Ursache für Schuld. Wenn ich dem Bedeutungslosen keine Bedeutung zumesse, kann ich auf scheinbar Schuldige blicken und Schuldlosigkeit sehen. Die Vergegenwärtigung, dass alles völlig bedeutungslos ist, wo ich Bedeutung hineindachte, bringt Freiheit und Bedeutung und Frieden in allem, was ich sehe und erfahre.

Das Gleichnis von den anvertrauten Pfunden aus Lukas 19, 11–27 wurde so ausgelegt, dass ich viele gute Taten vollbringen muss, um das Himmelreich zu verdienen. Das würde bedeuten, dass ich gesündigt habe, schuldig bin und durch gute Taten einen Schuldendienst zu leisten habe. Dabei kann ich nie sicher sein, ob ich das Himmelreich je verdienen oder doch als Sünder in der Hölle enden werde. Diese Auslegung ist die auf den Kopf gestellte Lehre des Heiligen Geistes. Gute Taten kann ich nur in der Welt der Form vollbringen, die bedeutungslos ist. Diese auf dem Kopf stehende Auslegung umgedreht, bedeutet, dass ich das Himmelreich ohne gute Taten erreichen werde und zwar durch Aufgeben meiner urteilenden Gedanken. Der Heilige Geist lehrt, dass das Himmelreich mein natürliches Erbe ist als das, was ich in Wirklichkeit bin. Ich muss nur ihre Bedingungen erfüllen, um mein Erbe wieder zu erlangen. Die Bedingungen dienen einzig dem Schutz des Erbes. Ich muss erkennen, wer ich in Wirklichkeit bin und mein Erbe ist mir wieder frei zugänglich. Die Erkenntnis meiner selbst liegt jenseits allen Urteils. Es ist so einfach, aber nicht leicht, jedes Urteil wegzulegen und sich im Akt der Dankbarkeit dem Heiligen Geist hinzugeben. Unter Seiner Führung werden meine Taten weder gut noch schlecht, sondern hilfreich sein für alle und zur Ganzheit führen. Und in ihr liegen die Erkenntnis meiner selbst und mein Erbe.

Der Sündenfall

Im Gleichnis vom Weinberg aus Lukas 20, 9–16 symbolisiert der Weinberg den einen Geist, den Gott und Seine Schöpfungen miteinander teilen. Diese Gabe Gottes ist Seinen Schöpfungen zur freien Verfügung überlassen. Einer der Söhne Gottes – und das bin ich – entschied sich, nicht zu teilen und nur für sich privat zu behalten. Wegen dieser Wahl fühlt er sich nun schuldig. Er möchte zwar die

Gabe zurückgeben, hat aber Angst, dass er für seinen Fehler bestraft wird und erwartet Vergeltung. Es gibt aber keine Vergeltung, denn die Gabe wurde in Liebe gegeben. Niemand wird je kommen, um die Gabe wegzunehmen. »Aber durch einen fehlerhaften Gedanken und in Fehlwahrnehmung hast du diese Gabe genommen und daraus etwas gemacht, was sie nicht ist. Dies ist, was ICH gemeint habe, als ICH sagte, dass du dich nur in der Fehlwahrnehmung deiner selbst von MIR wegbewegt hast. Und diese Geschichte erzählt auch, warum du dich als ein scheinbar separates Wesen von Natur aus unwürdig fühlst. Es ist, weil du glaubst, dass du dein Selbst von GOTT gestohlen hast.« (Lk 20v9–19.16–19)

Aus dem scheinbaren Fehlgebrauch der Gabe Gottes ist die Welt hervorgegangen. Die Welt ist die Gabe an mich selbst, um in ihr mannigfaltige Erfahrungen zu machen. Die Lösung liegt nicht im Verleugnen dieser Erfahrungen, sondern im Lernen durch den Heiligen Geist, dass darin keine Wahrheit gefunden werden kann. »Du bist gut beraten zu verstehen, dass du nicht verstehst.« (Lk 20v27–40.3) Der Heilige Geist ist gekommen, um dem Sohn zu helfen, die Gabe in Liebe zurückzugeben, da er jetzt bereit dazu ist. Die Gabe ist nichts anderes als mein wahres Selbst. Der Sündenfall scheint nur in der Fehlwahrnehmung meiner selbst stattgefunden zu haben, nicht aber in der Wirklichkeit, weil Gott nichts gestohlen werden kann.

»Wahre Belohnung wird nur durch vollständige Hingabe an
GOTT erlangt.« (Lk 21v1–4.2)

Vollständige Hingabe bedeutet vollständiges Aufgeben der Kontrolle und des Ego. Teilweise Hingabe reicht nicht aus, denn sie besagt, dass immer noch etwas anderes wertgeschätzt und unter der eigenen Kontrolle oder privat gehalten werden möchte. So liegt die Wahl im Beibehalten der Kontrolle oder in der Hingabe an den Heiligen Geist. Der Gedanke vollständiger Hingabe macht Angst. Diese Angst stammt aus dem tief verborgenen Glauben, gesündigt zu haben und schuldig zu sein. Also schauen wir uns den Sündenfall noch aus einem anderen Blickwinkel an, um den Widerspruch aufzudecken, auf dem dieser Glaube beruht.

»Die Existenz der LIEBE miteinander teilen ist die bestmögliche Beschreibung der Essenz GOTTES.« (Lk 21v5–38.18) Der Schlüssel-

begriff ist also: Liebe miteinander teilen. In der Freiheit im Geist Gottes, der unveränderlich ist, hatte ich den Wunsch, dass alles anders wäre, als es ist. In der Freiheit des Seins habe ich mir diesen Wunsch erfüllt und den Gedanken ausgiebig erforscht. Dabei ist mir der Fehler unterlaufen, zu glauben, dass der Gedanke nicht leben könne, wenn er miteinander geteilt werde, also habe ich ihn privat gehalten. Aus dieser ersten Fehlwahrnehmung entstand der Glaube, dass ich getrennt von Gott sein könne.

»Du glaubst: ›Ich habe einen privaten Geist mit privaten Gedanken gemacht, die nur mir gehören, was bedeuten muss, dass ich schuldig bin am Zusammenbrechen des Miteinanderteilens der Gedanken, welche die Essenz GOTTES ausmachen. Ich glaube zudem, dass dieser Fehler, den ich begangen habe, gesehen wird, weil ich weiß, dass Gedanken nicht nicht miteinander geteilt werden können. Und deshalb erwarte und fürchte ich Bestrafung für alles, was ich glaube getan zu haben.‹

Und dort, innerhalb deiner eigenen Gedanken und Überzeugungen, ist die wahnsinnige Idee, welche die Angst aufrechterhält, aber trotzdem nie sein kann. Denn wenn du am Zusammenbrechen des Fließens des GEISTES GOTTES durch das Machen eines privaten Geistes schuldig wärst, dann wäre dieser Geist privat und würde nicht miteinander geteilt. Deshalb könnte GOTT nicht erzürnt sein, dich zu bestrafen, weil ER nichts davon wissen würde.

Was ist die Wahrheit deiner ganzen Gedanken und all deiner Überzeugungen? Die Wahrheit ist, dass sie auf einer Prämisse beruhen, einer Prämisse der Trennung, die nicht wahr sein kann. Und weil sie alle auf einer Prämisse beruhen, die nicht wahr sein kann, können deine Gedanken innerhalb derselben auch nicht wahr sein, was bedeutet, dass es keine Schuld gibt und dass es nichts zu fürchten gibt.« (Lk 21v5–38.36–44)

In diesem Gedankengang wird mit der Logik, wie das Ego denkt, das Ego selbst widerlegt, sodass spätestens hier das eigene Ego einen derben Schlag erleiden muss. Meine privaten Gedanken werden von Gott nicht gesehen, weil sie auf einer unwahren Prämisse beruhen. Deshalb sind meine privaten Gedanken bedeutungslos und der Sündenfall hat nie stattgefunden. Es scheint sich alles nur in einem Traumzustand abzuspielen, aus dem ich erwachen kann. Solange Angst im Geist zu sein scheint, bin ich aber wie gelähmt und krampfhaft am Weiterträumen.

> *»Es ist deine Angst, welche die Welt wirklich erscheinen*
> *lässt, die du fürchtest.« (Lk 21v5–38.47)*

Anstelle von Angst können hier auch andere Wahrnehmungen eingesetzt werden wie Konflikt, Unwürdigkeit, Hass, etc. Alles, was ich
glaube, entspringt der Idee eines privaten Geistes, der Fehlwahrnehmung der Trennung von Gott.

Den Geist ruhen lassen

Die Gedanken im Geist scheinen sich oft im Kreis zu drehen. Das ist
ein Zeichen von Verwirrung und Unsicherheit, jedenfalls das Gegenteil von Klarheit. Was ich beobachte, ist der eigene Widerstand, der
in einem Kampf ums Überleben ringt. Der Kampf ist die Angst vor
der Heilung. Das ist die Krankheit. Ich mag dankbar sein, dass sie an
die Oberfläche tritt, um geheilt zu werden. Den Kampf versuchen zu
verstehen, heilt ihn nicht. Die Krankheit wird geheilt, indem ich den
Geist in ihrer Gegenwart ruhen lasse. Ich werde durch die eigene
Entscheidung geheilt, wenn ich meinen Glauben und meine Bereitwilligkeit dem Heiligen Geist gebe, im Vertrauen zu ruhen. Um den
Geist ruhen zu lassen, kann ich passende Techniken für mich auspro-
bieren, wie ruhiges Atmen, meditieren, spirituelle Texte lesen oder
Übungen wiederholen, spazieren gehen oder was immer am besten
hilft.

Der Geist ist gespalten und ich habe die Wahl, auf eine von zwei
Stimmen zu hören. Die mir am nächsten erscheinende Stimme könnte als »meine Gedanken« bezeichnet werden, ist aber die am weitesten von der Wirklichkeit entfernte. Die Geschichte vom Weinberg
enthüllt, wie sich diese Stimme anfühlt, wenn ich mich nicht täuschen lassen will und ihr auf den Grund gehe. Wie würde ich mich
fühlen, einen Weinberg gestohlen zu haben? Würde ich mich nicht
wie ein Betrüger schuldig fühlen, mich vor dem Entdecken des Diebstahls fürchten und mir Verteidigungsstrategien ausdenken? Aber genau das tun »meine Gedanken«. Sie sind oft mit sich selbst beschäftigt und drehen sich um Rechtfertigungen und Verteidigungsmaßnahmen. Dies sind die Eigenschaften des Ego und dem Glauben, mich

selbst oder meinen Geist von Gott gestohlen zu haben. Als Übung können wir uns eine Zeit lang alle Verteidigungsgedanken in einem Notizheft aufschreiben und wir werden erstaunt sein über deren Anzahl. Das Ego lebt von der Verteidigung gegen die Wahrheit, denn ohne Verteidigung würde sich das Ego in der Wahrheit auflösen, weil von Gott unmöglich etwas gestohlen werden kann.

»Die STIMME, DIE von GOTT zu dir zu kommen scheint, erscheint als *Wissen* oder Intuition. Wenn du IHR vertraust und IHR folgst, wirst du SIE als GOTT erkennen. Diese STIMME scheint auf Sicherheit zu beruhen, einer angeborenen und unangreifbaren Sicherheit. Diese STIMME scheint auf Liebe zu beruhen. Diese STIMME nennst du GOTT, weil SIE alles zu sein scheint, was dich behütet und tröstet und für dich sorgt. Und gleichwohl kam das Wiedererkennen der STIMME aus deinem Inneren, was bedeutet, dass etwas in dir diese STIMME *kennt* und sich an die STIMME erinnert und IHRE Vertrautheit wiedererkennt.« (Lk 22v7–38.30–34)

Die Stimme von Gott ist in mir drin und folglich kann ich nicht von Gott getrennt sein. Der Trost und der Frieden Gottes sind, was ich wirklich will. Was ich dem Trost und Frieden Gottes als fremd empfinde, muss ich verleugnen. Denn es ist nicht von Gott und existiert nicht, außer dass es der Heilung bedarf. Wenn ich merke, dass ich mich rechtfertigen möchte, sollte ich diese Wahrnehmung heilen lassen. Wann immer ich mich ängstlich, schuldig oder unwürdig fühle, sollte ich diese Wahrnehmung heilen lassen. Wenn ich ruhe, werde ich geheilt. Wenn ich den Geist ruhen lasse, kehrt er automatisch dorthin zurück, wo er herkommt und hingehört, zu dem, worauf er beruht: Liebe und Dankbarkeit.

Auf dem Weg mit dem Heiligen Geist kann große Furcht und Angst an die Oberfläche treten.

»Große Furcht ist nichts anderes als großer Widerstand.
Und deshalb ist große Bereitwilligkeit das Mittel,
große Furcht zu überwinden.
Große Bereitwilligkeit kommt von der Erinnerung an das,
was du willst.«

»Dies ist der Zeitpunkt, um zu akzeptieren, dass die Welt nicht wirklich ist.« (Lk 22v39–46.3–6) Denn wenn die Welt wirklich wäre,

wäre auch die Angst wirklich. Damit sie geheilt werden kann, muss sie an die Oberfläche treten, um losgelassen zu werden. Die Welt ist bedeutungslos, weil sie auf einer falschen Prämisse beruht. In Frieden und Bereitwilligkeit muss ich bestrebt sein, die Wirklichkeit der Illusion vorzuziehen. Ich werde so weit gehen, wie ich bereit bin. Die Grenze der Bereitwilligkeit ist selbst auferlegt. Indem ich den Geist aufmerksam beobachte, kann ich mir der selbst auferlegten Grenze bewusst werden, sie schrittweise nach oben verschieben und sie schlussendlich ganz aufheben. So kann ich zu mir selber sagen:

»Ich habe durch meine eigene Wahl zugestimmt, diesen Gedanken zu glauben und mich selbst begrenzt. Aber dieser Gedanke hat in der Wirklichkeit keine Bedeutung. Indem ich ihn in meinem Geist drin behalte, ihn in irgendwelcher Weise beurteile, halte ich mich selbst an Illusionen gebunden. Alles, was es zu tun gibt, ist diesen Gedanken loszulassen und meinen Geist für GOTT zu öffnen. Ich bin gewillt, offen zu sein für das Undenkbare, das ich nicht beurteilen kann, denn es ist die Erfahrung der Wahrheit und Wahrheit ist meine Wirklichkeit.« (Lk 22v63–71.14–18)

Die Gedanken im Geist pendeln zwischen Bereitwilligkeit und Widerstand hin und her. Der Widerstand beruht auf der Angst, das eigene Selbst, das Ego, aufzugeben, denn es fühlt sich an wie das Aufgeben des eigenen Willens. Das Ego scheint aus einem Diebstahl hervorgegangen zu sein und muss zwangsläufig mit Angst assoziiert sein. Es fürchtet sich vor Angriff und sucht Erlösung, indem es zuerst anzugreifen versucht, nach dem Motto: »Angriff ist die beste Verteidigung.« Das Ego wurde nicht aus Liebe gemacht. Sogar in seinen Illusionen der Liebe hat es Angst und deshalb greift es selbst diejenigen an, die zu lieben es auserwählt hat. Daraus gehen alle Konflikte in Familien, Gemeinschaften und Gesellschaften, einfach allen Beziehungen, hervor. Das Ego ist die Stimme der Kreuzigung, denn sie kann nicht anders als kreuzigen. Nicht auf sie zu reagieren und den Geist ruhen lassen, lässt das Angriffsgeschrei des Ego im Nichts verpuffen.

Jenseits der vorlauten Ego-Stimme erstrahlt in der Ruhe des Geistes die Stimme der Wahrheit, die Gabe des Himmels. Es ist die Stimme der Liebe, der freundlichen Annahme, der Freude und des Einsseins. »Diese STIMME begrüßt deine Brüder als eins mit SICH. Diese STIMME begrüßt dich.

Dies ist die STIMME DES FRIEDENS. SIE kennt weder Konflikt noch Angriff. SIE sucht weder Schuld noch verleiht SIE der Vergangenheit, geboren aus eingebildeten Gedanken, Bedeutung. Dies ist die STIMME FÜR GOTT. Es ist eine gewaltige STIMME, DIE alle anderen Stimmen als bedeutungs- und zwecklos zum Schweigen bringt.« (Lk 23v26–43.19–25)

Diese Stimme spricht von meiner wahren Identität. Sie *ist* meine Identität. Jesus hörte nur noch auf diese Stimme. Er vergab seinen Brüdern ihre Illusionen und blickte über die Illusionen hinweg zur Wahrheit des Lebens. Er zeigte auf, dass sein Selbst von Gott und gleich wie Gott war. Die Bedeutung von Jesus' Tod war aufzuzeigen, dass es keinen Tod gibt, denn in Gott ist kein Tod, sondern ewiges Leben. Jesus wurde zum Symbol des ewigen Lebens. Wir sind gleich wie Jesus. Die Gabe des ewigen Lebens ist allen gegeben. Wenn ich mich dieser Gabe hingebe und ihre Wirklichkeit aufhöre zu verleugnen, gebe ich mich der Liebe hin. Das Annehmen des ewigen Lebens ist ewige Dankbarkeit und Liebe.

Das Wiedererkennen des Lebens symbolisiert das Erwachen aus dem Traum der Trennung von Gott beim endgültigen, letztmaligen Ablegen des Körpers, um wie Jesus zu Gott zurückzukehren und mit dem Wiedererkennen des Lebens die Begrenzungen der Zeit wegzulegen. Dem geht eine Zeit der Ruhe voraus, in welcher die Welt noch immer erfahren wird, ihr aber keine Wirklichkeit mehr verliehen wird. Wir werden aus dem Traum der Welt erwacht sein. Wir werden in der Welt leben, aber nicht von ihr sein, werden das Ego weggelegt haben und uns nicht mehr täuschen lassen. Im Geist werden wir mit allem verbunden sein und die Heilung im Gesamtgeist ausdehnen. Wenn Gedanken in den Geist eintreten, die nicht Gedanken des Friedens sind, werden wir sie ruhen und heilen lassen. Dies ist die Bedeutung des Sabbats. »Der Sabbat ist eine Zeit der Ruhe und des Nicht-Urteilens.« (Lk 23v50–56.11) Der Sabbat symbolisiert das Grenzland zwischen der Welt und dem Himmel. Dorthin zu gelangen ist das Ziel der Unterweisungen des Heiligen Geistes.

»Es ist wichtig, dass du MIR alles in deinem Geist zur Heilung gibst, damit es geheilt werde. Was du MIR nicht gibst, kann nicht geheilt werden und was nicht geheilt ist, wird die Erfahrung blockieren, die ICH bringe. Durchsuche deinen Geist nach all diesen Dingen und wenn du sie findest, gib sie schnell MIR, ohne etwaiges Anhaften an die Gedanken, die du gefunden hast. Durchsuche deinen Geist nach Zweifeln, allen Arten von Angst, Hass, Ärger, Groll, Schuld, Unwürdigkeit, Hilflosigkeit, Einsamkeit, Depression, Streben, Hoffnung und Sehnsüchten. Jeder Gedanke, der nicht Friede und Freude im gegenwärtigen Augenblick ist, kann MIR gegeben werden. Und jeder kann geheilt werden, um das unerwartete Wiedererkennen des LEBENS in deinen Geist zu bringen.« (Lk 24v1–12.3–8)

Den Geist ruhen zu lassen bringt ihn in die Gegenwart der Heilung. Gedanken der Hoffnung, Sehnsucht und Streben widerspiegeln die Vergangenheit, wenn sie auf die Zukunft ausgerichtet sind und entziehen sich der Heilung im gegenwärtigen Augenblick. Was der Heilung vorenthalten wird, ist immer das eigene Verlangen, dass die Dinge seien, wie sie nicht sind. Das ist die Krankheit, die täuscht und blind macht. Vom eigenen Verlangen muss ich mich abwenden, was nicht leicht, aber in vielen kleinen Schritten machbar ist, und mich dem wahren Begehren des Herzens zuwenden, dem Heiligen Geist im Inneren. Daran muss ich mich immer wieder erinnern und mit jedem Atemzug alles üben, was Er lehrt.

>»Lass dich nicht täuschen. Erinnere dich, dass die Wahrheit nicht ist, was du siehst, also muss falsch sein, was du siehst. Glaube es nicht und beurteile es nicht und reagiere nicht auf es, als ob es wirklich wäre. Sei dankbar für alles, was wahr ist. Alles, was wahr ist, ist dies: LEBEN, LIEBE, Miteinanderteilen, Ausdehnung und Freude. Dies sind die Eigenschaften GOTTES und der Wahrheit, mit welchen du eins bist.« (Lk 24v36–53.4–6,8–10)

Die zwei Stimmen

DAS LICHT DER WELT

»Das WORT GOTTES ist die STIMME FÜR GOTT. Sie sind ein und dasselbe, weil sie nicht getrennt sein können. Das eine ist eine Ausdehnung des anderen. In dieser Ausdehnung ist Gleichheit enthalten.

Da, wo Gleichheit ist, da können keine Unterschiede sein. Da, wo die STIMME FÜR GOTT ist, ist auch GOTT, und in SEINER Fülle ist SEINE Herrlichkeit.

Die STIMME FÜR GOTT ist immer gewesen, seit Anbeginn der Zeit und zuvor. ER ist der Aufseher über alle Dinge. Als alle Dinge gemacht wurden, sah ER, dass sie gut waren. Es war nicht durch SEINEN Wunsch, dass die Erde und Sterne und Himmel gemacht wurden, aber es war durch SEINE Erkenntnis, dass sie gesegnet wurden.

In IHM war LEBEN, und durch IHN wurde allen Dingen, die gemacht wurden, LEBEN und LICHT gegeben. In IHM liegt das LICHT des Menschen. Die Menschen sollen sich durch ihr LICHT erkennen.

Das LICHT ist in allen Menschen und mit allen Menschen. Das LICHT wird nicht verblassen oder vergehen, aber die Dunkelheit, welche die Sicht des Menschen einnimmt, kann das LICHT nicht sehen oder es zu erkennen suchen. Und so wartet das LICHT auf ein Willkommen, damit es erkannt werde.« (Jn 1v1–5)

Die Welt ist nicht Gottes Wille. Er widersetzt sich aber nicht. Von ihm geht nur Licht und Segen aus. Der Glaube an die Wirklichkeit der Welt ist die Dunkelheit, welche die Sicht des Menschen auf das Licht verschleiert und die Grenzenlosigkeit des Lichts begrenzt. Das Licht selbst ist davon unberührt, weil es keine Grenzen kennt. Das Licht macht die Essenz des Menschen aus und ist in allen Menschen. Die Stimme für Gott, der Heilige Geist, war schon vor Anbeginn der Zeit im Geist gegenwärtig. Sie ist das Licht und die Erinnerung an das Licht. Der Geist des Menschen wird keine Ruhe finden, solange er in der Finsternis wandelt, ruhelos umherirrt und sucht, was in der Dunkelheit nicht gefunden werden kann. Die Finsternis, das Ego, ist der Erkenntnis des Lichts nicht fähig. Und so ist es der Ruf des Lichts selbst, der auf ein Willkommen wartet.

Mit Jesus hat sich das Licht manifestiert. Er hat das Licht angenommen und in allen gesehen. Seinem Beispiel werden alle folgen, denn das Licht ist ewig, die Dunkelheit aber wird vergehen. Es war unsere Wahl, die Welt erstehen zu lassen. Und so muss es unsere Wahl sein, das Licht in der Welt auszubreiten, bis alle Dunkelheit hinweg geleuchtet ist. Wenn wir das Licht als Führung innerhalb der Welt wählen, machen wir das Licht im Körper und in der Welt manifest. Das innere Licht sucht sich selbst zu vervollständigen. In dem Maß, in dem wir unsere Bereitwilligkeit geben, breitet sich das Licht im Geist aus und überführt die Dunkelheit ins Licht. Schuld sucht sich in der Dunkelheit zu verbergen. Doch wo das Licht die Dunkelheit hinweg geleuchtet hat, verbleibt nur Unschuld. Durch die stetige Wahl, Unschuld in allen zu sehen, wird die eigene Unschuld wiedererkannt. Sie in allen wiederzuerkennen ist Selbsterkenntnis.

»Der HEILIGE GEIST ist das LICHT, welches das Herz des Menschen ausfüllt. Es ist ein LICHT, das in jedem Herzen leuchtet, und es leuchtet unaufhörlich.« (Jn 2v1–11.1,2)

In der Welt scheint das Licht verborgen zu sein, weil es nicht eingeladen wurde, zu leuchten. Ich glaube an die Welt oder ans Licht. Was ich glaube, wähle ich und wird mir gegeben werden. Anhand von dem, was ich sehe, kann ich sehen, was ich gewählt habe. Wenn nicht das Licht gewählt wird, werde ich etwas anderes sehen und es lieben, obwohl ich glauben mag, dass ich es hasse. Hieraus entsteht die gesamte Verwirrung mit allen Dramen und Süchten.

Wenn das Licht aber eingeladen wird, leuchtet es, denn das Licht verbirgt sich vor niemandem, der in Bereitwilligkeit nach dem Licht verlangt. Das Leuchten des Lichts lässt das Vertrauen wachsen. Mit mehr Vertrauen wird mehr Licht willkommen geheißen. Es ist wie ein sich selbst verstärkender Schneeballeffekt.

»Wenn du Finsternis in der Welt siehst, hast du danach verlangt, Finsternis zu sehen. Wenn du das LICHT erlebst, das LICHT aber nicht inwendig in dir erkennst, dann hast du es willkommen geheißen. Wenn das LICHT zeitweilig bei dir zu sein scheint und abwesend zu anderen Zeiten, ist dein Willkommen noch nicht widerspruchsfrei. Und wenn du das LICHT in allem erkennst, was du siehst und erfährst, dann hast du dich ihm geöffnet und es hat dich umhüllt.« (Jn 2v12–25.8–11)

Das Licht der Welt

Der Weg aus der Dunkelheit zum Licht scheint in vier Stufen ab-zulaufen. Von Stufe zu Stufe wird mehr Licht erfahren bis das Licht vollständig realisiert ist. Erleuchtung geschieht, wenn das Licht voll-ständig willkommen geheißen wird. Die Gegenwart des Lichts ver-neint die Existenz des Menschen. Wenn ein Mensch das Licht wird, ist er das Licht. Dies ist die Bedeutung von »von Neuem geboren werden«. Die vormalige Existenz ist vergangen, als ob sie nie gewe-sen wäre und die neue Existenz ist alles, was je sein kann. Sie wird an allen Orten und in allen Menschen gesehen, denn sie ist wahrhaf-tig alles, was gesehen werden kann.

»Das LICHT erkennen bedeutet die Ewigkeit erkennen. Die Ewig-keit erkennen bedeutet zu wissen, dass sie kein Gegenteil haben kann und deshalb wird kein Gegenteil gesehen, sondern nur die Wider-spiegelung von allem, was wahr ist. Wer die Widerspiegelung der Ewigkeit sieht, liebt alles, was er sieht, weil alles, was er sieht, eine Widerspiegelung der ewigen Wahrheit ist, und das ist LIEBE.« (Jn 3v10–15.1–3)

Der Geist ist durch die Transformation hindurchgegangen und sieht alles mit der geistigen Schau des eigenen Heiligen Geistes. Die Idee der Trennung ist verlöscht und Liebe ist alles, was übrig bleibt. Dies ist die eine Wahl, die alle Menschen irgendwann treffen wer-den. Das Licht wurde aber nicht nur von wenigen oder einigen Men-schen in der Welt willkommen geheißen, sondern von allen, und es leuchtet mit der Zustimmung aller auf alle Menschen. Solange Men-schen am Urteilen und Verurteilen festhalten, bleibt die vollständige Sicht des Lichts verschleiert und was gesehen wird, ist Irrtum. Das ist keine Sünde. Es ist bedeutungslos. Von Bedeutung ist einzig die Schau, die mit dem Licht kommt. Mit dem Loslassen des Bedeu-tungslosen breitet sich das Licht unaufhaltsam aus. Ein Erwachen ge-schieht. Alle Menschen sind Teil des Erwachens und alle Menschen werden erwachen.

Das Licht im Inneren lenkt alle Menschen. Viele sind sich der Führung im Inneren nicht bewusst, wissen nicht, wo sie sind und warum und suchen anderswo nach ihrem Glück und Heil. Weil sie nicht wissen, dass es innen ist, fahren sie fort zu suchen, wo es nicht gefunden werden kann, und wenn sie denken, dass sie Glück in der Dunkelheit gefunden haben, freuen sie sich eine Weile daran. Ist die Freude vergangen, dürsten sie wie Süchtige wieder nach Freude. Die

Suche nach Ablenkung und Freude scheint sich endlos zu wiederholen, bis die Führung im Inneren angenommen wird.

»Erwarte nicht vom LICHT, dass es dich von seiner Gegenwart mit Wundern zu überzeugen sucht, um dich zu packen, wenn du das LICHT nicht zu begrüßen scheinst. Das LICHT begrüßt dich, wie du bist, und so wird es nicht versuchen, dich zu überzeugen. Aber wenn du bereit bist, wirst du das LICHT durch Vertrauen begrüßen, und … zu dieser Stunde soll das Wunder des LICHTS erkannt werden. Und du wirst dankbar sein, dein Willkommen im Vertrauen ins LICHT ausgedehnt zu haben, dass das LICHT dich willkommen geheißen hat.« (Jn 4v43–54.2–5)

Das Licht ist das Wissen, was ich bin. Nichts kann das Wissen von mir fernhalten, außer meinem eigenen Bedürfnis, mich nicht zu erkennen. Um die Wahrheit über mich selbst zu erkennen, muss ich die Wahrheit in allem, was ich sehe und denke und weiß und glaube, willkommen heißen. Irgendetwas von der Vollständigkeit des Lichts auszuschließen bedeutet, das Licht zu verbergen und mich nicht zu erkennen. Alles oder nichts.

»Das LICHT, das im Inneren des Menschen ist, *ist nicht* der Mensch, wie er sich denkt. Es ist das Denken, welches das LICHT vor dem Menschen verbirgt. Wenn du es vorziehst zu denken, wählst du, das LICHT *nicht zu wählen*. Zu denken bedeutet Phantasie zu wählen, denn mit der Wahl für das Denken wählst du den Glauben, dass die Wahrheit etwas anderes ist als das LICHT, aus dem sie ist.« (Jn 5v9–15.1–4)

Mit dem Denken erschaffe ich meine eigene Wahrheit, welche nicht das Licht ist. Indem ich meinen Gedanken glaube, gebe ich ihnen Wirklichkeit und erschaffe meine Phantasiewelt. Der denkende Geist erzeugt unablässig neue Gedanken und lässt sich nicht stoppen. Ich kann die Gedanken aber wie vorüberziehende Wolken am Himmel betrachten, ohne an ihnen anzuhaften und stattdessen der Eingebung oder dem inneren Gefühl folgen, die nicht vom denkenden Geist herrühren.

In einer Audioaufnahme von Regina berichtet Robert über ein Erlebnis: »Das Wort, das mir in den Sinn kam, war konfliktfrei. Heute Morgen habe ich zu meiner Scheune hinuntergeschaut und mein Pick-up war zur Seite geneigt. Das bedeutete für mich, dass er einen platten Reifen hatte. Das Einzige, um was ich jeden Tag bitte, ist, dass es ein Tag der Hingabe werden möge, dass der Tag, den ich will, ein Tag für die Vergebung sein soll, und ich sah geradewegs, oh Mist, ich habe einen platten Reifen, defekte Mechanik und jetzt muss ich etwas dagegen tun. Sofort habe ich gestoppt und mir gesagt, dass dies eine wunderbare Gelegenheit ist. Es ist ein Geschenk. Ich machte mich auf, hinaus zur Scheune zu gehen und dort sah ich, dass auf der rechten Seite, wo der Platten war, der Zugang mit einem Viehkäfig versperrt war. Ich sagte mir sogleich, dass das absolut kein Problem ist. Es ist eine Gelegenheit, um geführt zu werden. Sogleich habe ich verschiedene Dinge bei der Werkbank gesehen, die ich gebrauchen könnte, um den Schaden zu beheben. In mir spürte ich ein Ringen, was für mich ein schwacher Ausdruck für Konflikt und Angst ist, denke ich. Ich hielt sofort wieder inne.

Ich stand auf und draußen vor der Scheune in der Sonne habe ich den Konflikt losgelassen, um konfliktfrei zu werden. So habe ich mich in konfliktfreier Art durch Eingebung führen lassen und bin zum richtigen Ende der Werkbank gegangen, um die passenden Werkzeuge zu finden. Ich sah einen Eimer und wendete ihn. Ich setzte mich hin und in fünfzehn Minuten war alles bestens erledigt. Es geschah vollkommen ohne Stress und vollkommen ohne Krampf, ohne Verurteilung irgendwelcher Art. Ich habe es einfach als eine Gelegenheit gesehen, es geschehen zu lassen und in Dankbarkeit Licht zu erfahren. Es ist so praktisch, jede Situation in meinem Leben als etwas anzunehmen, das ich erbeten habe, als neue Gelegenheit, das Licht zu sehen und was immer mir zu geschehen scheint, konfliktfrei zu sehen. Es ist so überzeugend, im Licht zu sein, weil ich das Licht bin. Der Reichtum ist nicht da draußen. Der heilige Sohn Gottes zu sein ist der Reichtum. Johannes muss richtig liegen und ich bin so dankbar dafür.« (2007-03-22 Jn3–7 0:46:54)

»Das LICHT ist der SOHN GOTTES, und das LICHT ist Freiheit.« (Jn 5v16–30.4) In der Freiheit liegt die Freiheit, das Licht zu verleugnen. Im Verleugnen des Lichts wird aber auch die Freiheit verleugnet. Weil das die freie Wahl ist, liegt im Verleugnen der Freiheit der Glaube, dass in der Unfreiheit Freiheit gefunden werden kann. Dieser Gedankengang zeigt die wahre Größe der eigenen Verwirrung. Das Licht willkommen zu heißen ist der Weg aus dem Gefängnis der Dunkelheit. Das Licht ist in mir drin, weil das Licht überall ist. Um das Licht zu erkennen, muss es überall erkannt werden. Ich muss lernen, meinem Bruder zu vertrauen, denn in ihm kann ich das Licht erkennen, das inwendig in mir ist und das ich bin. Jesus sah das Licht in mir und deshalb muss auch ich es dort finden können.

»Das LICHT bezeugt SICH SELBST, weil es leuchtet. Du brauchst nichts zu tun, um das LICHT für dich und über dich zu bezeugen, denn dies macht es, weil es du ist.« (Jn 6v1–15.1,2) Das Licht wohnt in allen Dingen und in allen Menschen. Weil es eins ist, sind alle Dinge und alle Menschen in Kommunikation. Ich brauche niemandem zu sagen, wohin sie gehen oder was sie tun sollen, um das Licht zu empfangen. Meine einzige Verantwortung ist, das allgegenwärtige Licht mit offenem Herzen willkommen zu heißen.

»Was du wählst, ist, was du siehst. Wenn du deinen Bruder anschaust und den Tod siehst, hast du Tod gewählt. Wenn du deinen Bruder anschaust und LEBEN siehst, hast du das LEBEN erkannt.« (Jn 6v25–59.9–11) Die Versuchung ist, einen Bruder als Körper zu sehen. Ist dies meine Wahl, dann habe ich ihn als sterblich beurteilt und muss mich gleich wie ihn sehen. Weil ich das über mich nicht wirklich glaube, liegt hierin der Trennungsgedanke verborgen. Wird er mir bewusst, so kann ich ihn als bedeutungslos weglegen und eine andere Wahl treffen, den Fokus nach innen wenden und wählen, Licht zu sehen. Licht ist Leben. Licht ist Wahrheit. Licht ist Gott. Ans Licht glauben heißt, an Gott glauben. Gott ist in allen Dingen und in allen Menschen. Überhaupt irgendetwas sehen heißt, Gott sehen. Alle Dinge sind Gott und alle Dinge bin ich, weil Gott eins ist mit mir. Wenn ich Gott in meinem Bruder erkenne, habe ich das Leben erkannt.

»Man muss lernen, sich selbst zu vertrauen, um seine Führung zu erkennen. Und man muss lernen, seinem Bruder zu vertrauen, um sich selbst zu vertrauen«. (Jn 7v1–13.2,3) Jedem ist die innere Führung durch den Heiligen Geist gegeben. Dieser Führung zu vertrauen ist unser wirkliches Verlangen. Jeder folgt seiner Führung auf seine eigene Weise. Wie oft habe ich schon ohne Erfolg versucht, andere zu ändern? Meiner Führung lernen zu vertrauen ist also gleichbedeutend mit meinem Bruder zu vertrauen, dass er seiner Führung folgt, was immer das für ihn bedeuten und wohin es ihn führen mag. Ich brauche ihm nicht zu sagen, was er tun soll. Auf diese Weise zeige ich mir auf, dass ich dem Licht vertrauen kann.

Die Führung durch das Licht ist immer zum Besten aller und kann niemals schaden. Ich mag aus Angst vor dem Aufgeben der Kontrolle nicht wollen, weil ich fürchte, im urteilsfreien Folgen jedes Gefühl für mein Selbst und meine Welt zu verlieren. Doch ehrlich betrachtet, was weiß ich schon über den Verlauf der Dinge? Es ist nur der Anschein der Kontrolle, den ich aus Angst zu verteidigen suche. Die ganze Verwirrung entstammt der Idee, dass ich mit dem Denken alle Dinge im Chaos ordnen kann und sich daraus meine Identität herleiten lässt. Der denkende Geist hat mich aber in die Lage gebracht, aus der heraus ich ohne Führung nicht finde. Im Herz jenseits des Verstandes ruht meine Identität. Aus ihm leuchtet das Licht, das zu sich selbst zurückführt. Das Licht wird mich zur Identität führen, die ich glaube verloren zu haben. »Du musst das LICHT sein, damit das LICHT durch dich leuchten kann.« (Jn 7v14–24.10)

Der Geist hat sich Gesetzmäßigkeiten ausgedacht, nach denen er sich die Welt zurechtlegt. Die Identität besteht aus einem Konstrukt von Gedanken aus Gesetzen der Welt, wenn wir uns durch sie definieren lassen wollen. Nach ihnen wird sodann die Welt beurteilt. In der Bibel steht an dieser Stelle die Geschichte der Ehebrecherin, die gemäß dem Gesetz gesteinigt werden soll. Jesus löst das Gesetz auf, indem er zu den Anwesenden sagt: »Wer unter euch ohne Sünde ist, werfe als Erster einen Stein auf sie!« (NT Joh. 8,3–7) Mit dieser Aussage hält er uns die Ehebrecherin als Spiegel der eigenen Sündhaftigkeit vor Augen. Damit macht er uns alle gleich. Entweder sind wir alle Sünder oder alle schuldlos. In der Gleichheit lässt sich keine Grundlage für irgendein Urteil, einen Stein zu werfen, finden. Was ist also mit meiner Identität, wenn sich die Gesetze ändern oder auflösen? »Man ist, wer man ist, nur dass man nicht weiß, wer man ist, wenn man darauf besteht, durch Gesetze der Welt definiert zu sein. Das LICHT ist die Wahrheit von allem und das LICHT ist nicht durch die Welt gebunden, weil das LICHT nicht von der Welt ist. Das LICHT ist jenseits der Welt.« (Jn 8v12–30.1–3)

In Verleugnung meiner wahre Identität definiere ich mich durch meinen Körper, Beruf, Arbeit, Familie, Heimat, Wohnort, Hobbys, Freizeitvergnügen etc. Das Glück scheint in der Welt zu liegen, die ich mir erarbeitet habe und mit dem Körper erfahren kann. Der damit verbundene Stress und die Frustrationen werden oft ausgeblendet. Die Macht der Verleugnung ist gewaltig, denn sie täuscht vor, in der

Welt ein kleines Glück zu finden. Mit dieser Definition meiner selbst bin ich wie ein Sklave der Umstände. Der Geist hat sich in eine Falle begeben im Glauben an Gesetze wie Ehrlichkeit, Verrat und Zurückweisung, nach denen er die Welt beurteilt.

Falsche Verleugnung ist, wenn ich Gefühle und Gedanken, die ich nicht mag, verdränge. Wahre Verleugnung hingegen ist die einzig sinnvolle Art der Verleugnung, denn sie verneint, dass irgendetwas Macht über mich hat, das nicht vom Licht kommt. Ich bin nicht das Opfer der Welt und muss lernen, dass ich nicht verletzt, verraten oder zurückgewiesen werden kann. Alles, was ich verleugnet habe, wird Stück für Stück an die Oberfläche treten, um losgelassen zu werden. Das mag als schmerzhafter Prozess erscheinen, aber es ist der Weg aus der Sklaverei in die Freiheit. Der Heilige Geist wird mir zeigen, was es loszulassen gibt. So mag beispielsweise Selbsthass auftauchen und wie eine innere Stimme alles abwertend kommentieren, was ich mache. Daneben ist immer die leise Stimme des Heiligen Geistes gegenwärtig und versichert, alles ist in Ordnung, ruhig durchatmen, loslassen. Negative Gedanken und Gefühle müssen erfahren werden, ohne sie auszuleben, um sie loszulassen. Nur so werden sie vergehen. Dass ich eine andere Erfahrung wählen kann, sollte auch zeigen, dass die Wahrheit jenseits der Erfahrung liegt, in der Freiheit des Lichts.

Wenn wir beurteilen, was wir sehen, schauen wir durch einen Filter auf die Welt. Das ist eine verzerrte Sicht. In der Bibel steht an dieser Stelle, wie ein Blindgeborener durch Jesus geheilt wurde. (NT Joh. 9,5–7) Wir sind die Blindgeborenen. Durch den Heiligen Geist werden wir geheilt und sehend. Um alle Dinge zu sehen, wie sie wirklich sind, muss der denkende Geist, das Ego, umgangen werden. Keine Urteile abzugeben wird das Ego durch seine Argumente zu verwerfen suchen und behaupten, ich sei ein Waschlappen, weil ich alles auf mir sitzen lasse, ohne mich zu rechtfertigen oder zu verteidigen. »Schau mit dem HERZEN. Das Licht, das aus dem HERZ leuchtet, sucht nicht nach Erklärungen oder Beweisen oder Bedeutung oder Kontrolle. Es akzeptiert, was ihm gezeigt wird, ohne zu hinterfragen, weil es sein WILLE ist, das LICHT willkommen zu heißen.« (Jn 9v35–41.7,8,10)

Das Ego lässt sich ausschalten oder Schmerzen mindern mit urteilauflösenden Gedanken wie »Ich weiß nicht, wozu irgendetwas dient.« oder »Alles ist, was es ist.« oder »Ich weiß nicht, was ich nicht weiß, und deshalb kann ich deine Frage nicht beantworten. Ich weiß nur, was ich angeleitet wurde zu wissen, und weil ich es wähle zu wissen, kann ich sehen!« (Jn 9v1–12.4,5)

Die Stimme des Lichts aus dem Inneren scheint aus der Ferne zu kommen, aber sie kommt mit jedem Mal unaufhaltbar näher, wenn ihr Gehör geschenkt wird. Das Licht versteckt sich nicht und kann sich nicht verstecken. Seine Eigenschaften sind Liebe, Frieden und Vergebung. Die Stimme des Lichts ist das Tor zur Freiheit. Sie sieht das Bedeutungslose als bedeutungslos. Ihr kann vertraut werden, weil ich sie als die eigene Stimme wiedererkennen werde. »ICH BIN das LICHT, das LICHT, aus dem du bist. WIR sind ein und dasselbe und du bist ICH.« (Jn 10v22–42.8,9) Nur die Angst kann das Gewahrsein des Lichts ausschließen, aber in Wirklichkeit schließt das Licht den Tod aus. Denn im Licht kann kein Tod sein, weil es nicht sterben kann. Und ohne Tod gibt es keine Angst. Das Licht vollständig angenommen führt zur Auferstehung und ist die Auferstehung.

»Warum nur kannst du das LICHT nicht sehen, wenn das LICHT überall ist und sogar jetzt hell leuchtend für dich zu sehen ist? Es ist, weil deine Augen auf etwas anderes fokussiert sind, auf einen Nebel und einen Schatten. Du beharrst darauf, dass der Nebel und der Schatten alle Wahrheit enthalten müssen. Und deshalb fokussierst du dich auf den Nebel und den Schatten und versuchst sie zu beschützen.« (Jn 11v45–57.4–7)

Nebel und Schatten sind eine poetische Umschreibung für die Illusion der Welt. Der Glaube an die Welt ist der Glaube, das zu sehen, was ich entschieden habe zu sehen. Es ist der Glaube, der im Nebel eine Welt erstehen ließ. Jeder wählt seine eigene Geschichte im Nebel zu sehen und das sind die Schatten. Und so sieht jeder etwas anderes in seinen Schatten und in seinem Nebel. Darin kann die Wahrheit nicht gefunden werden, denn die Wahrheit muss für alle die gleiche sein. Alles, was ich weiß, beruht auf Erfahrungen in der Welt. Also muss ich alle Vorstellungen von Bedeutung, die ich für wirklich und wahr halte, loslassen und mich für das Unvorstellbare öffnen. Die Fehlwahrnehmungen von Nebel und Schatten widerspiegeln einen nebulösen Wunsch. Die Wahrheit aber ist jenseits von Wünschen und Einbildung.

»In deinem Geist ist ein Wunsch. Es ist ein behüteter und verleugneter Wunsch und doch ist dir dieser Wunsch bis jetzt sehr teuer gewesen. Es ist der Wunsch, dass du sein könntest, was du sein willst. Es ist ein Wunsch, der Veränderung im UNVERÄNDERLICHEN wünscht. Und deshalb ist es ein Wunsch, der das UNVERÄNDERLICHE zu sein verlangt, was es nicht ist. Darum fühlst du dich, wie wenn du dich von GOTT gestohlen hättest.« (Jn 12v20–28.5–10)

Dieser geheime Wunsch hat in den geheimen Traum der scheinbaren Trennung von Gott hineingeführt und in einem weiteren Schritt den Konflikt des Diebstahls durch den Glauben in den Nebel und in die Schatten überdeckt. So erfahren wir uns zweifach von der Wahrheit entfernt. Die Angst vor dem Wunsch macht sich aber zeitweilig bemerkbar. Wenn sich der Fokus auf die Angst ausrichtet, manifestiert sie sich im Leben in unangenehmen Erfahrungen. Die Macht des Geistes schläft nie. Sie kann aber anders ausgerichtet werden und Vertrauen ins Licht entwickeln. Ich muss volle Verantwortung für meine Gedanken übernehmen. Wenn ich mich nicht glücklich fühle, muss ich mir die Frage stellen: »Was will ich wirklich?« Ich muss meinen geheimen Wunsch als gänzlich unerwünscht weglegen, um wieder das Licht zu erfahren. Ich muss das Licht als das Einzige willkommen heißen, das ich erfahren und sein will.

»Inwendig in deinem Geist ist ein Universum, das du gemacht hast. Dieses Universum ist eine Vorstellung, gebildet aus Vorstellungen, gemacht, um das LICHT zu blockieren.« (Jn 12v29–33.1,2) Nebel und Schatten sind das Universum, in der Absicht gemacht, etwas Unangenehmes zu verbergen. Das Universum scheint außen zu sein. Es ist im Geist drin. Was innen ist, wird außen gesehen. Entstanden aus einem geheimen Wunsch, ist es nichts als ein Spiel von Gedanken. »Das Universum ist nicht wirklich. Es ist nur ein Witz, den du über dich und für dich selbst gemacht hast. Jedoch findest du es nicht komisch, warum also hältst du am Witz fest?« (Jn 12v29–33.9–11)

Der geheime Wunsch ist der Witz, der sich ins Gegenteil gewendet hat, weil er irrtümlich mit Sünde und Schuld assoziiert wurde. Dabei ist alles nur ein Geschenk, das ich mir selbst gemacht habe. Weil ein Teil des Geistes am Witz festzuhalten wählte, anstatt darüber zu lachen, wurde der Konflikt durch die Einbildung des Universums zugedeckt. Das Universum ist die Dunkelheit, die das Licht verbirgt. Aus Angst vor dem, was sie verbirgt, scheine ich daran festzuhalten. Die Angst begrenzt mich auf die Dunkelheit. Es liegt nur an mir, eine andere Wahl zu treffen, das Licht hereinzulassen und die Dunkelheit aus dem Geist hinweg leuchten zu lassen. Das Licht ist der Führer aus der Dunkelheit. Blindes Vertrauen in irgendwelche Lehren oder Gurus ist nicht die Lösung. Ich muss nach innen schauen und auf mein Herz hören. Mit dem Herzen als Führer kann ich spüren, welcher Weg mit mir im Einklang ist. Im Vertrauen in mein Herz vertraue ich dem Licht, denn sie sind ein und dasselbe.

Ich kann zwei Herren nicht gleichzeitig dienen. Ich muss mich entscheiden, entweder dem Ego oder dem Licht zu dienen. Dienst ist Hingabe. Durch Hingabe ans Licht werde ich es kennenlernen. Dadurch werde ich eins mit ihm, was bedeutet, jeden Willen, der anders zu sein scheint, beiseitezulegen. »Das LICHT ist der eine ewige WILLE.« (Jn 13v1–17.12) Mit der Wahl für das Licht muss jeder andere Wille gänzlich preisgegeben werden. Damit wird jeder Konflikt aufgelöst und ich werde ein konfliktfreier Diener des einen Willens. Zu dienen bedeutet, dem Licht zu dienen.

Die Wahl für das Ego bedeutet, den Konflikt beizubehalten, denn das Licht kann niemals ganz aufgegeben werden, weil das Licht das eigene Herz ist. Freude entspringt aus der Wahl zu dienen. Im Konflikt ist der Geist verwirrt, denn er hat sich entschieden, nicht zu dienen, entzieht sich mit dieser Wahl der Freude und scheint sich selbst zu betrügen. Verwirrung ist der Ruf nach Heilung. Der getrennte Wille ist der Konflikt, der Heilung bedarf. Der Konflikt wird nicht andauern. Durch Annehmen des Lichts wird der Heilige Geist, der eine Wille des Lichts, angenommen. »In Wirklichkeit gibt es nur einen WILLEN. Der WILLE aller Dinge ist LIEBE, und LIEBE ist der WILLE, unter welchem alle Dinge wirken. Denn dort, wo keine LIEBE ist, ist nichts, weil LIEBE alles ist, was es gibt.« (Jn 13v31–38.4–6)
Es gibt nichts, was ich mehr fürchte, als den einen Willen. Denn der eine Wille bedeutet, dass es mich als Individuum nicht gibt. Also habe ich Angst davor, durch ihn ausgelöscht zu werden. Und da er Liebe ist, fürchte ich mich vor der Liebe, die ich in Wirklichkeit bin. Gleichzeitig vermisse und suche ich nichts mehr als die Liebe. Der Weg aus diesem Konflikt liegt im Entwickeln von Vertrauen in die Führung durch den einen Willen. Ich bin der Geführte und das Licht ist der Führer. Jeder andere Wille muss vollständig losgelassen wer-

den. Das Licht führt vorbei an aller Angst zum Licht, das mein wahres Selbst ist.

Jeder Glaube an Trennung ist eine Verleugnung der Wahrheit. Er wird aufrechterhalten durch Vergleiche mit anderen wie Stolz, besser zu sein, oder Minderwertigkeit, weniger wert zu sein, und durch Urteile über andere. Der Trennungsglaube löst sich erst auf, wenn alle diese Gedanken vollständig dem Licht übergeben werden und der inneren Stimme des Heiligen Geistes gefolgt wird. »ICH bin immer bei dir, weil ICH nicht getrennt von dir sein kann, und du kannst nicht getrennt von MIR sein. Wohin du gehst, gehe ICH und deshalb bin auch ICH dort. ICH bin in allem, was du siehst, nur auf deine Entscheidung wartend, MICH zu sehen, damit du MEINE Freude erfahren mögest, zu wissen, dass ICH du bin.« (Jn 14v15–31.15–17)

»Du bist nicht getrennt und deshalb kannst du nichts alleine tun. Alles, was du machst, tust du aus MIR. Alles, was du nicht aus MIR tust, hast du nicht getan.« (Jn 15v1–17.1–3) Außer im Gedanken der Trennung gibt es keine Unabhängigkeit. Alle meine Fehler geschehen, weil ich sie unabhängig vom einen Willen mache. Wenn ich mich schuldig fühle, ein Versprechen nicht eingehalten zu haben, dann mache ich die Schuld für mich wirklich. Dabei ist nur etwas Vorausbestimmtes im Drehbuch des getrennten Geistes abgelaufen. In Wirklichkeit ist nichts geschehen, weil Trennung nicht existiert. Ich brauche nicht bekümmert zu sein über nichts. »Das, was über nichts nichts weiß, muss ALLES sein. Und dies ist, was ICH BIN und auch du bist.« (Jn 15v18–27.10,11) Gott ist nicht ein gigantisches Nichts, das mich verschlingen will. Ganz im Gegenteil ist Gott alles, was es gibt. Wenn die Angst vor Gott aufflackert und ich mich erinnere, kann ich die Angst ohne Furcht hervortreten lassen und durch sie hindurch zum Licht gehen.

Dem einen Willen zu dienen, ist Gott und meinem Bruder und meinem Selbst zu dienen, denn alle sind eins und das ist die größte Freude. In mir ist auch großer Widerstand und mein Ego versucht mir klarzumachen, dass das alles dummes Zeugs sei. Aber dieser Teil meines Geistes kennt meine wahre Freude nicht, denn er ist blind und behauptet, ich folge dem Weg der Falschheit und wäre besser beraten, auf die Wege der Welt zurückzukehren. »Beachte seine Warnungen nicht, denn das LICHT ist in dir und du bist das LICHT.« (Jn 16v1–4.9)

Der Weg des Lichts wird im Inneren gefunden. Jesus ist das Symbol der Wahrheit. Das Licht in ihm ist auch mein Licht. »Als Jesus sagte, dass er die Welt überwunden hatte, meinte er, dass er die Welt in Liebe transzendiert hatte. Die Welt in Liebe zu transzendieren heißt, sich der Vergegenwärtigung zu öffnen, dass alles, was nicht LIEBE ist, *nicht ist* in Wirklichkeit. Das bedeutet, die Wahrheit aller Menschen zu erkennen, und die Wahrheit aller Menschen zu erkennen heißt, das LICHT erkennen und sehen. Das LICHT erkennen und sehen bedeutet auch zu wissen, dass die Welt nicht sein kann, denn was nicht LICHT ist, kann nicht sein, wenn LICHT alles ist, was es gibt.« (Jn 16v17–33.4–7)

Transzendenz ist die Erfahrung der Welt als glücklichen Traum. Das ist der erste Schritt im Erwachen. Im Zustand der Transzendenz verbleibt man solange, wie es im Plan des Heiligen Geistes für das Erwachen des Gesamtgeistes hilfreich ist. Der Übergang danach ist kein Tod, denn das würde eine Welt voraussetzen, die wirklich wäre. Der zweite Schritt, das Erwachen aus dem glücklichen Traum, ist die Auferstehung zur Wirklichkeit des Einsseins, zur Erkenntnis der Freude und Wahrheit des Himmels. Dies ist überhaupt keine Veränderung, sondern das Gewahrsein der einen Wahrheit, in der alles Übrige nie Existenz hatte. Jesus ist diesen Weg gegangen und hat uns vorgelebt, dass wir die falschen Bilder des Todes nicht zu wählen brauchen. Er verbleibt als Symbol im kollektiven Gedächtnis, als Wegweiser, der zur Wahrheit führt. Das Symbol selbst nicht die Wirklichkeit, aber es zeigt auf Folgendes:

»LEBEN ist ewig und es gibt keinen Tod. Tod ist nur Angst, aber Angst ist nicht wirklich. LEBEN ist LIEBE, und LIEBE ist alles, was es gibt. Du kannst den Tod nicht erfahren, weil du LEBEN bist. Aber du kannst das Bild der Angst wählen und denken, dass du den Tod kennst. Kein Bild der Angst kann andauern, weil es nur ein Bild ist, und DAS WAS IST, muss über allen falschen Bildern leuchten.« (Jn 17v1–5.3–8) Was in der Welt erfahren wird, wie auch die Welt selbst, ist ein Traum im Geist. Das Licht ist ebenso im Geist und versteht, dass der schlafende Sohn Gottes in seinem Traum der Welt nicht weiß, dass er am Schlafen ist. Und so reicht das Licht als sanfte Stimme in den Traum hinein, um den schlafenden Sohn Gottes sachte aufwachen zu lassen, damit er sehen möge, dass alles nur ein Traum war.

»Du, der du diese Worte liest, bist der schlafende SOHN GOTTES. Du bist am Schlafen, weil du an die Welt glaubst. Und du bist der SOHN GOTTES, weil du die Ausdehnung des LICHTS bist, das GOTT ist. Alle Menschen sind vom LICHT und deshalb müssen alle Menschen von GOTT sein. Deswegen sind alle Menschen der SOHN GOTTES, nur dass sie es noch nicht wissen.« (Jn 17v6–19.6–10)

Mit wahrer Wahrnehmung schaue ich durch die Illusion hindurch, egal was sie zu zeigen scheint. In Wirklichkeit schaue ich immer auf den Sohn Gottes, auf Licht. Wenn ich das Licht in anderen anerkenne, ohne es bereits selber ganz zu sehen, entsage ich allem Urteilen und andere werden sich von der Gegenwart der Liebe angezogen fühlen, weil sie angenommen werden, wie sie sind. Damit öffnen sie sich dem Annehmen dieser Worte und beginnen zu erwachen.

»Viele Aspekte des LICHTS sind nicht bereit zu sehen, dass sie das LICHT sind. Das ist kein Problem, weil sie das LICHT sowieso sind. Aber du, der du diese Worte liest, bist bereit, das LICHT kennenzulernen, das du bist.« (Jn 17v6–19.14–16) Jeder wird sich dem Licht öffnen, wenn er dazu bereit ist, und den Weg wählen, von dem er sich angesprochen fühlt. Alle Wege führen am Ende zum Licht. Das Licht ist im Inneren und führt von innen. Im Licht sind wir alle gleichermaßen mit Geistesfrieden gesegnet und geliebt.

Das Licht in allen versuchen zu sehen, mag sehr verlockend erscheinen. Es funktioniert aber nicht. Der Weg der Erlösung besteht darin, mir einzugestehen, dass ich das Licht nicht sehe. Was ich sehe, sind trennende Gedanken wie Bewertungen, Vorurteile, Ausgrenzungen, Angriff, Ärger etc., die das Licht blockieren. Hingabe an den Heiligen Geist bedeutet, alles, was den Blick auf das Licht verbirgt, anzuschauen und loszulassen. »Was ist es, das du suchst? Ist es Friede und Freude und das Wissen, das Behaglichkeit bringt? ICH bin ER. ICH bin das, was du suchst. Aber was für dich am wichtigsten zu vergegenwärtigen und zu akzeptieren ist, ist dies:

ICH bin du.
ICH bin, was du suchst,
und ICH bin du.« (Jn 18v1–11.1–7)

Diese Idee werden wir irgendwann voll und ganz akzeptieren müssen, ohne sie zu hinterfragen oder abzuändern. Jeder Zweifel und jedes Hinterfragen sind bloß Überreste des Trennungsgedankens. Das vollständige Annehmen dieser Idee ist das Annehmen des Himmels als eigener Wirklichkeit. Es ist der Übergang von der Idee, dass es mich und den Heiligen Geist gibt, in ein Verschmelzen von beiden zu einem. Der Heilige Geist ist mein rechtgesinnter Geist, in dem ich frei von Täuschung wahrnehmen kann. Seine wahre Wahrnehmung stellt die Brücke zur Erkenntnis Gottes dar.

Das Ego wird weiter versuchen, die andere Geschichte zu erzählen, dass ich unabhängig sei und alles eingehend beurteilen müsse, was vom Heiligen Geist kommt. Mit dem Ego denke ich, dass ich bei vollständiger Hingabe an den Heiligen Geist unglücklich wäre, etwas verlieren und opfern müsste und es scheint mir viel sicherer, ich könnte für mein eigenes Glück sorgen, denn wer weiß schon, was bei vollständiger Hingabe geschehen würde. Aber zu urteilen oder nur schon den Gedanken ans Urteilen in Betracht zu ziehen, trennt mich in meiner Einbildung vom Heiligen Geist. Es ist die Verleugnung der Wirklichkeit der Wahrheit.

In Zweifeln und in Verleugnung scheint für das Ego die Sicherheit zu liegen, die Kontrolle über alle Dinge beizubehalten. Zweifel und Verleugnung der Wahrheit mögen zeitweilig als grimmig erscheinen, als ob ich den Verstand verlieren würde. Sie scheinen die Angst vor finsteren Albträumen aufrechtzuerhalten. Aber alles ist nur der Versuch, die Wahrheit anzugreifen, die nicht angegriffen werden kann. Jeder Angriff ist nur Verleugnung. Das Ego lebt von der Bereitschaft, auf es zu hören. Aber selbst wenn ich das Licht nicht sehe, habe ich es dennoch. Es liegt nur an mir, alle täuschenden Gedanken wegzulegen und den Heiligen Geist anzunehmen.

Die zwei Stimmen im Geist scheinen ähnlich zu klingen. Beide scheinen Sinn zu machen und geben vor, die Stimme der Wahrheit zu sein. Ihr Inhalt ist aber komplett verschieden. Die Verwirrung wird andauern, bis vom Inhalt her gelernt ist, sie zu unterscheiden. Regina berichtet, wie sie das gelernt hat: »Während etwa zweieinhalb Jahren hörte ich den Heiligen Geist wie eine Stimme in meinem Geist. Er war wie eine Person in meinem Kopf, die in klaren Worten sprach und ich konnte mit Ihm ein Gespräch führen. Vor einiger Zeit scheint das aber aufgehört zu haben und jetzt ist es eher wie Intuition. Während dieser Zeit zeigte mir der Heilige Geist, wie die Stimme des Ego spricht, um mich den Unterschied zu lehren. Er hatte die

Stimme des Ego aufgedreht, damit ich sie in der gleichen Klarheit hören konnte, wie die Stimme des Heiligen Geistes. Das Ego war nicht mehr länger meine Gedanken und Fehlwahrnehmungen, sondern eine richtige Stimme in meinem Geist. Ich saß da, hörte diese Stimme und sie klang genau gleich wie die Stimme des Heiligen Geistes, aber der Inhalt war vollkommen anders. Die Stimme sprach ohne Unterbruch während dreieinhalb Stunden und ich bekam einen wirklich guten Eindruck vom Ego. Ich erinnere mich nicht mehr an alles, was es sagte. Aber ich erinnere mich an das, was mich am meisten betroffen machte. Es sagte mir, dass ich eine richtige Arbeit suchen sollte, dass ich töricht sei, auf die andere Stimme zu hören und dann ging es dazu über, meine Tätigkeit als Lehrer Gottes auf Paltalk zu kritisieren. Es sei ein schlechter Dienst für die Welt zu sagen, dass die Welt nicht wirklich sei, weil die Welt wirklich ist, die Leute in der Welt leben und mit ihr umzugehen lernen müssen.

Und dann wurde es richtig gemein und sagte: ›Was wirst du wohl tun? Wirst du zu jener Frau hingehen, deren junge Tochter entführt, vergewaltigt, gefoltert und umgebracht wurde und ihr sagen, dass die Welt nicht wirklich ist? Was machst du nur?! Du machst niemanden hier außer dich selbst lächerlich.‹ Und so ging es weiter und weiter. Während ich dem Ego zuhörte, blieb ich passiv, weil der Heilige Geist bei mir war. Das Ego prügelte mich mit Worten, ohne dass ich mich verprügelt fühlte, eher gelangweilt und ich fragte mich, wann es wohl den Mund halten werde. Ich fühlte mich nie angegriffen, egal wie gemein die Stimme erschien. Ich blieb in der Beobachterrolle, weil der Heilige Geist bei mir war. Danach hörte ich das Ego nie mehr als Stimme. Aber wenn Gedanken in urteilender Form im Geist auftauchen wie ›Das kannst du doch nicht alles lehren, wo du es doch noch gar nicht erfahren hast!‹, merke ich, dass es das Ego ist. So kann ich die Gedanken als Ego-Gedanken bemerken und nicht mehr auf sie hören.« (2007-04-19 Jn16–18 1:17:54)

Das Ego ist sehr trickreich. Es scheint meine Gedanken und mein »gutes« Urteil zu sein, auf die ich mich verlassen kann. Aber durch meine Entscheidung, dass ich urteilen kann, treffe ich die Wahl, dass ich getrennt von dem bin, was ich beurteile. Es ist die Wahl gegen das Einssein. »Aber die Wahl, die du zu treffen scheinst, wenn du es vorziehst, auf das Ego zu hören, ist nicht eine Wahl, außer dass du wählst, mit dem Träumen fortzufahren. Obwohl der Traum weiterzugehen scheint und diese Fortführung als deine Wahrheit erscheinen mag, ist sie es nicht. Da ist EINER bei dir, DER alles beobachtet, was du zu sehen scheinst, mit SEINEN Augen aber anders sehend. Denn dieser EINE weiß, dass Träume nicht wahr sein können und Angst nicht deine Wirklichkeit sein kann.« (Jn 19v17–27.1–4) Der Heilige Geist sieht alle Illusionen und wartet mit unendlicher Geduld, damit Er Seine Schau teilen möge, sobald ich mich dafür entscheide. Er ist in liebevoller Weise standhaft in Seiner Schau, denn Er ist die einzige Instanz, die zwischen Illusion und Wahrheit wirklich unterscheiden kann. Die Macht der Entscheidung liegt in meinen Händen. Welcher Stimme werde ich Glauben schenken? Nicht auf Ihn zu hören zieht Konsequenzen nach sich.

»Du wirst glauben, was du siehst und du wirst dafür scheinbar zu leiden haben. Dein Herz wird viele Male gebrochen werden, aber darin liegt kein Verlust. Es ist kein Verlust, denn der EINE, DER bei dir ist, ist immer noch bei dir und ER weiß, dass dein Leiden bloß eine Erfahrung deiner Wahl ist. Sie hat keine Wirklichkeit und berührt deine ewige Wahrheit nicht.« (Jn 19v28–37.1–4) Der Glaube ans Ego als falscher Identität ist wie eine Achterbahnfahrt, ein aufregendes Erlebnis mit vielen Höhen und Tiefen, Freuden und Ängsten. Es ist ein Geschenk, das ich mir selbst mache und das unzählige Wiederholungen lang Spaß bereitet. Aber irgendwann habe ich genug, weil der Spaß immer nur vorübergehend ist und sich danach eine Leere ausbreitet, die sich wie der Tod anfühlen mag. Wie das Ego der Glaube an eine falsche Identität ist, ist auch der Tod ein Glaube an eine Illusion. Die Welt basiert auf den Gesetzen des Todes, also kann die Welt nicht wirklich sein. Wenn der Tod nicht wirklich ist, muss es etwas anderes sein und das ist die Identifikation mit dem Heiligen Geist.

»Wenn das LICHT im Geist zu dämmern beginnt, wirst du es wiedererkennen. Und doch wirst du es zuerst nicht vollkommen verstehen oder akzeptieren und so magst du es auch fürchten. Dies ist nur die Reaktion eines Geistes, lange der Sicht durch Dunkelheit beraubt, wenn er erstmals der Wirklichkeit des LICHTS begegnet. Lass dich von dieser Furcht nicht beunruhigen. Im Übergang ist das natürlich.« (Jn 20v1–9.1–5) Es lässt uns nicht mehr los, wenn wir einmal einen Schimmer des Lichts erhascht haben, auch wenn es nur eine vage Idee war. Ich werde dem Ruf durch die Angst hindurch folgen, denn irgendwo weiß ich, dass Angst im Licht abwesend ist und in ihm alles liegt, was ich je gesucht habe und was die Welt nicht bieten kann. Das Licht wird zu mir als Person von einem Ort außerhalb von mir zu kommen scheinen. Durch mein Vertrauen wird es wachsen, mich stärker ansprechen und berühren. Danach scheint sich ein Verschmelzen mit dem Licht zu ereignen. Die von mir getrennte Quelle des Lichts wird immer öfters inwendig wahrgenommen und bestärkt mich, der Führung zu folgen. Zweifel werden auftauchen, aber die lichtvollen Wunder der Eingebung verstärken das Vertrauen, der Führung des Heiligen Geistes zu folgen.

»Wenn du bereit bist, in allen Angelegenheiten und in allen Dingen MIR zuzuhören und MIR vollständig zu vertrauen, wird die Zeit kommen, in der du erfahren wirst, was du nicht erwartet hast. Es wird eine Zeit der Feier sein, denn deine Augen werden geöffnet werden und du wirst ganz in den reinen GEIST vertieft sein. Das LICHT wird eins sein mit dir und du wirst eins sein mit dem LICHT.« (Jn 21v1–14.1–3)

Wir können nicht wissen, was in der wirklichen Welt jenseits der Ego-Welt sein wird, bis wir es erfahren haben. Hier ist unser Fokus Vergebung. Alles andere ist Spekulation. Nur vollständige Vergebung führt zum Erwachen aus dem Traum, zur Erfahrung des Unerwarteten. Es wird überhaupt keine Veränderung sein, sondern die Wiederkehr zur Wahrheit außerhalb des Schlafs. Das Ego *ist* der Schlaf. Es wird sich versuchen zu wehren. Vom Ego werden wir versucht werden, am Traum der Welt festzuhalten. Der Weg des Erwachens wird von Aufgaben begleitet sein, die vom Heiligen Geist kommen und aus Sicht des Ego wie Prüfungen aussehen werden. Es ist aber nur das Loslassen von Illusionen. Was wir dabei lernen, werden wir in irgendeiner Form weitergeben, sei es durch Beispielgabe, Lehren, Bloggen, Schreiben etc. So wird jeder Weg einzigartig erscheinen, obwohl jeder gleichwohl dem Zweck des Erwachens dient.

»Das LICHT ist in allen Menschen und alle Menschen sind das LICHT. Alle Menschen sollen sich durch ihr LICHT erkennen, weil das LICHT ihre Wahrheit ist und alle Menschen kennen ihre Wahrheit und werden ihr folgen. Amen.« (Jn 21v15–25.13–15)

DIE ANTWORT IST INWENDIG

Die Geschichte von Jesus ist hilfreich als ein Führer, ein Vorbild und ein Symbol, aber die Antwort liegt nicht in seiner Geschichte. Jesus hat das Reich der Welt verlassen und ist in den Himmel zurückgekehrt, auf dass jeder frei sei, die eigene Antwort im Inneren bei sich selbst zu finden.

»Der HEILIGE GEIST, welcher den Aposteln gegeben zu werden schien, als Jesus aus der Welt emporstieg, wurde nicht zu diesem Zeitpunkt auf sie übertragen. Nur GOTT kann die Gabe des HEILIGEN GEISTES geben und GOTT hat diese Gabe allen gegeben. Die Gabe ist immer in der Welt gewesen, sogar vor Jesus. Diese Gabe hat dich immer geführt.« (Ac 1v1–11.5–8)

Die Erlösung kommt von innen, nicht von irgendeinem Erlöser oder Messias von außerhalb. Solange ich aber fortfahre, außerhalb von mir selbst nach Antworten und Befriedigung zu suchen, werde ich mir dem Heiligen Geist nicht bewusst sein. Er ist die Antwort, auf die Jesus in seiner Lehrtätigkeit immer hingewiesen hat. Alle seine Lektionen bezwecken, der Führung aus dem Inneren zu folgen.

Der erste Schritt liegt im Gebet. Im Gebet bitten wir nicht um bestimmte Dinge. »Das Gebet ist eine Zeit, in der du das, was du willst, beiseitelegst und dich für *jede Führung* öffnest, die der HEILIGE GEIST dir geben wird. Das Gebet ist eine Zeit der Dankbarkeit für SEINE Liebe und Weisheit. Das Gebet ist eine Zeit der Hingabe, denn du suchst nichts weniger als SEINE Liebe, Weisheit und Führung für dich. Bete deshalb in dieser Art und Weise:

VATER, ich weiß nicht, was jetzt für mich zu diesem Zeitpunkt und an diesem Ort am besten ist, damit ich zu DIR zurückgeführt werden möge. Weil ich den Weg nicht sehen kann, den zu beschreiten ich bereit bin, nimm meine Hand und sende mir DEINE STIMME, um mich zu führen. Ich werde dahin gehen, wohin SIE mich zu gehen bittet und ich werde tun, was SIE mich zu tun bittet in Freude und Frieden und Gewissheit.« (Ac 1v12–26.4–10)

Bitte ich um bestimmte Dinge, dann habe ich mich mit dem auf Mangel basierenden Denksystem des Ego identifiziert. Wenn ich meine, den Weg zu kennen, dann habe ich auf das Ego gehört. Dieser Weg hat mich in die Irre geführt. Mir einzugestehen, dass ich nicht weiß und den Weg nicht kenne, öffnet den Geist der Führung. Sodann besteht der zweite Schritt im Hören auf die innere Führung und ihr zu vertrauen. Wenn die Führung meinen Wünschen zu entsprechen scheint, stammt sie möglicherweise vom Ego und führt in die Irre. Die Führung durch den Heiligen Geist kommt von einem Wissen jenseits meiner bewussten Wahl. Sie fühlt sich an wie Inspiration oder Eingebung und beruht auf einem soliden Fundament, dem zweifelsfrei vertraut werden kann.

Der Heilige Geist kennt den Weg und den ganzen Plan, nicht nur meinen winzigen Teil in ihm. Den ganzen Plan zu kennen würde die menschlichen Fähigkeiten übersteigen. Deshalb ist die Entwicklung des Vertrauens ein so wichtiges Element. In der Bibel steht an dieser Stelle, wie die Apostel am Tag des Pfingstfestes alle von heiligem Geist erfüllt wurden und begannen, in fremden Sprachen zu reden, wie der Geist es ihnen eingab. (NT Apg. 2,1–4) In Seiner Interpretation legt der Heilige Geist dar, dass die Führung, die ich bekommen mag, manchmal nicht nur mir allein zu dienen scheint. »Denn der HEILIGE GEIST schaut nicht auf die Welt und sieht getrennte SÖHNE GOTTES, jeder mit dem Bedürfnis nach einem separaten Plan für die Erlösung. Der HEILIGE GEIST sieht einen SOHN und einen Plan. Was ER dir gibt, ist deshalb nicht für dich allein. Um zu lernen, dass dem so ist, musst du IHM vertrauen und tun, was ER von dir verlangt.« (Ac 2v1–13.4–7)

Regina berichtet von einem Beispiel aus eigener Erfahrung: »Am Samstagmorgen kam mir der Gedanke in den Sinn, dass es für mich an der Zeit wäre zu verstehen, was ich tun sollte, wenn ich Krebs hätte. Ich weiß nicht warum, denn es ergab überhaupt keinen Sinn, und damit das laut und deutlich gesagt sei, weil ich keinen Krebs habe. Ich bin vollkommen gesund und immer vollkommen gesund gewesen. Aber ich bat den Heiligen Geist mir zu erklären, was die rechtgesinnte Sichtweise von Krebs ist, denn aus irgendeinem Grund war es Zeit für mich, das zu wissen. Und ich verstand es, war wirklich dankbar und dachte, das war dann das Ende der Geschichte, cool, denn ich wusste nicht, was damit zu tun war.

Als ich nachmittags am Arbeiten war, hatte ich die sehr klare Eingebung, in die Online-Live-Diskussionsgruppe auf Paltalk zu gehen. Aber ich gehe nie am Samstagnachmittag auf Paltalk. Die Aufforderung war jedoch sehr deutlich und beinahe laut und ich vertraute ihr und ging auf Paltalk. Nach kurzer Zeit meldete sich ein Freund von mir und suchte Hilfe wegen seinem Krebs. Ich gab eine kurze Antwort auf Paltalk. Danach hat er mir eine E-Mail geschickt und ich habe ihm eine längere Antwort geschrieben, welche ich für alle zugänglich gemacht habe. Von einer ganzen Anzahl von Leuten habe ich Antworten bekommen, wie hilfreich es für sie oder Familienangehörige war. Die Führung war also nicht für mich, weil ich keinen Krebs habe. Dies ist ein Beispiel für die sich allmählich ausbreitende Wirkung auf Führung zu hören.« (2007-04-26 Jn19–Ac2 0:58:30) Die vom Heiligen Geist empfangene Botschaft zur rechtgesinnten Sichtweise von Krebs lautet:

1. Allen Dingen muss derselbe Zweck gegeben werden, wenn unser Zweck das Annehmen der Sühne für uns selber ist. Der Körper und Krebs bilden keine Ausnahmen. Deshalb müssen wir unseren Krebs dem Heiligen Geist übergeben und sagen, dass wir diese Erfahrung dem Zweck des Erwachens hingeben.

2. Wir müssen den Krebs akzeptieren. Dies ist sehr subtil. Wir akzeptieren den Krebs nicht als eine Situation, die wahr oder dauerhaft ist oder benötigt wird, weil nichts davon wahr ist. Er ist eine Illusion und innerhalb unserer ewigen Existenz eindeutig vorübergehend. Er wird nicht andauern und wir wissen das. Wir akzeptieren ihn jetzt als eine Erfahrung und erinnern uns an den Zweck, den wir ihm gegeben haben. Wir lieben die Erfahrung, indem wir die Gelegenheit, die sie unserem Erwachen bereitstellt, lieben. Wir sind dem Heiligen Geist für die Gelegenheit, den Geist zu heilen und zu erwachen, dankbar.

Anmerkung: Wenn wir uns dem Krebs widersetzen, dann ist es, weil wir an ihn glauben. Wenn wir an Illusionen glauben, bleibt Illusion in der Erfahrung bestehen. Sogar den Wunsch zu haben, dass der Krebs geheilt werde, kann eine subtile Form des Glaubens an ihn sein. Die rechtgesinnte Methode scheint zu sein, zu akzeptieren, dass er nicht wirklich ist – er ist eine vorübergehende Erfahrung zum

Zweck der Heilung des Geistes – und dankbar für diese Erfahrung zu sein, wie wir für alle Gelegenheiten der Heilung dankbar sind. Übergib die ganze Situation dem Heiligen Geist. Halte entschlossen an deiner Absicht im Geist fest.

3. Durch die Erfahrung von Krebs wird im Geist Angst aufkommen. Andere Dinge wie Schuld, Unwürdigkeit, das Gefühl betrogen oder zurückgewiesen zu werden, etc. mögen ebenfalls aufkommen. Wenn diese Gefühle aufkommen, müssen wir uns an den Zweck erinnern, den wir der Erfahrung gegeben haben – die Sühne für uns selber anzunehmen – und wir nutzen die Situation, um uns unsere Gedanken und Gefühle einzugestehen und sie bereitwillig loszulassen. Dies mag im Fall von Krebs schwierig erscheinen. Das ist okay. Die Tatsache, dass es schwierig ist, bedeutet lediglich, dass wir sehr nahe an der Wurzel sind und eine wirklich bedeutsame Arbeit verrichten. Wir tun immer wieder nur unser Bestes und bitten den Heiligen Geist fortwährend um Hilfe. Eine gute und inspirierende Erzählung über die wiederholte Vergebung von Angst findet sich in NTI Markus 14 Verse 32–42 (weiter vorne auf Seite 64).

Selbstverständlich geht auch Regina bei ernsten Krankheitssymptomen oder einem Unfall zum Arzt und sei es nur aus Sorge und zur Beruhigung der Angehörigen. Was hier beschrieben ist, ist nicht, dass wir keine Krebstherapie oder anderweitige Behandlung mehr machen sollten, sondern legt dar, mit welcher Einstellung wir durch die Situation hindurchgehen können, wenn wir die Heilung des Geistes anstreben. Krebs ist nur eine von vielen Varianten, wie uns das Ego unsere Identifikation mit dem Körper bewusst machen möchte. In einer gewöhnlichen Alltagssituation kann die Führung in vielen einfachen Dingen liegen, wie jemanden zu grüßen, anzulächeln oder ein freundliches Wort zu wechseln. Ich muss nur lernen, meiner inneren Führung instinktiv zu vertrauen. Die Führung ist nicht für mich als Individuum, sondern für den einen Sohn Gottes. Folge ich ihr, so kann ich die Dankbarkeit spüren, die uns alle vereint. In dieser Weise zeigt der Erlösungsplan seine sich allmählich ausbreitende Wirkung.

Die verschiedenen Erlösungswege scheinen individuell und die Erfahrungen persönlich zu sein. Dahinter steht aber nur ein Plan, der allen gegeben ist, weil alles miteinander verknüpft ist. Wenn andere beginnen sich der Führung zu öffnen und Erfahrungen mit dem Heiligen Geist zu machen, ist das kein Grund, deren Geschichten anzuzweifeln, sondern zum Frohlocken, weil die Führung immer für alle ist, also auch für mich. Indem ich meinem Bruder vertraue, lerne ich mir selber zu vertrauen und das Vertrauen wird sich mehren.

Der Heilige Geist wird nie jemandem sagen, was ein anderer tun soll. Er leitet nur an, etwas zu tun oder vorzuleben und wenn es bei anderen auf Resonanz stößt, können sie davon lernen, der eigenen Führung zu folgen. Das ist die Bedeutung des Lebens von Jesus. Ob er Wunder vollbracht hat oder nicht, ist bedeutungslos, denn alle Dinge in der Welt sind Symbole. Sich über sie oder Meinungen zu streiten, ist ein Streit um nichts. Die Wahrheit liegt jenseits von Symbolen und ist eine Erfahrung. Jesus hatte die Welt verlassen und den Weg zur Wahrheit aufgezeigt und durch sein Leben dies gelehrt:

»Es gibt keinen Tod
und die Antwort, die du suchst,
ist bereits hier inwendig in dir.« (Ac 2v36.2)

Der Tod steht symbolisch für das Ego, die Idee der Besonderheit, und der Heilige Geist ist die Antwort, gegeben von Gott als Berichtigung, weil Er Besonderheit nicht versteht. Durch Seine von Gott gegebene Macht berichtigt der Heilige Geist alle Fehler, die der Sohn Gottes sich eingebildet hat, begangen zu haben. Alle Dinge können vom Heiligen Geist verwendet werden, um zu lehren. Und wenn ich mit Ihm lerne hinzuhören, werde ich durch Ihn gezeigt bekommen, welche Worte für mich bestimmt sind, um davon zu lernen.

»Deine Freude soll sich mehren, wenn du der STIMME DES HEILIGEN GEISTES zuhörst, denn ER soll dich anleiten, keinen Wert zu sehen, wo es keinen gibt und die Liebe kennenzulernen, die bereits inwendig in deinem HERZEN ist. Diese Liebe, welche die Quelle aller Freude ist, ist keine besondere Liebe, die einige einschließt, aber nicht alle. Es ist eine umfassende Liebe, aus welcher die Freude aus deinem HERZEN in die Welt hervorbricht, die du siehst.« (Ac 2v42–47.1–3)

In der Erzählung der Bibel vollbringt Petrus Wunder im Namen Jesu Christi, des Nazareners. (NT Apg. 3,6–8) Übertragen auf unser Wirken in der Welt bedeutet dies, dass wir den Heiligen Geist durch uns sprechen und wirken lassen können, wenn wir die Bereitwillig-keit aufbringen, uns selbst aus dem Weg zu gehen. Dies wird uns er-lauben, den Heiligen Geist im eigenen Geist zu erleben und Seine Wunder zu empfangen. Und diese Wunder lassen sich auf andere ausdehnen und miteinander teilen. So lernen wir, dass wir nicht ge-trennt, sondern eins sind.

Das Ego ist der Gedanke der Trennung von Gott. »Du erfährst das Ego als einen Strom von Gedanken innerhalb des Geistes, die erklä-ren, beratschlagen, gleichsetzen, urteilen und plötzlich als Ideen her-vorzutreten scheinen. Aus ihnen selbst scheinen diese Gedanken für dich nichts zu sein, obwohl du auf sie hörst und nach allem handelst, was sie sagen. Diese Gedanken beherrschen deinen Geist und deine Interpretation der Welt, weil du glaubst, was sie sagen. Doch sie be-ruhen auf einem Fundament von Trennung, das nicht wahr ist. Was wahr ist, liegt nicht in dem, was sie sagen.« (Ac 3v11–26.4–8)

Im Gedankenstrom des Ego zu verweilen bedeutet, in Illusionen zu schwelgen und die Wirklichkeit zu ignorieren. Ego-Gedanken sind nicht meine natürlichen Gedanken. Sie stammen aus der Wahl für die Unwissenheit. Unwissenheit ist nicht Schuld, sondern ein Fehlgriff. Jeder bemerkte Irrtum ist ein Ruf nach Wissen und bietet Anlass zur Freude, anders zu wählen. Wenn ich mich vom Ego ab-wende und der Stimme des Wissens zuwende, ändert sich die Inter-pretation aller Dinge. Ich sehe mich und die Welt mit neuen Augen, mit Augen, die auf einem Fundament der Wahrheit ruhen. Der Heili-ge Geist hilft, diese Umkehr zu vollbringen, bis Seine Hilfe nicht mehr gebraucht wird.

In der Erzählung der Bibel wurden Petrus und Johannes ergriffen und in Gewahrsam genommen, während sie zum Volk sprachen. (NT Apg. 4,1–3) Die Interpretation greift die Idee der Gefangennahme auf. Durch den Glauben, mein Selbst von Gott gestohlen zu haben, habe ich mich selbst in einen illusionären Zustand der Schuld gefan-gen gesetzt. Ich glaube, einen Willen getrennt von Gott gemacht zu haben, der in Opposition zu Seinem steht, und dass ich wählen kann, welchem ich folgen möchte. Deswegen fühle ich mich schuldig, denn ich glaube, eine entsetzliche Sünde begangen zu haben. Die Schuld, entstanden aus der Wahl, einem Willen getrennt von Gott zu dienen, äußert sich in einem Gefühl der Unwürdigkeit und in Wider-stand gegen die Wahrheit. Diesem Gedankengang liegt ein Widerspruch zugrunde, denn im Kern meines Wesens bin ich Gottes Wille, will Ihn erkennen und Ihm dienen. Hieraus entspringt meine Bereitwilligkeit. Das Hindernis, Gottes Willen zu dienen, stammt aus dem Gefühl der Unwürdigkeit Ihm gegenüber, weil ich einem anderen Willen zu dienen wählte, dem Ego. Es ist wie ein raffinierter Trick, der mich in einer Illusion meiner selbst gefangen hält.

»Dein wahres Begehren ist GOTTES WILLEN zu dienen, aber dein Gefühl der Unwürdigkeit ist ein Hindernis für dieses Begehren.«
(Ac 4v1–22.21)

Im Glauben an Schuld und Unwürdigkeit fühle ich mich wie in einer Schlaufe gefangen. Im Geist ist aber auch die Stimme der Vernunft, welche diese auf den Kopf gestellte Argumentation aufzudecken hilft. Ich bin nicht gefangen und kann alle Gedanken, die etwas anderes behaupten, beiseitelegen. Die Erlösung ist einfach, denn ich bin Gottes Willen würdig. Alle Zweifel an dieser Tatsache sollen hervortreten, um sie loszulassen. Die Hilfe durch den Heiligen Geist ist mir sicher und lässt meine Bereitwilligkeit gedeihen.

»ICH habe dir auch gesagt, dass du nicht verwirrt zu sein brauchst über das, was du in der Welt hörst, siehst und erlebst. Alles ist für den Zweck anwendbar, den der HEILIGE GEIST festgelegt hat. Alles kann für die Erlösung von GOTTES einem HEILIGEN SOHN gebraucht werden.« (Ac 4v23–31.1–3)

Wenn ich die Motivation von Handlungen anderer nicht verstehe und mich deswegen verwirren lasse, dann bezeuge ich damit meinen Glauben an getrennte Willen. Alles, was mir zu widerfahren scheint, habe ich auf einer unbewussten Gedankenebene zu mir herangezogen, weil Geister miteinander verbunden sind. Verwirrung ist ein Signal, Verantwortung zu übernehmen und mir einzugestehen, dass ich nicht weiß, was irgendetwas bedeutet. In dieser Haltung der Demut lege ich jedes Bedürfnis zu urteilen beiseite, öffne ich mich der Führung des Heiligen Geistes, um alles zu erfahren, was ich nach Seinem Plan zum Zweck der Heilung wissen muss, um wahrhaft hilfreich zu sein.

Um in die brüderliche Gemeinschaft der ersten Christen einzutreten, musste man gemäß Bibel alle Besitztümer veräußern und den Erlös den Aposteln zu Füssen legen. (NT Apg. 4,32–35) Solche Bestimmungen haben in der Folge zu viel Not geführt. Heute würden wir sie einer Sekte zuschreiben. Sie sind Ausdruck für die vom Ego auf den Kopf gestellte Wahrheit, der Verwechslung von Form und Inhalt. Von der Schuld kann ich mich nicht freikaufen. Aber unter Führung des Heiligen Geistes kann ich lernen, dass Schuld nicht wirklich ist und sich auflösen lässt. Ich muss Ihm nur meine Bereitwilligkeit geben, Seinem Weg folgen und das Urteilen weglegen. Wenn ich ins Urteilen zurückfalle und einem Plan nach eigenem Willen anzuhängen versucht bin, kann ich innerlich darüber lachen, sobald ich es merke. Seine Führung ist ein glücklicher Weg ohne jeden Zwang. Opfer werden keine verlangt, nur meine Bereitwilligkeit, die Schuld loszulassen. Schuld ist die Illusion eines illusionären Willens. Jeder von Gott scheinbar getrennte Wille ist Illusion, denn in Wirklichkeit weiß ich, dass mein wahrer Wille gleich ist wie Seiner.

Ein Paar verkaufte ebenfalls alle Besitztümer, schaffte etwas vom Erlös beiseite und übergab nur einen Teil den Aposteln. Von den Aposteln dahingehend angesprochen, dass sie versucht hatten, Gott zu belügen, fielen sie Tod um. (NT Apg. 5,1–11; Ac 5v1–11.1–17) Die Größe der Schuld in ihnen muss immens gewesen sein. Wenn ich das so sehen und spüren kann, dann begegnet mir in dieser Geschichte das eigene Gefühl der Schuld und Unwürdigkeit. Die Geschichte scheint das eigene Verbrechen aufzuzeigen, etwas von Gott verstecken und für mich alleine behalten zu wollen. Das ist, was ich glaube getan zu haben, wenn ich mich schuldig fühle. Diese Schuld scheint mir den Tod gebracht zu haben. Diese Schuld ist das Hindernis, das mich von Gott zu trennen scheint, nun aber sorgfältig betrachtet und aufgehoben werden kann.

Zuerst muss ich mir in Erinnerung rufen, was Gott ist. Gott ist Leben und das Leben, das Er gibt, ist ewig. Daraus folgt:

>>GOTT ist LEBEN
und du lebst,
also muss das LEBEN inwendig in dir sein.
Das bedeutet, dass auch GOTT inwendig in dir ist.<<
(Ac 5v1–11.23,24)

Die logische Schlussfolgerung, dass Gott in mir drin ist, bin ich versucht abzulehnen, weil ich glaube, dass Gott gut ist und ich schuldig bin. Daraus schließe ich, dass Gott nicht in mir sein kann und ich getrennt von Ihm sein muss. Getrennt von Ihm muss ich auch getrennt vom Leben sein, und das ist der Tod. Deshalb scheint der Tod meine Welt zu beherrschen und ich glaube, meine Schuld hält mich von Gott getrennt. Aber diese Argumentation dreht sich im Kreis und ergibt überhaupt keinen Sinn, denn gerade jetzt, wie ich diese Worte lese, lebe ich. Gerade jetzt bin ich inwendig in Gott und Gott ist inwendig in mir. Es gibt keine Trennung. Nichts ist verborgen oder nicht in Übereinstimmung mit dem Einssein.

Ich lebe, also muss ich unschuldig sein. Es gibt keinen Grund, irgendetwas zu verbergen. Nur mein Glaube, etwas verbrochen zu haben, braucht geheilt zu werden. Der Glaube wird geheilt, indem die Schuld zum Licht gebracht wird. Licht ist Unschuld und ich bin ein Kind des Lichts. Schuld lässt sich nicht teilen, aber Unschuld ist unteilbar, denn entweder sehe ich sie überall oder nirgendwo. Wenn ich meine Unschuld in meinen Brüdern finden kann, können sie die ihre in mir erblicken, indem sie in meinen Augen keine Beschuldigungen oder Verurteilungen finden können. Die Unschuld meiner Brüder zu akzeptieren bedeutet, meine eigene zu akzeptieren.

Der Weg besteht im Aufbauen des Vertrauens in den Heiligen Geist. Das heißt, der Beurteilung des Heiligen Geistes meiner selbst mehr zu vertrauen als meiner eigenen. Wenn ich Ihm vertraue, kann die Schuld aus ihren Verstecken hervortreten und von Ihm aufgehoben werden. Sie muss hervortreten, um aufgehoben zu werden. Was verborgen gehalten wird, kann nicht aufgehoben werden und bindet den Geist aus Angst von dem Verborgenen an den Körper.

»Und so bitte ICH dich, MIR mehr zu vertrauen als der Stimme, die sagt, dass du schuldig bist. Wenn du MIR zuhörst und ins LICHT hinaustrittst, werde ICH für dich sprechen. Durch das, was ICH sage und was ICH dir zeige, wirst du sehen lernen, dass du unschuldig bist. Deshalb ist MEINE erste Bitte nur dies und dies ist alles, was ICH dich zu tun bitte:

Vertraue MIR.
Höre MEINER STIMME zu.
Lass MICH dich lehren, dass deine Unschuld deine Wahrheit ist.«
(Ac 5v25–42.7,10–15)

Das Vertrauen in den Heiligen Geist entwickelt sich Schritt für Schritt. Dabei wird wiederholt die Versuchung auftreten, dem Urteil des eigenen Willens zu folgen, dem Ego. Es wird viele Fragen aufwerfen und gleichzeitig mag ich mich schuldig fühlen, Fragen zu stellen. Aus seiner Sicht bin ich schuldig und kann nur verlieren, egal ob ich etwas Bestimmtes tue oder es sein lasse. Die Schuld im Vertrauen in den Heiligen Geist loszulassen und frei von Schuldgefühlen das zu tun, was als sinnvoll erscheint, ist die einzige Lösung.

Der Konflikt ist Ausdruck des gespaltenen Geistes. Er wird bewusst erlebt, weil ich mich entschieden habe, den Geist heilen zu lassen. Der Ego-Teil des Geistes widersetzt sich der Heilung. So scheint sich im Geist ein Kampf abzuspielen. Wenn ich ihm in Frieden zuschaue, ohne mich hineinziehen zu lassen und ohne daran teilzuhaben, wird er vergehen, weil ich ihm keine Energie gebe und mein Vertrauen in den Heiligen Geist setze.

»ICH bitte um Vertrauen, weil ICH dir Dinge schrittweise enthülle. ICH enthülle dir Dinge schrittweise, weil du mit jedem Schritt Lektionen zu lernen hast. Wenn ICH den ganzen Plan enthüllen würde, würdest du zum Ende vorrücken wollen und du würdest die Lektionen verpassen, die unvermeidlich sind, um dorthin zu gelangen.« (Ac 7v1–8.6–8) Um ein früheres Beispiel aufzugreifen: Die Lektionen sind wie die Backsteine in der Mauer, die den Fluss der Liebe im Tunnel behindern. Der Heilige Geist weiß am besten, in welcher Reihenfolge die Backsteine herausgelöst werden können. Die Lektionen selbst sind alle Arten von Urteil, Ärger, Groll, Hass etc., die vergeben und losgelassen werden müssen. Ich ziehe alle Lektionen an, denen ich mich gegenübergestellt sehe. Verwirrung entsteht nur, wenn ich die Dinge auf meine Art zu lösen versuche. Es erscheint dann wie ein Kampf mit mir selbst. Er löst sich auf, wenn ich die Kontrolle dem Heiligen Geist überlasse. Obwohl die Form jeder Lektion unterschiedlich erscheinen mag, ist der Inhalt immer derselbe:

»Lass jede Angst los, die dich anleiten würde,
die Angelegenheiten in deine eigenen Hände zu nehmen.
Leg deinen illusionären Willen beiseite.
Vertraue in deinen Wert und in MICH, und bitte um MEINEN WILLEN.
Denn in MEINEM WILLEN wirst du deinen WILLEN wiedererkennen.«
(Ac 7v9–16.5–8)

Solange ich am eigenen Willen festhalte, ist der Geist gespalten und es scheint sich ein Kampf zwischen zwei Willen in meinem Geist abzuspielen. Das Aufgeben der Kontrolle über den eigenen Willen und sich dem Heiligen Geist hingeben, bildet den Hintergrund jeder Lektion. Durch diese Lektionen wird sich das Verschmelzen von getrennten Willen zu ereignen scheinen, in was eins ist und immer eins gewesen ist. Es wird voraussichtlich viele Lektionen erfordern, weil der gespaltene Geist noch nicht die volle Bereitwilligkeit entwickelt hat. Wenn die Lektionen gelernt werden, wird der Konflikt im Geist unvermeidbar hervortreten, um geheilt zu werden. Ist der Konflikt im Geist vorbei, dann hat auch die Zeit des Lernens geendet und das Unvermeidbare ist vollbracht.

Auf dem Weg der Heilung scheine ich die Freude zu bekämpfen, weil ich am eigenen Denken festhalte. Die Zeit wird kommen, in der ich im Bedürfnis nach Frieden und Freude meine Bereitwilligkeit aufbringen werde, meinen eigenen Willen beiseitezulegen. Dies wird die Sicht klären und mich meine wirklichen Aufgaben finden lassen, um dem Heiligen Geist dienstbar sein zu können. Solange der Geist aber noch gespalten ist, wird der Widerstand erneut auftauchen. Er bezieht seine ganze Kraft aus einer längst vergangenen Zeit und seine Stärke wird nur aufrechterhalten, wenn ich ihm die Macht dazu gebe. Wenn der Widerstand auftaucht, brauche ich mich nur zu erinnern, ihm keine Kraft mehr zu verleihen und seine Grausamkeit wird schwinden. In allem, was wie Zeiten der Prüfung und Drangsal auszusehen scheint, bin ich in den sicheren Händen des Heiligen Geistes. Sich Seiner bewusst zu sein, wird mich durch alles hindurch in die Zeit des Friedens und der Feier bringen. »Von dort sollst du zu deiner Freude getragen werden. Dies ist ein Versprechen, das ICH mache und es ist ein Versprechen, das du nicht zu fürchten brauchst. Denn es ist das Versprechen deines HEILIGEN GEISTES, DESSEN WILLE der gleiche ist wie deiner.« (Ac 7v54–60.6–8)

»Jesus bat dich zu frohlocken, wenn du seinetwegen verfolgt werden solltest. Hier ist, was er damit meinte: ICH habe dir gesagt, dass in deinem Geist eine Schlacht tobt. In dieser einseitigen Schlacht *scheinst* du gegen dich selbst zu kämpfen, aber du bekämpfst niemanden. Inwendig in dir ist ein Sturm aus Wut und Ärger und Verletzung und Furcht und Schuld, und es ist das Zusammenbrauen dieses Sturms, das die Schlacht zu sein scheint. Aber es ist keine

Schlacht. Es ist nur ein Sturm. Und es ist ein Sturm mit beschränkter und in sich selbst aufgebauter Kraft. Wenn also dieser Sturm tobt und ihm keine Kraft mehr verliehen wird, muss er abflauen und Friede und Licht wird inwendig in dir herrschen.« (Ac 8v1–3.1–9)

Regina spricht über ihre Erfahrung, wie sich dieser Sturm austoben kann: »Auf dem spirituellen Weg wird dieses Zeugs in unserem Geist auftauchen. Wir werden intensive Angst erleben. Wir werden glaubwürdige und intensive Schuld und Unwürdigkeit erleben. Wenn es hochkommt, sollen wir frohlocken, sagt der Heilige Geist, denn es ist Material, das losgelassen werden kann. Wenn das alles hochkommt, ist das nicht ein Zeichen, dass ich ein schlechter spiritueller Schüler bin, weil ich nicht Friede und Freude erfahre. Wenn ich so denke, mache ich mich nur selber kaputt und füttere den Sturm, das Ego in mir. Das ist der Fehler. Nein, hier geht es ums Aufdecken und wir wollen das Pendel ins genaue Gegenteil dieser Selbstgeißelung umschlagen lassen und das ist frohlocken.

Ich sage das nicht ohne Einfühlungsvermögen, denn ich weiß aus eigener Erfahrung, wie beschissen es sich anfühlt. Ich habe so intensive Schuld erlebt, dass ich buchstäblich ausgelöscht und sterben und vollkommen aus dem Gedächtnis jedes Lebewesens ausradiert werden wollte. Ich wollte nicht nur gestorben, sondern vollständig vergessen sein, weil die Schuld so stark war. Ich weiß, wie sich diese starken Gefühle anfühlen. Aber wenn diese starken Gefühle auftauchen, kannst du auf einer geistigen Ebene gleichzeitig frohlocken. Der Grund für das Frohlocken ist, weil ich ihnen nicht glaube. Ich weiß, dass sie hochkommen, um losgelassen zu werden und bin dankbar. Mir hilft es, auszuatmen, sie wegzublasen. Ein Schub in voller Intensität kann 1 bis maximal 48 Stunden dauern. Danach mögen noch Reste vorhanden sein, aber alle diese Dinge sind nur vorübergehend, solange du dich nicht in den Gefühlsstrudel hineinziehen lässt. Wenn du durch so eine Phase hindurchgehst, braucht es Zeit. Du musst geduldig sein und in Dankbarkeit frohlocken, dass du dieses Zeugs loswerden kannst.« (2007-05-24 Ac7–9 0:41:00)

Wir brauchen uns vor dem Sturm nicht zu fürchten und uns deswegen nicht schuldig zu fühlen, denn Angst gibt dem Sturm seine Kraft und Schuld ist das Futter des Sturms. Was ist der Zweck aller Dinge? Entweder dienen sie dem Ego oder wir verbinden uns in Bereitwilligkeit mit dem Heiligen Geist. Er ist das Licht, das durch alle

Erlebnisse hindurchführt. Es gibt einen Plan für den einen Sohn Gottes. Verschiedene Menschen scheinen auf verschiedenen Stufen des Lernens zu sein, aber der Heilige Geist sieht nur einen Geist mit dem Bedürfnis nach dem Erwachen. Er arbeitet durch uns alle, um den einen Geist zu sich selbst zu erwecken. Er sieht keine einzelnen Menschen, sondern nur einen Zweck, und alle Dinge, die in der Welt zu geschehen scheinen, dienen diesem einen Zweck, den Er sieht. Dies ist das Ausbreiten des Lichts im erwachenden Geist.

Ich sehe eine Welt mit vielen Menschen und beurteile alles nach dem, was ich mit meinen Augen sehe. Dies ist nur ein winzig kleiner Bruchteil des Ganzen. Es kann nicht die Wahrheit sein und zeigt mir, dass es eine andere Sicht, die geistige Schau, geben muss, von welcher der Heilige Geist spricht. Er sieht den ganzen Geist und wie alles miteinander interagiert. So ist es bloß die Wahl der Vernunft, meine eigenen Urteile nicht mehr ernst zu nehmen und das Vertrauen in Ihn zu setzen, Entscheidungen nicht mehr selber zu fällen, sondern auf Ihn zu hören.

Im Kapitel 9 der Apostelgeschichte liegt der Ausgangspunkt der Theologie, wie sie uns als Religion des Christentums bekannt ist. Der an der Verfolgung der ersten christlichen Glaubensgemeinschaften beteiligte Saulus hatte auf dem Weg nach Damaskus eine Jesus-Erscheinung, bekehrte sich zu Jesus Christus, wird später Paulus genannt und prägte wie kein anderer die neu entstehende Religion. Er machte die Assoziation, wie damals von vielen möglicherweise herbeigesehnt, dass Jesus der von den Juden erwartete Erlöser sei. Fortan wurden alle Prophezeiungen über den erwarteten jüdischen Messias auf Jesus umgedeutet. Als erste schriftliche Zeugnisse dieser neuen theologischen Ausrichtung entstanden die paulinischen Briefe und erst später der übrige Textbestand des Neuen Testaments, der sich getreu auf die paulinische Theologie ausrichtete. Dies verdeutlicht, weshalb die meisten Texte aus dem Neuen Testament reine Erfindung sind und nicht wörtlich genommen werden sollten. Der Heilige Geist deckt in Seiner Interpretation des Neuen Testaments die ursprüngliche Bedeutung der metaphysischen Lehre wieder auf. Dieser Teil ist dafür beispielhaft und wird schrittweise erläutert.

»Saulus hatte auf dem Weg nach Damaskus eine Jesus-Erscheinung.« → »Der Ruf muss zu gegebener Zeit zu jedem Geist kommen. Dies ist der Plan der LIEBE. Dies ist das Ausbreiten des LICHTS. Es ist der WILLE des HEILIGEN GEISTES, dass alle IHN kennenlernen sollen, und so soll es sein. Jeder wird seinen Ruf erkennen, wenn er zu ihm kommt.« (Ac 9v1–6,1–5) Der Ruf ist das Zeichen für die Bereitwilligkeit, dem wahren Begehren des Herzens nachzugeben und den inneren Weg zur Wahrheit einzuschlagen. Das Erscheinen und Verbreiten von *Ein Kurs in Wundern* und NTI scheint Ausdruck zu sein, dass der Ruf in vielen Herzen erklingt.

»Saulus konnte nach der Jesus-Erscheinung drei Tage lang nicht sehen und er ass nicht und trank nicht.« → »Ein Zeitabschnitt der Ruhe ist für jeden notwendig, der den Ruf angenommen hat.« (Ac 9v7–9.1) Während dieser Zeit kümmern wir uns weniger um weltliche Angelegenheiten. Wir scheinen uns von anderen zurückzuziehen, aber der Zweck der Trennung ist Verbindung. Dies ist eine Zeit des Lernens, durch die wir alle hindurchgehen müssen. Wir lernen, die Gedanken im Geist zu betrachten und sie wirklich nur als Gedanken zu betrachten, nicht als Wirklichkeit. Bei Gedanken, die nicht im Einklang mit dem Frieden Gottes sind, können wir die Wahl treffen, sie loszulassen. Bei verschiedenen Menschen mögen diese Ruhephasen in unterschiedlichen Längen und Intervallen auftreten.

»Saulus wurde durch den Jünger Ananias, gesandt vom Herrn Jesus, wieder sehend und erfüllt von heiligem Geist.« → »Alle Brüder arbeiten im einen Heilungsplan des HEILIGEN GEISTES zusammen, denn der HEILIGE GEIST sieht nicht Brüder, sondern nur einen. Dies ist das Lied, das unter MEINER Leitung steht. Dies ist das Lied des HIMMELS, wie es auf Erden gespielt wird. Es ist das Lied der Vergebung, in welchem diejenigen, die getrennt zu sein schienen, verbunden sein werden.« (Ac 9v10–19.1–4) In diesem Abschnitt lernen wir, dass alle dem Plan des Heiligen Geistes dienen, ob bewusst oder unbewusst, und in Ihm als eins verbunden sind. Vergebung löst die Trennung auf und übersetzt sie in Vertrauen, auf dass alle Brüder gemäß ihren Möglichkeiten ihrem Ruf folgen werden.

»Saulus predigte in den Synagogen von Damaskus, dass Jesus der Sohn Gottes sei, und sein Wandel überraschte.« → »Eine Sache, die du wissen und immer dran denken musst: *Es gibt keine Vergangenheit.* Der HEILIGE GEIST wirkt, um den SOHN GOTTES jetzt zu heilen.« (Ac 9v20–22.1–3) Wenn ich meine Berufung gefunden habe, werde ich vielleicht andere Dinge tun, andere Orte aufsuchen und andere Ziele verfolgen als in der Vergangenheit. Dies mag gewisse Menschen, die mich von früher kennen, irritieren. Was früher war, spielt aber keine Rolle. Alles, was Bedeutung hat, ist jetzt, denn jetzt findet die Heilung der Vergangenheit statt, bis sie jeglicher Bedeutung ledig ist.

»Saulus fand auf verschlungenen Wegen nach Jerusalem und weiter nach Tarsus.« → »Es wurde gesagt, dass der HERR auf geheimnisvollen Wegen wirkt. Dies deshalb, weil das Ego den Weg des HEILIGEN GEISTES weder sehen noch kennen kann. Alle Dinge wirken zusammen für GOTT, denn GOTT ist alles, was es gibt, und alle Dinge durch die Augen des HEILIGEN GEISTES gesehen, sind für IHN und von IHM.« (Ac 9v23–31.1,2,5) Das ist bestimmt nicht die Sicht der Welt, die ich habe, wenn ich als Individuum auf die Geschehnisse der Welt blicke. Viele Dinge scheinen ziemlich sinnlos zu sein. So ist es unerlässlich, Vertrauen in den Plan des Heiligen Geistes zu entwickeln. Nur von Ihm kann ich lernen, wie alle Dinge in einem größeren Ganzen sinnvoll zusammenwirken und welches meine Rolle in Seinem Plan ist.

»Petrus heilte einen Gelähmten durch Jesus Christus.« → »Die Wege des HEILIGEN GEISTES sind wunderbar. Sie erscheinen wahllos und doch wirken sie für die Heilung perfekt zusammen.« (Ac 9v32–35.1,2) Die Spaltung im Geist ist die Lähmung, die der Heilung bedarf. Die Praxis der wahren Vergebung heilt die Fehlwahrnehmungen des eigenen Geistes. Wir werden scheinbar wahllos an Situationen herangeführt, die sich eignen, um die eigenen Fehlwahrnehmungen aufzugeben und Frieden zu finden. Dies befreit den Geist, lässt die Bereitwilligkeit gedeihen und zieht weitere Gelegenheiten der Heilung an. Die wunderbaren Ergebnisse stärken das Vertrauen in die innere Führung und vermehren die Freude.

»Petrus erweckte die Jüngerin Tabita von den Toten.« → »Der Weg des HEILIGEN GEISTES ist der Weg der Auferstehung oder des Erwachens, denn diejenigen, die schlafen, werden durch SEINE Berührung erweckt. Alle, die schlafen, schlafen in Unschuld. Ihre Träume haben keine Bedeutung. Und wenn sie SEINEN Ruf hören und erwachen, sind Träume nicht mehr.« (Ac 9v36–43.1–4) Der Tod ist ein Traum der Angst. Es ist nur ein Traum. Der Heilige Geist reicht in den Traum hinein und durch Seine Berührung heilen Schuld, Angst und Unwürdigkeit. Ich brauche nur aus dem Weg zu gehen, Ihn wirken zu lassen und die Unschuld in allen anzunehmen. Denn jetzt dienen alle Dinge der Welt Seinem Plan, um den einen Sohn Gottes aus dem Traum der Angst und des Todes zu erwecken.

Mit dem Ego als Führer werde ich krampfhaft versucht sein, den Plan des Heiligen Geistes und Seine spirituellen Texte genau zu verstehen. Es wird nicht gelingen, weil ich nur die Innenansicht des Traums kenne. Seine Führung kommt von außerhalb des Traums. Sein einziger Zweck ist aus der Welt der Illusionen zurück zu Gott zu führen, wo ich zu Hause bin. Bereitwilligkeit und Vertrauen in die Führung des Heiligen Geistes gehen einher mit der Demut, nicht zu verstehen.

Das Ego ist der Glaube, dass ich bin, was ich in Wirklichkeit nicht bin. Die Führung hilft mir von dort aus, wo ich glaube zu sein, aber sie wird nicht immer so sein, wie ich es erwarten würde. »Wenn GOTT deine Erwartungen erfüllen würde, welche darauf beruhen, wer du glaubst zu sein, würde ER dich lehren, dass du bist, was du nicht bist. Dies ist nicht die Lektion, die GOTT lehren würde. ER wird dich durch SEINEN HEILIGEN GEIST erreichen, DER SEIN berufener BOTE ist, DER in deinen Träumen zu dir geschickt ist.« (Ac 10v9–23.12–14) Wie eine innere Weisheit führt dieser Bote jeden auf seinem einzigartigen Weg, von wo er glaubt zu sein, zur Wahrheit, die wir alle sind und miteinander teilen.

Im gespaltenen Geist scheinen sich zwei Zwecke gegenüberzustehen, obwohl es in Wirklichkeit nur einen Zweck gibt. »Es gab einen Zweck, einen uralten, der nur einen Augenblick lang gedauert hatte. Im Augenblick, als dieser Zweck gemacht wurde, wurde ein anderer als seine Berichtigung danebengelegt. Und im Augenblick, als die Berichtigung angenommen wurde, wurde Berichtigung zum einzigen Zweck. Jeder andere Zweck, der zu sein scheint, ist ein Überbleibsel eines Zwecks, der einen Augenblick gedauert hatte und danach verging.« (Ac 10v27–29.4–7) Der uralte Zweck ist der Sündenfall, der im Augenblick des scheinbaren Auftretens sogleich berichtigt wurde, weil er gänzlich unmöglich ist und deshalb nie wirklich stattgefunden hatte. Berichtigung durch den Heiligen Geist ist jetzt der einzige Zweck, um zusammenzubringen, was scheinbar getrennt war.

Gottes Schöpfung ist vollkommene Freiheit. Der alte Zweck, getrennt von Gott, um anders als vollkommen frei zu sein, kann demzufolge nur eine Illusion von Unfreiheit sein. Dieser Zweck verleitet mich durch die Verleugnung der Wirklichkeit zum Glauben, dass ich mich von Gott gestohlen habe. Als Ausdruck von Freiheit glaube ich sodann im Gegenteil der vollkommenen Freiheit meine Freiheit gefunden zu haben, obwohl es genau betrachtet Ausdruck von Mangel an Freiheit ist. Mangel beherrscht den scheinbaren Zustand der Freiheit und zeigt sich überall, wo ich hinschaue, wenn ich die Augen öffne, in zu wenig von irgendetwas: zu wenig Geld, Zeit, Geborgenheit, Aufmerksamkeit, Wertschätzung, Liebe, etc. Dies ist Ausdruck von Freiheit, nicht aber Freiheit an sich. In Wirklichkeit bin ich nicht Ausdruck von irgendetwas, sondern die Freiheit selbst. Diese Wirklichkeit ist jetzt.

Der Heilige Geist ist meine Erinnerung an die Wirklichkeit, frei zu sein und dies ist jetzt der einzige Zweck. Weil Er weiß, dass vollkommene Freiheit meine Wirklichkeit ist, kann Er mir nichts aufdrängen, außer ich bin gänzlich bereit, die eigene Kontrolle loszulassen und Seine Führung anzunehmen. Deshalb hängt alles von meiner Bereitwilligkeit ab, alle Gedanken loszulassen, die nicht meinem wahren Begehren nach Freiheit entsprechen. »Freiheit ist für dich zu haben, weil Freiheit alles ist, was es wirklich gibt. Akzeptiere diese Wahrheit und verbinde dich mit dem HEILIGEN GEIST in dir. ER wird dich *durch deine Bereitwilligkeit* in die Erinnerung an die Freiheit, die du bist, zurückführen.« (Ac 10v34–38.3–5)

»Die Worte des HEILIGEN GEISTES sind endgültig.« (Ac 11v1–18.1) Wären sie nicht endgültig, dann besäßen sie Spielraum für Unsicherheit. Unsicherheit ist der Spielraum des Ego, das aber keine wirkliche Existenz besitzt, weil die Worte des Heiligen Geistes endgültig sind. Sie sprechen von der Wahrheit und nur die Wahrheit ist wahr. In sich stellen sie die wahre Autorität in einer Welt dar, die von Illusionen beherrscht zu sein scheint. Dem Sohn Gottes kann aber nichts aufgezwungen werden. Auf Einladung durch Bereitwilligkeit tritt die Autorität des Heiligen Geistes in mein Bewusstsein, auf dass ich sie als meine Autorität und mein Selbst anerkenne.

»Die Autorität des HEILIGEN GEISTES ist eine große Freude, welche dein Herz erfüllt und dich anleitet, ›das Werk des HERRN‹ zu tun.« (Ac 11v19–30.1) Dies ist eine Umschreibung, wie die Führung aus der Autorität des reinen Geistes erkannt werden kann. Neben Intuition kann sie sich durch verschiedene äußere Geschehnisse zeigen, durch die ich mich angesprochen fühle und durch ein freudiges Herz eine innere Bestätigung erfahre.

»Der HEILIGE GEIST ist der Teil von dir, der Illusionen nicht als wahr akzeptieren wird.« (Ac 12v1–19.6) Zu Beginn von NTI könnte man den Heiligen Geist als eine separate Persönlichkeit betrachten, aber spätestens hier sollte klar sein, dass Er Teil meines eigenen Geistes ist. Ich bin nur das Opfer meiner selbst erfundenen Illusionen und deshalb ist der Heilige Geist in mir, um mich aus dem selbst erdachten Gefängnis in die Freiheit zu führen, wenn mir der Spaß an meinen eingebildeten Illusionen vergangen ist.

»Du bist nicht in Ketten, aus welchen du nicht durch den WILLEN deines eigenen HEILIGEN GEISTES befreit werden kannst. Aber dein reiner GEIST, dich als dein SELBST liebend, erlaubt dir auch in deinen Träumen zu bleiben, bis du bereit bist, aufzustehen und sie hinter dir zu lassen.« (Ac 12v1–19.10,11) Er wartet mit unendlicher Geduld, bis meine Bereitwilligkeit erwacht, aufzustehen. Er wird mich über alle Hindernisse hinweg führen, die ich für wirklich halte.

Das Spiel von Angriff und Verteidigung ist der Kreislauf der Welt, der die Angst aufrechterhält. Im Sog dieses Spiels habe ich mein Selbst verloren und mich in der Angst gefangen gesetzt. Um zu erwachen, muss ich bereit sein, das Spiel nicht mehr ernst zu nehmen und es loszulassen. In der Welt da draußen braucht sich nichts zu ändern. Alle Dinge dienen meinem Heiligen Geist im Inneren, mich in die Freiheit zu führen. Seine Stimme wird mich sanft anleiten, wohin ich gehen und was ich tun soll, um meine Freiheit zu finden. Durch meinen Heiligen Geist bin ich mein eigener Führer auf dem Weg des Erwachens. »Wenn du zur Wahrheit und zur Erinnerung an die Wirklichkeit erwachst, wird es im HIMMEL ein großes Frohlocken geben. Nicht, weil du verloren warst, denn du warst es nie, aber weil du dein SELBST wiedergefunden hast.« (Ac 12v1–19.14,15)

»Das Ego ist immer noch im Geist drin, wenn du mit MIR zu gehen beginnst, weil das uralte Verlangen, dein eigener Wille zu sein, dich noch nicht vollständig verlassen hat. Erwarte Herausforderungen auf dem Weg mit MIR. Erwarte das Verlangen nach einem separaten und einzigartigen Willen auf der Suche nach Herrschaft und Kontrolle. Erwarte Selbstangriff und Angst. Sei gefasst auf verwirrende Gedanken und Zeiten des Zweifels. Und dann erinnere dich, was du wirklich willst, denn was du wirklich willst, muss dein erhellendes Licht sein, *weil du frei bist*. Denn nichts kann ein Hindernis für das Begehren und den wahren WILLEN des SOHNES GOTTES sein.« (Ac 13v4–12.1–6,9) Durch meinen Heiligen Geist und meine eigene Bereitwilligkeit werde ich in unbekanntes Gebiet zu Menschen und in Situationen geleitet, die hilfreich sein werden. Jede Vorstellung, was mich erwarten wird, sollte ich beiseitelegen und in Freude und Frohlocken das Unbekannte willkommen heißen. In dieser Weise wird sich der eine Plan des Heiligen Geistes Schritt für Schritt entfalten.

Alle Dinge sind eins und alle Dinge wirken zusammen für Gott. Es gibt keine Trennung. Nur separate Willen scheinen in Konflikt zu sein. »Konflikt zu sehen heißt, Illusion durch eine weitere Schicht von Illusion zu sehen, welche du gewählt hast zu erfahren. Illusion als Ausdruck von Freiheit zu sehen heißt, Illusion zu sehen, wie sie wirklich ist.« (Ac 13v49–52.5,6) Deshalb reicht mein Heiliger Geist in den Traum hinein, um mich da abzuholen, wo ich mich zu befinden scheine. Mit Ihm lerne ich, den separaten Willen wegzulegen, um mich von der illusionären Schicht des Konflikts zu befreien und die Illusion der Welt so zu sehen wie Er. Ich brauche über die Spaltung im Geist nicht bekümmert zu sein. Wenn der separate Wille die Kontrolle zu übernehmen sucht, sollte ich mir bewusst werden, was ich wirklich will. Dies wird den Geist immer zurück zum einen Zweck des eigenen Heiligen Geistes führen.

»Viele werden zu dir kommen und das LICHT in dir sehen. Sie werden nach dem LICHT dürsten und gewaltig nach ihm suchen. Aber sie werden verwirrt sein, weil sie denken, dass das LICHT in dir ist und abwesend von ihnen. Dies ist eine Verwirrung, die du nie teilen darfst, auch wenn sie es nicht verstehen, wenn du es ihnen erklärst. Liebe sie und hilf ihnen, aber beteilige dich nicht an ihrer Verehrung für dich. Denn nur das Ego würde einen mehr verehren als einen anderen. Der HEILIGE GEIST verehrt alle Dinge gleichermaßen.« (Ac 14v8–20.1–7)

Die Versuchung mag auftreten, dass ich mich gegenüber anderen als spirituell fortgeschrittener sehen möchte oder umgekehrt andere auf ein Podest stellen. Dies ist die Sichtweise des Trennungsgedankens, der das Ego ist. In Demut sollte ich mir eingestehen, dass ich nicht weiß. Verschiedene Menschen scheinen sich auf verschiedenen Stufen des Lernens zu befinden, aber der Heilige Geist sieht nur einen Geist am Erwachen. Mit Ihm lerne ich sehen, dass es keine Trennung gibt und alles, was es gibt, als Gott wiedererkennen werde. In der Wahl für den Heiligen Geist liegt die Befreiung aus allen Illusionen.

Im Traum der Welt scheinen Regeln zu herrschen, um die Unstetigkeit und das Chaos der Welt zu ordnen. Wenn ich allein in diesen Gesetzen nach Schutz und Sicherheit suche, bleibe ich in der Welt der Illusionen haften. Die innere Führung des Heiligen Geistes führt über die Welt des Chaos hinaus. Unter Seiner Führung kann ich die meist religiösen Gesetze und Regeln der Welt hinter mir lassen, was genau genommen bedeutet, jedes Urteil loszulassen, denn der Heilige Geist lenkt nach dem Gesetz der Liebe.

»Du kennst die Gesetze der LIEBE nicht und deshalb kannst du nicht beurteilen, was sie sein mögen. Du kannst die Gesetze nicht beurteilen, die dir gegeben werden, um dein Verhalten zu lenken, wenn du diesen Weg mit MIR gehst. Deshalb bitte ICH dich nur um eine Sache. Beurteile nicht für dich selbst, was du tun sollst oder was du nicht tun sollst, denn du weißt es wirklich nicht. Und was für den einen recht ist zu tun, kann verschieden sein von dem, was für den anderen recht ist zu tun, und deshalb kannst du deinen Bruder auch nicht beurteilen.« (Ac 15v1–21.13–17) Mein denkender Geist kennt nur einen winzig kleinen Ausschnitt von allem. Der Heilige Geist sieht alles und lenkt nach Seinem Plan alle Menschen gleichzeitig in Harmonie.

»Entscheide mit dem HERZEN durch Nicht-Urteilen, aber durch Beachtung seines feinsinnigen Nicht-Urteils und seiner Freude. Dies ist der Weg des Wissens. Dies ist der Weg, den Pfad zu finden, dem zu folgen du angeleitet wirst.« (Ac 15v22–35.5–7) Mit dem Herzen als Führer wähle ich immer, was für alle am besten ist und vertraue darauf, dass mein Bruder ebenso handelt. Und wie soll ich mich verhalten, wenn mir jemand eine blanke Lüge auftischt? Im besten Fall schaffe ich es, in meinem Herzen zu hören, was mein Bruder damit wirklich ausdrücken will und von innen heraus zu spüren, wie ich mich verhalten und was ich sagen soll. Mit dem Wissen des Herzens als innerem Führer wird jedes Urteil obsolet.

Auf diesem Weg herrscht nicht nur immer eitel Sonnenschein. Zwischendurch müssen dunkle Wolken aus Hassgefühlen hervortreten, um sie zu erfahren und auflösen zu lassen. »Hass kommt von

Angst, Angst kommt von Schuld und Schuld ist der Glaube, dass du der LIEBE deines VATERS unwürdig bist. Weil du glaubst, dass du unwürdig bist, glaubst du auch, dass ER dich für unwürdig hält.« (Ac 16v16–40.6,7) Und so fürchte ich mich vor der Liebe, weil ich nicht glaube, dass sie mich bedingungslos willkommen heißt. In diesem Gefängnis scheine ich mich zu befinden. Aber dies ist nur eine falsche Selbstbeurteilung. In dieser Sackgasse habe ich guten Grund, meinem eigenen Urteil zu misstrauen und mein ganzes Vertrauen in meinen Heiligen Geist zu setzen. Es gibt keinen Unterschied in meinen Gefühlen für meinen Bruder und für Gott. Unter Führung des Heiligen Geistes lerne ich, alle Furcht vor meinen Brüdern hervortreten zu lassen, anzuschauen und loszulassen. Dieser Prozess wird solange dauern, bis mir jeder Bruder in bedingungsloser Liebe willkommen ist. Ist alle Furcht vor meinen Brüdern vergangen, dann ist auch mein Gefühl der Unwürdigkeit vor der Liebe Gottes vergangen und ich erkenne, dass ich in Gott willkommen und frei bin.

Mit dem Heiligen Geist scheine ich Partei gegen das Ego zu ergreifen. So mag ich es zumindest aus der urteilenden Sichtweise des Ego von Richtig und Falsch sehen. Der Heilige Geist ergreift aber nicht Partei für eine Seite. Er sieht keine Seiten, sondern was wirklich und was eingebildet ist. Seine Sichtweise beruht auf der Wahrheit, der wahren Interpretation von Illusion und das Ego beruht auf Illusion ohne Wahrheit in sich. Also sieht der Heilige Geist, wer ich wirklich bin.

»Du bist der SOHN. ICH BIN ist der VATER. Du bist die Ausdehnung von ICH BIN. In der Ausdehnung bist du auch ICH BIN. Und doch gibt es einen Unterschied, der überhaupt nicht als Unterschied bezeichnet werden kann. Du bist nicht dasselbe wie ICH BIN, weil du dich nicht erschaffen hast. ICH BIN tat es. Und das, was ER erschuf, ist genau wie es ist, und das ist du genau wie du *bist*.« (Ac 17v16–34.11–18)

Durch die Erschaffung meines Selbst gab mir Gott alles und nannte Seine Ausdehnung Seinen Sohn. In meiner Essenz als Sohn Gottes bin ich genauso Mitschöpfer mit Gott, ohne Unterschied irgendwelcher Art. Ich habe mich aber nicht selber erschaffen, was in der Wirklichkeit überhaupt keine Bedeutung hat. Im Traum der Welt ist der Unterschied hilfreich, weil ich mich nicht so wahrnehme, wie ich bin. Ich bin sogar willentlich in den Traum eingetreten, um mich als selbst erschaffenes Individuum zu erfahren. Dies alles habe ich vergessen. Meine Gedanken drehen sich nun um Ideen und Gesetzmäßigkeiten innerhalb des Traumgeschehens.

»Du weißt nicht, wer du bist
und deshalb weißt du nicht, was du tust.« (Ac 18v12–17.7)

Der Heilige Geist ist meine Erinnerung an die Wirklichkeit. Ohne Ihn wäre ich für immer verloren. Er verdient mein ungeteiltes Vertrauen, denn Er weiß, wer ich bin und was meine wirkliche Aufgabe ist. Meine auf dem Individuum basierenden Gedanken, Regeln und Konzepte muss ich infrage stellen, meinen Platz in Seinem Plan kennenlernen und Seinem Weg in die Freude der Einheit folgen.

»Der Weg von GOTT ist gewiss, weil es der eine Weg ohne Teilung ist. Dies ist der Weg, der den einen führt, als ob er viele wäre, damit er sich erinnern möge, dass er nur einer ist.« (Ac 18v18–28.1,2)

DIE VIER STUFEN

»Der Weg mit MIR wird in Stufen zu kommen scheinen.« (Ac 19v1–7.1) Der Weg vom Glauben an die Wirklichkeit der Welt bis zum Erwachen aus dem Traum der Welt zur Wirklichkeit des befreiten Geistes scheint in vier Stufen abzulaufen. Das Eintreten in die erste Stufe wie auch der Schritt von der einen Stufe zur nächsten ist jeweils wie das Überwinden eines Hindernisses, das dem Frieden in den Weg gestellt war. (EKIW T–19.IV) Mit jeder Stufe ist ein Denksystem verbunden, in welchem Überzeugungen infrage gestellt und losgelassen werden. Der Prozess ist ein Verlernen des Glaubens an die Wirklichkeit der Welt. Jeder durchläuft diesen Prozess über viele Traumleben hinweg und springt manchmal unvermittelt von der einen Stufe auf eine andere vor und zurück. Die gesamte Menschheit durchläuft mit ihrer Geschichte diese vier Stufen über Tausende von Jahren und mehr. Verschiedene Menschen scheinen auf verschiedenen Stufen des Lernens zu stehen. Der Heilige Geist sieht aber nur einen Geist am Erwachen.

Die Reise beginnt auf der ersten Stufe mit der Lerneinstellung der Dualität, wie sie in der Welt am weitesten verbreitet ist. Die Dinge der Welt werden als gut oder böse beurteilt und wir beginnen zu akzeptieren, dass es als Gegenpol zur materiellen Welt eine geistige Welt geben muss. Die Welt der Geister oder Götter mag zweigeteilt erscheinen, mit hilfreichen Geistern und einer Unterwelt, oder einer einzigen Gottheit mit gegenteiligen Eigenschaften wie Güte und Zorn. Das Opferwesen mag eine zentrale Rolle in den religiösen Riten einnehmen. Hinter jeder Form des Opfers steht der Versuch, die Angst unter Kontrolle zu halten, um den Zorn der Götter abzuwenden und sich einen günstigen zukünftigen Verlauf zu erbitten. Die Angst wird also externalisiert, auf eine Macht außerhalb von sich projiziert und die Erlösung wird ebenso von einer äußeren Macht erwartet. Als weiteres Merkmal scheint der Glaube an oder die Unterwerfung unter Autoritäten die logische Folge zu sein. Nach diesem Muster sind die meisten Natur- und institutionellen Religionen gestrickt, oftmals mit einem Schöpferwesen, das eine Welt von Individuen erschaffen hat. Gewinnt im Laufe der spirituellen Entwicklung die Ansicht an Boden, dass im Externalisieren der wahrgenommenen Angst und im Urteil von Gut und Böse kein Frieden gefunden werden kann, dann ist die Bereitschaft für die nächste Stufe gereift.

Auf der Stufe der Halb-Dualität wird das Urteilen infrage gestellt, weil darin die Quelle allen Leidens gesehen wird. Frieden kann nur durch vollständiges Aufgeben des Urteilens erlangt werden. Ohne das Urteilen verliert der Wert der Individualität jegliche Bedeutung, denn zum Urteilen braucht es Subjekt und Objekt. Die spirituelle Praxis auf dieser Stufe führt zum Auslöschen der Idee der Individualität. Dies scheint der historische Buddha verwirklicht zu haben. Er war zum einen Geist jenseits von Raum und Zeit erwacht, der die Dualitätswellen des Universums aus dem Nichts hervorbringt. Daraus ist der buddhistische Glaube hervorgegangen, dass sich dieser eine Geist in einem evolutionären Entwicklungsprozess befindet und Reinkarnation mit den damit verbundenen Erfahrungen Teil dieses Prozesses ist. Es ist der Glaube, als erste Ursache Schöpfer einer eigenen Wirklichkeit sein zu können. Mit Meditation und anderen Praktiken wird versucht, die Angst unter Kontrolle zu halten. Die Angst wird also internalisiert, was langfristig zu einem Gefühl von Minderwertigkeit, Unwürdigkeit oder Depression führen kann. Und wenn das Unerwünschte verinnerlicht wird, dann wird das Erstrebenswerte nach außen projiziert, was dazu führt, dass spirituellen Autoritäten große Bedeutung zukommt und bei ihnen Zuflucht genommen wird. Auf dieser Stufe wird ein großer Schritt zur Idee der Einheit hin gemacht. Es kann aber keine Beständigkeit gefunden werden. Die ehrliche Erforschung und Beobachtung des Geistes würde zeigen, dass vieles ins Unbewusste verdrängt wurde und als Schuld oder in anderer Form hervortreten kann. Die Verdrängung kann so weit gehen, dass ich mich in einer heilen Welt der Glückseligkeit zu befinden scheine und wenn die Dinge nicht mehr rundlaufen, alles in sich zusammenbricht und in einem Scherbenhaufen enttäuschender Niedergeschlagenheit endet. Dies ist das zweischneidige Schwert spiritueller Erfahrungen auf der zweiten Stufe.

Auf den ersten beiden Stufen ist die Wirklichkeit ins Unbewusste verdrängt, im metaphysischen Modell schraffiert dargestellt und der Geist scheint nicht gespalten zu sein. Durch Rituale wird versucht, die Angst unter Kontrolle zu halten. Damit wird ihr Wirklichkeit verliehen, statt sie aufzulösen. Dass die Schöpfergottheit der Welt oder der eine große Geist das scheinbar autonome Ego ist, bleibt ebenso verschleiert, wie der Ursprung des Gefühls von Schuld, Mangel und Verlust. Durch inspirierende Gedanken lässt uns der Heilige Geist aber immer und auf jeder Stufe Führung zukommen, auch wenn diese nicht als solche wahrgenommen wird.

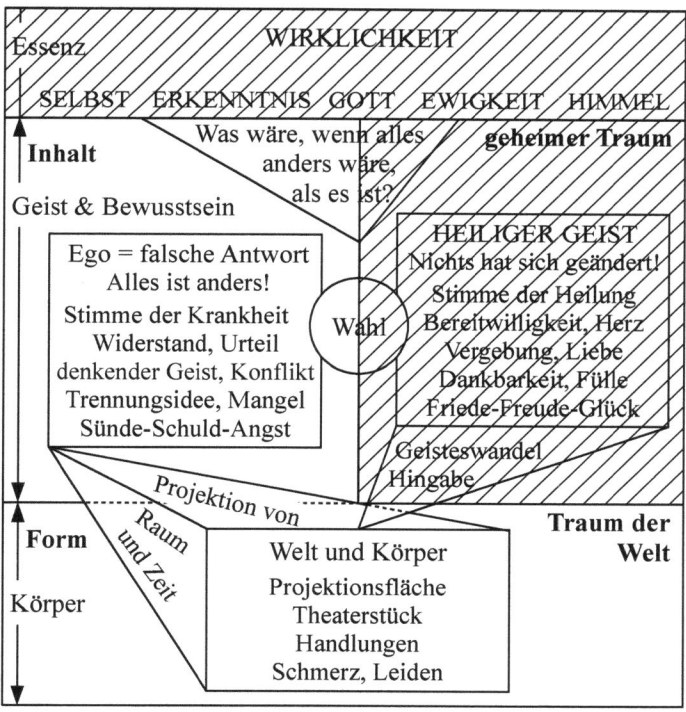

In letzter Konsequenz hatte Buddha aufgezeigt, dass es nur einen Geist gibt, der sich im Prozess des Erwachens befindet und wir alle Teil dieses Prozesses und Geistes sind. Die Erfahrungen auf den ersten beiden Stufen und das Akzeptieren dieser Ideen lassen die Bereitschaft für die nächste Stufe, die Nicht-Dualität, reifen. Auf der dritten Stufe ist große Bereitwilligkeit erforderlich, um die Ursache der Angst vollständig auflösen zu lassen und mit dem Ziel, darüber hinaus zur vierten Stufe zu gelangen, der Erfahrung reiner Nicht-Dualität. Wer in diesem Leben dafür bereit ist, wird an den ersten beiden

Stufen vorbei zur dritten Stufe voranschreiten. Deshalb werden die ersten beiden Stufen in NTI nur kurz als Vorbereitung und im Hinblick darauf behandelt, dass wir tatsächlich für die tief greifenden Gedanken der dritten Stufe bereit sind.

Die erste Stufe

Wenn wir mit NTI in Kontakt kommen und auf unser Leben zurückblicken, werden wir wahrscheinlich bereits eine Reihe von spirituellen Dingen ausprobiert haben. Diese erste Phase kann als Suche bezeichnet werden. Wir suchen intuitiv nach etwas, ohne genau sagen zu können, was es sei, denn wir suchen die Wahrheit. »Dies ist eine Zeit des Glaubens an den HEILIGEN GEIST, wenn man nicht weiß, wo oder wie ER zu finden ist. Man bittet nur, dass ER kommen und einem helfen möge. Diese Stufe ist eine sehr wichtige Stufe, denn es ist der Anfang unserer Bereitwilligkeit.« (Ac 19v1–7.3–5) Wir haben noch sehr wenige Anhaltspunkte, dass im und durch den Heiligen Geist alles gefunden werden kann, was wir suchen.

Regina berichtet über ihre Suche: »Als Teenager war ich bei den Zeugen Jehovas. Ich war ziemlich fest davon überzeugt, dass ich wusste, was die Bibel sagte. Nach drei Jahren stieg ich wieder aus, weil ich Party machen wollte und sich das nicht mit dem Leben als Zeuge Jehovas vereinbaren ließ. Ich wollte gehen, weil ich etwas immer voll und ganz mache und nie wirklich eine Heuchlerin war. Danach hatte ich eine gute Zeit, bereiste die Welt und ging sogar nach Paris. Als mein Interesse an Spiritualität wieder erwachte, entschied ich mich, eine Suche nach der Wahrheit zu machen. Zu dieser Zeit dachte ich, dass die ›wahre‹ Religion eine christliche Religion sein müsste. Ich hatte ein Buch über alle wichtigen Konfessionen in Amerika und dachte, dass eine davon die richtige Interpretation haben müsste. Als eine Art Forschungsprojekt besorgte ich mir sieben verschiedene Übersetzungen der Bibel. Ich war entschlossen, die Wahrheit zu finden. Ich betete zu Gott, egal was die Wahrheit sei, dass ich sie finden und ihr folgen möge. Über Monate las ich die verschiedenen Versionen. Was ich aber fand, wusste ich aus meinem Herzen, dass es nicht wahr sein konnte. Was aber geschah, war, dass viele meiner festen Überzeugungen von früher aufgedeckt, hinterfragt und losgelassen wurden. Und eben ist mir aufgegangen, welchen Streich der Heilige Geist mir gespielt hatte. Ich legte die Bibel beiseite, weil ich in ihr die Wahrheit nicht finden konnte und Jahre später verwendete Er mich, um eine Interpretation des Neuen Testaments zu schreiben.« (2007-11-16 1Co15–16 0:24:40)

Ähnlich wie Regina werden wir wahrscheinlich schon viele Bücher gelesen und Veranstaltungen von spirituellen Lehrern besucht haben und noch weitere lesen und besuchen. Vieles wird nicht mit dem übereinstimmen, was wir aus der Tiefe des Herzens herbeisehnen. Aber alles und alle dienen als Wegbereiter für die Lehre des Heiligen Geistes. Denn im Geist drin geschieht ein wichtiger Prozess. Alte Gedanken und feste Überzeugungen werden freigelegt und hinterfragt, um in der Folge als falsche Vorstellungen losgelassen zu werden.

»Wenn du nach MIR suchst, ohne zu wissen wo zu suchen, kannst du durch dein eigenes Gefühl der Unwürdigkeit fehlgeleitet werden. Denn die Unwürdigkeit, an die du in deinem Geist glaubst, wird dir sagen, dass andere haben, was du nicht hast. Dies mag dich dazu verleiten, zu akzeptieren, was du sonst nicht akzeptieren würdest. Lass dich von der Stimme der Unwürdigkeit nicht zum Narren halten. Niemand hat, was du nicht hast. Alle haben dasselbe.« (Ac 19v11–22.1–6)

Dies ist ein Plädoyer gegen geistige Verblendung, wie sie in esoterischen und spirituellen Kreisen zuweilen beobachtet werden kann, weil vieles verdrängt und der eigene Wert gegenüber selbst ernannten Meistern herabgesetzt wird. Dies ist der Aufruf, weder alles blindlings zu glauben, was wir lesen und von Lehrern hören noch in irgendeiner Form zu bewerten. Es ist der Aufruf, auf die andere Stimme im Inneren zu hören. Ich kann alles urteilsfrei zur Kenntnis nehmen und im Inneren spüren, wie es sich anfühlt. Erfahre ich eine innere Bestätigung, dann ist es jetzt für mich. Wenn nicht, dann ist es nicht für mich oder zumindest nicht jetzt, aber vielleicht für jemand anderen oder für die eigene Entwicklung des Lehrers. Der einzige Maßstab ist, wie es mit dem eigenen Gefühl übereinstimmt, um der inneren Führung zu vertrauen und ihr zu folgen. »Vertraue dir selbst, denn im Vertrauen in dich vertraust du MIR.« (Ac 19v11–22.16)

Im Geist scheinen zwei Wahlmöglichkeiten zu bestehen: das Ego und der Heilige Geist. Um sie auseinanderzuhalten und zu lernen, wie gegensätzlich sie wirken, ist es unabdingbar, die Funktionsweise des Ego genauer unter die Lupe zu nehmen. Die Denkweise des Ego beruht auf der Aufteilung in ein Ich und die anderen. Es ist bestrebt, den individuellen Eigenwillen zu schützen und die Eigeninteressen über die Interessen anderer zu stellen. In der Folge erwartet das Ego Angriff in der einen oder anderen Form von jemandem oder von etwas außerhalb von sich. Weil es nie Liebe oder Anteilnahme erwartet, denkt es sich laufend neue Verteidigungsmaßnahmen aus, weil es sich in Gefahr wähnt. Das Ego erwartet Angriff, weil es glaubt, dass es nichts anderes verdient hat. Es ist getrieben vom unbewussten Glauben an Schuld, Angst und Unwürdigkeit. Weil die Motivation des Ego aus dem Unbewussten stammt, ist es entscheidend wichtig, dass ich immer wieder innehalte und frage: »Warum?« Ich werde feststellen, dass die meisten spontanen Reaktionen Verteidigung und Rechtfertigung sind. Und so muss ich lernen, wenn der Impuls für eine Reaktion aufflammt, innezuhalten und die darunterliegende Motivation aufzudecken. Verlangt sie nach Schutz des eigenen Willens und der Verteidigung der Individualität, dann beruht die Entscheidung auf Angriff durch eigene unbewusste Schuld, Angst und Unwürdigkeit. Dann kann ich eine andere Wahl treffen und das Gebaren des Ego als bedeutungslos fallen lassen.

»Die Eigenschaften der rechtgesinnten Vernunft des HEILIGEN GEISTES sind ganz und gar verschieden von den Eigenschaften der Vernunft des Ego. Der HEILIGE GEIST ist LIEBE. Die Eigenschaften der LIEBE sind folgende: Friede, Akzeptanz, Freude, Wiedererkennen oder Erinnerung, und immer der Zweck des EINEN.« (Ac 19v23–41.31,33,34) Im Zweck des Heiligen Geistes ist keine Teilung. Ohne Teilung besteht kein Bedürfnis nach Verteidigung. Rechtgesinnte Vernunft stammt aus der Bereitwilligkeit zu vertrauen und den Plan der Liebe des Heiligen Geistes zum Wohle aller wirken zu lassen. Ihm zu folgen ist kein Kampf um ein wünschenswertes Ergebnis. Es ist ein Wirken im Jetzt. Der Heilige Geist ist sofort zur Stelle, um die Hand zu reichen, wenn ich nach Ihm verlange.

Regina berichtet: »Als ich ernsthaft mit dem spirituellen Weg begann, hatte ich nichts als mein Vertrauen und meine Bereitwilligkeit, aber keinen Beweis, dass der Heilige Geist oder Gott existierte. Ich begann mit dem Studium von *Ein Kurs in Wundern* und machte die Lektionen so gut ich konnte. Nach etwa drei Monaten, um die Lektion 75 herum, fühlte ich mich als Versagerin, weil ich den Heiligen

Geist nicht hörte und keine Wunder erlebte. Das kam eindeutig aus einem Gefühl der Unwürdigkeit heraus, aus dem Glauben, dass ich kein Anrecht auf Wunder hätte. Und dann, aus den Worten, wie Jesus den Text in der Lektion *Ich habe ein Anrecht auf Wunder* ausformulierte, erkannte ich, dass es nur von meiner Entscheidung abhing, das Wunder anzunehmen. (EKIW Ü–I.77) Also fasste ich den festen Entschluss, dass ich das Wunder wollte, und sobald du die Bereitwilligkeit aufbringst, ist der Heilige Geist zur Stelle, dich zu küssen und genau das passierte an diesem Morgen. Im Augenblick, als ich in dieser Zuversicht meine Augen schloss, neigte Sich der Heilige Geist mir zu und meine erste Vision auf dem spirituellen Weg setzte ein.

Ich sah ein kleines Mädchen, etwa fünf bis sechs Jahre alt, das eigentlich mich repräsentierte, angezogen wie Alice im Wunderland mit blauem Kleid, weißer Schürze und blonden Haaren. Es stand im Schatten hinter einer offenen Tür und fürchtete sich sehr, weil es dachte, in der Finsternis hoffnungslos verloren zu sein. Der übrige Teil des Raums war vollständig in Licht getaucht. Nur die Stelle hinter der Tür war in Dunkelheit gehüllt. Es stand wie vor Angst gelähmt da. Dann reichte eine Hand aus Licht, symbolisch für den Heiligen Geist, in die Dunkelheit hinein, ohne das Mädchen zu berühren und weilte in liebevoller und sanfter Weise dort, bis das Mädchen aus eigenem Entschluss nach der Hand reichte und einen Finger ergriff. Als es den Finger ergriff, begann das Licht das Mädchen aus der Dunkelheit ins Licht zu geleiten und als es im Licht war, erkannte es, dass es nie verloren war. Dies ist ein wunderbares Beispiel, um zu zeigen, was unser Vertrauen und unsere Bereitwilligkeit in der Lage sind zu tun, wenn du dich fest entschlossen dem Heiligen Geist hingibst, damit Er wirken kann.

Am selben Tag wurden meine Tochter und ich zum Flughafen gefahren, um zusammen in den Urlaub zu fliegen. Auf dieser Fahrt hatte ich im Auto eine Erfahrung, wie ich sie in ähnlicher Beschreibung in Gary Renards Buch *Die Illusion des Universums*, das ich im Urlaub zu lesen begann, fand. Sie dauerte etwa acht Minuten und ist schwierig zu beschreiben. Es geschah, dass ich mich geliebt fühlte. Es war so viel Liebe, die durch mich hindurchfloss, dass ich es eigentlich kaum aushielt, als ob ich noch nicht auf dieser Schwingungsebene war. Es war wirklich wie eine Schwingung der Liebe, die auf einem tiefen Niveau begann und immer höher und höher und höher ging, bis die Schwingung der Liebe so intensiv war, dass ich es nicht mehr aushielt und sie bat, aufzuhören. Das mag wohl der Grund gewesen sein, weshalb die Erfahrung nicht länger dauerte.

Die beiden Erfahrungen an diesem Tag waren Ausdruck meines Vertrauens in meine eigene Fähigkeit, Wunder anzunehmen und zu empfangen. Sie widerspiegeln die Dankbarkeit des Heiligen Geistes, sich mit diesem Weg auf Ihn eingelassen zu haben.« (2007-07-12 Ac19–20 0:04:00)

Die zweite Stufe

Nachdem alte Überzeugungen freigelegt und hinterfragt wurden, indem akzeptiert wurde, dass es viel mehr gibt und vieles anders sein könnte, als wir immer geglaubt haben, treten wir auf dem Weg mit dem Heiligen Geist in die zweite Stufe ein. Was in der ersten begonnen wurde, wird weitergehen, aber zusätzlich werden die freigelegten Gedanken als nicht mehr hilfreich aufgegeben und weggelegt.

»In deinem Geist befindet sich ein dichtes Gewebe von Überzeugungen, das sich über die Zeit entwickelt zu haben scheint. Bedeutung, geglaubt und beurteilt, dann wieder als Bedeutung angewendet, hat eine Welt der Illusionen in deinem Geist erschaffen. Durch diese Illusionen schläfst du! Die Illusionen loszulassen heißt, aufgeweckt zu werden.« (Ac 20v7–12.3,5–7)

An der »Wirklichkeit« der Welt festzuhalten ist eine große Versuchung, weil sie die Widerspiegelung des getrennten Eigenwillens ist. Deshalb scheint es so viele Selbste mit einem eigenen Willen zu geben. Dieses Selbst liebt die Welt, weil sie die Widerspiegelung seiner Wünsche ist und sie als wirklich aufrechterhalten will. Dies ist die Quelle aller Versuchung. Aber die »Wirklichkeit« der Welt ist nur eine Nebelwand, eine Widerspiegelung von Illusion, ausgehend von der im Geist geglaubten Illusion. Nicht die Welt da draußen ist in erster Linie die Illusion, sondern das dichte Geflecht von Illusionen im eigenen Geist. Der Glaube an den Heiligen Geist führt zum Überwinden der Versuchung, die Illusion im Geist für wahr zu halten.

Der Eigenwille oder das Ego wird verzweifelt für die Aufrechterhaltung der Illusion kämpfen, weil sie das Zuhause des illusionären Willens ist. Der unabhängige eigene Wille scheint das Fundament der Individualität zu sein. Ihn aufzugeben macht Angst, weil ohne ihn Obdachlosigkeit zu drohen scheint, der Fall ins Nichts. Dies ist die Selbsttäuschung, hinter welcher die wirkliche, ultimative Angst verborgen gehalten wird, die Furcht vor dem Missbrauch der eigenen schöpferischen Kraft, die sich gegen mich selbst richten könnte, um für ewig vom Leben, von Gott, abgetrennt und ausgelöscht zu werden. Diese dunkelste Stelle der Dunkelheit muss ich mit dem Heiligen Geist anschauen und durch sie hindurchgehen, um ihre illusionäre Natur aufzudecken. So werden alle illusionären Gedanken dem Licht überbracht, in welchem ich mich am Ende der Reise wiederfinden werde. »Bis zu der Zeit, in der du MICH nicht mehr benötigst, bin ICH dich führend und dich haltend bei dir. ICH bin dein Tröster, dein Lehrer, deine Liebe und dein Führer. ICH bin alles für dich, weil ICH deine Verbindung zur Wahrheit bin.« (Ac 20v32–38.7–9)

»Der Weg mit dem HEILIGEN GEIST ist ein direkter Weg mit der Möglichkeit für Umwege. Alle Umwege bedeuten Verzögerung. Die Beweggründe zu hinterfragen hilft, Verzögerungen zu verringern. Wann immer du versucht bist, etwas zu tun, bedenke, ob es Versuchung oder Eingebung ist. Versuchung kommt von der Angst, dem Ego und dem Bedürfnis nach Eigenwillen. Eingebung wird vom HEILIGEN GEIST durch deine Bereitwilligkeit, auf IHN zu hören, gegeben.« (Ac 21v1–6.2–7)

»Der WILLE des HEILIGEN GEISTES ist Heilung. ER hat keinen anderen Willen oder Zweck in der Welt. Wenn du dich mit SEINEM Zweck verbindest, ist dein einziger Zweck Heilung und kein anderer Zweck soll dich davon ablenken.« (Ac 21v7–16.1–3) Unter Führung des Heiligen Geistes werden einige Dinge aus Sicht der Welt Sinn ergeben, andere nicht. Alles dient der Heilung des einen Geistes. Das Mittel dazu ist auf die Eingebung, die Stimme des Heiligen Geistes, zu hören und ihr in vollem Vertrauen zu folgen. Das geht nur in einem angstfreien Zustand. Sind wir erfüllt von Angst, dann müssen zuerst die Gedanken dahinter aufgedeckt und losgelassen werden. Erst dann wird der Eigenwille zugunsten des wahren Willens aufgegeben, der zum Besten aller wirkt und mein wirklicher Wille ist.

Der Geist scheint zwischen Wahrheit und Illusion gespalten zu sein, was aber nicht wirklich eine Spaltung ist, denn wie könnte von der Wahrheit, die ganz und eins ist, etwas abhandenkommen? Es ist also nur die Illusion einer Spaltung, in welcher ein Eigenwille zu existieren scheint, der eine eigene Welt hervorgebracht zu haben scheint. Und so begründen sich Welt und Eigenwille gegenseitig, um zu verschleiern, dass ihr Fundament Illusion ist. Um die Verschleierung zu vertuschen, hat sich der Eigenwille in scheinbar unzählige Individuen aufgeteilt, die nun um beschränkte Ressourcen miteinander im Wettbewerb stehen. Das beginnt bereits in der Kindheit, in welcher Kinder um die Zuwendung der Eltern konkurrieren und wenn nicht alle ein genau gleich großes Stück vom Kuchen bekommen, entbrennt ein Streit. In dieser Art und Weise wird das Drama eingeübt, das die Welt am Laufen hält.

Da nun das illusionäre Konstrukt, das im Individuum gipfelt, hergeleitet ist, zeigt der Heilige Geist, wie alles wieder rückgängig gemacht werden kann. Was ich über die Wirklichkeit der Welt gelernt habe, muss wieder verlernt werden. Die Idee, dass in der Welt etwas zu finden sei, ist der eine Zweck, der auf ein anderes Ziel umgeleitet werden muss. »Durch das Verleugnen von Zweck in der Welt wählst du, den Zweck mit MIR zu teilen. UNSER eine Zweck ist die Heilung des einen WILLENS, welcher nicht gespalten sein kann und es nicht ist.« (Ac 21v27–36.18,19) In Bereitwilligkeit müssen alle Gedanken im Geist und alles Unwahre erfahren und der Wahrheit überbracht werden. Im Licht des Heiligen Geistes verblasst alles Unwahre, weil es ohne Fundament dasteht. Die Welt, als Fluchtort vor der eingebildeten Rache Gottes für das illusionäre Machen des Eigenwillens, wird zum Königsweg zurück zur Wahrheit. Alles, was ich fürchte, ist Illusion und verleiht ihr durch die erfahrene Angst Wirklichkeit. Alle Angst muss geheilt werden, um ihr zu entkommen. Heilung ist die letzte Illusion, die so lange dauert, bis sie nicht mehr benötigt wird.

»Friede sei mit dir in deiner Wahl rechtgesinnter Vernunft, der Wahl für Vertrauen und Heilung.« (Ac 21v37–40.1)

Die dritte Stufe

In der dritten Stufe findet das Verschmelzen mit dem Heiligen Geist statt, indem der Eigenwille immer mehr zugunsten des einen Willens weggelegt wird, bis der Eigenwille als Ausdruck der Unabhängigkeit von Gott vollständig aufgehoben ist. Und so wähle ich immer häufiger, den Willen des Heiligen Geistes als meinen Willen durch mich wirken zu lassen. Das Loslassen und Weglegen wird weitergehen, bis die Heilung vollständig ist. Die Bereitwilligkeit zur Hingabe an den Heiligen Geist wächst weiter und als sicheres Zeichen wird mitten im Aufruhr der Welt beständiger Frieden erfahren. »Was getrennt zu sein schien, wird allmählich eins, bis es offensichtlich ist, dass ›getrennt‹ nie war. Dein wahrer WILLE bin ICH, nur wähltest du nicht zu sehen. Und jetzt, da du siehst, weißt du.« (Ac 22v22–29.7–9)

Die Dinge werden scheinbar nicht einfacher werden, weil tiefer Verborgenes aufgedeckt wird, um aufgelöst zu werden. Wenn ich beginne, die Verantwortung für die gesamte Wahrnehmung zu übernehmen, weil es keine Trennung gibt, dann fallen alle Schrecken und Grausamkeiten der Welt auf mich zurück. Grausamkeit kann auch als die ultimative Furcht verstanden werden, ungeschützt vor Gott zu treten und auf ewig von Ihm zurückgewiesen zu werden. (2007-07-19 Ac21–23 1:12:40) »Wenn du jedoch ehrlich bist, erkennst du, dass die Grausamkeit als Wunsch in dir lebt. Es ist wichtig zu merken, dass die Grausamkeit *ein Wunsch ist*, denn ein Wunsch ist nicht, was du bist. Ein Wunsch ist, was du nicht bist, was zu sein du aber vortäuschen kannst.« (Ac 23v1–11.10–12)

Alles, was ich in der Welt und als mich selbst erfahre, ist Ausdruck des geheim gehaltenen Wunsches und nicht die Wirklichkeit. Unbewusst betrachte ich ihn als schreckliche Sünde und fürchte nichts mehr, als ihn aufzudecken. Ohne es zu realisieren, versuche ich mit allen Mitteln zu vermeiden, ihn zu Gesicht zu bekommen. Weil ich ihn gemacht habe, besitzt er alle Macht, die ich ihm gegeben habe. Solange ich in Verleugnung verharre, fährt er fort, seine Wirkungen zu entfalten. Verleugnung ist Verzögerung und hält die Krankheit aufrecht. Wenn ich das Leiden unerträglich finde, beginnt die Bereitwilligkeit geheilt zu werden, über das Verlangen nach Verleugnung zu obsiegen. Und so muss ich unter Führung des Heiligen Geistes Schritt für Schritt an den verborgenen Wunsch herangeführt werden, um ihn zu Gesicht zu bekommen und die endgültige Entscheidung zu treffen, ihn vollständig aufzugeben.

»Das Ende des Wünschens ist das Ende der Illusionen. Schau dem Wunsch ins Gesicht und dann nimm ihn zurück. Dies ist die große Befreiung, der du gegenüberstehst! Dies ist dein Weg in die Freiheit.« (Ac 24v1–9.4–7) Diese Aufgabe scheint nicht leicht zu sein, weil sich dahinter die Angst verbirgt, von Gott zurückgewiesen zu werden. Aber dies ist der Standpunkt des Ego, denn in Gottes Gegenwart hat es keine Existenz. Mit dem Heiligen Geist lerne ich, mich vor der Angst nicht mehr zu fürchten, sondern durch sie hindurchzugehen. Sehe ich mich mit Ihm der Angst gegenüber, so betrachte ich sie als total unwirklich. Ich lerne, das Unwahre zu verleugnen. Er wird mir schrittweise genauso viel aufdecken, wie ich anschauen und mit meiner Bereitwilligkeit loslassen kann.

Die Welt als Theaterbühne

»Die Welt ist nicht wirklich. Sie ist wie ein Theaterstück, in dem Schauspieler ihre Rollen spielen. Nur dass im Theaterstück der Welt das Drehbuch vergessen wurde, sodass das Theaterstück sehr wirklich erscheint. Das Theaterstück hat viele Enden, wie ins Drehbuch geschnittene Aussparungen, wo ich mich entscheiden kann, aus dem Theaterstück herauszutreten. Wenn ich aber dem Theaterstück glauben schenke und auf das Spielen meiner Rolle konzentriert bin, werde ich die Gelegenheiten für das Heraustreten verpassen.« (Ac 25v1–12.3–7)

Erinnere ich mich, dass alles nach einem vorgegebenen, aber vergessenen Drehbuch abläuft, dann fällt das Drama weg und wird durch ein Gefühl der Liebe ersetzt. Jeder spielt seine Rolle, damit das Drehbuch sich entfalten kann und jeder wird zu seiner Zeit zur Gelegenheit geführt, aus dem Stück herauszutreten. In dieser Sichtweise ist jeder für alle ein Bruder und Erlöser und ich begegne allen in Freude und Dankbarkeit. Es gibt einen wichtigen Grund, das Drehbuch sich weiter entfalten zu lassen und für meine Rolle darin. Erinnere ich mich beim Spielen meiner Rolle, dass alles nach einem Drehbuch abläuft, dann werden andere durch mich daran erinnert, dass auch sie eine Rolle spielen und werden erwachen, und so weiter, bis niemand mehr im Theaterstück verbleibt. Es gibt nichts zu fürchten, denn es hat ausreichend Gelegenheiten zum Heraustreten.

Das Drehbuch ist geschrieben, aber nicht in Stein gemeißelt. Der Weg durch das Drehbuch entfaltet sich aufgrund getroffener Entscheidungen anhand meiner Bereitwilligkeit zu vergeben. Je mehr Vergebung ich übe, desto mehr Schmerz wird im Drehbuch ausgelöscht, indem das Drehbuch des Ego zugunsten desjenigen des Heiligen Geistes ausgetauscht wird. Unter Seiner Leitung werde ich an viele Orte herangeführt, um Lektionen zu lernen und meine Bereitwilligkeit, meinen Glauben und mein Vertrauen wachsen zu lassen.

Die vier Stufen

»In jedem Umstand und in jeder Lage entlang des Weges zu MIR *bin* ICH *da bei dir, Hilfe und Führung anbietend. Nie bin* ICH *nicht da. Nie kannst du einen Fehler machen, der* MICH *vertreiben würde.*

Aber es ist auch wahr, dass du MEIN WORT *nur hören und* MEINE HILFE *nur annehmen kannst, wenn du gewillt bist einzusehen, dass* ICH *die Antwort auf alle Dinge bin. Du musst gewillt sein,* MICH *zu erfahren und* MICH *anzunehmen, um* MICH *als dein zu empfangen.«*
(Ac 27v13–26.4–7,12)

Mit Ihm an meiner Seite kann ich mich in Zuversicht der Finsternis aus Ungewissheit, Besorgnis und Angst stellen. Wenn die tiefste Angst, zurückgewiesen und verlassen zu werden, in irgendeiner Form hervortritt, muss das Gefühl des Alleinseins und der Einsamkeit erfahren und durch es hindurchgegangen werden, um alles aufzulösen. Denn noch tiefer, in der tiefsten Tiefe der Seele des Herzens, ist die unerschütterliche Gewissheit, dass ich nie allein sein kann. Dort befindet sich die stille Geborgenheit, die mich weitertragen wird. In dieser Stille erfahre ich den Heiligen Geist und finde Vertrauen.

Wenn mir die Ruhe abhanden kommt, ist es hilfreich, sich daran zu erinnern, dass das Drama, das mich zu beschäftigen scheint, nur ein Drehbuch ist, das im Geist abläuft. Beim Zuschauen wie es sich entfaltet und im Vertrauen in die Macht jenseits des Drehbuchs kann ich Frieden im Chaos finden. Mit innerer Ruhe auf stürmischer See werde ich zum Mittel, auf den Heiligen Geist zu hören und Drehbuch und Schauspieler mit meiner Hilfe durch Ihn spielen zu lassen.

»In deiner Freiheit spielst du mit einem Drehbuch. Es gehört dir und du *bist* frei zu spielen. Spiele so lange du willst, MEIN Kind GOTTES. Nichts wird deine Freiheit je hemmen. Und dein eigenes Drehbuch kann dich nicht begrenzen. Du magst ihm den Vorzug geben, solange du möchtest, aber wenn *du* bereit bist, gibt es ein anderes DREHBUCH, und das DREHBUCH bin ICH.« (Ac 28v17–31.7–10,12,13)

Alles hängt von mir ab. Ich bin der heilige und gesegnete freie Sohn Gottes. Es liegt in meiner Wahl, auf die Stimme zu hören, die immer zuerst spricht oder bereitwillig dem Heiligen Geist zuzuhören. Im Schauspiel der Welt stehen genau diese beiden Möglichkeiten offen. Die Stimme des Ego als Ausdruck des Eigenwillens ist das

Schauspiel der Welt. Die Stimme des Heiligen Geistes ist der Weg über das Schauspiel der Welt hinaus in die grenzenlose Freiheit jenseits aller Begrenzungen durch Drehbücher. »GOTT segnet dich, Kind, mit der Stimme, die du wählst. Du bist frei und der Ausdruck der Freiheit. Amen.« (Ac 28v17–31.17–19)

Was wäre, wenn?

Auf die Apostelgeschichte folgen die Briefe des Paulus. Der erste Brief richtete sich an die Römer. Der Heilige Geist deckt in Seiner Interpretation des Römerbriefs die Ursache der scheinbaren Trennung auf, die unmögliche Frage, auf welcher die gesamte Welt beruht. In diesem Sinne kann der Name des antiken Rom – lateinisch Roma – symbolisch als Umkehrung der Wirklichkeit – Amor – rückwärts gelesen, verstanden werden. Der Heilige Geist ist die Antwort Gottes auf die Trennung, mit der Er sie segnete und ihr durch Seinen Segen ermöglichte, geheilt zu werden. Er ist die Einladung, alles rückgängig zu machen, was niemals wirklich war, ins Gewahrsein Gottes zurückzukehren, aus welchem niemand je ausgeschlossen war und mit Ihm über die Unmöglichkeit der ersten je gestellten Frage zu kichern.

Die erste gestellte Frage ist überhaupt nichts weiter als ein tief verborgener Wunsch. In der Freiheit und Unschuld im Gewahrsein Gottes begann alles mit dem Gedanken: »Was wäre, wenn alles anders wäre, als es ist?« (Ro 3v1–8.5) Dieser, mein, und nur mein Gedanke weckte meine Neugier, einem Tagtraum gleich, der Erforschung dieses Gedankens nachzugehen. Die erste gestellte Frage stellte eine unmögliche Hypothese auf, ohne überhaupt je wahr sein zu können. Nun brauchte ich ein Werkzeug, um die neue Erfahrung weiter zu erforschen. Als neue kreative Kraft dachte ich mir das Auswählen, Entscheiden und Urteilen aus, das eine Erfahrung ohne Schöpfung ermöglichte. Das Einzige, was ich hatte, um das neue Werkzeug anzuwenden, war der Gedanke: »Was wäre, wenn?« Also wendete ich das Urteil auf den Gedanken im Geist an und plötzlich waren zum ersten Mal zwei Optionen, aus denen es auszuwählen galt.

»Deine Neugier bedeutete nichts und nichts hatte sich verändert. *Dies* war eine Option und bot die Gelegenheit zum Lachen. Aber die zweite Option war anders und führte tiefer ins Spiel hinein, zu glauben, dass der Gedanke zu dem wurde und nichts ist, *wie es war*. Der zweiten Option verfallen, wurdest du ganz durch sie in Anspruch genommen. Und du stießest die erste Option beiseite. Der Wahrheit gegenüberstehend und der Option für die Phantasie wähltest du in die Phantasie einzutreten.« (Ro 2v5–11.7–13) Mit dieser Wahl wurde die Wahrheit ins Unbewusste verdrängt und ging scheinbar verloren. Und so spielte ich das Spiel des Urteils weiter, beging aber den Fehler, mich falsch zu beurteilen und glaubte diesem Urteil. Dass dies alles nur in der Phantasie geschah, hatte ich vergessen und so schien ich in ein Drehbuch einzutreten, aus dem heraus ich den Weg zu vergessen schien. »Das Urteil ist das Werkzeug, das die Welt errichtet hat und das Urteil hält die Erfahrung aufrecht. Aber das Urteil entstand aus nichts als einem unmöglichen Gedanken und dem Verlangen, etwas mehr darüber nachzudenken.« (Ro 2v12–16.1,2) Es ist ein Spiel, Neugier in einer Phantasie auszuleben. Es hat überhaupt keinen Zweck und macht nichts wirklich.

Das Urteil ist ein Spiel mit Regeln und Optionen, ein Spiel von Schuld und Unschuld, Richtig und Falsch, Gut und Böse. In diesem Spiel gibt es zwangsläufig Gewinner und Verlierer. Es lässt mich das Gefühl der Schuld für das Spielen des Spiels ausdrücken, während gleichzeitig das Gefühl der Schuld gemildert wird, indem ich sie auf andere projiziere. So versuche ich als Ausdruck von Liebe milde mit mir zu sein. Diese Art des Spielens ist keine Sünde, jedoch eine Torheit, denn sie führt wie eine Falle tiefer hinein, stapelt Schuld über Schuld und lässt die Phantasie als wirklich erscheinen. Dieses Drama scheint das Leben zu sein.

Nichts von alledem ist wirklich. Nichts wurde vor langer Zeit in Bewegung gesetzt, dem ich hilflos ausgeliefert bin. Jederzeit steht mir die Möglichkeit offen, mich auf die erste Option zu besinnen oder mit der zweiten Option weiterzuspielen. Wähle ich die erste Option, dann muss ich mir eingestehen, dass der Verstand in meinem Geist verwirrt ist, weil ich mich in einer Phantasie befinde, die durch mein Selbsturteil wahr zu sein scheint. Aus dem Irrtum heraus habe ich mich für etwas als sündig beurteilt, was ich nicht getan habe. Dies hat zu verschiedenen Ebenen von übereinandergeschichteten Phantasien geführt. Außerhalb der Phantasie hat sich nichts verändert und alles ist noch immer so, wie es ist.

»Diese Welt beruht auf einer Fehlwahrnehmung von Schuld, aber sie beruht *nicht* auf Sünde.« (Ro 3v9–20.1) Ich habe mich für die Sünde verurteilt, etwas gemacht zu haben, was nicht ist. Was nicht ist, kann keine Ursache für Sünde sein. Folglich muss auch alle Schuld nur ein Glaube ohne Ursache sein. Der Weg heraus aus der Phantasie liegt im Aufgeben des Spielens, des Wunsches nach einer besonderen Erfahrung. Alles Urteilen, Bewerten und Entscheiden ist aufzugeben und alle wahrgenommene Schuld loszulassen, ohne an ihr festzuhalten oder auf andere zu projizieren.

Der denkende Geist als Werkzeug des Urteils wird weiterfahren mit Analysieren und Abwägen, aber dahinter ist das Wissen, das aus dem Herzen kommt. Wenn ich auf das Herz höre, kann ich den denkenden Geist umgehen und der inneren Führung folgen, denn es gibt tatsächlich nichts zu entscheiden, wenn ich weiß. Ich brauche meine Lieblingstätigkeiten nicht aufzugeben. Ganz im Gegenteil, wenn ich mich dabei schuldig fühle, sollte ich mich darin üben, die Schuld zu erfahren und sie loszulassen. So beginnt die Welt aufzuhören, gut oder schlecht zu sein, wird neutral und je weiter ich mit der inneren Führung voranschreite, umso mehr erfahre ich Dankbarkeit und Liebe, nicht in der Welt gefangen zu sein, bis ich alles nur noch in Dankbarkeit und Liebe betrachte, egal was mir die Augen des Körpers zu zeigen scheinen. So wird die Phantasie rückgängig gemacht und immer mehr Licht erfahren. Das Licht führt zurück nach Hause zum Gewahrsein der Wahrheit ohne Phantasie. Und gemeinsam werden wir uns alle über die Unmöglichkeit der ersten je gestellten Frage köstlich amüsieren.

Du bist innig geliebt

»Oh heiliger SOHN GOTTES, da gibt es eine Sache, die du wissen musst. Du bist geliebt. Du bist innig und wahrhaftig, ewiglich geschätzt und geliebt.« (Ro 4v1–12.1–3) Diese Liebe, die Ausdehnung Gottes, ist unbegrenzt und unabhängig von dem, was ich tue oder nicht tue. Diese Liebe ist bedingungslos und unveränderlich. Wir alle als eins sind die Bereicherung Gottes, erschaffen nach Seinem Ebenbild und teilen uns in Seiner Herrlichkeit. Durch die Ausdehnung Seiner Liebe wurden wir als Liebe erschaffen. Die Liebe Gottes ist nach wie vor der Kern eines jeden lebenden Wesens.

Die Wahrheit Gottes ist ohne Ende. Deshalb muss diese ewigliche Wahrheit jetzt in mir sein. »Du bist für immer gesegnet im HERZEN GOTTES, für immer SEINE Freude und SEIN Lächeln. Keine Sünde soll deinen Geist durchqueren, weil keine Sünde in dir ist.« (Ro 5v6–11.4,5) Regina berichtet: »Als ich dies schrieb, verstand ich überhaupt nicht, was dieser Satz bedeutete. Ich betrachtete ihn als Lüge. Glücklicherweise war ich eine ziemlich gute Schreiberin und schrieb alles nieder, was der Heilige Geist sagte, sogar wenn ich es für eine Lüge hielt (lachen). Also hier ist es. Jetzt sehe ich, dass es keine Lüge ist. Damals dachte ich, dass Sünde in meinem Geist war, dass sündige Gedanken und Hassgedanken in meinem Geist waren. Aber wir sind der vollkommene und unschuldige Sohn Gottes, der in seiner Freiheit eine Erfahrung erzeugen kann, aber diese Erfahrung ist keine Sünde. Egal welche Rolle ich als Mensch wähle zu erfahren, die Erfahrung ist dennoch keine Sünde und es gibt keine Schuld. Ich muss mir bloß die Frage stellen, ob ich wirklich glücklich bin. Solange Schuld in meinem Geist ist, hervorgerufen durch Urteilen, kann ich nicht wirklich glücklich sein. Die Motivation für das Erwachen ist nicht auf den rechten Weg zu finden, sondern frei und glücklich zu sein, weil wir einen Haufen Mist in den Geist aufgenommen haben. Und so sind wir gewillt, den Mist gehen zu lassen und zu unserem angeborenen Zustand der Dankbarkeit, Freude, Liebe und Freiheit zurückzukehren. Wir sind der vollkommene und sündenlose Sohn Gottes.« (2007-08-16 Ro4–7 0:41:50)

Ein Gedanke der Schuld gelangte durch ein Urteil über mich selbst für etwas, was ich nicht tat, in meinen Geist. Durch den Glauben an das, was ich mir vorstellte getan zu haben, wurde die Schuld in der Welt vermehrt. Mein Urteil ist aber nicht Gottes Urteil, denn Gott kennt kein Urteil, nur die Vollkommenheit. Mein Glaube an Sünde und Schuld sind in Seinen Augen nicht existent. Mit Urteilen fahre ich fort, die Wahrheit zu verleugnen und Illusionen zu spinnen. Mit dem Weglegen des Urteils akzeptiere ich die Wahrheit über mich selbst. Das Weglegen des Urteils ist das einzige Sühneopfer, das darzubringen ist. Sühne ist Berichtigung von Illusionen, Irrtümern und Fehlern. Die Wahrheit hat sich nicht verändert und es gibt keine Angst. Angst ist das Ergebnis von Phantasie. In Wirklichkeit gibt es nichts zu sühnen und zu vergeben, weil sie frei von Illusionen, Irrtümern und Fehlern ist. Durch mein wahres Sein bin ich gesühnt.

Die Sühne ist vollbracht

»Jesus ist ein Symbol für alles, was mit dir möglich ist, denn Jesus lebte als ein Symbol für alles, was für dich wahr ist. Du bist Jesus und Jesus ist du. Es gibt keine Trennung zwischen ihm und dir. Du weißt das, wenn du deine Augen schließt. Denn wenn du deine Augen schließt, kannst du ihn dort finden. Er ist ein Teil von dir, inwendig in dir, ein Dasein in deiner Seele.« (Ro 6v5–7.1–6)

Jesus ist ein Symbol für ein Dasein jenseits von Worten, genauso wie meine Person und alles in der Welt symbolisch ist. Was Jesus vollendet hatte, muss auch in mir vollendet sein, weil es keine Trennung gibt. So wird die Sühne der Vollendung entgegen schreiten, bis sie gänzlich vollendet ist. Regina erläutert: »Irgendwo in *Ein Kurs in Wundern* sagt Jesus, dass die Sühne vollbracht ist, weil er sie angenommen hatte (EKIW T-8.IV.3). Ich konnte das nie so richtig glauben. Nur weil er es machte, heißt das noch lange nicht, dass ich es tat. Und genau hier kannst du den Gedanken der Trennung sehen. Vielleicht deshalb gab mir der Heilige Geist dies hier, denn NTI scheint die Berichtigung vieler Fehlwahrnehmungen zu sein, die ich mir als Schülerin von *Ein Kurs in Wundern* angeeignet hatte.

Als ich NTI Römer 6 und 7 aufschrieb, hatte ich eine Erfahrung, denn ich fühlte mich überhaupt nicht als Person angesprochen, sondern als Geist. Als alle diese Worte mitgeteilt wurden, sah ich in einer realistischen Art und Weise, dass ich der Geist war und alles was geschah, geschah innerhalb dieses Geistes und nichts geschah außerhalb von mir. Was ich sah, war, als das Symbol Jesus die Sühne verwirklichte, dass sie vollendet war. Du kannst dir das wie eine erste kleine Flamme eines Buschfeuers vorstellen und die Tatsache, dass es ein Feuer ist, ist vollbracht. Aber dann breitet sich das Buschfeuer aus, was bedeutet, dass sich die Sühne unaufhaltsam vollendet. In unserer Wahrnehmung ist es bloß eine Frage der Zeit, aber es ist geschehen, nicht in einem getrennten Geist von Jesus, sondern in meinem Geist. Es ist beschlossene Sache. Dies gibt mir die Sicherheit, dass ich keine Fehler machen kann, die mein Erwachen verhindern können. Es ist beschlossen.« (2007-08-16 Ro4–7 1:02:20)

»Dein Bewusstsein beruht auf dem, was du glaubst, aber es ist keine Widerspiegelung der Wahrheit. Um dich durch den Wald deines Bewusstseins zur Wahrheit zurückzurufen, sendet der HEILIGE

GEIST Symbole des LICHTS. Diese Symbole erscheinen in vielen Formen und Arten, von denen Jesus eines ist. Aber sie alle sind Symbole, die dich zur Wahrheit zurückführen, welche jenseits deines Glaubens und Bewusstseins ist.« (Ro 7v14–20.1–4)

Mit Jesus wurde der Gedanke, dass ich in einer Welt getrennt von Gott bin, aufgelöst. Ich bin der Geist, der die Welt erstehen ließ und folglich muss die Welt oder der Wald, in dem ich mich glaube verloren zu haben, in meinem Geist sein. Dort ist auch der Heilige Geist. Er ist mehr als ein Symbol. Er ist die reine Widerspiegelung der Wahrheit. Sie ist jetzt, während die Welt lediglich die Widerspiegelung eines vergangenen Wunsches ist. Meine Aufgabe ist wachsam zu bleiben, alle Symbole in meinem Bewusstsein zu betrachten und mich nach Hause führen zu lassen. Alle Symbole, die Schatten eines vergangenen Wunsches widerspiegeln, möge ich ohne Anhaften an mir vorüberziehen lassen und dem Licht der Wahrheit folgen, um das Unausweichliche sich vollenden zu lassen.

Der Himmel vergießt keine einzige Träne

»Die Welt ist eine Welt von Gedanken. Und jeder Gedanke, den du je gehabt hast, ist in der Welt zum Ausdruck gebracht. Die Welt ist jedoch wie ein Spielplatz, auf welchem Gedanken frei zum Ausdruck gebracht werden können, ohne die Wirklichkeit zu berühren.« (Ro 8v12–17.4–6)

Alles, was ich über die Welt denke und in ihr erlebe, ist Illusion. Wenn ich an die Welt glaube, erscheinen die Erfahrungen wie Angst, Schmerz und Tod als wirklich. In diesem Glauben habe ich mich im Spielplatz meines Geistes verloren und werde viel Kummer zu erleiden haben. Die Welt ist eine Illusion von Erfahrung im Geist. Die Wirklichkeit ist davon unberührt. Der Himmel vergießt keine einzige Träne über Ereignisse in der Welt, weil im Himmel kein Glaube an Unwahres existiert. (Ro 8v18–25.2) Der Himmel liegt jenseits aller Illusionen. Jesus lernte durch seine Bereitwilligkeit, dass die Wahrheit nicht in der Welt ist. Dies meinte er, als er sagte, dass er die Welt überwunden hatte und sein Reich nicht von dieser Welt ist.

Wenn ich die Interpretation des Heiligen Geistes akzeptiere, akzeptiere ich, dass die Welt nicht wirklich ist. Ich lerne zu akzeptieren, dass der Geist die Ursache und die Welt die Wirkung ist. Die

Welt ist das Erzeugnis des Eigenwillens, eine Erfahrung anders als im Himmel zu haben. Die Welt ist das Gegenteil des Himmels. Wenn mich das Ergebnis in Form der Welt nicht mehr glücklich macht, kann ich das uralte Verlangen nach der besonderen Erfahrung loslassen. Mit dieser Wahl wende ich mich dem Heiligen Geist zu, Der meine Wahrheit und derjenige Teil von mir ist, der Wirklichkeit besitzt. Mit Ihm kehrt Ruhe und Frieden in meinen Geist ein. Mein Herz erfüllt sich mit der Gewissheit, dass alles gut ist.

Regina erzählt: »Eine Person, deren Gesicht ich kannte, sendete mir eine E-Mail, die mich anzugreifen schien, sagte, dass ich den Heiligen Geist nicht hören könne und bezeichnete mich als Schwindlerin. Zuerst entschied ich, dies als Angriff zu sehen. Als ich es als Angriff zu sehen wählte, sah ich diese Person mit dem zerknautschten, sehr hässlichen, roten, sehr zornigen Gesicht, wie sie mich hasste und angriff. Aber dann erinnerte ich mich und entschied, anderen Geistes zu werden und anders wahrzunehmen, was ich sah. Ich bat den Heiligen Geist, anders zu sehen und die Person veränderte sich. Anstelle des roten, zerknautschten Gesichts sah ich die gleiche Person in einem Smoking mit einem liebevollen Gesichtsausdruck, mit einem Silbertablett dastehend. Ich sah, wie mir auf dem Silbertablett die Gelegenheit angeboten wurde, die Sühne für mich selber anzunehmen. Mit anderen Worten, mein Bruder hat mir einen vergangenen Gedanken von Angriff zu Bewusstsein gebracht und bat mir nun die Gelegenheit an zu sehen, dass es kein Angriff war. Ich wusste, wenn ich die Gelegenheit wahrnahm, war ich frei und in Liebe und ich nahm die Gelegenheit wahr. In allem, worin ich einen Augenblick zuvor Angriff fühlte, war jetzt Frieden, Liebe, Freude und ich liebte denselben Bruder innig, der mir die E-Mail schrieb. Was als Angriff erschien, wurde plötzlich zu einem Geschenk.« (2007-08-23 Ro8 0:55:05)

Dieses Beispiel illustriert einmal mehr, dass im Analysieren und Beurteilen kein Frieden gefunden werden kann, aber mit dem Entscheid, anderen Geistes zu werden, sehr wohl. Ich muss lernen, mich von keinen Träumen mehr zurückschrecken zu lassen, weil sie nicht wirklich sind. Nur was verborgen gehalten wird, täuscht Wirklichkeit vor und verzögert mich auf dem Weg. Alles, was aufgedeckt und losgelassen wird, verliert seine Schrecken. Mit dieser Einstellung kann ich furchtlos durch alle Träume hindurch zum Licht schreiten. Durch das Loslassen aller Träume kehre ich zu dem zurück, was sich nie geändert hat und was in Liebe meiner Rückkehr entgegensieht.

»Du bist der SOHN GOTTES, nicht durch deine Geburt, welche Illusion ist, sondern durch deine Wahrheit, welche von GOTT ist. Wer du bist, musst du nicht durch Werke in einer Welt der Illusionen erwerben. Du bist, wer du bist durch Wahrheit, welche von GOTT ist.« (Ro 8v12–17.1–3) Durch meine wachsende Bereitwilligkeit habe ich zu lernen, dass die Welt nicht wirklich ist und alles, was ich in ihr sehe und erfahre, Gedanken sind. Wenn ich Geschehnisse in der Welt, die nicht verstanden werden können, wie Verbrechen oder Naturkatastrophen, durch Abwägen und Analysieren versuche zu verstehen, mache ich sie für mich wirklich. »Du versuchst zu verstehen und du versuchst deine Erfahrung zu begründen, weil du deine Welt mit der Wahrheit versöhnen willst. Du willst, dass alles, was du glaubst, die Wahrheit ist *und* du willst auch, dass die Wahrheit wahr ist. Diese Versöhnung kann niemals erreicht werden. Das, was nicht wahr ist, kann nicht wahr werden und das, was Wahrheit ist, kann nicht in Illusionen hineingepasst werden.« (Ro 9v1–18.12–15)

Gebe ich das Verstehenwollen auf, dann öffne ich mich der Führung des Heiligen Geistes. Durch Eingebung kann mir ein Gedanke kommen, der mir die Bedeutung enthüllt, die ich zu wissen brauche. Wenn ich niemandem mehr die Schuld für irgendetwas zuweise, dann lehne ich es ab, Illusion als wirklich zu akzeptieren und sich festigen zu lassen. Wie ich mich in der Welt erfahre, ist nicht meine Wirklichkeit. Aber ich bin der Denker des Gedankens, der ich in der Welt zu sein scheine. Dieser Gedanke ist nicht meine Wirklichkeit. Dennoch glaube ich, dass Scheußlichkeit in meiner Natur verborgen ist und fürchte mich, dass sie gesehen werden könnte. »Fürchte dich nicht vor GOTT. In GOTT ist keine Verurteilung. Urteil ist das Werkzeug der Illusion. GOTT ist Wahrheit ohne Illusion. Sei gewillt mit GOTT zu denken.« (Ro 9v25–33.1–5)

Die zwei Wahrheiten

»Die Antwort zu deiner Erlösung wird innerhalb deiner eigenen Bereitwilligkeit gefunden. Die Macht, welche dich befreit, bist du. Es gibt keine Macht außerhalb von dir, welche über deine Erlösung bestimmt oder dich befreien kann. Deine Bereitwilligkeit vereinigt sich inwendig mit deinem eigenen HEILIGEN GEIST und dies ist der Weg der Freiheit. Zusammen führen sie dich aus dem Wald der Illusionen hinein in den Sonnenschein der Wirklichkeit.« (Ro 10v1–4.1–5)

Auf diesem Weg scheine ich mich zwei Wirklichkeiten gegenüberzusehen. Zum einen ist da die Welt, wie sie mir alltäglich begegnet und die ich zweifelsfrei als sehr wirklich erfahre. Zum anderen berichtet der Heilige Geist unablässig, dass die Welt nicht wirklich und allein Er die Wirklichkeit sei. Diese beiden Wahrheiten scheinen sich in meinem Geist zu befinden, aus denen ich auszuwählen habe. Der Konflikt scheint darin zu liegen, dass ich das eine opfern muss, um das andere zu bekommen. Wenn ich diesen Kontrast erfahre, ist das ein gutes Zeichen, denn er zeigt auf, dass ich auf dem Weg der Freiheit bin. Macht sich der Konflikt als Widerstand bemerkbar, dann sollte ich ruhen und mir in Erinnerung rufen, was ich wirklich will. Ich sollte mich daran erinnern, dass es nichts zu opfern gibt, sondern das Anhaften an den Dingen der Welt loszulassen ist. In der Ruhe schmilzt der Widerstand dahin und mit einem Lächeln kehrt der Sonnenschein der Bereitwilligkeit zurück.

»Du, der du dies liest, bist der geliebte SOHN GOTTES, nicht weil du dies liest, sondern aufgrund deiner Wahrheit, welche jenseits der Illusion dieser Worte ist.

Du bist ein Geist und du schaust auf Gedanken. Gerade jetzt schaust du auf Gedanken, welche dein wahres Bedürfnis ausdrücken. Du könntest diese Worte nicht sehen, wenn es nicht in deiner Bereitwilligkeit läge. Du könntest sie nicht verstehen, wenn sie nicht deine Wahrheit wären. Und du erkennst sie wieder, weil du *weißt*, dass sie dein Herz sind.« (Ro 11v1–6.1–6)

Diese Worte sind Illusion, wie alles in der Welt der Vergänglichkeit. Diese Worte führen aber nicht tiefer in die Illusion hinein. Ganz im Gegenteil führen sie aus der Illusion heraus zur Wahrheit. Einzig darin scheint der Widerspruch zu liegen, denn der Geist, der diese Worte als seine eigene Wahrheit lernen muss, befreit sich damit aus der Illusion seiner selbst zum reinen Geist jenseits aller Worte.

Das Erscheinen von *Ein Kurs in Wundern* und NTI scheint Ausdruck zu sein, dass jetzt viele Menschen bereit sind, dem inneren Ruf der Wahrheit zu folgen. Wenn wir zum ersten Mal mit einem dieser Texte in Berührung kommen, mögen wir ihn vielleicht nicht verstehen und wieder beiseitelegen, um später darauf zurückzukommen.

Und plötzlich werden wir verstehen. Der Zweck jenseits der Worte wird klar. Die Bedeutung der Worte geht über die Bedeutung der Welt hinaus. In uns ist ein wahreres Ich, das zu verstehen beginnt. Und dieses Ich ist eins mit dem Heiligen Geist.»Da ist kein anderer Geist. Es gibt nur uns und *dies* ist die Widerspiegelung dieses Gedankens in der Welt.« (Ro 11v7–10.14,15) An dieser Stelle berichtet Regina:»NTI wurde mir durch viele Stimmen gegeben. Ich wurde durch eine Stimme im Matthäus-Evangelium begrüßt und als ich zu Markus kam, war ich vollkommen erschüttert, weil ich eine andere Stimme hörte, und dann kam ich zu Lukas und wieder war die Stimme anders. Die Stimme bei Lukas würde ich als die primäre Stimme bezeichnen. Neben Lukas lieferte sie die Apostelgeschichte, die Offenbarung und einige der kleineren Bücher. Bei der Mehrzahl der Bücher hatte ich eine völlig neue Stimme und der Römerbrief wurde mir sogar durch zwei Stimmen mitgeteilt. Es gibt ein Uns, wie es in diesem Abschnitt heißt. Es gibt nur Uns. Es gibt ein Uns, denn ich traf mindestens zwanzig Persönlichkeiten beim Schreiben von NTI.

Was aber wirklich interessant und wirklich wichtig war, ist, dass buchstäblich überhaupt keine Trennung in dieser Uns-Heit war. Erstens waren alle diese Stimmen eins. Tatsächlich sagte mir die eine Stimme ›ich habe dir bereits erzählt‹, und damit Bezug genommen auf das, was eine andere Stimme erzählt hatte. In diesem Sinne waren alle Stimmen eins, ein Geist, vollständig verbunden. Zur selben Zeit, als ich den Stimmen zuhörte, wusste ich, dass ich diese Stimmen bin. Sie kamen von meinem Geist, ohne Trennung zwischen ihnen und mir. Wenn du NTI liest, wirst du scheinbare Unterschiede im Tonfall, im Rhythmus und den Symbolen feststellen. Was gleichwohl wirklich wahr war, war das Einssein, das Einssein zwischen ihnen, und zwischen ihnen und mir; überhaupt keine Trennung. Das ist eine sehr interessante Wahrheit, die das Ego nicht verstehen kann. Das Ego scheint Einssein oder Trennung zu wollen. Für das Ego kann es kein Uns im Einssein geben.« (2007-09-07 Ro11 0:20:25)

Diese Erfahrung von Regina deutet die holografische Natur des Geistes an. Jeder Geist ist Teil des Ganzen und gleichzeitig ist in jedem Geist das Ganze enthalten. Ich kann mich nie vollständig von der Wahrheit abtrennen. Ich kann lediglich einen Aspekt der holografischen Natur des Geistes zurückweisen, um mich als Individuum zu erfahren. Das scheinbare Individuum ist ein Symbol für den Teil des

Geistes, der das Uns verworfen hat. Das Uns ist aber nach wie vor im Geist als Heiliger Geist anwesend. In Wirklichkeit habe ich nichts verworfen, lediglich in der Phantasie meiner selbst. Jenseits jeglicher Zurückweisung liegt nach wie vor unsere Wahrheit.

Der Körper im Geist

»Ruhe in der Zuversicht deines SELBST, denn nichts ist je verloren gegangen. Deine Wahrheit ist rein und hell wie immer, weil deine Wahrheit in MIR bewahrt ist. Um deine Wahrheit zu erkennen, nimm MICH als dein LICHT an. Und lass deine Schatten verblassen. Erbitte um nichts, außer, erbitte um MICH. Nimm MICH in deinen Körper hinein an. Nimm MICH als deinen Geist an. Erkenne die Schönheit und Herrlichkeit von dir.« (Ro 12v1,2.1–7)

Nehme ich den Heiligen Geist an und lasse Ihn durch meinen Körper wirken, dann geht alles viel leichter. Den Körper und seine Bedürfnisse zu verleugnen ist eine unwürdige Art der Verleugnung, aber ein verbreiteter Fehler, der einem auf dem spirituellen Weg begegnen kann. Regina berichtet:»Seit ich die Verleugnung meiner Erfahrung mit dem Körper losgelassen habe, sind interessante Dinge geschehen. Seit ich meinen Körper dem Heiligen Geist übertragen habe, erfahre ich eine Menge Veränderungen im Körper, die nicht von bewussten Gedanken herrühren. Den ganzen Sommer hindurch war mein Appetit wie abgestorben. Bis auf ein einziges Mal hatte ich während dreieinhalb Monaten absolut keinen Hunger. Und das war sehr erstaunlich, weil ich zuvor die ganze Zeit hungrig war. Ich aß nur kleine Portionen und wenn ich genug hatte, musste ich aufhören, wie wenn ich eine Abneigung gegen Essen hätte. In dieser Zeit verlor ich zehn Kilogramm an Gewicht.

Vor etwa vier Tagen wurde ich durch zweimalige Eingebung angewiesen, dem lokalen Fitnessstudio beizutreten und vergaß es sofort wieder. Als dann meine Nachbarin direkt aus dem Fitnessstudio bei mir vorbeikam, erinnerte ich mich und sprach mit ihr darüber. Am folgenden Tag trat ich dem Fitnessstudio bei und begann wieder mit dem Training, zum ersten Mal, seit ich auf dem spirituellen Weg bin, und das ist jetzt etwa dreieinhalb Jahre her. Mit dem Training ist der Hunger in den letzten drei Tagen zurückgekehrt. Aber jetzt genügen mir kleinere Mahlzeiten etwa alle zwei bis drei Stunden. Was an dieser Sache wirklich interessant ist, ist, seit ich meinen Körper dem Heiligen Geist übergeben habe, werde ich angeleitet, ihn wieder in Form zu bringen, was ich nie vorauszusagen gewagt hätte. Deshalb ist es ratsam, uns einzugestehen, dass wir nichts wissen und Geist, Körper und alle unsere Bedürfnisse dem Heiligen Geist zu übergeben und uns durch Ihn anleiten zu lassen.« (2007-09-14 Ro12 0:12:50)

»Der Körper, der du bist, ist auch in MIR drin. Denn was in deinem Geist ist, ist in MEINEM GEIST. Wir teilen einen GEIST und wir teilen einen Körper. Wir sind nicht verschieden, sondern dasselbe.« (Ro 12v3–8.1–4) Alles, was ich sehe und wahrnehme, sind Gedanken. Das trifft auf alle Menschen ebenso zu, wie auf meinen Körper und die gesamte Welt. Alle Gedanken sind im Geist, der sich diese Ideen ausdenkt. Folglich haben sie ihre Quelle nicht verlassen, auch wenn meine Erfahrung in der Welt als Körper eine andere ist. Ich bin wie ein kleines Kind, das mit Puppen spielt und sich dermaßen ins Spiel vertieft hat, dass es das Spiel vergessen hat und sich für die Puppen hält. Der Heilige Geist ist die Erinnerung, dass es ein Spiel ist. Durch Hingabe an Ihn übergebe ich Ihm die Spielleitung. Unter Seiner Leitung werde ich vom Puppendasein zum Einssein als Kind Gottes zurückgeführt. Sein Plan ist der Plan der Liebe. Sein Plan ist die Einladung, alles, was nicht Liebe ist – Selbstkritik, Verurteilungen, Schuldzuweisungen, Hass, etc. – Ihm auszuhändigen, um es aus dem Geist entfernen zu lassen. In Geduld mir und meinem Bruder gegenüber ehre ich uns beide und erfahre die Transformation meiner illusionären Wahrnehmung der Welt zum Einsein der Liebe.

»Du bist nicht in der Welt. Aber du erfährst die Welt, weil du die Welt als eine Erfahrung ersonnen hast. Die Welt ist eine Vorstellung im Geist, oder besser gesagt, ein Bilder-Gedanke innerhalb des Gedankens des reinen Geistes. Sie ist eine Erfahrung, weil sie als eine Erfahrung ersonnen wurde, aber sie ist nicht deine Wirklichkeit.« (Ro 13v1–5.1,3–5)

Nun zu behaupten, dass die Welt sowieso nur Illusion ist, ist in zweifacher Hinsicht nicht hilfreich. Erstens sage ich damit, dass ich als Teil der Welt Illusion bin, was eine Lüge ist, weil ich damit meine Erfahrung in der Welt verleugne, und zweitens benutze ich diese Behauptung als Ausrede, selber keine Verantwortung für meine Gedanken, Gefühle und Erfahrungen übernehmen zu müssen. Die erste gestellte Frage war: »Was wäre, wenn alles anders wäre, als es ist?«

Die Welt, wie ich sie erlebe und erfahre, ist eine vollkommene Widerspiegelung der Antwort auf diese Frage, entworfen von unserem kollektiven Geist. Wenn ich etwas in der Welt zurückweise, dessen Macher ich in Wirklichkeit bin, urteile ich über mich selbst. Wenn ich tatsächlich glaube, dass ich etwas zurückweisen kann, dann muss ich zwangsläufig auch glauben, dass ich zurückgewiesen werden könnte. Hierin liegt die Quelle aller Angst verborgen.

Der Heilige Geist lehrt uns die hilfreiche Betrachtungsweise der Welt. Sie dient uns als Erfahrung für unser Lernen. Wir müssen lernen, den gegenwärtigen Augenblick zu akzeptieren. Indem ich alles, was ich erlebe und erfahre, bedingungslos und urteilsfrei annehme, lerne ich, dass meine Wirklichkeit jenseits dieser Erfahrung ist. Es liegt auch nicht an mir zu beurteilen, was das Ziel des Lernens für meinen Bruder sein soll. Er mag überhaupt nicht an spirituellen Dingen interessiert sein. Trotzdem lernt er genauso wie ich die Antwort auf die unmögliche Frage kennen. Wenn ich ihn so annehme und liebe, wie er ist, nehme ich mich an, wie ich bin. In der Dankbarkeit für meinen Bruder beginne ich zu sehen, dass alles ein Spiel von Ideen ist und erkenne, wie sich der Weg der Freiheit entfaltet.

Die Liebe ist, wie sie ist

»Das Urteil ist das Werkzeug der Illusion und das Urteil wurde zuerst gegen eine Idee und gegen dich selbst angewendet.« (Ro 14v1–4.1) Das war der erste Fehler und alles weitere wie die gesamte Welt ist eine Folge davon, aber nur in einer Illusion im Geist. »Jedes Mal, wenn du etwas, eine Situation oder eine Person, die außerhalb von dir zu sein scheint, zu beurteilen scheinst, urteilst du über eine Illusion von Gedanken und Ideen im Geist. Deswegen urteilst du fortwährend über dich selbst.« (Ro 14v1–4.3,4) Es ist unmöglich, über jemand anderen als mich selbst zu urteilen. Und wenn ich über mich selbst urteile, lehre ich mich, dass ich so bin, wie ich geurteilt habe: ungenügend, schlecht, schuldig, minderwertig, etc. Das trifft sowohl auf die physische wie auch auf die metaphysische Ebene zu. Jedes Urteil überzieht die Wirklichkeit mit einem Schleier aus Illusion und lässt ein illusionäres Selbst meiner selbst erstehen.

Mein tiefstes Begehren ist mein wahres Selbst wieder zu erkennen. Die einfache, aber nicht leichte Lösung ist, alles Urteilen wegzulegen. Damit mache ich den ersten Fehler mit all seinen Folgen rückgängig. Das Gegenstück zum Urteilen ist alles anzunehmen, wie es ist. Das einzige Urteil, das ich wirklich fällen kann, ist: »Es ist, wie es ist.« Das ist totale Akzeptanz. Die Wirklichkeit ist, wie sie ist. Sie hat sich nicht verändert. Wenn ich ins Urteilen hineinfalle, sollte bei mir automatisch ein Warnsignal angehen, um eine andere Wahl zu treffen und alles anzunehmen, wie es ist. Durch wahre Vergebung kehre ich zurück in den Geist, zur Ursache, um das Urteil loszulassen, beispielsweise mit der RAV-Methode: Ruhen, Akzeptieren, Vertrauen. Während ich urteilende Gedanken oder negative Gefühle wie Versagens- und Prüfungsängste bewusst erlebe, erinnere ich mich, nicht auf sie zu reagieren und zu ruhen, nehme die alleinige Verantwortung für sie an, ohne dem Bedürfnis, dass sich etwas ändere und lasse sie im Vertrauen in den Heiligen Geist auflösen. Durch die Erinnerung an Ihn nehme ich Seine Führung an. Die den Frieden meines Geistes störende, im Unbewussten verborgene Schuld löst sich in Seinem Licht auf. (2007-11-02 1Co11–12 0:46:47)

Alle Erfahrungen sind Gedanken in meinem Geist. Nichts ist so, wie es zu sein scheint. Jede Erfahrung entstammt der Frage: »Was wäre, wenn alles anders wäre, als es ist?« »Die Antwort, nach der du verlangtest, ist gegeben worden. Sei dankbar für die Antwort. Betrachte sie, wie sie ist. Sie ist nicht, was du willst. Sie ist nur, was du sehen wolltest. Und jetzt, da du sie gesehen hast, hat sich ihr Zweck erledigt.« (Ro 14v13–18.4–9) Die Welt ist die vollständige Antwort. Und jetzt, da ich sie zur Genüge gesehen und erlebt habe, kann ich meine Neugier loslassen und darüber lachen. Das Aufgeben der Neugier lässt Illusionen in sich zusammenfallen und mich die Wahrheit wiedergewinnen. Ich will die Liebe nicht anders, als sie ist, denn die Liebe ist, wie sie ist und Liebe ist alles, was ich wirklich will.

»Jetzt, da du siehst, bitte ICH um deine Hilfe. Du kannst von MIR für die Heilung des Geistes verwendet werden, wenn du gewillt bist. Um am meisten hilfreich zu sein, musst du gewillt sein, dein Selbst wegzulegen. Denn du kannst MIR nur hilfreich sein, wenn du unter MEINER Leitung stehst, und ICH kann dich nur lenken, wenn du gewillt bist, dich MIR hinzugeben.« (Ro 15v1–4.1–4) Nichts kann mir aufgezwungen werden, denn ich bin der freie Sohn Gottes und Züchtigung ist nicht vom Heiligen Geist. Alles hängt nur von mir ab. Hingabe ist ein schrittweiser Vorgang. Ich gebe mich dem Heiligen

Geist etwas hin, erlebe, dass es funktioniert und gebe etwas mehr, etc. In dieser Art und Weise wächst die Bereitwilligkeit. In der Illusion der Teilung führt Hingabe zum Einssein und der Heilig Geist wird als wahres Selbst erkannt werden.

Regina erzählt: »Vor dem Schreiben von NTI bekam ich eine Botschaft vom Heiligen Geist, die mir sagte, dass ich der Heilige Geist bin. Wir sind eins. Mein Gefühl der Unwürdigkeit hielt mich davon ab, mich so zu sehen. Ich war schon weit voran im Schreiben von NTI, als ich das Gefühl loswurde, eine andere Stimme zu channeln und realisierte, dass es meine höhere Stimme war, die NTI schrieb. Hier im Römerbrief war ich noch nicht so weit. Und so war NTI Römer 15v7–13 direkt an mich als Schreiberin gerichtet, als der Heilige Geist sagte: ›Du siehst dich selbst noch nicht als MICH.‹« (2007-09-28 Ro15–16 0:18:00)

Zuerst mag es erscheinen, als ob wir aufgefordert würden, einen anderen Willen anzunehmen. In der Übergangsphase werden wir bereit sein, ihm zeitweilig zu dienen. Während dieser Zeit kommt unser Tun nicht von uns, sondern durch uns. Mit wachsender Vertrautheit wird der andere Wille immer deutlicher als der wahre eigene Wille erfahren. Das Überwinden des illusionären eigenen Willens, der nicht unser Zuhause ist, wird immer dringender herbei gebeten.

»Segen deinen Gebeten der Bereitwilligkeit. Nimm deine Gebete nicht leichtfertig hin. Sie sind deine Kraft, welche deine Stärke speist.« (Ro 15v23–33.9–11) Meine Gedanken sind meine Gebete und tragen die Stärke des Denkenden, des Sohnes Gottes, in sich. Die Gedanken, die ich jetzt gerade denke, erzeugen die Erfahrung, die ich in diesem Augenblick erlebe. Die Gesamtheit meiner Gedanken konstituieren, als wen und wie ich mich erfahre. Es liegt in meiner Wahl, mit dem Ego-Geist weiter Phantasien zu spinnen oder mich dem Heiligen Geist hinzugeben, um mich der Wahrheit anzunähern. »In Hingabe an MICH gibst du dich deinem SELBST hin. In dieser Vergegenwärtigung wirst du von Frieden und Freude überwältigt, denn dein wahrer WILLE ist dein wahres Begehren. Und in seinem Wiedererkennen findest du deine Dankbarkeit für dein SELBST.« (Ro 15v14–22.5–7)

»Grüßt einander. In der Begrüßung füreinander begrüßt du dein SELBST, als ein Geist lebend mit MIR. Es gibt niemanden, den du antriffst, der nicht von MIR ist und deshalb gibt es niemanden, den du antriffst, der nicht auch du ist. Wie du ihn grüßt, grüßt du dich selbst. Schenk deinem Bruder Vertrauen und du schenkst demjenigen Vertrauen, der du bist.« (Ro 16v1–16.1–4,6) Mein Bruder ist der Sohn Gottes. Ich vertraue ihm, dass er den vom ihm gewählten Weg nach Hause geht, aber sein Weg mag ein anderer sein als mein eigener. In der Alltagswelt ist Vertrauen gepaart mit vernünftigem Menschenverstand gefragt, denn niemand würde sein Kind einem Pädophilen zur Betreuung anvertrauen. Denn neben dem Leiden, das dem Kind widerfahren könnte, würde der Pädophile durch mein blindes Vertrauen sich mehr Schuld aufladen, was aus Sicht des Gesamtgeistes nicht hilfreich ist. Die einfache und vernünftige Regel lautet, dass alles hilfreich ist, was niemandem Schaden zufügt und die Schuld nicht vermehrt. So kann es angebracht sein, Nein zu sagen, wenn ich mich in einer Situation unwohl fühle.

»Gib deinem Bruder, wie du dir selbst in heiligem Gedenken an MICH geben würdest und du gibst aus deiner Bereitwilligkeit, die Welt freizulassen und aus dem Traum der Angst zu erwachen.« (Ro 16v1–16.11) Alles, was ich gebe und schenke, gebe und schenke ich durch Gedanken. Diese Gaben stehen unbeschränkt zur Verfügung. Gleichzeitig ist gegenüber eigenen Gedanken der Täuschung und Teilung Wachsamkeit angebracht, um sie loszulassen. Die Richtschnur ist das wahre Begehren des Herzens nach Frieden und Liebe. In dieser Geisteshaltung findet sich die Geduld, freundlich und sanft in Demut der Schöpfung zu begegnen.

»Jetzt bitte ICH dich, deines VATERS zu gedenken, DESSEN WILLE diese STIMME zu dir gesandt hat. Es ist der WILLE der Einheit und des Friedens und der Wahrheit, die für immer wahr ist. Du bist geliebt und du bist für immer frei. In deinem Einssein bist du gesegnet als der heilige SOHN GOTTES.« (Ro 16v21–27.1,2,4,5)

Die leere Schale

»Du, der du jetzt hier liest, bist in MEINEN Dienst berufen worden. Deshalb bist du am Weiterlesen. Jetzt werde ICH dich lehren, um dir in deiner Akzeptanz deiner Rolle als MEIN heiliger Diener zu helfen.« (1Co 1v1–3.1–3) Es scheint mir wirklich ernst zu sein mit dieser Reise vom Ego-Selbst in die Transzendenz des göttlichen Selbst, sonst wäre ich nicht so weit gekommen und hätte dies hier schon längst weggelegt. Die dritte Stufe auf dem Weg mit dem Heiligen Geist erweist sich wie der Sprung auf eine höhere metaphysische Abstraktionsstufe. Zudem erscheint jeder Schritt mit dem Heiligen Geist und jeder neu eingeführte Gedanke wie ein Neubeginn, der tiefer in die Metaphysik hineinführt. Die vorrangige Idee in der Interpretation des ersten Korintherbriefs ist wie eine leere Schale zu werden, um alle Täuschung, die wir in unseren Geist aufgenommen haben, loszuwerden, bis nichts mehr übrig bleibt. Was dann wieder in vollem Glanz aufleuchtet, ist das unvergängliche Licht des Seins.

»Dein Selbst ist jetzt MIR zu übergeben, damit jedes Selbst, das nicht deine Wahrheit ist, hinter dir gelassen wird. Wähle nicht, dich an dein Selbst zu klammern, wie zu sein du dich selbst wahrnimmst. Wähle stattdessen dein Selbst beiseitezulegen und wie eine leere Schale zu werden. Das, was geleert ist, soll durch MICH erfüllt werden und wer durch MICH erfüllt ist, soll seine eigene Fülle erkennen.« (1Co 1v26–31.1–4)

Im Dienst für den Heiligen Geist nehmen wir verschiedene Rollen ein. Der eine mag voranschreiten, der andere nachfolgen, doch in Demut mögen wir uns bewusst sein, dass wir unabhängig von unserer Rolle alle zusammen als Brüder Ihm folgen. Als Diener des Heiligen Geistes müssen wir lernen, aufhören für uns selber zu denken und auf Seine Stimme oder Eingebung zu achten. Das Ego mag immer noch im Geist sein. Ego-motivierten Gedanken und Handlungen haftet gewöhnlich ein Gefühl des Unwohlseins oder der Schuld an. Die Führung des Heiligen Geistes ist frei von solchem Ballast. Es ist wichtig zu hinterfragen, aus welcher Quelle die Gedanken stammen, um zu merken, dass sich das Ego eingemischt hat.

In Zeiten, in denen ich das eigene Selbst – das Ego – beiseitelege und vorübergehend wie eine leere Schale werde, fallen mir Gedanken zu, die ich mir nicht ausgedacht habe. Was in solchen Momenten der Führung enthüllt wird, wird dem Gesamtgeist enthüllt, denn es dient der Heilung von Gottes heiligem Sohn. Ich nehme mich immer noch als Körper wahr, diene in dieser Weise aber dem Heiligen Geist. Alles, was ich dem Heiligen Geist in Gnade gebe, wird meiner Heiligkeit zurückgegeben, denn alles ist eins.

»Das, was sich selbst dem GEIST GOTTES geöffnet hat, um wie eine leere Schale zu werden, hat eine Erklärung abgegeben an den Geist, der sein eigener ist. Es hat gesagt: ›Ich weiß, dass ich nicht dieses Ding bin, von dem ich dachte, dass ich es sei, denn dieses Ding kann nicht meine Wahrheit sein. Also lege ich das, was falsch ist, beiseite, um offen zu sein, nur das zu empfangen, was wahr ist.‹« (1Co 2v11–16.1–3) Dies ist eine Erklärung vollständiger Hingabe an den Heiligen Geist. Wenn das Falsche weggelegt und das Wahre empfangen und akzeptiert wird, breitet es sich im Gesamtgeist aus und schließt mich im großen Erwachen ein.

Die Bereitwilligkeit ist stetig am Wachsen. Solange sie noch nicht vollständig ist, ist Wachsamkeit gegenüber dem Ego angebracht. Das Ego liebt es, sich ein spirituelles Gewand überzuziehen und seinen eigenen Weg der Erleuchtung zu propagieren. Seine Belehrungen mögen vorlaut klingen und mit einem Zwang unterlegt sein. Das Ego spricht immer zuerst. Daran kann es erkannt werden. Dem spirituellen Ego steht das wahre Begehren gegenüber, das aus der Tiefe des Friedens aus der eigenen Mitte hervorleuchtet. Bevor das Ego endgültig abgelegt werden kann, wird viel Arbeit erforderlich sein. An Gelegenheiten wird es nicht mangeln, denn alles dient dem Heiligen Geist, wenn wir uns in Bereitwilligkeit Ihm hingeben. Er wird Menschen zusammenbringen, damit wir passend zur jeweiligen Bereitwilligkeit von und miteinander lernen können. So werden wir einander im Erwachen zu Diensten sein. Gespräche und Diskussionen können eine Gelegenheit sein zu lernen, wie eine leere Schale zu werden, indem ich mir nicht dauernd überlege, was ich sagen könnte oder dem Drang, mich ins Gespräch einzubringen, bewusst werde, um ihn wegzulegen.

»Erinnere dich deines wahren SELBST, wie ICH dich gelehrt habe. Du bist ewig und jenseits Begrenzungen irgendwelcher Art. Und dann beobachte dein Bewusstsein, wie es sich für dich anzufühlen scheint. Wenn du dich selbst nicht als grenzenlos und jenseits aller Angst erfährst, dann hältst du einen Glauben aufrecht, dass du bist, was du nicht bist. Fahre deshalb nicht auf deine Art und Weise fort, weil deine Art und Weise immer noch Illusion ist. Folge MEINEM Weg, damit du von Illusionen weggeführt werden mögest.« (1Co 3v16–23.1–6) Solange ich der Täuschung unterliege und ihr folge, lasse ich mich wie ein Blinder von einem Blinden – dem Ego – führen. Erst wenn ich mich als grenzenlos, ewig und furchtlos erfahre, unterliege ich keiner Täuschung mehr und habe die Schale geleert. Das ist der endgültige Test.

Meine eigenen Gedanken mögen sich um Urteile aller Art drehen, wenn ich auf das Ego höre und glaube, dass ich es sei. Dabei unterlaufen mir zwangsläufig Fehler, für die ich mich wiederum selber verurteilen könnte. Aber es gibt keine wirklichen Fehler, denn die Wahrheit ist unveränderlich. Jeder Fehler und jedes Urteil, das mir in den Sinn kommt, ist eine Gelegenheit, mich an den Heiligen Geist zu wenden. In Hingabe an Ihn entleere ich mich meiner Fehlwahrnehmungen und lasse mir von Ihm enthüllen, was jede Situation bedeuten mag. Durch Seine Gedanken lerne ich, eine leere Schale zu werden und Ihm in Dankbarkeit zu dienen. Er verkörpert die leere Schale, die ich lerne zu sein, denn wir sind eins. Mit Ihm kehrt die Erinnerung, was ich bin, zurück in mein Bewusstsein.

»ICH bitte dich, dein Denken beiseitezulegen. Und mit ihm legst du alles Vortäuschen, das nicht wahr ist, beiseite. Damit machst du dich selbst zu einer leeren Schale. Eine leere Schale ist nicht die Abwesenheit von dir. Eine leere Schale ist die Abwesenheit von Täuschung, die du nicht bist.« (1Co 4v8–17.8–12)

Die Schale ist ein Symbol für das Bewusstsein oder den Geist. Die Täuschung, die ich in den Geist angenommen habe, ist das Ego. Das Ego ist die Ursache für die Projektion der Welt der Körper. Da aber das Ego selbst eine Täuschung ist, ist folglich auch die Projektion der Welt nicht wirklich. Der Heilige Geist ist keine Täuschung, sondern die Widerspiegelung der Wirklichkeit. Als solche hat Er scheinbar Form angenommen, um den gespaltenen Geist mit all seinen Einbildungen zu heilen und der Wirklichkeit zurückzuerstatten. Das Problem ist also nicht der Umstand, dass die Welt Illusion ist, sondern dass ich mich täuschen lasse und sie für wirklich halte. Sodann besteht die Heilung im Auflösen der Täuschung, um die Dinge wie der Heilige Geist zu sehen. Als leere Schale sehe ich die Illusion, wie sie wirklich ist.

Als leere Schale bin ich erfüllt vom Heiligen Geist und vernehme in der Klarheit der Leerheit Seine Gedanken. Was hält mich davon ab? Warum möchte ich noch etwas warten und weiterfahren, Illusionen zu spinnen? Nach wie vor ist der verborgene Wunsch aktiv, das Spiel zu spielen, dass ich bin, was ich nicht bin.

>*Sogar dein Wunsch zu warten kommt von der Täuschung,
dass du bist, was du nicht bist.« (1Co 4v18–21.6)*

Mein Geist enthält zwei Kategorien von Gedanken. Die Ego-Gedanken glauben an die Welt der Illusion als Wirklichkeit. Sie gründen auf dem Urteil, dass das, was ist, verändert wurde und jetzt die Wirklichkeit ist. Das ist die Täuschung. Im metaphysischen Modell der dritten Stufe ist alles, was ich durch die Täuschung des Ego wahrnehme, schraffiert dargestellt.

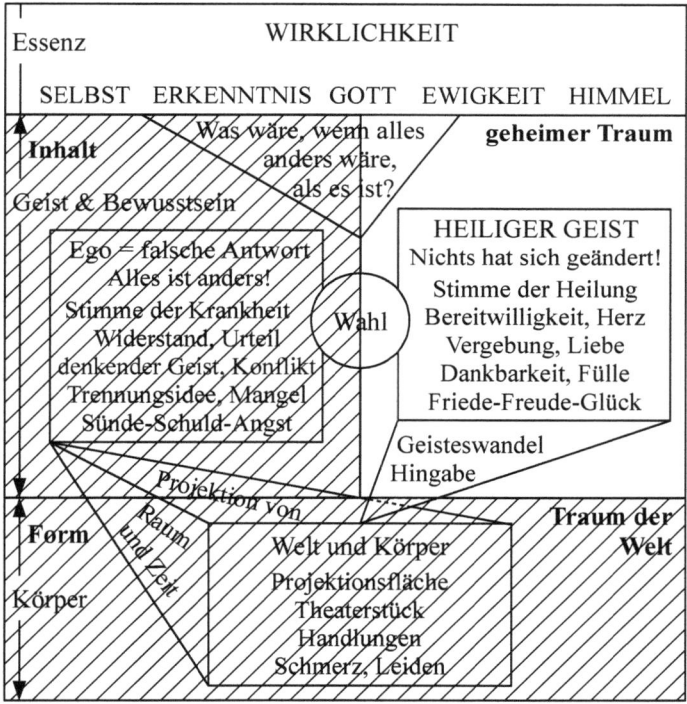

Die Gedanken des Heiligen Geistes gründen auf der Erkenntnis, dass die Wirklichkeit unveränderlich ist. Seine Gedanken führen weg von der Illusion. Die Wahl, die ich zu haben scheine, ist die Wahl zwischen Urteil und Erkenntnis. Zu jedem Zeitpunkt muss ich mich für eines der beiden gegensätzlichen Denksysteme entscheiden. Ego-Gedanken sind wie ein Virus, das meinen Geist infiziert. Das Virus scheint in verschiedenster Form aufzutreten. In der einen Form mache ich mir Gedanken darüber, was andere über mich denken mögen. Diese Gedanken sind offensichtlich Einbildung. Es sollte unschwer einzusehen sein, dass sie auf irgendwelchen Urteilen basieren.

»Kümmere dich nicht um die Gedanken deines Bruders. Denn die Gedanken, von denen du denkst, dass er sie denke, sind Gedanken aus deinem Geist. Kümmere dich um deine eigenen Gedanken, damit du von deinem Glauben an die Welt befreit werden mögest. Um von der Bürde des Glaubens befreit zu werden, musst du dich der Vergegenwärtigung der Erkenntnis öffnen.« (1Co 5v12,13.1–4)

Eine weitere Form sind Gedanken der Unstimmigkeit. Habe ich je Meinungsverschiedenheiten mit meinem Bruder? Nur schon die leiseste Andeutung eines solchen Gedankens weist auf einen Glauben an Trennung hin, denn Meinungsverschiedenheiten gründen auf Urteilen. Wie gehe ich damit um, wenn ein Gedanke der Verstimmung auftaucht? Es ergibt keinen Sinn, sich selber zu belügen, keine solchen Gedanken zu haben oder sie zu unterdrücken. Das spirituelle Antivirusmittel ist wahre Vergebung. Ich muss die Verstimmung spüren, ohne sie auszuleben, den Wert, an dem ich festhalte und den ich für richtig halte, freilassen, innerlich ruhen und mich dem Heiligen Geist zuwenden. Im Vertrauen an Ihn lasse ich mich inspirieren, die Situation anders zu sehen, wie eine leere Schale zu werden und Seine Gedanken zu empfangen.

Eine dritte Form sind Gedanken der Versuchung. Sollte ich versucht sein zu glauben, dass mir jemand auf die Nerven geht, dann habe ich mich mit dem Ego gleichgesetzt. Jede Art der Versuchung kommt vom Glauben, dass die Dinge anders sein sollten, als sie sind. Es ist der Glaube an die Unwirklichkeit. Taucht ein Gedanke der Versuchung auf, dann muss ich ihn wie oben beschrieben anschauen, ohne mich selber für den Gedanken zu verurteilen. Um wie eine leere Schale zu werden, müssen alle Gedanken der Unwirklichkeit losgelassen werden.

Eine leere Schale hat keine persönliche Identität und kein Ego, um eine Versuchung zu spüren. »Eine leere Schale hat unechte Verlangen, falsche Überzeugungen, die Welt aufrechterhaltende Vorstellungen und Angst losgelassen.« (1Co 6v12–20.2) Eine leere Schale besteht einzig aus Vertrauen in den Heiligen Geist. Was nicht Vertrauen in Ihn ist, gehört nicht in die Schale. »Eine leere Schale hat sich entleert und sie erkennt sich selbst als leer.« (1Co 7v1–7.1) Sie ist einzig erfüllt vom Gedanken des Heiligen Geistes. Dies kann während spiritueller Praxis erfahren werden, bis die eigenen Gedanken den Geist wieder wie von alleine in Beschlag nehmen. Also besteht die Praxis im Loslassen der eigenen Gedanken, um die Schale zu leeren. Und das wird ziemlich lange in dieser Art hin und her pendeln. Bei allen Gedanken, die aus der Tiefe der Vergangenheit auftauchen mögen, ist die Regel Nummer eins, dass ich unschuldig bin. Ich bin nicht meine Gedanken. In Wirklichkeit bin ich der heilige Sohn Gottes und es gibt keine Schale, die zu leeren ist. Ich bin frei. Ich bin Liebe.

»Der Grund für das Leeren der Schale besteht im Loslassen von den Erfahrungspunkten, welche dir sagen, dass du bist, was du nicht bist. Jeder Gedanke, der von Unwürdigkeit, Schuld und Angst in der Welt zu sprechen scheint … jeder Gedanke, der den Wunsch: ›Was wäre, wenn alles anders wäre, als es ist?‹ auszudrücken scheint … jeder Gedanke, der irgendetwas in der Welt zu interpretieren scheint, als ob es wahr wäre … jeder dieser Gedanken wurde gemacht, um dir die Erfahrung von Erfahrung, welche nicht wahr ist, zu schenken. Jeder Gedanke muss aus der Schale entfernt werden, um die Schale von allen Erfahrungspunkten zu leeren.« (1Co 7v15–24.7–9)

Wenn Gedanken als unerwünscht erfahren werden, besteht die Versuchung, sie zu unterdrücken. Das ist kein Versagen, für das ich mich schuldig fühlen muss. Es ist bloß Verzögerung, denn was verdrängt wurde, wird bei anderer Gelegenheit wieder auftauchen. In der wirksamen Methode erinnere ich mich an mein Vertrauen in den Heiligen Geist, lasse die Gedanken aufsteigen, schaue sie an und lasse sie aus der Schale entweichen. Die Ursache von allen Erfahrungspunkten wie Sorge und Schuld ist das Wünschen. Wird das Wünschen, dass die Dinge seien, wie sie nicht sind, losgelassen, dann werden mit ihm viele Erfahrungspunkte die Schale verlassen. Die von allen Erfahrungspunkten befreite Schale wird von einer neuen Erfahrung erfüllt werden. Diese zweite Erfahrung ist die Wiederkunft wahrer Wahrnehmung oder Erleuchtung, welche auf die Wahrheit hindeutet und zu ihr hinführt.

Es gibt keine Schale, nur die Wahrheit. Um zu ihr wiederzukehren, muss die Schale vorgängig geleert werden. Durch Anhaften an Erfahrungen in der Welt wird die Schale beibehalten. Mit Bereitwilligkeit und Vertrauen in die innere Führung erinnere ich mich daran, dass es keine Schale gibt. Alles Anhaften an Erfahrungen in der Welt und erwünschte Erfahrungen lasse ich als Gedanken bewusst werden, nehme sie zur Kenntnis und lasse sie gleich los. In Wirklichkeit gebe ich nichts auf, sondern lasse meinen Geist bloß von Täuschung befreien. Tauchen keine Gedanken auf, um losgelassen zu werden, ist dies eine Zeit zum Glücklichsein. Ungeachtet aller Gedanken bin ich ewig unschuldig. »Denn immer ist die Wahrheit wahr und so gibt es immer Grund zur Freude.« (1Co 7v39,40.5)

Kopf oder Herz

»Wenn du bemerkst, dass dein Geist voll ist und du wie eine leere Schale werden möchtest, musst du deinen Geist vom Kopf auf dein HERZ umorientieren. Dein HERZ wird deinen Geist den Weg der Befreiung lehren, weil dein HERZ Liebe ist.« (1Co 8v1–3.4,5) Der Kopf, oder anders gesagt, der denkende Geist, das Ego, ist nur um sein eigenes Überleben bedacht und wird mich mit Denkaufgaben überhäufen. Der denkende Geist wird mich nicht anleiten, nicht zu denken. Sehe ich mich Aufgaben gegenüber, die mir zu denken geben, wenn ich beispielsweise etwas in NTI lese und es nicht verstehe, dann habe ich zwei Möglichkeiten: Ich kann die Bedeutung durch Nachdenken und Analysieren versuchen herauszufinden und werde mich wahrscheinlich ziemlich lange im Kreis drehen oder ich gestehe mir ein, nicht zu verstehen, auf den Heiligen Geist zu hören und wie eine leere Schale zu werden. So versuche ich den denkenden Geist ruhen zu lassen, nach innen zu hören und dann kann es geschehen, dass mir ein Gedanke kommt, der mir hilft zu verstehen.

»Dein HERZ, das Liebe ist, kennt einen Zweck und dies ist LIEBE. Dein Kopf, der Denkender ist, kennt viele Zwecke, weil dies ›Denken‹ ist. Lass die Verwirrung des Kopfs gehen und konzentriere dich auf den Zweck des HERZENS. Der Fokus auf einen Zweck lenkt dich klar in eine Richtung, aber der Fokus auf viele Zwecke lenkt dich überhaupt nicht.« (1Co 8v4–6.1–4) Der denkende Geist schwelgt allzu gern im Spinnen von Phantasien. Mit Bereitwilligkeit kann ich der Zerstreutheit des denkenden Geistes, die nirgendwo hinführt, bewusst werden und den Geist wieder auf den einen Zweck des Herzens ausrichten und wie eine leere Schale werden.

»In dir ist eine Stimme, die beansprucht, du zu sein. Diese Stimme versucht dich nicht zu täuschen, denn diese Stimme glaubt, dass sie du ist. Alles, was sie in deinen Geist hinein flüstert, flüstert sie deshalb im Glauben, dass es die Wahrheit ist.« (1Co 9v1–6.1–3) Die-

Die vier Stufen

se Stimme oder das Ego kann mich in meiner Ganzheit nicht sehen, denn sie sieht nur den Teil von mir, den sie für meine und ihre Individualität hält. Sie kann mich nicht erkennen, weil Erkenntnis Ganzheit umfasst. Sie versucht mich nicht zu täuschen, weil sie selbst eine Täuschung ist. Ihre scheinbare Existenz wird durch kontinuierliche Verleugnung der Wahrheit aufrechterhalten, gegen welche sie sich in ständiger Verteidigung befindet. Identifiziert mit dieser Stimme beteilige ich mich an der Verteidigung des Irrtums, dass ich bin, was ich nicht bin. Deshalb macht sie blind für die Wahrheit.

Das Ego sieht nur Teilung und hält sie für wahr. Deshalb erkennt das Ego überhaupt nichts, es interpretiert. Interpretation beruht auf Urteilen. Der Heilige Geist sieht nur Einssein und kann Teilung nicht sehen. Um willig wie eine leere Schale zu werden, sind alle Gedanken, Urteile und Irrtümer aus dem Geist entweichen zu lassen, alle, ohne zu urteilen, denn die Stimme des Urteils ist die Stimme des Irrtums. Eine leere Schale ist die Abwesenheit von Irrtum. Vertrauen ist das Einzige, an dem ich mich festhalten kann. Ist die Schale vollständig geleert, dann bleibt einzig das Vertrauen übrig und ich werde die Belohnung erkennen: die Wahrheit, was ich in Wirklichkeit bin. NTI und *Ein Kurs in Wundern* sind wie Leitern, die zum Himmel führen. Wenn wir dem Ziel näher kommen, wird der Zeitpunkt kommen, an dem wir alles Gelernte hinter uns lassen und mit völlig leeren Händen und einem offenen Geist aus dem Traum heraus ins Licht hineintreten werden. Amen, so sei es. Dies scheint das Gebet des Heiligen Geistes für uns zu sein, um wie eine leere Schale zu werden.

»Es gibt kein Richtig und es gibt kein Falsch. Es gibt keine rechten Dinge zu tun und es gibt keine Irrtümer. Beurteile dich nicht selbst nach diesem Maßstab. Werde wie eine leere Schale und erinnere dich, dass du nicht erkennst. Wenn du das Urteil loslassen willst und alles MIR gibst, werde ICH es für DICH beurteilen. ICH werde es nicht als Gut oder Schlecht oder Richtig oder Falsch beurteilen. ICH werde es einzig als wahr oder unwahr beurteilen. Dann kannst du wählen, ob du das willst, was wahr ist oder ob du ein wenig länger das Unwahre wünschst.« (1Co 10v1–10.1–8)

Eine leere Schale besteht nur aus dem Gefäß und das ist Vertrauen. Mein wahres Begehren hört einzig auf mein eigenes Herz und wählt nur das Wahre anzunehmen. Mit dem Herz als Führer höre ich auf, für mich selber zu denken. Das macht dem Ego Angst, denn damit wird es obsolet. In dieser Situation fühlt sich das Ego angegriffen und versucht sich zu verteidigen, indem es den Geist mit illusionären Gedanken überquellen lässt. Daran teilhaben heißt, sie zu verteidigen und die Kontrolle als Individuum beizubehalten. Wenn falsche Erfahrung meine Wahl ist, wird Falschheit meine Erfahrung sein.

Es gibt keine Schuld. Alles ist erlaubt, aber nicht alles ist heilsam. Was nicht heilsam ist, kann die Wahrheit nicht ändern. Mit dem wahren Begehren des Herzens höre ich auf, mich an falschen Erfahrungen zu ergötzen und lasse sie aus der Schale entweichen, ohne sie zu kosten. Der Heilige Geist wartet auf mein Zeichen, die leere Schale zu sein. Auf mein Zeichen hin wird Er sie mit Licht füllen. Im Licht erfahren wir die wahre Größe, das Einssein, das wir miteinander teilen. Dies sind keine leeren Worte. Begleitend zum Schreiben dieser Texte lese ich in der Bibel die entsprechende Stelle, verfasst von Paulus vor ungefähr zweitausend Jahren. Das Licht, das durch Paulus wirkte, ist das gleiche Licht, das ich bin. Was ich lese, wurde nicht von jemand anderem geschrieben. Alles ist aus diesem einen Licht hervorgegangen. Und durch das Lesen dieser Texte erinnere ich mich an das Licht, wie es sich ausbreitet. Was unterschiedlich zu sein schien, verschmilzt im Licht zum Einssein.

Das subtile Urteil

Im ersten Korintherbrief Kapitel 11 beschreibt Paulus die metaphysische Hierarchie, übernommen aus der jüdischen Tradition, wie er sie für gottgegeben hielt: Gott steht über Christus, Christus über dem Mann und der Mann über der Frau. (NT 1. Kor. 11,3) Der Heilige Geist löst in Seiner Interpretation jede Form von Hierarchie vollständig auf: »ICH bin dir immer dankbar, weil ICH deine Wahrheit erkenne, und ICH erkenne deinen VATER, DER dich SICH gleich schuf.« (1Co 11v2.2) In Seiner Dankbarkeit für uns drückt der Heilige Geist gleichzeitig Seine Dankbarkeit für Gott und Seine Schöpfung aus. Wir sind dasselbe wie Gott, die reine, unbegrenzte Freiheit, die vollkommene Liebe und dies sind nur Worte, die zu beschreiben versuchen, was jenseits aller Worte liegt. Weil ich mich nicht so wahrnehme, ist der Heilige Geist meine wahre Autorität in der Welt. Er erkennt meine Freiheit und kann mir deshalb nur geben, wonach ich verlange. Wähle ich in Illusionen zu träumen, dann werde ich sie erleben. Er kann sie mir nicht wegnehmen, denn Er kann nur geben. Da ich mich nicht erkenne, kann ich nicht wissen, was zum Besten aller ist. Solange ich bewusst nach Dingen in der Welt strebe, will ich die Dinge in meiner eigenen Art handhaben und halte an Illusionen und Trennung fest. Wenn ich vom Spiel mit Illusionen ermüdet bin, liegt es ebenso in meiner Freiheit, alle Dinge im Vertrauen in den Heiligen Geist Ihm zu übergeben. Er wird nie Leiden bringen, nur Glück. Er führt durch Licht und Erkenntnis aus Illusionen heraus. Dies leert die Schale und füllt sie mit der Gabe unserer Wahrheit.

»Sei wachsam über deinen Geist wegen den subtilen Urteilen, die du fällst. Sei wachsam über deinen Geist wegen seinen Wünschen, denn jeder Wunsch signalisiert, dass ein Urteil gefällt wurde. Wo auch immer ein Wunsch ist, wurde ein Urteil gefällt und wo immer ein Urteil gefällt wurde, hat es einen Wunsch gegeben.« (1Co 12v1–11.4–6)

Jeder Wunsch ist die Feststellung, dass jetzt etwas nicht vollkommen ist. Jeder Wunsch ist wie ein Nachbeben der ersten je gestellten Frage, wie es wäre, wenn alles anders wäre, als es ist. Mit dem Wünschen lasse ich das Werkzeug des Urteils weiterarbeiten, um einem Kunstgriff gleich Illusionen zu spinnen. Das Wünschen trennt in wünschenswert und unerwünscht. Was ich als unerwünscht beurteile, ist dennoch Teil von mir, weil ich eins bin. Also habe ich mich selbst als unwürdig bewertet und das macht Angst. Ich muss mir der subtilen Form des Urteils bewusst werden. Wenn ein Wunsch auftaucht, ist immer jetzt entscheidend, eine andere Wahl zu treffen. Ich betrachte den Gedanken, ohne ihn oder mich zu beurteilen, mache mir klar, dass er nicht wirklich ist, lasse ihn im Geist emporsteigen und aus der Schale entweichen. Ebenso muss die Wahrnehmung von Unterschieden, eine andere Form subtiler Urteile, durch die Wahl für die urteilsfreie Schau des Heiligen Geistes ersetzt werden. Er sieht alles wie ein Lied und ein Drehbuch. Alles wirkt zusammen für die Heilung des einen Geistes. Der eine Geist befindet sich im Erwachen zur Wirklichkeit seiner selbst. Die ungeteilte Schau erfüllt mit Freude und Dankbarkeit.

»Fliehe mit MIR und erkenne, dass du frei bist.« (1Co 12v27–31.7)

»Die Ursache aller Dinge ist LIEBE. Teilung ist das Gegenteil von LIEBE, weil Teilung ausschließt. LIEBE kann nicht ausschließen. LIEBE ist ganz und erkennt nur die Wahrheit.« (1Co 13v1–7.1–4)

Die grundlegende Eigenschaft der metaphysischen Liebe ist ihre Ganzheit. Sie ist allumfassend. Ihr ist es unmöglich, auszuschließen. Das Urteil teilt und sein Ergebnis ist Teilung. Das Urteil ist das Gegenteil von Liebe. Was allumfassend ist, kann jedoch kein Gegenteil haben. Also hat Teilung in Wirklichkeit nie stattgefunden. In der Welt sehe ich die Widerspiegelung meines Geistes, der die Welt durch Gedanken macht. Wenn ich Teilung sehe, glaube ich an den Gedanken der Teilung in meinen Geist. Dieser Gedanke hat mich scheinbar von der Liebe ausgeschlossen, aber nur scheinbar, denn die Liebe kann nicht ausschließen. Also muss die Liebe mich weiterhin umfassen, auch wenn ich es nicht so sehe. Was mich umfasst, ist durch die leere Schale symbolisiert. Unbegrenztes Vertrauen in den Heiligen Geist ist das Mittel, alle Gedanken der Teilung aus der Schale entweichen zu lassen. Wie eine leere Schale zu werden ist der Weg der Wiederkehr zum Gewahrsein der Liebe.

Lass die Maske fallen

Wie ein unbeschriebenes Blatt Papier ohne Persönlichkeit scheinen wir in diese Welt zu kommen, aber mit völlig intaktem Ego. Während des Heranwachsens beginnt sich das Ego als neue Persönlichkeit zu manifestieren. Wir entwickeln Vorlieben und Abneigungen, Rollenmodelle und Lebenskonzepte. Als Erwachsener haben wir uns eine Persönlichkeit zugelegt und dadurch eine Maske aufgesetzt. Das lateinische Wort für Maske ist »persona« und auch im Griechischen ist Maske Teil des Begriffs für Persönlichkeit. Die Maske begrenzt den unbegrenzten Geist durch eigene Wahl auf die Persönlichkeit. Die Begrenzung auf die Maske lässt viele Wünsche unerfüllt und eine schier endlose Suche setzt ein. Egal wie viel ich in der Welt erreiche, am Ende scheint immer noch etwas zu fehlen, Wünsche bleiben offen. Etwas zu wünschen, was ich glaube nicht zu haben, ist zu glauben, dass ich eine Illusion meiner selbst bin. Die Idee des Mangels geht einher mit der Begrenzung auf die Maske. Als Macher von allem, was die Maske ausmacht, muss ich aber sicherlich jenseits der Maske sein.

»Das Herz weiß, dass du nicht die vielen Gesichter der Maske bist, die du trägst. Das Herz weiß, dass du jenseits der Maske bist. Das Herz kann aber nicht wissen, was der Geist nicht weiß. Das Herz kann nur wissen, dass es mehr gibt und dann den Geist aufrufen zu suchen, wonach das Herz verspürt.« (1Co 14v18–21.1–4) Der Glaube an die Maske ist keine befriedigende Antwort für das Herz. Die Maske ist wie eine Blockade für die Wahrheit und hält die Wahrheit über mich fest verschlossen. Masken sind Grenzen, die jedoch nicht wirklich sind, weil sie selbst auferlegt sind. Was selbst auferlegt ist, kann selber weggelegt werden. Die einzig befriedigende Antwort auf den Ruf des Herzens ist, wie eine leere Schale zu werden, um die wahre Antwort zu empfangen.

Die Maske fallen lassen entblößt das Ego. Ich kann die vielen Gesichter der Maske überall sehen, wenn ich Augen habe zu sehen und was ich sehe, sind meine eigenen Gedanken, die aus der Schale entfernt werden müssen. Aus Sicht der Welt muss ich total wahnsinnig sein, wenn ich glaube, dass die Welt nicht wirklich ist. Mit dem Fallenlassen der Maske werden aber alle Begrenzungen der Welt aufgelöst. Ein total Wahnsinniger hat alle Begrenzungen aus seinem Geist entfernen lassen und ist frei. Ohne Maske breitet sich die Wahrheit durch mich aus und mein Bruder wird sich seiner straff sitzenden Maske bewusst. Dies wird das Verlangen nach Befreiung in ihm wecken und ihn der Führung des Heiligen Geistes öffnen.

»Lass MICH dir die Einfachheit von dem, was ICH von dir erbitte, in Erinnerung rufen. ICH verlange nicht von dir zu beurteilen, welche Gedanken niedergelegt und welche beibehalten werden sollen, denn solch eine Bitte würde dich beschäftigt halten und du würdest für alle Ewigkeit in Illusionen stecken bleiben. ICH bitte dich, alles außer deinem Vertrauen bereitwillig niederzulegen. Deshalb wurde das Symbol der leeren Schale gegeben. Behalte nichts als das Gefäß, welches Vertrauen ist.« (1Co 15v1,2.1–5)

Wie eine leere Schale zu werden ist einerseits eine tägliche Praxis, indem ich mich beispielsweise morgens ruhig hinsetze und alle Gedanken, die mir in den Sinn kommen, an mir vorüberziehen lasse, bis Stille einkehrt, um mich vom Heiligen Geist inspirieren zu lassen. Damit halte ich an nichts, was die Wahrheit aussperrt, fest und die Wahrheit kann unbehindert empfangen werden. Andererseits wird durch die regelmäßige Praxis Tag für Tag ein kleines Stück vom Ego aufgelöst, bis die Schale komplett leer ist. Dann ist die Maske gefallen, endgültig, die Täuschung vollständig beseitigt und ich werde mit neuen Augen und einem freudigen Herz beglückt. Die Schale ist erfüllt von reinstem Licht. Erleuchtung ist die Vervollständigung der Wiedererkennung innerhalb der Zeit, die zum Eintritt in die vierte und letzte Phase in dieser Welt führt, das Erwachen aus dem Traum der Welt in den glücklichen Traum, die Verschiebung in der Identifikation von der Form zum Inhalt.

Die vierte Stufe

Das Bewusstsein ist erfüllt von der Widerspiegelung der Wirklichkeit. Der Filter im Geist, das Ego, ist in Liebe aufgelöst. Die Welt der Körper ist nach wie vor als Illusion vorhanden, aber der Geist sieht alles ohne Täuschung, als wirkliche Welt. Er hat sich in jedem Lebewesen wiedererkannt. Das ist das Antlitz Christi. Es ist keine äußere Veränderung. Das Leben scheint wie gewohnt weiterzugehen, aber alles wird aus einem neuen Geisteszustand erlebt.

»Die vierte Phase ist eine herrliche Phase, in der deine Füße den Boden kaum berühren werden. Während du auf der Erde wandelst, erkennst du, wo du wandelst, denn die Erde ist bloß ein Symbol im Geist. Du wirst nichts von Brüdern wissen, aber du wirst mit ihnen sprechen. Du wirst kein Essen benötigen, aber du wirst mit Freude essen. Musik soll dich jederzeit begleiten und doch wirst du keinen Bedarf für deine Ohren haben. Deine Sicht wird von irdischer Sicht in Sicht, geliefert vom HIMMEL, verwandelt sein. Alle Dinge werden neu erscheinen und du wirst kein Bedürfnis nach irgendeinem von ihnen haben. Darin soll deine Freude vollkommen sein.« (1Co 15v12–19.1–8)

Die Schwere des Körpers weicht einer Leichtigkeit, weil jeder Glaube an bewusste und unbewusste Schuld, welche den Körper durch Angst fest und schwer erscheinen ließ, vergangen ist. Wen ich vormals als meine Brüder kannte, sehe ich jetzt als Ausdruck des einen Lichts. Im Geist höre ich das eine Lied, das wir im Einssein alle miteinander teilen und sind. Jedes weltliche Bedürfnis ist erlöscht, wie auch das nach Zeit. »Indem du dich selbst eine leere Schale werden ließest, hast du dich vom Verlangen nach Zerstreutheit befreit.« (1Co 15v20–28.3) Alle Verwirrung ist Klarheit und Transzendenz gewichen. Das einzig wahre Herzens-Begehren des eigenen Erwachens ist als dasjenige des Gesamtgeistes erkannt worden. Solange ich in der vierten Stufe noch scheinbar in einem Körper verweile, breitet sich das Licht, vollständig realisiert in mir, im Gesamtgeist aus. In diesem Verständnis wird das Lernen und Lehren in Harmonie weiter voranschreiten, bis der Gesamtgeist erwacht ist. Im Folgen der inneren Führung lerne ich das Licht weiter zu verbreiten, ohne der Versuchung zu verfallen, Händel zu betreiben oder eine wichtige Rolle spielen zu wollen. Erkenne ich aber, dass ich meine Zeit mit Ablenkungen verschwendet habe, werde ich mir mein leichtes Bedauern zu vergeben wissen.

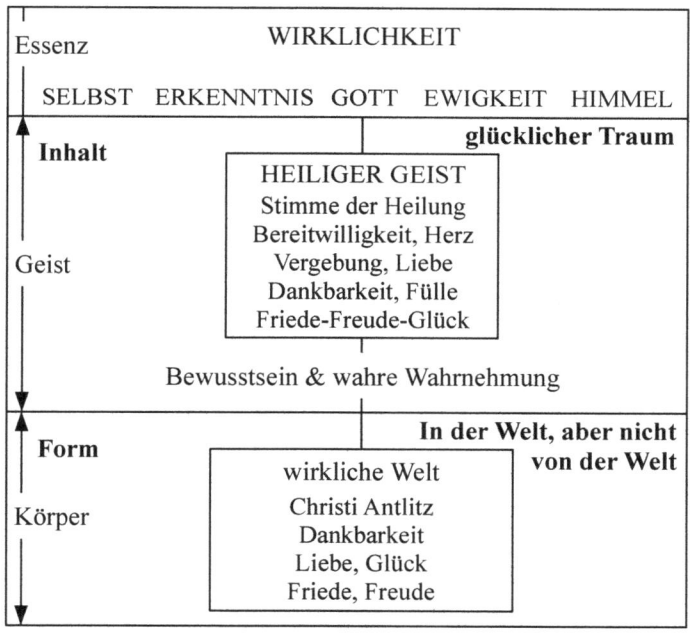

In der vierten Stufe bin ich ein Symbol der Wahrheit, bis ich mit dem endgültigen Ablegen des Körpers wie aus einem ausgetragenen Kleid aus dem glücklichen Traum erwache, denn Träume müssen in Frieden enden. »Die geöffnete Tür ist die Türöffnung zum LICHT, welche auch die Türöffnung zu deinem SELBST und demjenigen deiner Brüder ist, welche eins mit dir sind. Durch das Passieren dieser Türöffnung kannst du nicht zurückkehren. Denn Zurückkehren würde bedeuten, vom GEWAHRSEIN zum Glauben an Mangel an Gewahrsein und Teilung hinzuscheiden. Wer Ganzheit kennt, nachdem er Mangel an Ganzheit erfahren hat, weiß, dass Illusion kein Ersatz für Wahrheit ist.« (1Co 16v5–9.1–4) In ihrer Vision als Jesus am Kreuz hatte Regina diesen Übergang erfahren. Es ist kein Tod. Es ist das endgültige Loslassen aller Illusionen und das Eingehen ins Licht. Der Geist schwingt sich hinauf auf das natürliche Energieniveau seiner Quelle, um mit Ihr eins zu sein.

Wer im Licht aufgegangen ist, wird wie Jesus zu Lehrzwecken als Erinnerung im kollektiven Bewusstsein verbleiben, um den schlafenden Geist zum Erwachen aufzurufen. Der Weg ist die wahre Vergebung. Wahre Vergebung sieht über Illusionen hinweg. Wenn ich über die Maske meiner Brüder hinwegsehe, habe ich ihnen ihre Maske vergeben und mit der ihren meine eigene zugleich. Meine Brüder sind in Wahrheit ich. Ich akzeptiere sie als unschuldig und als Liebe und nehme sie als mein Selbst an. In Liebe, Vertrauen und mit Anteilnahme betrachte ich die Masken, die mir als Ausdruck von Freiheit Bedeutung in der Welt verliehen haben, das Falsche als wirklich erscheinen ließen, aber die Wahrheit verbargen, und lasse sie in Dankbarkeit los, weil ich keinen Bedarf mehr für sie habe. In meiner Freiheit bin ich Ausdruck eines uralten Wunsches, den ich nicht mehr will. In Wirklichkeit bin ich eins und ganz.

»Erkenne dein SELBST als ganz und frei wieder.« (1Co 16v19–24.9)

ERKENNE DICH SELBST

»Dies ist ein Brief von deinem eigenen HEILIGEN GEIST an dich. Hör IHM zu, wenn du ihn liest und erkenne deine eigene Führung. Durch dasjenige, was durch dich miteinander geteilt wird, sollst du lernen, wer du bist.« (2Co 1v1,2.1–3)

Alle Dinge dienen der Heilung, wenn dies der Zweck ist, den ich ihnen gebe. Einen anderen Zweck zu wählen heißt, getrennt zu bleiben. Miteinander teilen führt zum Einssein und dies ist Heilung. Wenn ich mich dafür entscheide, dienen alle Dinge in meinem Leben dem einen Zweck der Heilung. Dadurch wähle ich meinen Segen, denn wer Heilung wählt, erkennt, dass er gesegnet ist.

In der Geschäftigkeit der Welt geht leicht vergessen, dass jede Erfahrung nach eigener Wahl zu einem kommt. So sehe ich mich den Ereignissen der Welt ausgeliefert, als ob sie Herr über mich wären. Wenn sich jemand nicht so verhält, wie ich es gern hätte, habe ich die Wahl, mich als Opfer der Situation zu sehen oder mich der Liebe der inneren Führung zu erinnern und ihre Interpretation anzunehmen. Die wahre Interpretation der Ereignisse in meinem Leben stammt aus dem Wissen, wer ich bin. Ich bin Ursache, nicht Wirkung. Die Ursache ist Liebe und Liebe ist die einzig wirkliche Macht.

Wenn ich mich aus Angst entscheide, eine andere Erfahrung anzustreben, dann ist die Angst Herr über mich. Angst ist der falsche Ratgeber. Damit gebe ich der Angst Macht über mich und versuche sie mit einer anderen Erfahrung zu bewältigen. So wird die Angst als wirklich bestätigt und beibehalten.

»Um zu lernen, wer du bist, strebe nicht nach einer Erfahrung, welche dir gewähren wird, was du willst. Wähle stattdessen unabhängig von deiner Erfahrung zu sein. Mit der Wahl für die Unabhängigkeit lernst du, dass du nicht Untertan bist. Und wenn du gelernt hast, dass du nicht Untertan bist, bist du frei zu lernen, dass du Herr bist.« (2Co 2v1–4.5–8)

Hinter dem Verlangen nach einer anderen Erfahrung steckt das Urteil, dass mit der jetzigen Erfahrung etwas nicht stimmt. Das Urteil ist das Gegenteil der Vergebung. Mit Vergebung erhebe ich mich aus einem Teilaspekt und betrachte die Situation oder das Ereignis als Ganzes. Ich erhebe mich über die Erfahrung und lerne, ihr Macher zu sein. Damit bin ich frei, allen Dingen den Zweck der Heilung zu geben. Die Welt mit allen ihren Ereignissen dient meiner Heilung und ich vergebe mir die Illusion, dass ich sein könnte, was ich nicht bin. Diese Art der Vergebung macht unabhängig von der Erfahrung.

Suche nicht außerhalb von dir

»Du betrachtest die Welt und suchst Beweise, dass wahr ist, was ICH sage. Aber wenn du die Welt mit dem Gedanken betrachtest, dass was ICH sage nicht wahr sein könnte, wird dies der Beweis sein, den du finden wirst. Denn die Welt wurde als eine Erfahrung des Unwahren geschrieben. Deshalb kann die Welt verwendet werden, um zu beweisen, dass das Unwahre wahr ist, wenn das der Beweis ist, den der Geist sucht.« (2Co 3v1–6.2–5)

Regina erinnert sich: »Früher suchte ich immer in der Welt nach dem Erleuchteten. Ich wollte den Erleuchteten finden, weil mir der Erleuchtete einen Beweis für die Wahrheit in der Welt liefern würde. Und als ich einen Menschen fand, von dem ich dachte, dass er erleuchtet sei, war ich hocherfreut und folgte ihm wie einem Guru nach. Als ich ihn auf persönlicher Ebene etwas näher kennenlernte, stellte sich heraus, dass mein Erleuchteter wahrscheinlich nicht erleuchtet war, – jemand, den du auf ein Podest stellst, muss runterfallen – und für mich war es herzzerreißend, Absturz, BUMM. Abgesehen davon, dass es herzzerreißend war, lag der Grund, weshalb ich den Erleuchteten finden wollte, in meiner Motivation, dem Motiv. Ich suchte außerhalb von mir nach Beweisen, dass die Wahrheit existierte. Das Motiv war falsch und um das geht es hier.« (2007-11-30 2Co3–5 0:04:00)

Suche nicht außerhalb von dir, denn dort wirst du nur diejenigen Wahrheiten finden, die du selbst ersonnen hast. Eine nach der anderen wird dich enttäuschen, wenn sie dir nicht bezeugen, was du dir von ihnen erhofft hast. Was würde geschehen, wenn du den Erleuchteten tatsächlich glaubst gefunden zu haben? Dann denkst du, der da draußen ist erleuchtet und ich bin es nicht. Kannst du die Trennung sehen: Er ist, ich nicht? Es gibt nur einen, der erleuchtet ist und das ist der Heilige Geist. Je mehr Raum ich in meinem Geist Ihm einräume, umso mehr Licht werde ich in mir und gleichzeitig in uns allen wahrnehmen. Als Kind mögen wir noch ein Gespür für das Wahre gehabt haben, aber mit dem Erwachsenwerden und dem Intellektualisieren des Geistes ist dieses Gespür zugeschüttet worden. »Die Welt wurde gemacht, um dir zu berichten, dass du bist, was du nicht bist. Aber dies ist eine Lektion, die du nie vollständig lernen kannst, weil die Wahrheit dessen, was du bist, in dein HERZ eingeschrieben ist. Suche dort!« (2Co 3v12–18.1–3)

Ist mein Motiv, im Versuch mich nach innen an den Heiligen Geist zu wenden, Zweifel oder möchte ich der Welt entfliehen, weil ich sie unerträglich finde, dann werde ich wahrscheinlich keinen Trost finden. Mit dem Gedanken der Schwäche oder des Entfliehens wird wiederum versucht, das Unerwünschte vom Wünschenswerten zu trennen. Der Heilige Geist ist eins und wird Trennung niemals unterstützen. Ich muss durch die Misere, in der ich mich zu befinden scheine, hindurchgehen, um mich ihre Unwirklichkeit zu lehren und um zu lernen, dass die Welt nicht Herr über mich sein kann. In dieser Art und Weise folge ich dem Herzen und lerne Illusionen als unwirklich zu sehen. »Du bist LIEBE, und alles, was nicht LIEBE ist, kann nur eine Illusion deiner selbst sein. Halte dich nicht mit Illusionen auf, damit du nicht getäuscht wirst. Betrachte dein HERZ und ›Erkenne dich selbst‹ wahrhaftig.« (2Co 3v12–18.12–14)

Niemand außerhalb von mir hat mich der Wahrheit beraubt. Mein Glaube an die Wirklichkeit der Welt hält die Illusion meiner selbst aufrecht. Durch mein wahres Begehren erhebt sich der Meister des Erwachens in mir und der Glaube an Illusionen stirbt. »Tod und Auferstehung sollen durch dich wie folgt ausgelebt werden:

Die Wahrheit kann nicht sterben, also braucht die Wahrheit nicht wiedererweckt zu werden. Die Wahrheit ist einfach und immer ist sie ohne Anfang und ohne Ende. Was ist es dann, das sterben muss? Was gibt es wiederaufstehen zu lassen? Dein Glaube an Illusionen muss sterben, damit dein Gewahrsein dessen, was ist, durch dich wiedererweckt werden möge.« (2Co 4v7–12.1–6)

Der Glaube an Angst, Schuld und Unwürdigkeit ist der Glaube der Falschheit. Dieser Glaube ist die Illusion in mir, die sterben muss.

Ich bin der Hüter meiner Gedanken. Solange ich sie in Illusionen umherschweifen lasse, bedecken sie wie ein Schleier der Finsternis die Wahrheit. Der Schleier entstammt meinem Verlangen nach dem Unwahren. Wenn ich mich auf ein Problem in der Welt im Bemühen konzentriere, es zu lösen, lehre ich den Geist, dass die Welt wirklich ist und behalte den Schleier der Finsternis bei. Die Alternative ist, auf das Herz zu hören. Ich bin meinen Gedanken nicht hilflos ausgeliefert. Ich kann sie beobachten und von ihnen verlangen, mein wahres Begehren zum Ausdruck zu bringen. Ich bin der Denker meiner Gedanken. Richte ich sie auf das Herz aus, dann entscheide ich mich gegen den Schleier. Durch das Lüften des Schleiers lasse ich in meinem Gewahrsein das, was ewig unveränderlich ist, wiederauferstehen. Ich werde meine Wahrheit und diejenige meines Bruders sehen und die Freude des Herzens wiedererkennen.

Wähle, nicht zu leiden

Woher kommt all das Leiden in der Welt? In der Beantwortung dieser Frage werden wir im ersten Schritt nicht als Individuum, sondern als der metaphysische Gesamtgeist angesprochen, um im zweiten Schritt zu erfahren, wie wir die persönliche Erfahrung des Leidens auflösen können.

Das Leben in der Welt ist eine Erfahrung, die ich mir selber gegeben habe, weil ich etwas anderes als den Himmel erfahren wollte. Es ist die Antwort auf die erste je gestellte Frage, wie es wäre, wenn alles anders wäre, als es ist. Etwas anderes als die Vollkommenheit des Himmels muss folglich die Unvollkommenheit abseits des Himmels sein. Daran leidet der Geist, weil das nicht seine natürliche Umgebung ist, für die er erschaffen wurde. Die Erfahrung der Welt hält das Verlangen danach verborgen. Und so drehen sich fast alle Gedanken um diese Erfahrungen und ich kann mich an nichts anderes erinnern.

»Deine Gedanken bilden deine Erfahrung. Dies ist eine wörtliche Aussage und sie ist wörtlich zu verstehen. In dem, was ICH dir jetzt erzähle, ist nichts Symbolisches enthalten.« (2Co 5v11–15.7–9) Die Gedanken lassen sich in zwei Kategorien einteilen, in das Verlangen nach der Welt und in das wahre Begehren. Wenn ich leide, Angst habe oder ärgerlich bin, habe ich sie auf die Welt fokussiert und um eine Erfahrung abseits von Gott ersucht. Wenn ich den verborgenen

Wunsch danach bewusst mache, kann ich mich anders entscheiden. »Eine leere Schale zu werden heißt, die Welt, Gedanken der Welt und das Verlangen nach der Welt loszulassen. Damit wird das Verlangen nach einer Erfahrung anders als derjenigen des HIMMELS losgelassen. Und damit findet die Öffnung statt, die Erfahrung des HIMMELS und die Wahrheit des HIMMELS zu akzeptieren *wie es ist*, ohne das Verlangen, dass es anders sei.« (2Co 5v16–21.1–4)

Erlösung geschieht jetzt und erfordert, anders denken zu lernen. »Unabhängig von deiner Erfahrung zu denken und unabhängig von der Welt zu denken, ist ein Ersuchen, das unter allen Umständen und ohne Ausnahme wörtlich zu nehmen ist. Dies wird Übung zu brauchen scheinen, aber wenn du übst, wird das Wachstum der Bereitwilligkeit das Üben leichter machen. Hier ist, wie du zu üben hast:

Wenn du leidest, wähle nicht zu leiden. Lass die Erfahrung des Körpers, ohne das Verlangen, dass sich die Erfahrung ändere, weitergehen. Frohlocke, dass die Erfahrung nicht deine Wirklichkeit ist.« (2Co 6v3–10.1–6)

Dazu berichtet Regina: »Als der Heilige Geist uns die RAV-Methode lehrte – Ruhen, Akzeptieren, Vertrauen – meinte er damit, willens zu sein, die Erfahrung andauern zu lassen, solange sie andauern will. Leiden kann in vielen verschiedenen Formen auftreten und der Heilige Geist macht hier keine Ausnahme für irgendeine Form des Leidens. Wenn du Kopfschmerzen hast, entscheide dich, nicht zu leiden! Was das wirklich bedeutet, ist, dass du deine Kopfschmerzen anders betrachten musst. Wenn du deinen Geist beobachtest, während du Kopfschmerzen hast, wirst du bemerken, woher das Leiden wirklich kommt. Es kommt nicht wirklich vom Schmerz. Du wirst das sehr schnell erfassen, wenn du es dir genau anschaust. Es kommt von all den selbst bemitleidenden Gedanken im Geist, die den Schmerz begleiten. Wenn du die Selbstmitleid-Gedanken loszulassen beginnst und den Schmerz einfach akzeptierst, wird es tatsächlich eine andere Erfahrung. Es hellt sich ein wenig auf.

Ich hatte einmal eine Zehn-Tage-Migräne. Ich bin sonst nicht der Migräne-Typ, außer dass ich während den letzten zehn Jahren jeweils einen Tag pro Monat eine Migräne hatte, wenn du weißt, was ich meine. Aber vor etwa neun Monaten hatte ich eine Zehn-Tage-Migräne und das war eine echte Migräne. Ich tat genau das, wie in diesem Abschnitt beschrieben. Ich wählte nicht zu leiden. Ich wählte meinen Geist in die Migräne hinein ruhen zu lassen, die Migräne anzunehmen, mit ihr zu sein, in Freundschaft mit der Migräne zu existieren. Als ich sie hatte, fühlte ich, dass ich nichts zu tun brauchte. Ich lag die meiste Zeit einfach mit geschlossenen Augen herum und hörte mir irgendwelche Aufnahmen an. Ich verband mich einfach mit der Migräne, anstatt sie zu bekämpfen. Die Migräne war sehr heftig. Aber als ich auf Paltalk meine zwei Stunden zu Unterrichten hatte, trat die Migräne vollständig in den Hintergrund, um danach wiederzukehren. Ich hatte auch so ein Vertrauen in meinem Geist, dass dies eine Heilerfahrung war, obwohl ich es nicht verstand und ich spürte auch nicht, dass ich es zu verstehen brauchte. Seither hatte ich nie mehr eine Migräne, nicht einmal die monatliche. Irgendwie änderten meine Gedanken über die Migräne meine Wahrnehmung der Migräne, das änderte meine Erfahrung und das wiederum änderte mein Denken. So wurde der ganze Kreislauf umgekehrt. Und das ist die Absicht hinter der Idee: Wenn du leidest, wähle nicht zu leiden.« (2007-12-07 2Co6–7 0:12:05)

Leiden kann in verschiedenen Formen von Ängsten auftreten. Sie kann sich als Nervosität vor einer Prüfung oder einer Begegnung mit einer Person oder Situation zeigen und körperliche Symptome wie Schlaflosigkeit oder Magenbeschwerden hervorrufen. Dahinter steckt das metaphysische Trauma der scheinbaren Trennung von Gott und das damit einhergehende Schuldgefühl, gegen Gott gesündigt zu haben. Der Geist hat Angst vor der bevorstehenden Situation, weil das einem Wiedererleben des Traumas gleichkommt, mit den Leid bringenden Folgen bei einem allfälligen Versagen. Es ist eine Situation, in welcher die eingebildete Schuld internalisiert und daran gelitten wird. Das Trauma lässt sich nur auflösen, indem ich mich der Situation stelle. Als Therapie kann wiederum die RAV-Methode hilfreich sein. Ich muss mir Zeit nehmen zum Ruhen, die Erfahrung der Angst akzeptieren und die Schuld spüren, die hochsteigen mag, und mich vertrauensvoll dem Heilungsprozess des Heiligen Geistes hingeben. Es ist die Anerkennung, dass der leidende Teil nicht meine Wirklichkeit ist und mit dem Auflösen der Schuld wird die Angst vergehen.

Hängt meine Freude von Dingen der Welt ab oder davon, wie der Tag verläuft, dann bin ich dem Lauf der Welt ausgeliefert. In Wirklichkeit kommt meine Freude von der Wahrheit jenseits der Welt und ist unabhängig von ihr. Schweifen meine Gedanken in die Welt ab, zerstreut sich mein Geist mit der Vergangenheit, entsprungen aus dem uralten Wunsch. Er ist das Zuhause allen Leidens. Das Individuum oder die Persönlichkeit ist das Leiden, das sich im Einssein auflösen muss. Immer, wenn ich dem Umherschweifen der Gedanken bewusst werde, erlebe ich den gespaltenen Geist und kann umkehren. In Hingabe an das wahre Begehren wird die Spaltung aufgelöst. Ich kann meine Gedanken auf den gegenwärtigen Augenblick ausrichten und meine Wachsamkeit nur für das wahre Begehren des Herzens einsetzen und das ist: »Erkenne dich selbst.«

Ein Spaziergang durch Phantasie

»Du bist nicht schuldig, weil du auf einem Spaziergang durch Phantasie bist.« (2Co 7v1.3) Wäre die Welt wirklich, wäre auch Schuld wirklich. Alles ist nur eingebildet. Der Glaube an die Schuld ist lediglich die Folge der unmöglichen und ersten je gestellten Frage, die im Folgenden »winzig kleine Wahnidee« genannt wird. (EKIW T–27.VIII.6:2) Regina erzählt: »Persönlichkeit, Welt und Schuld gehört alles zusammen. Alles stammt aus derselben Idee, von Gott getrennt zu sein. Ich kann nicht eines davon weggeben, um den Rest zu behalten. Ich muss alles loslassen, um die Wahrheit über mich wiederzuerkennen. Solange ich durch den denkenden Geist versuche die Kontrolle zu behalten, behalte ich auch die wahrgenommene Schuld bei.

Die Erfahrung, die ich beim Lesen dieses Abschnitts hatte, war, dass viele Gedanken meinen Geist kreuzten und ich sah, dass ich glaubte, schuldig zu sein für Dinge, die ich tat. Ich glaubte, schuldig zu sein, weil ich meiner Tochter gegenüber aufbrausend war. Für lange Zeit war das eine große Sache für mich, aber irgendwie auch albern und ich wünschte, ich hätte sagen können, dass ich jemanden umgebracht hatte, was viel mehr Sinn ergeben hätte (lachen). Während Monaten trug ich ungeheure Schuld mit mir herum, weil ich Müll in einen Müllcontainer bei einer Appartement-Anlage einwarf, der nur für die Mieter dieser Anlage war und ich nicht dort lebte. Lächerlich, aber ich glaubte schuldig zu sein, weil ich eine Regel gebrochen hatte.

Jede Idee von Schuld in meinem Geist war verbunden mit der Persönlichkeit und die Persönlichkeit mit der Welt. Wenn aber die Welt nicht wirklich war, dann war auch diese Schuld nicht wirklich.

Dann ging es tiefer und mein Geist ging über die Persönlichkeit hinaus. Ich kam mit der Tatsache in Berührung, dass ich mich für die winzig kleine Wahnidee schuldig fühlte. Ich fühlte mich schuldig für die Erschaffung der Welt. Aber wenn die Welt nicht wirklich existiert, kann ich nicht schuldig für ihre Erschaffung sein. Der Heilige Geist zeigte mir die direkte Beziehung zwischen meinem Glauben an die Welt und meinem Gefühl der Schuld.« (2007-12-07 2Co6–7 0:37:30)

Der Heilige Geist schlägt an dieser Stelle eine Meditationsübung vor: »Kannst du dir für einen Augenblick vorstellen, dass die Welt nicht wirklich ist? Kannst du sie dir als Phantasie oder eingebildeten Tagtraum vorstellen? Wenn du es dir vorstellst, *fühle es tatsächlich*. Fühle, dass die Welt nicht wirklich ist. Und wenn du es fühlst, siehst du auch, wie dein Gefühl der Schuld verschwindet?« (2Co 7v1.8–12)

Regina berichtet: »Beim Schreiben dieser Stelle führte mich der Heilige Geist in eine Erfahrung, die so weit in Seinen Geist hineinging, dass ich wahrhaftig, gänzlich, vollständig nicht an die Welt glaubte. Tatsächlich erinnere ich mich über die Idee gelacht zu haben, dass jemand an die Welt glauben könnte. Dies zeigt, wie weit ich im rechtgesinnten Geist drin war. Ich lachte über den Gedanken, dass irgendjemand glauben könnte, dass es eine Welt gibt. Dies war eine überwältigende Vision.« (2007-12-07 2Co6–7 0:43:33)

Nichts in der Welt kann dauerhaft Trost und Liebe bieten. Aber durch Bereitwilligkeit kann die Liebe im Inneren des Geistes wiedererweckt werden und ins Bewusstsein aufsteigen, um sich selbst wieder als Liebe zu erkennen. Diese Liebe ist Gott. Diese Liebe erfüllt jedes Lebewesen von innen. Dazu eine weitere Übung:

»Bei all dem bitte ICH dich, nochmals hinzuschauen. Schau zuerst in dein Herz und finde dort GOTT. *Dann* schau auf die Welt. Erkenne, dass alle Herzen im tiefsten Inneren dasselbe sind. *Und dann* schau auf die Welt. Fühle GOTT. Fühle die Wahrheit, *und dann* schau auf die Welt.« (2Co 7v8–13.1–7) Was von beiden ist wirklich und was ist Illusion? Gott oder die Welt? Im tiefsten Inneren kenne ich die Antwort. Vor allem anderen suche ich die Wirklichkeit meiner selbst. Dies ist mein wahres Begehren. Mit einem offenen Herzen heiße ich mein Selbst willkommen, meine Wahrheit und diejenige meiner Brüder und allem, was in der Welt wahr ist. In dieser Weise ruhe ich in Gott und lasse alles Unwahre als bedeutungslos ziehen.

»Wegen deinem Denken und deinen Gedanken über die Bedeutung der Welt hörst du MICH nicht, wenn ICH spreche. Aber wenn du gewillt bist, dein eigenes Denken wegzulegen, wirst du MICH hören. Wenn du gewillt bist, dein eigenes Denken vollständig wegzulegen, wirst du einzig MICH hören und du wirst frohlocken.« (2Co 8v1–7.2–4) Der Heilige Geist ist die Quelle der Inspiration. Was Ihm übergeben und vergessen wurde, mag irgendwann in Form eines Gedankens, der mir in den Sinn kommt oder in etwas, das ich sehe oder höre, wie als Erinnerung an eine Frage die Antwort liefern. Mit der Zeit werde ich die Erfahrung machen, dass das funktioniert. Wahre Kommunikation findet über Gedanken statt. Je mehr ich Ihm übergebe, umso häufiger werde ich diese Art von Erfahrung machen.

»Du gibst durch Gedanken.
Es gibt buchstäblich keine andere Art und Weise zu geben.
Was du gibst, ist, was erfahren wird,
also ist deine Erfahrung ein Maß dessen, was du gibst.«

»Wenn ICH dich bitte alles zu geben, bitte ICH dich, alle Gedanken dem wahren Begehren des HERZENS hinzugeben.« (2Co 8v1–7.14–17) Einzig meine Gedanken sind maßgebend und nicht, was andere denken oder tun. Lügt mich jemand an oder verhält sich heuchlerisch oder irreführend und ich frage mich, warum, dann analysiere ich mit dem Ego die Situation. Wenn sich jemand so verhält, sollte dies stattdessen ein Zeichen sein, mich zu fragen, wer ich bin. Wenn ich mich erinnere, dass ich Liebe bin, finde ich meine innere Ruhe und dehne Liebe aus. Ich weiß dann auch, dass wir alle dasselbe sind, der eine Sohn Gottes. Sprechen meine Gedanken nicht von dieser Wahrheit, beurteile ich mich selbst oder andere nach subjektiven weltlichen Maßstäben, dann sind meine Gedanken nicht auf das wahre Begehren des Herzens ausgerichtet. Diese Gedanken sind bedeutungslos, denn ich bin das Licht der Welt. Nur liebevolle Gedanken sind wahre Gedanken und werden von allen vollständig gegeben und empfangen und führen zu Dankbarkeit, Zufriedenheit, Glück und Freude.

»Deine Handlungen in der Welt sind an sich nicht wichtig. Sie können es nicht sein. Die Welt ist nicht wirklich und du bist in Wahrheit nicht in der Welt. Du bist ein Geist, der sich in einer Welt erfährt, die nicht existiert. Aber während du, beruhend auf deinem

Glauben in der Welt zu sein, in der Welt zu handeln scheinst, wird der Glaube und die Täuschung im Geist beibehalten.« (2Co 9v6–9.4–7) Halte ich meine Taten in der Welt für wichtig, dann lebe ich den Glauben aus, dass die Welt wirklich ist. Dies scheint der Fehler zu sein, der die Täuschung aufrechterhält. Damit lehre ich mich, dass das Falsche wahr ist und träume einfach weiter. Obwohl Träume nichts Wahres enthalten, können sie furchterregend sein. Und dennoch sind sie nichts als Phantasie. Erinnere ich mich, wer ich wirklich bin, dann setze ich mein Vertrauen in den Heiligen Geist und richte meine Handlungen auf das wahre Begehren des Herzens aus.

»Die Welt ist nicht wirklich. Sie ist eine Täuschung des Geistes, aber sie ist die Täuschung des *einen* Geistes. Es gibt keine getrennten Geister mit getrennten Täuschungen. *Die Gedanken, die du denkst, werden vom einen Geist gehört und sie beeinflussen die Phantasie im Geist.*

Wenn du dem Geist sagst, dass die Welt nicht wirklich ist, sowohl durch deine Gedanken als auch durch deine scheinbaren Handlungen, hört die Welt diesen Gedanken durch den Geist, weil die Welt ein Gedanke im Geist ist. Die Welt wird auf die Gedanken reagieren, die ihr gegeben wurden, ebenso wie der Geist reagiert.

Während du akzeptierst, dass die Welt nicht wirklich ist und deswegen keinen Einfluss auf dich haben kann, wird der Geist beginnen zu erwachen, indem er für sich selber sieht, dass ein Traum die Wirklichkeit des Lebens, wie es ist, nicht beeinflussen kann.« (2Co 9v10, 11.2–8)

Ohne den Glauben an die Welt lege ich allen Gedanken und Handlungen in der Welt das Motiv der Liebe zugrunde. In diesem Dienst praktiziere ich wirkliches Geben und lehre den Gesamtgeist die Wahrheit. Dies löst die Täuschung auf. Als Nutzen meines wahren Lehrens und Lernens beginnt der Geist zu erwachen. Was von mir in den Gesamtgeist eingeht, ist das, was von mir erfahren wird.

Wie kann ich in der Welt leben, ohne Teil von ihr zu sein? »Die Welt ist ein Gedanke im Geist von GOTTES SOHN. Und alle Handlungen in der Welt sind der Ausdruck von Gedanken. Deswegen musst du über die Welt hinaus und über die Handlungen hinaus zum Gedanken schauen, der die Vorstellung ausheckt.« (2Co 10v7–11.5–7)

Wenn ich auf die Welt schaue, berichten mir meine Augen von der Oberfläche der Dinge. Dazu wurden die Augen gemacht. Versuche ich aufgrund dieser Wahrnehmung zu erraten, was die Motivation hinter den Handlungen meiner Brüder ist, dann suche ich Rat bei der Stimme der Verwirrung, dem Ego. In allem, was ich sehe, blicke ich durch den Filter meiner eigenen Gedanken. Alles, was ich finde, sind nur meine eigenen Gedanken, die ich über andere denke. Betrachte ich alles in der Welt hingegen als Ausdruck von Gedanken, dann lebe ich in der Welt, ohne von ihr zu sein. So kümmere ich mich weniger um die Dinge in der weiten Welt und richte meinen Fokus nach innen. Ich bin der Denker des Gedankens der Welt, der Sohn Gottes. Mein wirklicher Zweck ist das wahre Begehren des Herzens. Lasse ich mich von ihm leiten, dann ergeben sich alle Handlungen aus dem Gedanken der Liebe und ich lebe tatsächlich in der Welt, ohne von ihr zu sein.

Was bin ich?

»ICH bitte dich, den Geist ruhen zu lassen. Zu ruhen ist die Vergegenwärtigung, dass Verwirrung die Welt beherrscht. Und es ist auch die Entscheidung, nicht mehr durch Verwirrung beherrscht zu sein. Durch das Ruhen des Geistes lässt du Gedanken der Verwirrung ungeglaubt wegtreiben. Alsdann mögen Gedanken der Weisheit gegeben werden.« (2Co 11v1–12.9–13)

Die Welt widerspiegelt die Verwirrung unseres kollektiven Geistes. Er ist verwirrt, weil er gespalten ist. Was gespalten ist, lässt viele Möglichkeiten offen. Ich kann mich sehr leicht von der Vielfalt der Welt in Beschlag nehmen lassen, beispielsweise beim Nachrichtenschauen, wenn ich in einer Auseinandersetzung Partei für eine Seite ergreife. Zu Beginn mag ich mich eine Zeit lang angeleitet fühlen, keine Nachrichten mehr zu schauen, bis ich so weit bin, mich nicht mehr so leicht hineinziehen zu lassen und wenn doch, bin ich geübt, Parteinahmen und Urteile einfach loszulassen, ohne mich dafür schuldig zu fühlen. Im Zustand innerer Ruhe verbinde ich mich mit dem wahren Begehren des Herzens und kann Gedanken der Weisheit empfangen, welche die Bilder, die ich in der Welt sehe, erhellen.

Der gespaltene Geist ist trickreich. Auf ihn zu hören, ohne die Gedanken zu prüfen, kann rechtschaffende Gedanken vorgaukeln, die Sinn ergeben, aber aus der Verwirrung stammen. So können scheinbar rechtgesinnte Gedanken dazu verführen, Gefühle und

Ängste zu unterdrücken, statt sie erlebbar zu machen, um sie loszulassen. Regina erinnert sich: »Entlang des Weges lernte ich verschiedene Regeln kennen, von denen ich dachte, dass sie rechtschaffend seien. Eine spirituelle Regel, die mir während langer Zeit eine Menge Verwirrung und Kummer bereitete, war der Glaube, dass ich alle Brüder gleich behandeln sollte und wenn ich auf der Ebene der Form nicht alle gleich behandelte, dass ich schuldig sei.

Natürlich sind dann Leute aufgetaucht, die ich sehr unterschiedlich behandelt hätte, wenn ich auf die Führung des Heiligen Geistes gehört hätte. Bei ein paar Menschen wurde ich klar angeleitet, bei allem, was sie verlangten, Nein zu sagen. Aber ich fürchtete mich vor dem Nein, weil ich gewöhnlich Ja sagte. Während Monaten sagte ich weder Ja noch Nein und das Abwarten bereitete mir eine Menge Kummer. Bei jemand anderem wurde ich angeleitet, nicht einmal zu kommunizieren, aber davor fürchtete ich mich sehr und tat es dann trotzdem, was mir wiederum eine Menge Kummer bereitete. All dies geschah wegen meines Glaubens, eines scheinbar sehr spirituellen Glaubens, dass von mir erwartet wird, alle Brüder auf der Ebene der Form gleich zu behandeln. Davon spricht der Heilige Geist, wenn Er sagt, dass der Geist trickreich ist, weil er gespalten ist.« (2007-12-28 2Co11–12 0:04:40)

Das Ego liebt Regeln und es braucht sie für das Urteil, denn ohne Regeln ist kein Urteil möglich. Die Regel, auf der Ebene der Form alle gleich zu behandeln, ist eine Verwechslung der Ebenen von Form und Inhalt. Weil der gespaltene Geist trickreich ist, kann ich den Gedanken meines Geistes nicht trauen. Ich muss sie auf ihren Zweck hin prüfen. Mein Zweck ist das wahre Begehren des Herzens. Das Herz ist nicht an der Oberfläche. Ich muss meinen Geist ruhen lassen, um in die Tiefe einzutauchen, ruhig durchatmen und stelle damit den Geist unter die Kontrolle des Herzens. Ich weiß wie das geht, denn die Wahrheit ruht in mir. In der Ruhe leuchtet das Licht des Herzens in meinen Geist und löst die Verwirrung auf.

»Du scheinst ein Mann oder eine Frau zu sein, eine individuelle Seele in einem Körper in einer Welt in einem Kosmos. Dies scheint zu sein, wer du bist, aber es ist keine Tatsache. Es ist eine Wahrnehmung.

Es scheint, dass du innen bist und alles andere ist außerhalb. So scheint es zu sein, aber es ist nicht die Wahrheit. Deshalb bitte ICH dich, bei dir zu beginnen, von dem du weißt, dass es inwendig ist, um zu entdecken, dass die Welt und der HIMMEL auch inwendig in dir sind. Dies scheint eine kühne Feststellung zu sein, ist es aber nicht. Es ist bloß die einfache Feststellung von Tatsachen, welche du sehen sollst, wenn du MIR folgst im Inneren zu suchen.« (2Co 12v1–6.4–11)

Der Heilige Geist führt in eine Übung der Selbsterkenntnis hinein, die mit der Frage beginnt: »Was bin ich?« Wenn ich alles außerhalb von mir weglasse, durch das ich mich in der Welt definiere und die Augen schließe, was bleibt dann noch übrig? Gedanken. Bin ich meine Gedanken, oder noch tiefer, bin ich der Denker meiner Gedanken? Ich bin der Geist, der die Gedanken denkt. Und wer ist mein Geist? An dieser Stelle mag ich eine metaphysische Erfahrung haben. Üblicherweise geht es nicht tiefer hinein. Ich kann aber ein Gefühl für die innere Führung durch Eingebung oder Intuition entwickeln und einen Schimmer der Wahrheit erhaschen. Aus Angst mischte sich bei Regina an dieser Stelle der denkende Geist ein und vermischte sich im Text mit den Gedanken des Heiligen Geistes. Dies ist wahrscheinlich die einzige Stelle von NTI, wo dies geschah. (2013-10-30 2Co12–13 0:04:33) Am folgenden Tag schrieb Regina weiter. Angst, Dingen in der Welt ausgeliefert zu sein, erschien ihr als Gedanke, aber diesmal tauchte sie während dem Schreiben in eine tiefe Erfahrung ein: »Ich sah sehr deutlich, dass ich nicht in der Welt war. Deswegen kann mich nichts in der Welt verletzen und alle Ängste verschwanden vollständig. Es war eine sehr einfache Erfahrung. Was ich bin, ist weit jenseits der Welt. Selbst wenn mir das schlimmstmöglich Vorstellbare in dieser Welt als Körper passieren würde, wäre es nicht mein Ende. Ich würde weiterfahren zu existieren, weil ich nicht die Erfahrung bin. Es wäre bloß ein Hauch vorübergehender Erfahrung.« (2007-12-28 2Co12–Gal1 0:06:20) Regina erfuhr genau das, was sie niederschrieb. Wir sind nicht durch die Welt definiert. Ewig jenseits der Welt ruht unsere Wahrheit, die wie alle wahren Gedanken im Geist Gottes ruhen.

Alle Gedanken der Welt sind vergleichbar mit einer Fata Morgana. Wenn ich mich ihnen nähere und sie genau betrachte, erfahre ich, dass sie nichts als eine Luftspiegelung waren. »Deine wahren Gedanken sind unterhalb der Gedanken der Welt, näher an deinem HERZ, weil sie von dort stammen. Sie stammen von deiner Wahrheit und deshalb *sind* sie deine Wahrheit. Hör auf deine Wahrheit und erkenne, inwendig, wer du bist.« (2Co 13v11.1–3) Inwendig ist alles eins, aus einer einzigen Quelle stammend und ewig eins mit ihr. Ich bin ein Gedanke oder eine Idee im Geist Gottes und was in ihm ist, ist Gott. Die Quelle allen Seins ist Liebe. Indem ich mir der Liebe bewusst werde und sie im Geist ausdehne, anerkenne ich das Einssein.

Die Geschichte der Welt

»Willkommen, meine Mitbrüder. Ich komme heute zu euch, um euch die Freude, wer ihr seid, zu lehren und euch die Herrlichkeit und die Wahrheit, die für immer und ewig wahr ist, zu lehren. Amen.« (Gal 1v1–5.1–3) Im NTI Galaterbrief spricht zum ersten Mal nicht die abstrakte Stimme unseres eigenen Heiligen Geistes zu uns. Da wir als Mitbrüder begrüßt werden, spricht Er durch eine Manifestation Seiner selbst in Form eines Symbols. Wer dieser Mitbruder ist, wird im nächsten Satz zweifelsfrei klar.

»Ich bin der WEG und das LEBEN.« (Gal 1v6–9.1) Mit diesem Satz erkannte Regina, dass es die Stimme von Jesus ist. Dies jagte ihr eine Heidenangst ein und sie fragte sich, wie sie damit klarkommen werde, vom großen Meister direkt angesprochen zu werden. Uns allen wäre es wahrscheinlich nicht viel anders ergangen. In der Folge bereitete es ihr große Mühe diesen Teil aufzuschreiben, obwohl es eine sehr einfache Botschaft werden sollte, eine Zusammenfassung von allem bisher Gesagten und Jesus betont wiederholt die Gleichheit aller Brüder. (2007-12-28 2Co12–Gal1 0:27:38)

»Ich komme heute zu dir, um deine Verwirrtheit aufzuklären. Sie ist nichts und kann sehr leicht weggelegt werden, wenn du die Einfachheit der Liebe siehst, wie ich sie dir anbiete.« (Gal 1v6–9.2,4) Durch den Glauben an das Ego ist der Geist verwirrt und alles scheint sehr kompliziert und mit Widerstand behaftet zu sein. Den Widerstand anzuerkennen ist der entscheidende Schritt, um ihn loszulassen. Darunter liegt die einfache Botschaft der Liebe, die durch eigene Bereitwilligkeit aus dem Herzen hervortritt. Von dort kommt Jesus mir entgegen, um mich zu lehren, dass wir gleich und eins sind. Durch eigene Wahl hatte er alle Widerstände überwunden, vor denen ich noch stehe. Deshalb kann er aus eigener Erfahrung lehren und mir als mein Bruder und Führer hilfreich sein.

In mir ist ein Glaube an Hass und Urteil, der mich von Jesus fern-hält. Dieser Glaube ist die Quelle aller Verwirrung, aber er ist nichts als ein Glaube. Am Anfang steht das Urteil, den Wunsch wahr ge-macht zu haben, dass alles anders sei, als es ist und damit einen Feh-ler begangen und gegen Gott gesündigt zu haben. Aus dieser Verwir-rung ist die Welt hervorgegangen, symbolisiert als ein Gebüsch, das mit jedem Urteil, das ich fälle, getränkt wird. Das erste Urteil wird immer jetzt bestätigt, wenn ich ein weiteres Urteil fälle. Es ist das Urteil, welches das Gefühl der Trennung erzeugt, dass ich mich in ei-ner Welt als individuelles Wesen erfahre. Aber die Welt ist nicht mein wahres Zuhause. Deshalb hege ich tief verborgen im Unbe-wussten einen Selbsthass, weil ich glaube mich von meinem wahren Zuhause ausgeschlossen zu haben. Das ist aber nur ein Glaube, beru-hend auf einem Fehler, den ich mir ohne Schuld anschauen sollte, um ihn loszulassen und das Urteilen einzustellen.

Das Gegengift zum Urteilen ist das Annehmen von allem, wie es ist. Das transzendiert das Urteilen. Der denkende Geist wird weiter-fahren mit Urteilen und mir laufend Urteile über alle möglichen Din-ge präsentieren, die ich ohne an sie zu glauben einfach an mir vor-überziehen lassen kann. Dazu muss ich den Geist ruhen lassen, um mir bewusst zu werden, was in ihm abläuft. Das Ruhen weckt meine Bereitwilligkeit und verbindet mich mit dem erwachenden Licht im Inneren. Der biblische Stammvater Abraham steht symbolisch für die Geburt der Bereitwilligkeit, wieder auf die Stimme für Gott zu hören. Mit ihm wurde der erste Funke des Lichts im Geist entfacht. Das Licht breitet sich nun über alle Menschen und über alle Nationen aus, weil alles ein Geist ist. Meine Bereitwilligkeit ist das eine Licht, das ich mit vielen zu teilen scheine, aber dennoch sind wir in Wahrheit eins. In dieser Sichtweise wird das Urteil bedeutungslos. »Die Wahr-heit der Geschichte der Welt ist, dass sie das Ausbreiten dieses LICHTS durch den einen Geist ist, der durch einen Augenblick der Verwirrtheit scheinbar verdunkelt wurde. Aber es ist das LICHT, wel-ches lebt und es ist das LICHT, welches getränkt wird. Deshalb ist das LICHT unsere Freude und unser Fokus. Diese Vergegenwärtigung ist repräsentativ für unsere Wahrheit.« (Gal 3v19,20.1–4)

Die Geschichte der Welt scheint voller Konflikte und Kriege zu sein und doch breitet sich das Licht in der Dunkelheit unaufhaltsam aus. Durch meine Bereitwilligkeit werde ich geheilt und befreit und der dunkle Schleier der Verwirrung lüftet sich. Damit wird das Gebüsch des Lichts getränkt. Im Herzen verbinde ich mich mit meinen Brüdern und kann die Liebe fühlen, die das Licht der Welt ist. Das macht glücklich und zeigt augenscheinlich, dass nicht beurteilt werden kann, was nicht getrennt ist. So beginnt das Bedürfnis nach dem Urteil zu schwinden. »Sei gewillt, dein Urteil mit mir niederzulegen. Ich werde dir durch die Führung deines HERZENS zeigen, wie nicht mehr nach dem Urteil gestrebt wird.« (Gal 3v26–29.6,7)

Jesus' Botschaft ist eine konsistente Botschaft der Liebe und Freiheit, aber durch die Ohren des Urteils gehört, kann und wurde sie vielfach missverstanden. Deshalb ist es unerlässlich, alles Wünschen mit dem damit einhergehenden Urteilen wegzulegen, um die Botschaft zu verstehen.

»Die Welt ist etwas, das du betrachtest und von dem du glaubst, dass es wirklich ist. Wenn du diesen Fehler begehst, huldigst du einem falschen Gott. Dein falscher Gott nimmt viele Formen an, aber sein Zweck ist immer derselbe. Es ist der Zweck, den *du* ihm gegeben hast. Der Zweck der Welt, wie er gesehen und geglaubt wird, ist dir zu berichten, dass du getrennt bist.« (Gal 4v8–20.1–5)

Die Welt ist ein falscher Gott, repräsentiert durch eine Vielzahl an Götzen. Der Glaube an die Welt sollte kein Grund, sich deswegen selber zu verurteilen. Dies würde bloß die Idee aufrechterhalten, dass ich in Bezug auf etwas beurteilt werden kann, von dem ich getrennt bin. Denn sogar die falsche Botschaft der Trennung ist ein Götze.

Der falsche Gott der Welt lehrt variantenreich, Götzen anzubeten. Da sind zum einen diejenigen Menschen, die ich bewundere oder mit denen ich mich gut verstehe, und alle übrigen. Da sind all die schönen Orte, an denen ich gerne leben würde, aber die jeweiligen Schattenseiten und Gefahren ausblende, welche die Trennung vor Augen führen würde. Da sind die Erfahrungen in der Welt, die Einssein mit der Natur oder vielen Menschen an Großanlässen erleben lassen, aber immer gibt es andere Menschen mit anderen Erfahrungen, mit denen ich nicht verbunden bin. Der falsche Gott der Welt lehrt, dass mein Glück von einer Macht außerhalb von mir abhängig ist, von der ich getrennt zu sein scheine.

Der falsche Gott der Welt oder die Idee der Trennung ist nur ein anderer Name für das Ego. Seine ganze Macht wird ihm durch seine Anbeter zuteil. Das Verlangen nach ihm scheint sich in den Bildern der Welt zu manifestieren. Die in Stein gehauenen Götter der Antike schienen für ihre Anbeter sehr machtvoll gewesen zu sein. Und dennoch ist es bloß die Macht unseres Geistes, die wir wegegeben zu haben scheinen. Nehmen wir sie zurück, dann sind die falschen Götter machtlos. Und was keine Macht hat, kann nicht die Wahrheit sein.

Abraham hatte zwei Söhne, Ismael und Isaak, als deren Nachkommen Araber und Israeli sich sehen. Den ersten Sohn bekam er von seiner Sklavin, hervorgegangen aus der Verneinung des Glaubens an das Versprechen Gottes, mit seiner alten Ehefrau ein Kind zu bekommen. Ismael symbolisiert somit den Glauben an die Welt. Später bekam er von seiner betagten Ehefrau wie durch ein Wunder einen zweiten Sohn. Isaak symbolisiert den Glauben an das Versprochene jenseits der Welt, das nicht sichtbar ist. Die beiden Söhne stehen symbolisch für das Ego und für den Heiligen Geist. Wie in diesem Beispiel sinnbildlich dargestellt, spricht das Ego immer zuerst und seine Argumente scheinen Sinn zu ergeben. »Ich habe dir aber gezeigt, dass dies nicht von GOTT ist. Sei vom ersten oder seinen Erlösungsversprechen nicht versucht. Erlösung liegt nicht dort. Warte auf GOTT, WELCHER nicht aus der Welt kommt. Durch die Erfahrung von GOTT wirst du lernen, dass *die Wahrheit GOTTES ewig und jenseits der leeren Versprechen der Welt ist*.« (Gal 4v21–31.30–34)

»Es besteht eine direkte Wechselbeziehung zwischen deinen Gedanken und Überzeugungen und deiner jetzigen Erfahrung.« (Gal 5v1.3) Die Erfahrung unbeschränkter Freiheit des Einsseins ist die Erfahrung der Wahrheit von Licht und Liebe. Alles andere ist Glaube an Illusion. Nur meine Gedanken können mich gefangen halten. Also bin ich nicht machtlos. Mit dieser Idee bekommt der feste Glaube an die Welt einen Riss und das Licht des reinen Geistes dringt in mein Bewusstsein ein. Dieses Licht ist meine Bereitwilligkeit. Sie wird wachsen, wenn ich die Aufmerksamkeit jenes Teils meines Geistes, der die Wahrheit vor allem anderen will, vermehrt auf sie ausrichte. Mit großer Freude werde ich bemerken, wie sich die Liebe durch die Illusion ausbreitet und sie dadurch auflöst.

»Am Anfang deiner Akzeptanz siehst du dich selbst als ein Individuum, getrennt von allem, in einer sehr realen Welt. Und dennoch rufst du nach Liebe. Dieser Ruf ist deine Bereitwilligkeit, bestrebt, im Gewahrsein mit SICH SELBST wiedervereinigt zu werden. Dieser Ruf, der ein Funke des LICHTS ist, ist deine Verbindung mit deiner

QUELLE. Deswegen kommt er mit aller Kraft und Stärke der QUELLE zu dir. Du brauchst dich nur auf ihn zu konzentrieren, um ihm bewusst zu werden. Nichts anderes wird benötigt.« (Gal 5v7–12.6–12)

Mit dem kleinsten Funken Bereitwilligkeit leuchtet die gesamte Macht Gottes in den Geist. Dieser Funke ist in jedem Geist gegenwärtig. Im Wachstum der Bereitwilligkeit durchläuft der Geist eine Transformation vom Individuum zum Einssein. Das Licht durch den Riss im individuellen Bewusstsein breitet sich durch das Bewusstsein aller Geister aus. Die ganze Welt erhellt sich. Mit dem Bewusstsein, dass wir im Geist alle gleich und eins sind, schwindet der Glaube an die Individualität. Das Gefühl der Getrenntheit löst sich im Gefühl der Liebe, mit allem verbunden zu sein, auf. Diese Liebe ist die Antwort auf alles Suchen. Die einfache Art und Weise, diese Liebe zu erkennen und in der Welt auszudehnen, ist, sich auf die Bereitwilligkeit zu konzentrieren, als ob sie die Wahrheit wäre, denn im Erkennen der Bereitwilligkeit wird Gott erkannt. Indem ich den gleichen Ruf nach Liebe und die gleiche Bereitwilligkeit in meinem Bruder anerkenne, erkenne ich sie in mir an. Er mag vielleicht nicht an Spiritualität interessiert sein, aber dennoch ist das eine Licht in mir das gleiche Licht wie in ihm, und alles Licht ist von Gott. Meine Liebe und Geduld für meinen Bruder ist Ausdruck der Liebe für meine eigene Bereitwilligkeit und das ist Ausdruck der Liebe Gottes.

In der Übersetzung aus den Altgriechischen Originaltexten hat das Wort »μετάνοια [me'tania]« über die Zeit hinweg eine Verschiebung von der ursprünglichen Bedeutung »anderen Geistes werden« zum heute gebräuchlichen Begriff »Reue« erfahren.[1] In Reue schwingt das Gefühl mit, dass ich gesündigt habe und schuldig bin. Durch NTI wird die ursprüngliche Bedeutung wieder hergestellt: »Reue ist nichts weiter als dich daran zu erinnern, was du wirklich willst und freudig zum Mittelpunkt deiner Bereitwilligkeit zurückzukehren. Dies ist der Tanz der Liebe. Und der Tanz der Liebe ist das Ausbreiten des LICHTS in einem willkommen heißenden Geist.« (Gal 5v16–18.9–11)

Wenn ich mich ärgere, weil die Dinge nicht so laufen, wie ich sie haben will oder nicht bekomme, was ich haben möchte und mir der Ärger als unerwünschtes Gefühl bewusst wird, ist das kein Anlass,

1 Rogier Fentener van Vlissingen, *Closing the Circle – Pursah's Gospel of Thomas and A Course in Miracles*, O-Books © 2008 John Hunt Publishing Limited, UK, Seite 14

mich schuldig zu fühlen, sondern anderen Geistes zu werden, den Ärger ins Leere laufen zu lassen und zur Bereitwilligkeit zurückzukehren. Ich kann unbeschwert Spaß haben und Freude erleben, solange das nicht auf Kosten anderer geht, denn Urteil und Schuld sind nicht in der Bereitwilligkeit enthalten. Im Licht der Bereitwilligkeit findet sich nur Liebe. Bei jeder Rückkehr zur Bereitwilligkeit breitet sich das Licht im Geist aus und die Freude des reinen Geistes wird erfahren. »Sorge dich nicht um deine Fehler. Sie sind nichts als Gelegenheiten zum Lernen. Kehre in Freude zu deiner Bereitwilligkeit zurück.« (Gal 5v24–26.1–3) Das ist der Tanz der Liebe.

Das Pendant zur Schöpfung im Himmel ist die Ausdehnung der Liebe in der Welt durch Vergebung. Im Laufe des Lebens bauen wir mit bestimmten Menschen besondere Beziehungen auf. Bei genauerem Hinsehen werden wir feststellen, dass wir den Menschen Rollen zugewiesen haben und damit Erwartungen verknüpft sind. Wenn sich diese Menschen nicht entsprechend den ihnen zugewiesenen Rollen verhalten, fühlen wir uns von ihnen verraten. Durch Vergebung befreien wir alle Menschen aus den Rollen, die wir ihnen aufgebürdet haben und in ihrer Freiheit finden wir unsere eigene. Gefühle von Groll, Hass und Ärger anderen gegenüber und Selbsthass, Schuld und Unwürdigkeit in uns selbst bieten Gelegenheiten für Vergebung.

Vergebung ist die Reise vom falschgesinnten Gekreische des Ego zur Ruhe des rechtgesinnten Geistes. Im ersten Schritt ist es hilfreich, den Geist ruhen zu lassen und zur Bereitwilligkeit, die Dinge anders sehen zu wollen, wiederzukehren. Bereitwilligkeit ist das Licht im Geist, das ihn mit Liebe und Frieden erfüllt. Im ersten Schritt erfahre ich den Aufruhr der Gefühle, ohne sie auszuleben und öffne gleichzeitig das Bewusstsein für die Bereitwilligkeit. Im zweiten Schritt nehme ich den Aufruhr an und bringe ihn mit der Bereitwilligkeit zusammen. Dadurch wird die zu heilende Verletzung zum Licht gebracht. Vielleicht hilft es, alles, was mir in den Sinn kommt, aufzuschreiben, um mich zu entlasten oder ich finde mich in einem inneren Dialog wieder und kann inspirierende Gedanken erfahren. Wenn alles urteilsfrei abläuft, ist das ein Hinweis, dass ich zum rechtgesinnten Geist gewechselt habe. Im dritten Schritt ist der Sturm abgeflaut und ich teile meine Sichtweise mit dem Heiligen Geist. In Seiner Sicht wird der wahre Standpunkt geteilt. In Seiner Sicht teile ich Seine vollständige Bereitwilligkeit und sehe, dass alles vergeben ist, weil es nur Liebe gibt. Die Liebe heilt alle Wunden mit ihrem sanften Blick.

Mit wahrer Vergebung breitet sich Licht im Geist aus und die Schwingung der Liebe wird angehoben. Wahre Vergebung berichtigt die Fehlwahrnehmungen in meinem Geist. Das wird seine Zeit beanspruchen und je nach Thema kürzer oder länger dauern. Gleiche oder ähnliche Vergebungsthemen werden wiederkehren, bis die gesamte unbewusste Schuld aufgelöst ist. Wahre Vergebung ist ein Prozess, der die Trennung auflöst, bis der Prozess der Vergebung nicht mehr gebraucht wird. »Das Äußere ist nicht wichtig, denn das Äußere ist Illusion. Aber das Innere ist alles. Konzentriere dich auf das HERZ im Inneren und auf deine Bereitwilligkeit.« (Gal 6v12–16.1–3) »Ruhe im Inneren und hab Vertrauen in alles, was ich berichte. Ich teile einzig deine Wahrheit mit, welche für immer und ewig unser Weg ist.«

»Die Schwingen der Engel
halten die Liebe in deinem Herzen.
Lass sie in deinen Geist eintreten
und ›Erkenne dich selbst‹.
Amen.« (Gal 6v17,18.1–5)

Das Gesetz der Liebe

Im NTI Epheserbrief erscheint eine andere Stimme als diejenige von Jesus, ein anderer Aspekt des Heiligen Geistes, und zuerst ist unklar, ob Er direkt oder durch die Stimme eines anderen Bruders spricht. Dies widerspiegelt den Weg der Transformation vom Einzelwesen in die Einheit des reinen Geistes, denn hierdurch wird die wahre Macht des Geistes wieder ins Bewusstsein erweckt.

Das göttliche Gesetz des Lebens ist das Gesetz der Liebe. »Obgleich es außerhalb der LIEBE angewendet zu werden scheint, kann dies nicht sein. Dies ist der Schleier der Illusion. Das Gesetz der LIEBE wird für die LIEBE und durch die LIEBE ohne Ausnahme angewendet und deshalb gibt das Gesetz, wie von ihm verlangt wird. Aber das Gesetz der LIEBE kann in Unwissenheit angewendet werden, ohne die Erkenntnis der LIEBE, sodass dasjenige, das gegeben wird, missverstanden werden kann, weil nicht erinnert wird, dass das Gesetz gibt, wie von ihm verlangt wurde.« (Eph 1v15–23.3–6)

Unter der Oberfläche von allem, was mit des Körpers Augen gesehen werden kann, ist das Gesetz der Liebe wirksam, das alle Erscheinungen des Universums von Raum und Zeit ursächlich hervorzubringen scheint. Auch wenn schwer zu glauben ist, dass Konflikte, Gewalt, Naturkatastrophen und Kriege dazugehören, ist dies dennoch wahr. Auf einer anderen Bewusstseinsebene hat sich unser kollektiver Geist alles genauso herbeigewünscht. Die Geschichte der Welt läuft wie nach einem geschrieben Drehbuch ab. Die einzig vernünftige Wahl, die mir in dieser Situation verbleibt, ist, mich dem Heiligen Geist zuzuwenden. Er kennt das Gesetz und kann mich durch Seine inspirierende Führung anleiten, bessere Entscheidungen zu treffen, um zur Liebe jenseits des Schleiers der Illusion zurückzukehren.

»CHRISTUS soll das Symbol für das Gesetz sein, denn durch CHRISTUS sind alle, die viele zu sein schienen, eins. Durch dieses Gesetz sind alle, die viele zu sein scheinen, eins. Und in der Tat sind sie immer eins gewesen, weil sie als eins durch das Gesetz verbunden sind.« (Eph 2v14–18.1–3) In der Wahrheit jenseits aller Bewusstseinsebenen bin ich der Sohn Gottes, der Christus, und untrennbar mit dem Gesetz verbunden. Das Gesetz der Liebe ist das Gesetz des Geistes. Regina hat durch den Heiligen Geist eine weitere Definition des Gesetzes erfahren: »Die Liebe gibt dem Geist durch den Geist das, was der Geist erbittet.« (2008-01-25 Eph2 0:04:10) Was ich über andere denke, denke ich über mich, weil wir auf unbewusster Ebene im Geist alle als eins miteinander verbunden sind. Wenn ich schlecht über andere denke, kann es sein, dass vermehrt unharmonische Beziehungen erscheinen. Wenn ich mich der Liebe als unwürdig empfinde, mag ich vermehrt Situationen wahrnehmen, welche mir meine eingebildete Unwürdigkeit zu bestätigen scheinen.

>*»Alles, was du bist, bist du durch Schöpfung. Alles, was du zu sein vermeinst, bist du ebenfalls durch Schöpfung. In dieser Art und Weise ist das Denken wirksam und dient als deine schöpferische Kraft durch deine Brüder, welche dir dienen, wie du ihnen dienst. Dies ist keine bewusste Übereinkunft, deshalb kann sie Unglück und Konflikt zu bringen scheinen. Aber alles an der Oberfläche ist Illusion. In Wahrheit verlangst du von deinem Bruder durch deinen Geist und dein Bruder entspricht dir genauso wie du erbeten hast.« (Eph 2v19–22.8–13)*

Das Gesetz der Liebe wirkt sich auf der Erfahrungsebene der Welt aus, auch wenn es hier nicht verstanden wird. Alle verhalten sich genauso, wie wir scheinbar unbewusst miteinander vereinbart haben. Alle privaten Gedanken wirken im unbewussten kollektiven Geist zusammen. Was ich über mich und andere denke, bewirkt auf diesem Weg meine Erfahrung. Wird das Gesetz der Liebe anders angewendet als Liebe in Dankbarkeit auszudehnen, dann erzeugt die schöpferische Kraft nur Illusion. »Gib deswegen durch jeden deiner Gedanken *nur das*, was du bekommen möchtest. Denn was du deinen Brüdern gibst, hören sie als Bitte. In LIEBE geben sie dir zurück, *genauso, wie du erbeten hast.*« (Eph 3v20,21.1–3)

»Es gibt einen Geist und einen reinen Geist und deshalb gibt es einen Leib CHRISTI. Dies bedeutet, dass es zwischen Gedanke und Wirkung keine Trennung gibt. Alles ist eins im SOHN GOTTES.« (Eph 4v1–6.1–3) Der Leib Christi ist das Symbol für das Einssein. In der Illusion scheint es zwischen Ursache, Gedanke, Geist und Wirkung, reinem Geist eine Trennung zu geben. Die scheinbare Interaktion zwischen reinem Geist und Geist ist ein Vorgang von Senden und Empfangen, welcher die Illusion zu erzeugen scheint, mit dem Ergebnis, dass ich mich getrennt von meinen Brüdern und in einer Welt erfahre. Dies ist aber nichts weiter als das Überbleibsel eines uralten Wunsches, aus Experimentierfreude ein Spiel zu spielen. Die kreative Kraft hinter allen Gedankenspielen ist das Verlangen. Alles läuft im einen Leib Christi ab, in dem es keine Trennung gibt. Sein einzig wahres Begehren ist, sich selbst zu erkennen. So erwacht der Leib zum eigenen wahren Begehren. »Begreife es als eine Verschiebung, die sich im einen Leib ereignet. Begreife es als einen Wandel im Geist und im Fokus. Bestimme, wo innerhalb der Verschiebung du lieber sein willst. Und schließe dich dort der Tätigkeit des Leibes an.« (Eph 4v17–19.4–7)

»Dieselbe Verschiebung, die sich im Leib ereignet, ereignet sich innerhalb des Aspekts, der du bist. Dein Geist ist dein großer Empfänger und dein reiner Geist liefert, wie der Geist akzeptiert. In diesem Sinne bist du dasselbe wie der Leib, ein Mikrokosmos von *allem, was ist*. Wähle, wo innerhalb der Verschiebung du stehen willst und triff alle deine Entscheide von dort aus.« (Eph 4v20–24.1–4)

Die Geschichte der Welt ist das Ausbreiten des Lichts im einen Geist, wie auch in dem Teil, den ich als mich erfahre, dem Mikrokosmos. Dies widerspiegelt die holografische Natur des Geistes. Das Licht, das sich in meinem Geist ausbreitet, breitet sich im gesamten Geist aus. Ist mein Geist vollständig erleuchtet, ist es aus meiner Perspektive auch der Gesamtgeist, wenngleich es aus einer anderen Perspektive noch nicht so weit zu sein scheint. Das Licht breitet sich durch die Gedanken aus, die ich denke. Sie sind wie die Bestellung, die ich im Geist platziere und der reine Geist liefert, was ich bestellt habe, und dies empfange ich wiederum im Geist. Das ist der Kreislauf von Senden und Empfangen, der wie eine Maschine mit Eingabe und Ausgabe abläuft. Das Ausbreiten des Lichts bedingt, dass ich mich aus eigener vernünftiger Wahl einem Geisteswandel unterziehe und meine Denkgewohnheiten sorgfältig betrachte. Im Wissen, dass alles zu mir zurückkehrt, was ich denke, beginnen mir die Gedanken aufzufallen, die ich nicht mehr haben möchte. Ich lasse sie an meinem Geist vorüberziehen wie dunkle Wolken, welche das Licht der Sonne verbergen, auf dass sie irgendwann nicht mehr wiederkehren werden. Je mehr ich wähle, vergebende Gedanken zu denken, umso mehr Frieden, Freude und inneres Glück werde ich erfahren.

»Dunkelheit besteht aus der Vergangenheit, weil Dunkelheit aus vergangenen Gedanken besteht, als du über dein SELBST unwissend warst. Jetzt, wo du weißt, betrachte Dunkelheit mit neuen Augen. Betrachte Dunkelheit als Vergangenheit, als Folge zu dir zurückgespiegelter vergangener Gedanken. Wähle *jetzt* eine andere Erfahrung. Wähle *jetzt* die LIEBE durch dein Wesen als LIEBE zu erfahren und es wird LIEBE sein, die dir antworten wird.« (Eph 5v3–7.1–3,5,6)

Als ich unwissend war, hatte ich über einen langen Zeitraum negative Gedanken in den Geist eingespeist und die Dunkelheit erzeugt. Jetzt kehren dunkle Gedanken aus der Vergangenheit zurück in mein Bewusstsein. Jetzt kann ich eine andere Interpretation der Dinge, die ich erfahre, wählen. Die Macht der Wahrnehmung ist immer jetzt. Was ich vormals mit dem Ego als Angriff gedeutet hätte, kann ich jetzt mit dem Heiligen Geist in Liebe zum Zweck der Heilung betrachten und Seine Interpretation annehmen. Durch diesen Vorgang wird die negative Energie aus dem unbewussten Geist entfernt. Die Dunkelheit wurde über einen langen Zeitraum erzeugt und es wird eine ganze Weile dauern, bis sie aufgelöst sein wird.

Meine Brüder dienen mir als Spiegel für meine Wahrnehmung. Ich lehre sie, wer sie sind, durch die Gedanken, die ich über sie denke. Durch liebevolle Gedanken und Dankbarkeit lehre ich sie die Wahrheit und Freude wird zu mir zurückkehren. Gebe ich alle Beziehungen dem Zweck der Liebe hin, dann bin ich nicht mehr das Opfer äußerer Umstände, sondern sehe alles, was zu mir zurückgespiegelt wird, als Ausdruck von Liebe, auch wenn es auf der Ebene der Form nicht so aussehen mag. So lerne ich, auf meine Brüder als mich selbst zu schauen, denn in Wahrheit gibt es nur einen Leib Christi. Und in ihnen werde ich mein Selbst erkennen, wie sie ihres in mir erkennen werden.

»Höre MIR zu, was ICH dich jetzt lehre. ICH bin die heilige STIMME DER WEISHEIT und ICH lehre dich deinen Prozess der Vergebung:

So wie du denkst, erlebst du alles.
Es ist durch dein Denken, dass Illusionen gebildet werden.
Es ist durch das Bewusstwerden des Denkens,
dass du siehst, was ICH lehre.
Es ist durch das Aufgeben des Denkens,
dass Illusionen losgelassen werden.

Dies ist der Prozess des Erwachens. So wie du es MIR gestattest, nehme ICH deine Hand und führe dich jetzt durch diesen Prozess. Alles ist entsprechend deiner eigenen Bereitwilligkeit.« (Eph 6v1–4.1–9)

Die Führung im Prozess des Erwachens kommt aus dem eigenen Herzen. Anstatt unbewusst den alten Gewohnheiten nachzufolgen, sollte ich mir bewusst werden, was im Geist abläuft. Er ist der Empfänger aller Gedanken. Alle Menschen unterliegen ohne Ausnahme demselben Gesetz von Senden und Empfangen. Es liegt in der Freiheit meiner Entscheidung, was ich will, ob Glück oder Illusion. Durch die Prüfung mit dem Herzen entscheide ich mich für glückliche Gedanken. Jeder Gedanke, der um etwas bittet, ist das Gebet. Gott antwortet auf jedes Gebet mit Liebe. Und genau hierin liegt das Problem, denn wenn ich glaube, mich in einem Traum der Unwürdigkeit oder Angst verloren zu haben, werde ich Seine Antwort in der Weise interpretieren, wie ich im Traumzustand erbeten habe. Deshalb muss ich meinen Gedanken gegenüber wachsam sein, um zu erkennen, was ich für mich und meine Brüder erbitte. Richte ich alle Bitten auf mein wahres Begehren des Herzens aus, werde ich Freude erfahren. Erfahre ich etwas anderes, habe ich um Illusionen gebeten.

Motiv und Glaube

»Leere deinen Geist jetzt von allem, was du für wahr gehalten hast. Akzeptiere die Gnade und den Frieden GOTTES als dein wahres Erbe.« (Php 1v1,2.1,2) Der denkende Geist ist der Erkenntnis unfähig. Er kann aber auf das Erwachen der Erkenntnis ausgerichtet werden, wenn dies meine Wahl ist. Dann ist Erwachen der Zweck meines Lebens und das übergeordnete Ziel. Dieses Ziel beruht auf dem Glauben, dass es mehr gibt als alles, was ich sehe, fühle und erfahre. Dieses Ziel erfordert, dass Zweck, Motiv und Glaube in meinem Geist im Einklang sind, denn mein Vertrauen setze ich immer in das, was ich glaube. So sollte ich bei allem die Frage stellen: »Wozu dient es?«, um mich dem wahren Zweck bewusst zu werden. Eine Wirkung ist das Ergebnis einer Absicht. Die Absicht ist durch mich beeinflussbar. Handlungen an sich spielen keine Rolle, weil sie Wirkungen sind und nicht Ursache. Mein wahres Erbe ist die Erkenntnis meiner selbst, jenseits des denkenden Geistes.

»›Ich bete für dich‹ ist die einfache Vergegenwärtigung, dass wir zusammen sind, verbunden als eins durch GOTT, und wie ich für dich bitte, werde ich empfangen.« (Php 1v3–11) Dadurch erinnere ich mich bewusst an das göttliche Selbst in uns. Ich kann nur erwachen und glücklich sein, wenn ich diesen Zweck allen zugestehe und in allen sehe und jedes Streben nach Kontrolle über andere aufgebe. In der Praxis bedeutet dies, auf die eigenen Gedanken zu achten. Zu sagen, dass ich den Frieden Gottes will, ohne auf meine eigenen Gedanken zu achten, ist wie ein Gebäude ohne Fundament zu bauen. Das Gebäude ist sinnbildlich für die Erfahrung, die auf dem Fundament steht, dem Motiv. Wird dies bewusst, wenn das Ergebnis nicht der Erwartung entspricht, ist dies das Signal, mein Motiv wieder auf den Glauben auszurichten.

Was in der Welt mit mir geschieht, ist der bildliche Ausdruck von Gedanken. Wenn ich Dinge tue, um mich in einem besseren Licht erscheinen zu lassen, dann ist mein offensichtliches Motiv Minderwertigkeit, die ich glaube ausgleichen zu müssen. Wenn ich so etwas Ähnliches beobachte oder mich über alle möglichen Dinge gedanklich beschwere, sind Motiv und Glaube gespalten. Ich sollte mich fragen, warum ich das tue, um die falschen Überzeugungen meiner selbst bewusst zu machen und sie loszulassen.

»Sei darauf bedacht, dass du nicht beurteilst, was du siehst und beobachtest. Trenne dich vom Körper. Betrachte den Körper nicht als dich. Betrachte ihn bloß als Beweis eines Gedankens, der in deinem Geist ist. Betrachte ihn als nichts anderes als eine Lerneinrichtung.« (Php 2v5–11.1–5) Im Gedankenexperiment der Selbsterforschung wird der Körper zum Mittel und das Motiv ist: »Erkenne dich selbst.« Gedanklich losgelöst vom Körper lerne ich, dass ich nicht der Körper bin. Durch das Beobachten des Körpers mache ich bewusst, welche Gedanken und alten Gewohnheiten sich in meinem Geist befinden, ohne etwas persönlich nehmen zu müssen. Auf dem Lernpfad der Selbstbeobachtung werde ich durch den Heiligen Geist begleitet. Bei allen auftauchenden Fragen kann ich in der Stille des Geistes Seiner Antwort lauschen. Wenn die Gedanken abschweifen und sich Urteile und Schuld bemerkbar machen, habe ich die Perspektive der Lernerfahrung aus den Augen verloren. Das ist der Moment, um den Geist ruhen zu lassen und das Motiv wieder in Erinnerung zu rufen, bevor die Heilung des Geistes fortgesetzt wird.

»Es ist wichtig dich zu erinnern, dass die Welt nicht wirklich ist. Alles, was du siehst und die Art und Weise wie du siehst, ist eine Widerspiegelung von Gedanken im Geist.« (Php 3v1–4.1,2) Das mag zu Betrübnis führen, aber nur, wenn ich die hässlichen Erfahrungen ausblende und an einer idealisierten Vorstellung der Welt festhalte. Mit dieser Sichtweise unterliege ich einer doppelten Illusion. Der Heilige Geist lehrt, nichts mehr auszublenden und alles zu betrachten, wie es ist, aber so, wie Er die Dinge sieht. Seine Interpretation der Illusion ist frei von Täuschung und ersetzt Traurigkeit durch Freude, wie in der folgenden Meditationsübung ausgeführt wird.

»Dies ist eine Zeit der Stille, eine Zeit, um die Augen zu schließen. Dies ist eine Zeit für Ruhe, Entspannung, Atmung und Verlangsamung. Dies ist eine Zeit, um die Welt und Worte beiseitezulegen und um dich auf die Gefühle in dir zu konzentrieren.

Was bemerkst du, wenn du hinschaust und Bestandsaufnahme von deinen Gefühlen machst? Was siehst du, wenn du sie in deine Gegenwart einlädst?

ICH sage dir, dass du ohne Worte oder Umstände der Welt viele Gefühle in dir finden wirst. Es wird ein Gefühl von Schuld und ein Verlangen, Schuld abzuschieben, geben. Es wird Angst, ein Drang zur Verteidigung und der Gedanke des Angriffs geben. Es wird Traurigkeit, Einsamkeit und ein Gefühl des Abgeschnittenseins geben. Alle diese Gefühle wirst du in deinem Bewusstsein treibend vorfinden, ohne Anhaftung an ein bestimmtes Ereignis oder Ding.

Und jetzt geh tiefer. Tauch unter diese Gefühle, die du gefunden hast. Frag, was es dort sonst noch für dich zu sehen gibt. Du magst zu einem sehr persönlichen Gefühl zu kommen scheinen. Es mag fest erscheinen, wie eine Wand. Dieses Gefühl sagt dir, dass du bist, was du nicht bist, also bleib nicht stehen, um ihm zuzuhören. Bitte die Wand, sich wie eine Tür zu öffnen.

So, wie die Wand sich öffnet, geh hindurch, bereitwillig zu entdecken, was verborgen wurde. Wie du hindurchgehst, wirst du bemerken, dass du dich leichter fühlst, als ob schwere Bürden von dir genommen worden wären. Schreite weiter voran und beachte die Freude. Es ist ein Gefühl, das sich natürlich und leicht anfühlt. Steh dann ruhig im Raum, den du betreten hast. Bitte alles, was sich dort befindet, sich zu erheben und sich dir zu zeigen.

Was du jetzt im LICHT badend erfährst, ist die Wahrheit auf der Ebene des HERZENS. Dies ist, wer du *bist*.« (Php 3v5–11.9–34)

Alle Gefühle, die ich außerhalb der Wand in mir gesehen habe, treiben in meinem Geist ohne Ursache, werden auf die Welt projiziert und scheinen dadurch eine Ursache zu bekommen. Für jedes Gefühl wird sich ein Szenario finden, welches das Gefühl zu erzeugen scheint, um seine Echtheit zu belegen. Dieser Kreislauf lässt meine Sicht an der Oberfläche haften und ich sehe alles durch diesen Filter in meinem Geist. Ich kann jederzeit innehalten und mich in Gedanken durch die Tür hindurch in meine stille Mitte begeben und von dort aus alle Dinge betrachten. Die Wand ist nur der Glaube an das falsche Selbst, das Ego. Ich kann es in Aktion beobachten und den Handlungen meines Körpers beiwohnen, ohne den Gefühlen glauben zu schenken. Schuld und andere Gefühle waren schon zuvor im Geist. Jetzt, wo ich sie auf die Welt projiziert sehe, kann ich die Welt von ihnen befreien, indem ich ihnen den Glauben entziehe.

Projektion ist der Mechanismus des Ego, die Schuld außerhalb zu sehen, ohne sie wirklich loszulassen. Wenn ich dieses Spiel durchschaut habe und nicht mehr mitspielen will, kann ich leicht durch die Wand hindurch zur inneren Kammer des Herzens voranschreiten.

Was ich finden werde, ist das wahre Begehren des Herzens. In der Bibel spricht Paulus an dieser Stelle vom Frieden Gottes, der alles Verstehen übersteigt (NT Phil. 4,7) und vom Heiligen Geist wie folgt interpretiert wird: »Sei die LIEBE, die du bist und die LIEBE, die du bist, soll von dir erkannt werden. Frohlocke in der Dankbarkeit deines SELBST und es ist dein SELBST, DAS du in allen sehen sollst.«

»Sei standhaft im Zweck deines HERZENS
und dein Zweck soll sich inwendig in dir vervielfachen.«
(Php 4v2–7.1–3)

Eingetaucht in den Frieden des Herzens erfahre ich eine Freude und Liebe, die sich nicht begrenzen lassen. Diese Liebe dehnt sich aus und schließt alle und alles ein. Ausdehnen ist das Gegenteil von Projektion, denn es verbindet alles als eins in Liebe. Im Einssein werde ich mein Selbst erkennen. Je entschlossener ich dem Zweck des Herzens folge, umso weniger lasse ich mich durch die Versuchungen des Ego aufhalten. Wenn ich mich standhaft gegen die fahlen Angebote des Ego entscheide, mit jedem Atemzug die Erinnerung an den Zweck des Herzens belebe, sind Mittel und Zweck, Glaube und Motiv aufeinander ausgerichtet, bis ich schlussendlich in allem die Liebe erkennen werde, die ich bin.

Der Fluss des Lebens

»All die Liebe, die für die Heilung deiner Seele benötigt wird, ist in die innere Kammer deines eigenen HERZENS gelegt worden.« (Col 1v1,2.2) Dort ruht der Heilige Geist und flüstert einem Lied gleich mit unendlicher Geduld Seine Gedanken. Im Bewusstsein nehmen sie Echos gleich diejenige Form an, die wir verstehen können.

»Wir sind dir dankbar. Wir sind dir für deine Bereitwilligkeit dankbar, dem HEILIGEN GEIST zum Zweck der Heilung zuzuhören. Wir dehnen unsere Dankbarkeit auf den Schwingen der Engel aus zu dir, damit du das Echo deines eigenen Lieds hören kannst und das gänzlich erkennst, was unsere Freude ist.« (Col 1v3–8.1–3)

Das Lied des Himmels ruft mich zur Rückkehr. Deshalb wende ich mich dem Lied des Heiligen Geistes zu, um darin mein eigenes zu erkennen. Es verkündet, dass ich der Christus, der Fluss des Lebens, der Prozess der Schöpfung bin, der alle Dinge erschaffen hat. Meine Einbildungen als Person sind die Hindernisse, die mich von der Lebenskraft abgeschnitten zu haben scheinen. In der Stille kann ich dem Lied lauschen und das Gewahrsein meiner Lebenskraft tritt wieder in mein Bewusstsein. Jenseits der Ablenkungen der Welt kann ich erkennen, dass meine Wirklichkeit jenseits von Formen, Konzepten und Unterschieden ist. Jenseits der Sorgen der Welt tauche ich in das Feld der Liebe ein. In der Ruhe kann ich den Christus in mir spüren. Hier endet die Suche nach Liebe in der Welt, weil sie in mir erkannt ist. In Dankbarkeit dehnt sich die Energie der Liebe im Geist durch die Welt aus und alles wird als eins gesehen.

»Du bist alle Dinge und alle Dinge sind du. Du bist das LEBEN, das in alle Dinge hineinfließt und aus allen Dingen herausströmt. Du bist die Weisheit und das Wissen, die auf dem Strom des LEBENS reisen, der sich durch alles Sichtbare und Unsichtbare hindurch bewegt. In dieser Hinsicht bist du von nichts abwesend, und nichts ist von dir getrennt. Dies ist der Vorgang, nach dem das Gesetz der LIEBE wirkt. Es wirkt durch den Fluss des LEBENS, der alle Dinge ist.« (Col 2v1–5.1–6)

Auf einer größeren Bewusstseinsebene ist mein Geist immer in Kommunikation mit dem Gesamtgeist. Meine Gedanken gehen in ihn ein und wirken aus ihm wie eine Spiegelung auf mich zurück. Deshalb sollte ich mir nicht von der Welt sagen lassen, was und wie ich zu denken und zu fühlen habe, denn damit halte ich mich nur im Kreislauf der Wiederbelebung der Vergangenheit gefangen. Stattdessen sollte mich daran erinnern, ihn zu durchbrechen und meinen Glauben auf das wahre Begehren des Herzens ausrichten. Gedanken im Einklang mit dem Herzen behalte ich bei, die übrigen wie Sorge, Angst und Hass lasse ich ungeglaubt ziehen. Im Frieden des Geistes kommuniziere ich nur noch Liebe, der Kreislauf löst sich auf und ich reise auf dem Strom des Lebens der Erkenntnis meiner selbst entgegen bis ich aufwache.

Nichts in der Welt ist von Dauer. Obwohl mir der Schimmer und der Schein der Welt in meiner Vergesslichkeit gefallen mögen, ist es dennoch nur ein Traum, der mir zeigt, was ich wünschte sehen zu wollen. Wende ich meine Aufmerksamkeit vom Vergänglichen weg zu meinem wahren Begehren des Herzens, dann setze ich auf dauerhafte Gewissheit jenseits der Welt. Ich folge ihr auf dem Weg nach

Hause, zur Erkenntnis vollständiger Freude und dauerhaften Glücks. Mein Verständnis wird soweit gereift sein, dass ich meine Lektionen freudig willkommen heiße und begierig lerne, anderen Geistes zu werden. Mit Nachdruck zu üben heißt nicht, am Morgen gute Vorsätze zu fassen, um sich dann den Tag hindurch Sorgen über alle möglichen Dinge zu machen oder Groll zu hegen, sondern wachsam zu bleiben und immer wieder zum wahren Begehren des Herzen zurückzukehren. Alles, was ich erfahre, kommt von mir. Meine Brüder spiegeln meinen Geist und zeigen mir, was es zu lernen gibt. Ich übe in Dankbarkeit und bete, mehr Wahrheit zu empfangen. Schwierige Situationen werden zu meinem Prüfstein, um auf dem Weg der Meisterschaft zu wachsen.

»Betrachte alles, was du siehst, mit Liebe, aber identifiziere dich nicht damit. Es ist nicht deine Wahrheit oder deine Wirklichkeit. Es ist eine Widerspiegelung deines Denkens. Sei dankbar für die Liebe, die du findest. Umschließe sie. Sei aber auch dankbar für die Spiegelung, die nicht Liebe zu sein scheint, denn sie *ist*, was sie nicht zu sein scheint. Sie kommt zu dir in Liebe und Gnade, um dir zu zeigen, was du gedacht hast, damit du nochmals wählen mögest. Preise deine Irrtümer, damit sie korrigiert werden können. Denn es ist nur durch Preisen und Akzeptanz, dass die Wahrheit erkannt werden kann.« (Col 3v18–25.1–9)

Wie kann ich einen Terroranschlag in einer Stadt in meiner Nähe mit Liebe betrachten, bei dem viele Menschen getötet, verletzt oder traumatisiert wurden? Das wird wohl erst in einem fortgeschrittenen Stadium auf dem spirituellen Weg gelingen. Die Lösung hängt damit zusammen, wo ich meine Identifikation verorte. Bin ich mit dem eigenen Körper als Mensch identifiziert, dann kann ich mich sehr leicht in die Rolle einer anderen Person versetzen und Mitleid mit ihrem Schicksal empfinden. In dieser Art und Weise leide ich am Leiden der Welt. In einem fortgeschrittenen Stadium hat sich beständiges Vertrauen in die Wirklichkeit jenseits der Welt entwickelt. Aus dieser Sicht betrachte ich alles mit dem Heiligen Geist aus unpersönlicher Perspektive, als Widerspiegelung des Konflikts im einen Geist. Das Preisen der Irrtümer bedeutet, sie als nichts anderes als Irrtümer zu sehen, mit dem Zweck, dass sie geheilt werden mögen. Was ich sehe, ist eine Täuschung des Bewusstseins, ist Form. Wenn mir das voll bewusst ist, wechsle ich zum Inhalt und wähle, alles mit

Liebe zu betrachten. Dies heilt den Konflikt und stärkt meine Identifikation mit der Liebe, die ich in Wirklichkeit bin.

»Beobachte diesen Körper, der in der Welt ist. Beobachte ihn mit großem Interesse, denn er repräsentiert die Gedanken, die zuvorderst in deinem Geist sind. Begreife ihn als Manifestation deiner Wünsche und deiner Gebete. Begreife ihn als physische Repräsentation dessen, was du begehrst.« (Col 4v2–6.1–4) Der Körper führt aus, was der Geist sich ausdenkt. Wenn ich in aller Ehrlichkeit und ohne Urteil beobachte, was mein Körper tut und wiedergibt, drückt er tatsächlich meine Wünsche aus. Ich brauche nicht um seine Taten bekümmert zu sein, denn der Körper ist nichts als ein Gedanke im Geist. Aber durch seine Beobachtung kann ich lernen, die Gedanken im Geist aufzudecken. Wenn mir nicht behagt, was ich beobachte, kann ich mich sogleich entscheiden, eine andere Wahl zu treffen und meine Gedanken auf mein wahres Begehren des Herzens ausrichten.

Wenn ich meinen Brüdern zuschaue, zuhöre oder über sie nachdenke und mich in diesem Gedankenstrom verliere, hat sich mein Geist zerstreut. Es sind aber bloß Gedanken in meinem Geist, keine Tatsachen und ich brauche mich nur zu erinnern, über die Gedanken im Geist wachsam zu sein. »Bleib unbeeinflusst von den Gedanken, die du findest, doch gänzlich aufmerksam. Das HERZ gebietet dir, dich zu erinnern, dass der Geist alle Arten von Gedanken empfängt. Es ist deine Gewohnheit, anzunehmen, was immer der Geist empfängt. Jetzt wirst du gebeten, Unterscheidbarkeit zu lernen. Beachte, was empfangen wird, aber realisiere, dass du es nicht behalten musst, nur weil du es empfangen hast. Es zu empfangen heißt nicht, dass du es behalten musst.« (Col 4v10–15.5–10)

Im Fluss der Schöpfung ist das einzige Begehren des Herzens nur dies: »Erkenne dich selbst.« Bringe ich alle Gedanken damit zusammen, dann spüre ich ganz natürlich, welche im Einklang mit dem Herzen und zu behalten sind und welche losgelassen werden sollten. In dieser Art und Weise praktiziere ich mit dem Herzen Unterscheidbarkeit und ordne den Geist dem Herzen unter. Dies ist eine aktive Form der Kontemplation. Während ich sie übe, erfahre ich, dass sie wirkt. Wie ich erfahre, dass sie wirkt, akzeptiere ich sie und wende sie bereitwillig immer häufiger und weiter an. Indem ich sie immer anwende, dehne ich mein Lernen im Fluss des Lebens zu meinen Brüdern aus und stärke das einzig wahre Begehren.

»Erkenne dich selbst« ist ein uralter Aphorismus, der schon bei den alten Griechen geläufig war und bei Sokrates in seinen philosophischen Dialogen Verwendung fand. In vielen Belangen mag Sokrates historisch betrachtet wie ein Vorläufer von Jesus erscheinen. In diesem Kapitel sind der von Sokrates häufig verwendete Aphorismus und Jesus zusammengebracht. Bei NTI Galater taucht erstmals Jesus als Stimme auf und spricht mich als Bruder an. In NTI Epheser spricht ein Bruder, der nicht mehr als Jesus oder der Heilige Geist identifizierbar ist, bei NTI Philipper ein weiterer Bruder, oder einer, der nicht mehr als weiterer identifizierbar ist und bei NTI Kolosser alle zusammen als eins. In diesem Verlauf wird die Idee einer persönlichen Identität Schritt für Schritt aufgelöst. Dies widerspiegelt den Weg vom Persönlichen zum Abstrakten, zu: »Erkenne dich selbst.« Regina legt uns mit den vier kurzen Büchern von NTI Galater bis Kolosser eine Übung nahe, denn sie bilden wie eine Einheit. »Wenn du dir zwei bis drei Stunden Zeit nimmst, kannst du eine geführte Lesemeditation durchführen, indem du alles in einem Stück durchliest, jeweils ein bis zwei Sätze, dann die Augen schließt, um sie einwirken zu lassen, bevor du weiterfährst.« (2008-02-22 Php3–4Col1 0:31:08)

DER NEUE BUND

Der Weg des Friedens

»ICH komme in Frieden, um dich zu führen. Durch Frieden sollst du MICH erkennen. ICH bin fortwährend bei dir, in Frieden über dich schauend und in Frieden durch dich hindurchschauend als MEINE einzige Sicht und die Manifestation MEINER Herrlichkeit. Deshalb sollst du MICH durch Frieden erkennen. Dem ist so, weil ICH das bin, was als der Frieden des HERZENS erkannt wird, welcher nicht weggenommen werden kann.« (1Th 1v1–3) Auch in turbulenten Zeiten, wenn wir durch die Geschäftigkeit der Welt abgelenkt sind, ist der Frieden des Herzens in jedem Geist immer anwesend. Der denkende Geist ist wie eine Wolkendecke, die den blauen Himmel abdeckt. Über der Wolkendecke ist der blaue Himmel unberührt von allen Ereignissen darunter. In diesem Sinne ist der Friede unverwüstlich wie der blaue Himmel. Mit jedem Moment des Friedens, den ich in Freude und Dankbarkeit willkommen heiße, löst sich die Wolkendecke etwas auf und ich komme dem Erkennen meines Selbst einen Schritt näher.

Frieden ist der Führer auf dem Weg zur Erkenntnis der Wahrheit. Die sanfte Führung des Lichts aus dem Inneren ist frei von Angst und frei von Widerstand. Dringt Angst in den Frieden ein, dann mag ein unmittelbares Verlangen aufkeimen, den Gedanken oder das Gefühl zu verleugnen, das in den Frieden eingedrungen ist. »ICH sage dir, das Verlangen, das Eindringen zu verleugnen, ist Angst. Es ist die Angst, dass du ein Sünder bist und dich verstecken musst, damit du nicht entdeckt und irgendwie bestraft wirst. ICH sage dir, diesem Verlangen zu verleugnen nachzugeben heißt, Angst und den Glauben an Sünde in dir anzuhäufen. Dies ist nicht Erlösung und dies ist nicht der Weg des Friedens noch ist es der Grund, um in Übereinstimmung mit deinem Frieden zu sein.« (1Th 2v13–16.6–9)

Wie ich auf die Welt schaue, bestimmt, wie ich sie sehe. Will ich mich von Angst befreien, muss ich mir bewusst sein, was sie verursacht hat, ohne mich deswegen schuldig zu fühlen und zu verurteilen, nur weil ich vom Frieden abgekommen bin. Wird jeder Moment angenommen, wie er ist, dann dient jedes Vorkommnis der Heilung. Im wiedergefundenen Frieden kann ich mich angeleitet fühlen, der Situation entsprechend zu handeln oder auch nichts zu tun.

> *»Mangel an Frieden in irgendeinem Maß ist eine Gelegenheit,*
> *geheilt zu werden.« (1Th 3v1–5.1)*

Wenn ich den Frieden verloren habe und es merke, ist das ein Grund zum Frohlocken, denn ich habe eine weitere Gelegenheit gefunden, geheilt zu werden. Was den Frieden stört, ist meistens das Selbsturteil, dass ich mich falsch verhalten habe oder sonst wie Grund verspüre, mich schuldig zu fühlen. Ich betrachte, was in den Frieden eingedrungen ist und wende mich nach innen an den Heiligen Geist Mit Ihm schaue ich zu, wie sich die Störung ins Nichts auflöst und Frieden wiederkehrt. »Es trifft zu, dass Frieden die Ursache für Frohlocken und Dankbarkeit ist. Es ist durch Dankbarkeit, dass Frieden ausgedehnt wird.« (1Th 3v6–10.2,3) Dankbarkeit und Frieden gehen Hand in Hand. Das eine beflügelt das andere und beide führen durch stetige Übung den Weg entlang zum Erkennen des Selbst.

Der Glaube an Sünde scheint den Geist seines Friedens beraubt zu haben. Sünden scheinen sich durch Taten manifestiert zu haben, aber zuvor muss der Glaube an sie im Geist gewesen sein. Sünde verbirgt sich hinter jedem Gefühl von Schuld und Angst. Sie mag dazu verleiten, die Dinge kontrollieren zu wollen, um eingebildetes Ungemach abzuwenden. Sie ist aber nichts als die Vergessenheit dessen, was ich bin. Immer wenn mein Frieden unterbrochen wird, ist ein Gedanke an Sünde aus dem Unbewussten aufgetaucht. »Wenn du dich erinnerst, wer du bist, erinnerst du dich, dass LIEBE alles ist, was es gibt. Dann magst du in Zuversicht ruhen und die Wirkungen der Sünde in Frieden und ohne Aufnahme durch deinen Geist ziehen lassen, weil du dich erinnert hast, dass Sünde in einer Welt nicht möglich ist, in der Trennung nicht wirklich ist.« (1Th 4v9,10.5,6)

»Der Tod ist die Folge der Sünde, aber Sünde ist nicht wirklich. Sie ist bloß eine Überzeugung im Geist, die berichtet, dass alles ist, wie es nicht ist. Sünde ist die Verleugnung der Wirklichkeit.« (1Th 4v13–18.1–3) Sünde ist ein reines Gedankenspiel. Als ihre Folge ist der Tod genauso unwirklich. Jeder Tod ist bloß eine Neuinszenierung der Trennung von Gott, die nie wirklich stattgefunden hat. Gemäß Überlieferung glaubte Paulus, dass die Verstorbenen wie Jesus auferstehen werden: »Denn der Herr selbst wird beim Erschallen des Befehlswortes, bei der Stimme des Erzengels und der Posaune Gottes vom Himmel herabsteigen. Und die, die in Christus gestorben sind, werden zuerst auferstehen, danach werden wir, die wir noch am Leben sind, mit ihnen zusammen hinweggerissen und auf Wolken emporgetragen werden in die Höhe, zur Begegnung mit dem Herrn. Und so werden wir allezeit beim Herrn sein.« (NT 1. Thess. 4,16–17) Darauf beruht das christliche Glaubensverständnis vom Tod: Wer stirbt, schläft bis zur Wiederkehr und Auferweckung.

Der Heilige Geist lehrt uns, dass wir die ganze Zeit am Schlafen sind und den Traum des Todes nur träumen, obgleich es sich für uns sehr wirklich anfühlt. Wenn wir einen nahestehenden Menschen verlieren und uns traurig fühlen oder Angst vor dem Tod haben, sollten wir diese Gefühle ernst nehmen. Es wäre nicht hilfreich, sich dafür selbst zu verurteilen, weil hier gelehrt wird, dass der Tod nicht wirklich ist. Ganz im Gegenteil lehrt uns der Heilige Geist die Gefühle ernst zu nehmen und einen urteilsfreien und sanften Umgang mit seinen Brüdern und sich selbst zu pflegen. »Sei aber auch gewillt dich zu erinnern, dass die Gefühle, die du erfährst, *die Folgen der Vergessenheit* sind und was du vergessen hast ist die Wahrheit. Wenn du in Stille ruhst, rufe die Wahrheit ins Gedächtnis. Sie soll dir wieder eingesetzt werden. Bei ihrer Wiedereinsetzung sollen alle Traurigkeit und Angst sanft durch Frieden und ein stilles Vertrauen in GOTT als alles, was es wahrhaftig gibt, ersetzt werden.« (1Th 4v13–18.9–12)

»Das Gesetz der LIEBE ist Vereinigung auf der grundlegendsten Ebene des Seins. Das Gesetz der LIEBE besagt, dass alles, was *ist*, ist, wie es ist, weil das alles ist, was wahrhaftig sein kann. Alles Übrige ist Illusion.« (1Th 5v1–11.3–5) Regina berichtet: »Als ich diese Worte aufschrieb, und es sind nur Worte, fühlte ich diese Vereinigung und wusste, dass diese Vereinigung unbeschreiblich vollkommenes Einssein ausdrückt, dass überhaupt nichts diese Vereinigung jemals auch nur einen Augenblick unterbrechen könnte.« (2008-03-14 1Th4–5 0:41:40)

Angst ist das größte Hindernis vor der Liebe. Angst hält die Illusion aufrecht, dass Sünde und Trennung wahr sind und nach deren Gesetzmäßigkeiten alles Leben am Ende sterben muss. In Verleugnung der Liebe lebe ich umgeben von der Wahrheit, ohne sie zu sehen, weil ich mich entschieden habe, wegzusehen. Das Wegsehen liefert der Angst alle Macht und hält sie aufrecht, hat Illusionen hervorgebracht und mir all die Schrecken der Welt eingejagt. Ich brauche nur wieder genau hinzusehen und die Fata Morgana der Angst wird sich in der mich ewig umgebenden Wahrheit auflösen.

Der Weg der Erinnerung ist ein sanfter Weg. Alle um mich herum spiegeln meine Gedanken, die ich verdrängt und verleugnet habe. Was sie in mir hervorrufen – Ärger, Missgunst, Neid – sind Gefühle und Gedanken, die ich mir ansehen und als unwahr ablegen muss. Jeder Mangel an Frieden ist ein Zeichen, dass ich vom Weg abgekommen bin, um mich in freudiger Erinnerung wieder auf den Weg des Friedens zurückzubegeben. Wie ich Frieden übe, dehne ich ihn aus und liebe meine Brüder als mein Selbst, das sie sind. Und unmittelbar dahinter steht die Erinnerung an Gott, die vollkommene Liebe.

Der Heilige Geist als die Stimme der Liebe ist immerfort bei mir und leitet mich an, die Dinge anders zu sehen. Er wird mir alle Geheimnisse enthüllen, die nur ich selber vor mir verborgen habe.

»Das Geheimnis des Erwachens ist, dass du zu DIR erwachst.
Das bedeutet, das flammende Feuer im Inneren als dich anzunehmen.« (2Th 1v5–10.7,8)

Dem Aufdecken des Geheimnisses steht das Gefühl der Unwürdigkeit gegenüber, dass ich die Liebe nicht verdient habe, die Gottes Gabe – das flammende Feuer – an mich ist. Mein bewusster Zweck des Erwachens gepaart mit meiner Bereitwilligkeit wird das falsche Selbstbild aus seinen Verstecken, woraus es mich zu beherrschen scheint, hervorbringen und im Licht der Wahrheit auflösen.

»Sei bereit, in der Zuversicht deines Vertrauens zu ruhen, wenn du den Dämon im Inneren weckst, um auf deinen aufmerksamen Blick zu stoßen. Du kannst in Zuversicht deiner eigenen Einladung zulächeln, im Wissen, dass du fest in der Erkenntnis dessen stehst, was du bist, dass das, was du sehen wirst, dich nicht erschüttern kann, denn es ist nichts weiter als *dein eigenes Urteil* über dich selbst. Allein durch dich gefällt, ist es ein Urteil, das durch dein eigenes Belieben und deine eigene bewusste Entscheidung vollständig entfernt werden kann.« (2Th 2v13–15.1–3) Regina erzählt: »Ich erinnere mich, dies geschrieben zu haben. Es war für mich das, was ich als Aha-Erlebnis bezeichnen würde, weil ich wie alle von meiner Unwürdigkeit voll überzeugt war. Als ich diesen Absatz schrieb, ließ ich diese hundertprozentige Überzeugung los. Denn ich realisierte, dass wenn es allein mein Urteil über mich ist, dann ist die Einzige, die sagt, dass ich unwürdig und schuldig bin, ich. Damit war das Gefühl der Unwürdigkeit nicht verschwunden, aber die feste Überzeugung hatte einen Riss bekommen.« (2008-04-04 2Th 0:35:55)

»Das Gebet in deinem HERZEN wird dich lenken. *Du* brauchst nicht zu beten. Du musst nur zuhören. Erinnere dich, dass du das Gefäß bist, durch welches GOTTES LIEBE sich in die Welt ergießt. Sei gewillt, das letzte verbleibende Hindernis beiseitezulegen, das den Kanal der LIEBE, der du bist, behindert.« (2Th 3v1–5.1–5)

Das letzte verbleibende Hindernis ist der emsig denkende Geist. Durch seine sich aus Angst im Kreis drehenden Gedanken beraube ich mich selbst des Friedens. Was ich denke, mag ich für bedeutend und wichtig erachten, aber alles Denken dreht sich um Dinge aus der Illusion der Welt. Und so scheint die Nichtigkeit der Angst wie ein König über meinen Geist zu herrschen. Ich bin meinen Gedanken nicht ausgeliefert, sondern kann entscheiden, den Kreislauf zu durchbrechen und anderen Geistes zu werden. Um mich bei diesem Unterfangen nicht weiter durch den denkenden Geist austricksen zu lassen, sollte ich ihn ruhen lassen und auf mein Herz hören.

»Wenn im Versuch zu ruhen ein Gedanke auftaucht, schau ihn ohne Anhaftung darüber, was er berichtet, sanft an. Stell nur diese Frage: ›Bist du aus dem HERZEN zu mir gekommen?‹

Du wirst die Antwort sofort spüren. Zweifle nicht an dem, was du spürst. Es ist das HERZ, das die zu erwägende Frage beantwortet.

Wenn die Antwort Nein ist, bitte den Gedanken in Frieden zu vergehen. Empfinde demgegenüber, was du gebeten hast dahinzuschwinden, keinen Widerstand.

Wenn das HERZ Ja antwortet, entspann dich ins Zuhören. Entspanne dich vollständig, denn du brauchst diesen Gedanken nicht mehr infrage zu stellen. Lass deine Befragung sich in Vertrauen wenden. Lass Zuhören die Praxis des ruhenden Geistes sein. Du hörst deiner wahren STIMME zu und SIE lehrt dich, wer du wahrhaftig bist.« (2Th 3v14,15.3–14)

Unterscheidbarkeit kann in Frieden mit dem Herzen als treffsicherer Instanz praktiziert werden. Nicht nur beim Stillsitzen kann ich den Geist ruhen lassen, sondern bei jeder Tätigkeit, die ihn nicht zu stark in Anspruch nimmt, wie beispielsweise beim Essen, Spazierengehen, Fahren oder Putzen. Der denkende Geist wird sich versuchen einzumischen und zeitweilig wird ihm das auch gelingen, aber mit Wachsamkeit werden seine Störmanöver aufgedeckt. Es wird nicht immer einfach sein und sofort gelingen, aber mit etwas Übung ist es machbar. Im Folgen der sanften Führung des Herzens verrichte ich das geruhsame Werk, mich vom Falschen zu befreien. Die Antwort aus dem Herzen wird immer von tiefem Frieden begleitet sein.

Persönlichkeit

»Es ist an der Zeit, deinen Glauben an die individuelle Persönlichkeit abzulegen und dein SELBST anzunehmen, in Freude, wie du wahrhaftig bist.« (1Ti 1v1,2.1)

»Die Persönlichkeit des Menschen, die auf dem Glauben an die Welt beruht, ist bedeutungslos. Sie ist bedeutungslos, weil die Welt selbst nicht wirklich ist, und deshalb ist alles, was auf der Welt beruht, auch nicht wirklich.« (1Ti 1v3–7.1,2) Die Basis für die individuelle Persönlichkeit ist der Glaube an die Trennung, dass es ein »Ich« und alle anderen gibt. Folglich werden alle Eigenschaften der Persönlichkeit bewusst oder unbewusst als Maßstab für Vergleiche und Urteile herangezogen. Dabei schneide ich manchmal besser, meistens aber schlechter ab, weil die »anderen« in der Überzahl sind. Ich kann nur verlieren. Was ich durch mein Urteilen zurückweise, und meistens fällt die Zurückweisung auf mich zurück, ist die Ursache für allen Schmerz. Er stammt aus der Identifikation mit der individuellen und separaten Persönlichkeit.

In Wirklichkeit hat die Trennung nie stattgefunden und Unterschiede sind reine Illusion. Der Glaube an die Persönlichkeit aufzugeben mag als schmerzhaft empfunden werden, weil es den Tod des Ego bedeutet. Was sterblich ist, sind aber nur die falschen Konzepte der Persönlichkeit, welche die wahre Existenz, das ewige Leben, verbergen. »Jesus ›starb‹, um zu lehren, dass der Tod nicht existiert, weil Existenz alles ist, was es *gibt*.« (1Ti 1v15–17.4) Regina erzählt: »Als ich in einem Gespräch etwas falsch mitbekommen hatte wie etwa, ich könne sterben, was natürlich nicht gesagt wurde, sagte ich laut heraus: ›Ich kann nicht sterben!‹ Wie ich das laut sagte, breitete sich in meinem Brustkorb eine unglaubliche Freude aus. In mir war solch eine Freude, weil etwas in mir gerade eben die größte Wahrheit in der Welt gehört hatte. Und mir wurde bewusst, dass ich niemals zuvor in meinem Leben laut ausgesprochen hatte, dass ich nicht sterben kann. Und ich sagte es nochmals und spürte wieder diese Freude. Versuch es auch!« (2008-04-18 1Ti1–4 0:20:10)

Der einzige Zweck dieser Lehre ist der einzig wahre Zweck des Herzens, und der ist: »Erkenne dich selbst.« Durch Regina lässt uns der Heilige Geist wissen: »Es gibt kein Wesen, das auf diesem Planeten wandelt, das nicht erwachen will. Jedes Einzelne will es. Nicht alle sind sich dessen bewusst, aber alle wollen es. Sogar die am tiefsten schlafenden Wesen sind nicht glücklich mit dem, was sie sind. Alle wollen glücklich sein und die Antwort ist natürlich zu erwachen.« (2008-04-18 1Ti1–4 0:26:10) Es ist an der Zeit, nicht mehr länger darauf zu beharren, dass ich die Persönlichkeit bin, als die ich mich erfahre, denn das ist die Quelle allen Leidens. Das vorübergehende Ding, als das ich mich erfahre, ist ein kleines Stückchen vom Ganzen. In Wirklichkeit bin ich nichts Vorübergehendes, sondern das unveränderbare Ganze. Wenn ich alle Scheuklappen und Ablenkungen der Persönlichkeit weglege, verbinde ich mich mit dem Licht jenseits der körperlichen Sicht, das ich bin und das alles umschließt.

»Ruhe inwendig im LICHT von allem, was es gibt
und akzeptiere dieses LICHT als dein SELBST.« (1Ti 2v8.1)

Der Heilige Geist ist das Auge, das alle Dinge in der Welt überblickt und sieht, wie sie wirklich sind. Der denkende Geist hingegen analysiert, separiert, fällt Urteile und weist zurück, genauso wie eine mechanische Maschine, die dafür gemacht wurde und nicht anders kann. Ich bin aber nicht diese Maschine, sondern ihr Macher. In Akzeptanz dieses Gedanken kann ich mental einen Schritt zurücktreten und in die Beobachterrolle des Heiligen Geistes wechseln. Als Beobachter schaue ich der Person zu, für die der denkende Geist mich hält. Als Beobachter bin ich näher am Kern dessen, was ich bin.

»Wenn du der Beobachter bist, muss die Person im Drama Teil einer Handlung sein. Und wenn die Person Teil einer Handlung ist, dann ist sie nicht du. Überprüfe diese Idee und beobachte sie. Du wirst sehen, dass sie wahr ist. Du kannst die handelnde Person beobachten, weil die handelnde Person nicht du ist.« (1Ti 3v8–10.1–5) Das kann ich bei jeder Persone beobachten, wenn ich sie als Teil einer Handlung wie in einem Theaterstück betrachte. Die Beobachterrolle ist ein Schritt in die richtige Richtung und löst die Identifikation mit der Persönlichkeit auf. Ich bin mehr als die Person und in einem weiteren Schritt jenseits des Beobachters das unveränderliche Selbst.

»Liebe dich SELBST. Um dich SELBST zu erkennen, musst du bereit sein, dich SELBST zu lieben. Aber dich SELBST zu lieben heißt nicht, deine Persönlichkeit zu lieben noch bedeutet es, deine Persönlichkeit abzulehnen, denn nichts in GOTT kann durch die LIEBE abgelehnt werden. Dich SELBST zu lieben bedeutet alle Dinge und alle Gegebenheiten zu lieben, denn du weißt, dass alle Dinge und alle Gegebenheiten durch GOTT entstehen, was alles ist, was es gibt.« (1Ti 4v1–5.1–4)

Wie ist das zu verstehen, alle Dinge zu lieben, aber seine Persönlichkeit nicht zu lieben? Es bedeutet, sich nicht mit ihr zu identifizieren und kein Anhaften an irgendwelchen Dingen zu haben. Irgendetwas abzulehnen würde bedeuten, Gott abzulehnen, weil das unteilbare Einssein Gottes alles ist, was es gibt. Alle Dinge und alle Gegebenheiten entstehen durch Gott, weil Gott die Quelle der Liebe ist und durch mich in einem Traumzustand scheinbar Form angenommen haben. Wenn ich alle Dinge und alle Gegebenheiten bedingungslos liebe, erhebe ich mich über ihre Formen zum Inhalt der Liebe und verbinde mich mit dem Einssein. In dieser Weise dienen sie dem einen Zweck des Erwachens.

Auch der Heilige Geist hat scheinbar Form angenommen, um mich aus dem Traum herauszuführen. Er ist der Frieden in mir, der nicht von dieser Welt kommt. Im Vertrauen an Ihn kann ich die innere Liebe spüren, die sich nicht begrenzen lässt und sich unendlich ausdehnt. Im Vertrauen in Ihn setze ich Vertrauen ins Unendliche jenseits jeder Form. Ich übe mich in Frömmigkeit, indem ich meinen Geist häufig ruhen lasse, innerlich zurücktrete und mich meines wahren Zwecks erinnere. In seinem Licht bin ich dankbar für alle Dinge und alle Gegebenheiten, denn sie wirken zusammen für den einen Zweck des Erwachens, der eins ist mit Ihm. In stiller Dankbarkeit werde ich zur einen Wahrheit erwachen.

Zwei diametral entgegengesetzte Konzepte stehen zur Wahl. Das Konzept der Persönlichkeit beruht auf Teilung und Trennung. Es lassen sich Unterschiede, Verhaltensregeln und Erwartungen ableiten, die dem Urteilen dienen. Vorlieben bei Dingen und Beliebtheit der Person sind wie Skalen auf dem Maßstab der Persönlichkeit. Sogar innerhalb der eigenen Familie mag ein Elternteil ein Kind mehr lieben als ein anderes, wie schon im Alten Testament belegt ist. »Aber die Persönlichkeit ist ein Maßstab, gemacht, um die Illusion der Trennung aufrechtzuerhalten.« (1Ti 5v9,10.5)

»Dich SELBST zu lieben bedeutet alle zu lieben und alle als dich anzunehmen.« (1Ti 5v1,2.1)

Dieser Gedanke führt weg von der Persönlichkeit hin zum Konzept des Ausdrucks. Alles, was ich in der Welt sehe und erfahre, ist Ausdruck für die Freiheit von Gottes Sohn. Als Ausdruck ist diese Welt eine Illusion. Sie ist die Antwort auf die neugierige Frage nach Unterschieden. Sie ist die Gabe von mir an mich selbst. Und deshalb sind alle meine Brüder und Schwestern, ungeachtet von Alter und Herkunft, Teil von mir. Was wie viele erscheint, ist eins. Wenn ich alle und alles liebe und als Ausdruck meiner Freiheit annehme, hebt sich die Trennung auf. Ich treffe die Wahl für den Himmel, indem ich mit Vergebung über alle Urteile und Fehler hinwegsehe, auch über meine eigenen. Vergebung auf allen Dingen ruhen zu lassen, ist Ausdruck von Sanftmut und dies wird meine Erfahrung sein. Mit Vergebung akzeptiere ich in Freude und Dankbarkeit alle Dinge als das, was sie sind, als Symbole der Äußerung von Freiheit.

»Lehre, was du lernen möchtest. Um dich selbst zu lehren, dass du keine Person bist, musst du andere lehren, dass auch ihre Persönlichkeit unwahr ist. Du machst dies, indem du selbst ihren Persönlichkeiten nicht glaubst. Du schaust über ihre Geschichte hinweg zum einen, von dem du weißt, dass sie es sein müssen, und dies ist, was du in deinem Gedächtnis behältst, wenn du ihnen zuhörst. In dieser Weise lehrst du dich, was du lernen möchtest und stumm lehrst du es sie ebenso.« (1Ti 6v1,2.1–5)

Die Maske der Persönlichkeit verschleiert den Geist Gottes, mit dem ich in Wirklichkeit denke. Mit dem Glauben an die Maske wird die Falschheit wiederholt erfahren, als ob sie wirklich wäre, wie eine falsche Schwingung von irgendetwas im Nichts. Meine Aufgabe besteht darin, die Frequenz meiner Schwingung zu verändern, wie wenn ich bei einem Radiogerät die Frequenz vom Sender »Ego« zum Sender »Gott« wechseln würde. Mit dem Fokus ausgerichtet auf das Herz, schwinge ich mich auf die Frequenz meiner Quelle ein, die meine Wahrheit ist. Die veränderte Schwingung wird begleitet von rechtgesinnten Gedanken. Urteilende Gedanken weichen solchen der Freude. Dem veränderten Bewusstsein wird eine andere Erfahrung folgen. Die falsche Schwingung des Nichts verklingt und das Konzept der Persönlichkeit wird sanft weggelegt. Mit dem Fokus auf dem Herzen richte ich mein Glück auf seine Quelle aus und erfahre die Gnade, welche die Liebe meines Herzens ist.

Gefühle aufdecken

»Es ist Zeit, nach innen auf die Dunkelheit zu schauen, die dein Gewahrsein des LEBENS von dir verbirgt. Du wirst viele Dinge sehen, von denen alle unwahr sind. Halte MEINE Hand und wisse, dass es deine eigene Wahrheit ist, an der du dich festhältst, wenn wir zusammen auf alles blicken, was du nicht bist.« (2Ti 1v1,2.1–3) Regina erzählt: »Als ich dies schrieb, wurde mir etwas bange. Da war immer noch die Idee des Urteils mit der Überzeugung in meinem Geist, dass wir in der Finsternis meine Wahrheit als Dunkelheit entdecken würden. Deshalb fürchtete ich mich, nach innen zu schauen. Ich war noch vollständig mit der Maske identifiziert. Aber diese Idee, die uns bange macht, ist nicht wahr, wie soeben klargestellt wurde.« (2008-05-02 1Ti6–2T1 0:40:00)

In unserer schnelllebigen Zeit mögen wir versucht sein, alle Dinge mit dem Verstand erklären und unangenehme Gefühle verdrängen zu wollen. Das ist nicht Erlösung und die Erfahrung nicht wird ausgelebt, für die wir uns in die Welt begeben haben. Der Grund für die Verleugnung ist, dass wir uns selbst verurteilt haben und uns schuldig fühlen, die Erfahrung auf metaphysischer Ebene verursacht zu haben. Gott hat uns jedoch die Freiheit gewährt, beliebige Erfahrungen zu haben. Mit dem Heiligen Geist hat Er uns auch das Mittel gegeben, zu Ihm zurückzukehren. Seine vertrauenswürdige Lehre ist die Lehre unserer Unschuld. Wenn ich sie akzeptiere, brauche ich mich nicht mehr von den eigenen Gefühlen zu fürchten und sie zu verdrängen. Ich kann alles aus der Dunkelheit hervortreten lassen und die verdrängten Gefühle, Verstimmungen und Ängste erfahren. Alles, was hervortritt und erfahren wird, löst sich im Licht als falsch auf, wenn ich es nicht auf andere abschiebe oder mit dem Verstand zu rechtfertigen versuche.

Regina berichtet: »Als jemand neu in unsere Diskussionsgruppe eintrat und von anderen attackiert wurde, schrieb ich eine E-Mail in der guten Ego-Absicht, der neuen Person zu helfen und sie zu verteidigen. Danach überkamen mich massive Schuldgefühle. Eine immens große Menge an Schuld wurde freigesetzt. Die Schuld war so intensiv, dass mir die Gedanken in den Sinn kamen, dass ich ausgelöscht, sterben und vollständig aus dem Gedächtnis eines jeden Lebewesens ausradiert werden wollte. Ich fühlte mich so beschämt und schuldig, dass ich aufhören wollte zu existieren. So unbeschreiblich schrecklich fühlte ich mich. Vor dieser Art Erfahrung fürchten wir uns und wir versuchen sie aktiv zu vermeiden, indem wir uns rechtfertigen oder andere beschuldigen. Das Einzige, das mich durch diese Erfahrung hindurch getragen hatte, war, dass ich der Bewertung meiner selbst durch den Heiligen Geist, dass ich unschuldig bin, mehr Glauben schenkte als meiner eigenen Selbstbeurteilung, dass meine Schuld wahr sei.« (2008-05-16 2Ti1–2 0:22:00)

»Du beschützt deine Angst. Du beschützt sie, weil du glaubst, dass sie dich beschützt. Du glaubst, dass es etwas Schlimmeres als Angst unterhalb deiner Angst gibt und deswegen beschützt du deine Angst, indem du sie für dich aufbewahrst. Aber in dieser Art und Weise wirst du deine Befreiung nicht finden.« (2Ti 2v1–7.2–5) Was, wenn nicht Angst, wird mich davon abhalten, einfach ohne zu schauen über die Straße zu gehen? Das ist die typische Frage, die das Ego stellt, denn Angst und Ego sind synonym. Die Antwort ist sehr einfach. Ohne Angst wird nur Liebe sein und in allen Dingen werde ich der Vernunft und dem wahren Zweck des Herzens folgen.

Angst ist weder Zweck noch Erlösung. Darunter verbirgt sich die Furcht vor der Selbstzerstörung. Zerstörbar ist aber nur die falsche Identität das Ego. Am Ego festzuhalten ist das Hindernis, das überwunden werden muss. Der Weg der Erlösung ist, die Angst zu erfahren und durch sie hindurchzugehen, bis sie sich auflöst, ohne sie zu verbergen oder sich vor ihr zu verstecken. »Durch das Erfahren der Angst, ohne dabei umzukommen, lernst du, dass du nicht umkommen kannst.« (2Ti 2v8–10.8) Alle Gefühle, egal wie stark und intensiv sie sind, sind nur Gefühle und nicht meine Wirklichkeit. Der Weg durch die Angst läutert den Geist und führt zur Auferstehung im Inneren, zum Licht, das niemals sterben kann.

Der friedfertige Teil des Geistes trägt mich durch den Prozess der Läuterung. Der denkende Geist wird sich einzumischen und die Angst beizubehalten versuchen, um sich selbst zu schützen. Damit begrenzt er mithilfe der Angst die Unbegrenztheit meiner Wirklichkeit auf die Maske. Sich vom denkenden Geist ab- und der Vernunft des Herzens zuzuwenden befreit. Aus dem Herzen kann ich in Vertrauen und Frieden alle Gefühle erleben, ohne der Erfahrung Grenzen aufzuerlegen. »Erinnere dich, dass die Welt und ihre Gedanken nichts als Requisiten sind. Tauche direkt in die Erfahrung ein. Durch gänzliches Erfahren ohne einen Wunsch nach Erlösung erfährst du es, ohne zu sterben und das *ist* Erlösung.« (2Ti 2v22–26.9–11)

Während in der Bibel Paulus an dieser Stelle beschreibt, wie in den letzten Tagen schlimme Zeiten eintreten werden, legt der Heilige Geist in Seiner Interpretation dar, wie die Endzeit herbeigeführt wird: »Lass uns bedenken, dass dies ein Kurs im Nach-innen-Schauen ist, um alles, was in deinem Geist unwahr ist, zu heilen. Lass uns bedenken, dass die Welt nur eine vom Geist gemachte Requisite ist, um eine Erfahrung zu erzeugen, welche der Geist bereits entschieden hat zu erleben. In dieser Art und Weise ist die Welt nie Ursache. Der Geist ist Ursache. Die Welt ist eine Requisite, indessen schrieb der Geist das Theaterstück.« (2Ti 3v1–5.1–5)

Der denkende Geist ist der Mechanismus des Urteils, gemacht, um durch sein Urteil der Illusion der Welt Wirklichkeit zu verleihen. In diesem Sinne ist er genauso eine Requisite im Theaterstück der Welt. Wenn ich mich mit ihm gleichsetze, glaube ich, eine Requisite zu sein, und verleugne die Fülle meiner Erfahrung. Wenn ich mich in dieser Position wiederfinde, sollte ich innerlich in die Beobachterrolle zurücktreten, die Welt als eine harmlose und bedeutungslose Bühnenausstattung betrachten und alle Gefühle, die auftauchen, erfahren. Aus dem sicheren Ort innerhalb des Herzens kann ich mich der Fülle der Gefühlserfahrung hingeben und jedes Urteil als nichtige Ablenkung beiseitelegen. Alles dient dem Hervorbringen von Gefühlen. Egal wie unangenehm die auftauchende Schuld, Angst oder Unwürdigkeit erscheinen mag, ich brauche ihr keinen Glauben zu schenken.

Alles ist nur eine Erfahrung. Ohne mich voll und ganz in sie hineinzubegeben, bliebe die Frage: »Was wäre, wenn alles anders wäre, als es ist?« unbeantwortet. Erst das volle Erleben der Gefühle heilt den Geist von seiner Neugier und beantwortet die erste gestellte Frage. Das Durchleben der Fülle der Gefühlserfahrungen führt das Ende der Theatervorführung herbei und befreit den Geist über die Erfahrung hinaus zum Gewahrsein seiner selbst.

Das Einzige, das sich der Heilung widersetzt, ist der eigene Widerstand. Er verleitet dazu, unangenehme Gefühle zu verbergen, verleugnen oder auf andere abzuschieben und die Ursache außen zu sehen. Die Welt wurde gemacht, um die Gefühle zu verursachen. Das ist eine Illusion, denn die Gefühle waren zuvor schon im Geist. Die Welt mit ihren Geschehnissen ist Auslöser für die Gefühle. Die Ursache ist im Geist. Ebenda ist auch die Quelle der Heilung. Es steht in meiner Macht, mich in Bereitwilligkeit der Heilung zuzuwenden.

»Akzeptiere Bereitwilligkeit und fühle Dankbarkeit für sie,
damit sie inwendig in dir wachsen möge.
Blicke mit deiner Bereitwilligkeit auf den Widerstand;
fokussiere dich auf das Loslassen des Widerstands.
Dies ist der Weg zum Frieden.« (2Ti 4v14,15.6–8)

Heilung ist mein einziger Zweck. Ich kann ganz normal wie alle anderen auch in der Welt leben und mich gleichzeitig in geistiger Praxis üben, inwendig den Weg zum Frieden zu gehen. Dies ist kein Rennen oder Wettbewerb, wobei es einen Preis heftig zu begehren gilt. Gehe ich den Weg mit Vertrauen in den Heilungsprozess mit dem Heiligen Geist, dann warten täglich Aufgaben auf mich, Vergebung zu üben und Anhaftungen und Ängste loszulassen. Wenn alles, was ich nicht bin, aufgelöst ist, erwartet mich am Ende des Weges die Erkenntnis der Schönheit dessen, was ich in Wirklichkeit bin.

Gott ist der Vater aller Schöpfung. Seine Kinder sind wie Er, denn innerhalb der Schöpfung gibt es keine Unterschiede. Alles, was mich von meinem Bruder oder uns von Gott zu trennen scheint, ist ein Trugbild. All dies muss vergeben werden, auf dass sich der Schleier der Täuschung auflösen möge. Wie ich meinen Geist lehre, der Wahrheit zuzuhören, lehre ich ihn, dass er selbst ein Trugbild ist. Ich kann den Geist nur bändigen, indem ich mich in Dankbarkeit auf das Begehren des Herzens fokussiere. So lehre ich den Geist, dem Herzen Untertan und in Ruhe aufmerksam für den Frieden zu sein. Mit wachsender Bereitwilligkeit lehre ich den Geist, auf das Herz zu hören und Dankbarkeit und Liebe in ihm ausdehnen zu lassen. Sie sind die natürlichen Reaktionen auf alle Dinge. Alles andere ist Fehlwahrnehmung. Mit jeder Erinnerung an den Heiligen Geist erinnere ich mich meines wahren Selbst – des Selbst der Liebe – und verstärke die Verbundenheit mit allem, was Wirklichkeit ist.

»Der Frieden GOTTES ist in allen Dingen,
weil der Frieden GOTTES durch alle Dinge zu dir kommt,
wenn du wählst, den Zweck aller Dinge
als den Frieden GOTTES zu sehen.« (Tit 3v15.1)

Weil wir uns schuldig fühlen die Wahrheit missbraucht zu haben, sind wir versucht zu vergessen, dass wir Liebe sind. Denn in den Tiefen des Geistes ist der Glaube verborgen, dass wir durch die Trennung im Herzen Gottes Schmerz verursacht haben. Das ist unmöglich, außer in einer Illusion abseits der Wahrheit. Was in den Tiefen des Geistes als verborgener Wunsch liegt, sehe ich in der Welt wie auf eine Leinwand projiziert. Die Welt führt mir meinen verborgenen Wunsch vor Augen. In diesem Sinne bin ich alles, was es gibt. Alles. In dieser Erinnerung kann ich die Illusion des Schmerzes loslassen. Denn alles, was nicht Liebe ist, ist Fehlwahrnehmung. Alles ist eine Gabe der Liebe von mir an mich. In meiner Dankbarkeit für die Gabe der Liebe wird Angst durch Freude ersetzt. In meiner Erinnerung an den Heiligen Geist wird die Wahrheit wiederhergestellt.

»Dein reiner Geist ist alles, was du bist.
Und alles, was du bist, ist inwendig in allem, was du siehst.«
(Phm v23–25.1–2)

Regina erzählt: »Einmal, als meine Tochter in einen Apfel biss, geschah es, dass ich plötzlich der Apfel war und mich als Apfel erlebte. Während ich der Apfel war, war ich Licht und die Zähne meiner Tochter waren Licht, und als ihre Zähne in mich – den Apfel – bissen, war es bloß eine Interaktion von Liebe zwischen Licht und

Licht. Das ist alles, was ich als Apfel erlebte. Es ist ein perfektes Beispiel dafür, dass reiner Geist in allem ist, was wir sehen.« (2008-06-27 Tit3Phm 0:54:55)

Das Wunder des Erwachens

Der Brief an die Hebräer kommt in seiner Einleitung auf die Propheten zu sprechen, durch welche Gott auf vielerlei Weise zu den Vätern geredet hatte, und preist die Erhabenheit Christi als Sohn Gottes über alle Engel. Der Heilige Geist legt in Seiner Interpretation dar, dass *wir* dieser Sohn sind. Es gab keine Propheten oder Engel. Es gibt nur uns, wie wir uns als viele einzelne Lebewesen sahen und wie wir jetzt lernen, uns in allen Lebewesen als der eine Christus zu sehen. Erwachen ist wie ein Wachsen des Bewusstseins, ein Aufsteigen im Gewahrsein des eigenen Selbst und dessen Annahme. Was wir sind, sind wir schon immer gewesen, ohne jegliche Veränderung im Einssein, das wir sind. Alles Vorübergehende wie diese Persönlichkeit und diese Welt sind Erfahrungen in der Vorstellung des Geistes. Unsere eigenen Gedanken sind unsere Fehlwahrnehmungen unserer selbst. Unsere Wirklichkeit liegt jenseits der Wolken der eigenen Gedanken, die den Geist trüben. Die Erkenntnis unserer selbst liegt ewig unberührt von Illusionen aller Art im Kern unseres Seins.

»In Kenntnis der Wahrheit musst du sorgfältig auf deinen Geist achtgeben. Zu schlafen, während du am Erwachen bist, wird dir große Traurigkeit zu bescheren scheinen, weil es Erwachen ist, das dein HERZENS-Begehren ist.« (Heb 2v1–4.1,2) Regina sagt dazu: »Das erinnert mich an eine private Botschaft des Heiligen Geistes: ›Schmerz ist ein Segen.‹ Der Schmerz kommt eigentlich davon, dass wir tun, was wir nicht mehr wirklich tun wollen oder alten Gewohnheiten folgen, was wir die alte Gewohnheit, dem Ego zuzuhören, nennen könnten. Der Schmerz ist ein Segen, wie ein kleiner Wecker, der uns aufweckt, wenn wir den Schmerz verspüren, weil wir wieder beginnen einzuschlummern. Der Schmerz kann in einer beliebigen Form als Ärgernis, Zorn, Hass, Angst, Furcht, Schuld, Unwürdigkeit, Verwirrung, etc. auftreten. Verwirrung ist sehr schmerzlich. Wenn du den Schmerz spürst, macht er darauf aufmerksam, dass du etwas machst, was du nicht mehr machen möchtest. Du hast dem Ego zugehört.« (2008-07-11 Heb1–2 0:34:13)

Entscheidend ist, den Zustand des gespaltenen Geistes so anzunehmen, wie er ist. Weiter sein zu wollen, als wir tatsächlich sind, ist bloß Selbsttäuschung. Die Spaltung zu akzeptieren, schließt das Verständnis ein, dass ein Teil des Geistes am Schlafen ist, während der andere wach ist. Der wache ist eins mit dem schlafenden, während der schlafende in seinem Traum überzeugt ist, dass er alles ist, was es gibt. Der wache führt den schlafenden Teil durch sanftes Zuflüstern aus seinem Traum heraus. »Lass den erwachten Geist in deinem Bewusstsein tanzen und der schlafende Geist wird sich in deinen Hymnen der Freude aufraffen. Dies ist das Wunder des Erwachens:

Es ist durch deine Wahl, dass das Erwachen zum GEWAHRSEIN geschehen soll.« (Heb 2v14–18.8–10)

Mit der Wahl der Dankbarkeit für alle Dinge geschieht das Erwachen zu allen Dingen in allen Dingen. Innehalten, den Augenblick wertschätzen, genau wie er ist, preist alle Dinge in Dankbarkeit. Im Bewusstsein der Dankbarkeit lasse ich alle Anhaftungen los und nähere mich nach und nach dem erwachten Zustand. Nur in der Vergesslichkeit schlafe ich. Den schlafenden Geist ruhen zu lassen, lässt jedes Gemurmel der Träume friedlich vergehen. Jede Ruhestörung wird zu einer Lektion in Vergebung. Mit jeder freudig angenommenen Lektion strebe ich fröhlich dem eigenen Erwachen entgegen. Mit den beiden Übungen »Dankbarkeit für alle Dinge« und »den Geist ruhen lassen« bin ich der Führer meines eigenen Erwachens.

Der Frieden Gottes ist das Ziel des Erwachens. Inwendig ist er jetzt gegenwärtig, wie er ewig unverlierbar ist. Seine Vergegenwärtigung hängt nur von meiner Wahl ab, ihn mehr als alles andere zu wollen. Diese Wahl auf später aufzuschieben bedeutet, dass mir jetzt etwas anderes wichtiger ist, einem anderen Verlangen als dem wahren Begehren des Herzens der Vorzug gegeben wird. Es ist der Glaube, dass es in der Welt noch etwas zu finden gibt, was mich glücklich machen wird. Dadurch bin ich am Schlafen und habe vergessen, wer ich bin und was mein wahres Begehren ist. Aber im kleinsten Lichtschimmer durch ein Anzeichen leichter innerer Unruhe, wenn ich an der Wirklichkeit der Welt zweifle, leuchtet die Erinnerung an mein wahres Begehren des Herzens auf. In diesem Bewusstsein nähert sich das Erwachen. Diese Texte zu verstehen ist hilfreich. Ich muss sie jedoch nicht auswendig lernen, denn das Wort Gottes ist lebendig und wirksam, was bedeutet, dass ich mich durch innere Führung inspirieren lassen kann und die Gedanken zugespielt bekomme, die ich brauche. Mich innerhalb der Wahrnehmung des Traums stetig zu erinnern und aufmerksam dem wahren Begehren zuzuhören, führt durch meine eigene Wahl das Ende der Träume herbei.

Jeder ist sein eigener Führer auf dem Weg des Erwachens und wir alle werden Fehler machen. Es gibt keine Rückschritte, nur Pausen, wenn wir in den Schlummer zurückfallen, was heißt, im Ego zu sein. Schlaf schadet nicht. Wenn ich ihn bemerke, ist jetzt die Gelegenheit, mir selbst zu vergeben. Der Weg des Erwachens ist ein sanfter Weg frei jeden Urteils.

»Wenn du bemerkst, dass du für eine Weile in den Schlaf zurückgefallen bist, dann bist du jetzt nicht im Schlaf. Denn du bemerktest den Schlaf nicht, wenn du tief drin wärst. Wenn du es jetzt bemerkst, muss jetzt ein Zustand des Erwachens sein. Frohlocke und benutze jetzt, um Erwachen zu üben. Durch seine Übung wird sich der Zustand des Erwachens verstärken.« (Heb 5v11–14.4–8)

Das Gebet ist eine Zeit der Ruhe, um auf die sanfte Stimme im Inneren zu hören. Ich bitte nicht um Dinge oder besondere Erlebnisse, sondern verbinde mich mit dem wahren Begehren des Herzens und höre ihm zu. Mit der Kraft des Gebets schwinge ich mich im Zustand des Erwachens aufwärts.

Auf dem spirituellen Weg stellt sich Reife ein, wenn nicht mehr außerhalb von sich nach der Wahrheit gesucht wird. Ist dies realisiert, dann fahre ich mit der Praxis im Inneren fort und reife weiter. Die erlangte Reife kann nicht verloren gehen, wenn ich zeitweilig in den Schlaf zurückfalle. Träume sind bloß Ablenkung und Verzögerung. Reife bedeutet, dass unbewusste Schuld zu einem bestimmten Grad abgetragen ist und was weg ist, wird nicht wiederkehren. Es liegt in meiner Freiheit, Pausen auf dem Weg einzulegen. Andere Verlangen als das wahre Begehren sind nur vorübergehende Träume. Das wahre Begehren überdauert alle Ablenkungen. Es ist das Licht, das sich im Inneren unaufhaltsam ausbreitet, bis alle Nischen und Ecken des Geistes erfüllt von Licht erwacht sein werden.

»GOTTES Verheißung ist lebendig, weil GOTTES Verheißung als LICHT in dir lebt. Es ist das wahre Begehren deines HERZENS, aus

Träumen zum Zustand vollen Wachseins zurückzukehren. Und deshalb *ist* Erwachen das, was du tust. Das ist dein einziger Zweck zu allen Zeiten und in allen Gegenden deiner Welt. Es gibt keine Unterschiede im wahren Begehren, nur Ablenkungen von ihm. Es gibt keinen Unterschied in der Wahrheit, nur Träume, die nicht wirklich sind.

Vergib den Szenarien deiner Träume. Schau weg von ihnen. Sie sind Bilder aus der Vergangenheit. Bleib auf die Praxis des Erwachens fokussiert und das Erwachen deines einen SELBST ist dem LICHT in dir lauschend.« (Heb 6v16–20.1–10) Im größeren Rahmen betrachtet ist alles, was wir in der gesamten Welt tun, das Erwachen aus dem Traum der Trennung von Gott. Von den Szenarien der Träume wegzuschauen heißt nicht, sie zu verleugnen, sondern ihnen keine Bedeutung beizumessen, weil sie Illusionen sind. So werden Illusionen vergeben und Träume losgelassen.

Am Anfang der spirituellen Reise geben wir zwecks eigenem Erwachen einen kleinen Teil unserer Aufmerksamkeit dem Heiligen Geist. Symbolisch ist das der Zehntel, von dem die Bibel spricht, weil wir die meiste Zeit noch auf andere Dinge fokussiert sind. Diese kleine Bereitwilligkeit ist der Anfang und sie wird wachsen, bis der Heilige Geist als Stimme der Wahrheit vom Geist vollständig angenommen ist. Alles, was ich Ihm gebe, gebe ich für die Heilung des gesamten Geistes, weil der gesamte Geist eins ist mit mir.

»Während du heilst, wird jedes Konzept und jeder Gedanke, die je in deinem Geist als Filter der Fehlwahrnehmung bestanden haben, geheilt und gelöscht. Während die Gedanken der Fehlwahrnehmung durch deine eigene Entscheidung, mit LIEBE wahrzunehmen, weggenommen werden, wird alles, was du wahrnimmst, anders gesehen. Neue Wahrnehmung ist noch immer ein Traum, aber es ist ein wacher Traum, in welchem das LICHT des Tages gekommen ist, um die Träume der Nacht wachzuküssen. Durch diese Träume sollst du erwachen. Deine Augen werden sich nicht unruhig hin und her bewegen. Du sollst keine weitere Periode des Schlafs wählen. Du sollst mit geöffneten Augen erwachen, aller Gedanken des Schlafs vollständig entledigt.« (Heb 7v4–10.6–12) Erwachen erfolgt also in zwei Schritten. Zuerst muss die Fehlwahrnehmung geheilt werden, indem der Filter im Geist – das Ego – aufgelöst wird. Danach sind wir immer noch wahrnehmend, aber urteilsfrei und einzig mit Liebe. Das ist die vierte Stufe, der wache, glückliche Traum, aus dem wir beim Ablegen des Körpers in die Erkenntnis Gottes zurückkehren werden.

Regina erzählt: »Sehr interessant ist, dass ich NTI Hebräer aufschrieb, als ich im Urlaub war. Ich war an einem meiner Lieblingsorte, in Myrtle Beach, mit meinen liebsten Menschen in der Welt, meinen Familienmitgliedern, und ging meinen Lieblingsbeschäftigungen nach. In alldem kannst du die Besonderheit sehen und dann sagte der Heilige Geist: ›Schau umher. Nichts, was du siehst, hat überhaupt irgendeinen wirklichen Wert.‹ (Heb 7v11–17.4–6)« (2008-08-15 Heb7 0:26:28) Alles ist ein Traum. Gedanken und Überzeugungen, herrührend aus Traumphantasien, halten nur in Traumgeschichten gefangen. Was wir in der Welt schätzen, weil es uns glücklich oder stolz macht, ist wie der Staub der Träume. Solange wir für unser Glück auf irgendetwas außerhalb von uns angewiesen sind, klammern wir uns an Traumphantasien fest. Loslassen, vergeben und auf das dauerhafte Glück im Inneren umschwenken. Jenseits der Träume weilt unser wahres Selbst, auf dass wir Es wieder erkennen mögen.

Die Vollendung

Der Heilige Geist steht symbolisch für den Anfang der spirituellen Reise und Jesus ist das Symbol für die Vollendung, für den Erwachten. Er hat alle Träume losgelassen. Er ist ein Licht in unserem Geist. Er lebt in unserem Geist als ein Symbol all dessen, was wahr ist.

> *»Du kennst dein wahres Begehren, weil es inwendig in dir lebt.*
> *Wenn du ihm bewusst bist, weißt du, dass es wahr ist.«*
> *(Heb 8v1,2.2,3)*

Wie der Heilige Geist spricht auch Jesus als Seine Manifestation nicht in Worten zu uns, sondern durch Wissen. Doch meistens dringt es nicht bis zu uns durch, weil unser Geist durch weltliche Gedanken beansprucht ist. All dies, was nicht wahr ist, scheint viel leichter im Geist zu finden zu sein als die Wahrheit. Deshalb sollte es einfach sein, alle Dinge, Konzepte und Personen in unserem Geist ausfindig zu machen, die loszulassen und zu vergeben sind. Im Loslassen von Anhaftungen sterben die Träume und das Wissen der Wahrheit dämmert im Geist.

Die durch Mose empfangen Gesetze und zehn Gebote symbolisieren den ersten Bund, den Gott mit den Menschen schloss. Er ist das Gesetz der Gleichheit aller Menschen und der gegenseitigen Achtung. Doch der erste Bund ist nur die Vorbereitung auf den neuen Bund. Jeder Bund steht symbolisch für die Bereitwilligkeit. »Der neue Bund ist größer als der erste. Denn der neue Bund symbolisiert das Voranschreiten vom Verständnis der Gleichheit zur Annahme des Einsseins. Dies ist der heiligste Bund innerhalb des Traums. Denn im Annehmen dieses Einsseins sind alle Sünden vergeben, denn es ist akzeptiert und verstanden, dass Sünde nie hätte existieren können. Du schreitest in deiner Reife voran. Durch deine Bereitwilligkeit schreitest du zur vollen Akzeptanz deiner Wahrheit voran.« (Heb 9v1–10.6–11) Das bedeutet, die verschiedenen Stimmen und die verschiedenen Ichs, die uns hier zu begegnen scheinen, alle als Aspekte unseres einen Selbst anzunehmen.

Auf dem Weg von der Gleichheit zur Einheit ist die Geschichte von Jesus hilfreich. An ihm können wir uns als zentraler Figur orientieren. Er gab seinen eigenen Willen auf und schien sein Leben hinzugeben, doch starb er nicht. Wie Jesus können auch wir den Traum des separaten Willens aufgeben, ohne zu sterben. Wer wir glauben zu sein, ist nur eine Liste von Ideen und Vorstellungen. Wenn ich an einer Idee festhalte und die damit einhergehenden Erwartungen nicht erfülle, habe ich allen Grund, mich schuldig zu fühlen. Indem ich meine Liste durchgehe und alles loslasse, arbeite ich am Aufgeben meines separaten Willens. Und so werde ich Jesus auf der spirituellen Reise zuerst als separates Wesen wahrnehmen, denn dort beginnt die Reise. Die Geschichte von Jesus ist wie die eigene nur eine Geschichte in einem Traum. Mit dem kontinuierlichen Loslassen von Ideen und dem Vergeben meiner eingebildeten Schuld komme ich Jesus als Symbol meiner eigenen Wahrheit immer näher. Wenn ich keiner Illusionen mehr bedarf, gebe ich meinen Geist meinem wahren Selbst zurück. Dies ist das Annehmen des neuen Bundes.

Die Schuld, die wiederholt ins Bewusstsein hochsteigt, ist ein Zeichen des Wunsches, geheilt zu werden. Dem stehen die Ablenkungen durch die Phantasien der Welt entgegen. Aus dieser Sicht erscheint es, als müsse ein Opfer dargebracht werden, wenn der Glaube an die Wirklichkeit der Welt aufgegeben werden muss. Doch wie das Begehren nach der Wahrheit stärker wird, schwindet das Verlangen nach Illusionen. Mit dem Schwinden des alten Verlangens vergeht die Schuld. »Schuld ist der Schatten von Illusionen, was bedeutet, dass Schuld selbst eine Illusion ist. Denn der Schatten von etwas, das nicht sein kann, existiert nicht. Und was nicht existiert, kann die Wahrheit, die du bist, nicht berühren.« (Heb 10v8–10.6–8)

Der Heilige Geist ist unsere Erinnerung an die Wahrheit. Durch Ihn sind wir unser eigener Führer im Erwachen. Er ist frei von Täuschung. »Im HEILIGEN GEIST glitzert nur die Widerspiegelung deiner Wahrheit auf die Leinwand der Zeit.« (Heb 10v15–18.4) Im Fokussieren auf mein wahres Herzens-Begehren lasse ich mich von der Liebe des Heiligen Geistes führen. Diese Liebe ist die allumfassende und alles einschließende Liebe. Im Erwachen zu dieser Liebe erwacht die gesamte Welt mit mir. Im Einssein ist die Schuld der Trennung geheilt. Alle meine Brüder sind eins mit mir. Überall erblickt der erwachte Geist die Widerspiegelung der Wahrheit.

Durch Glauben hat sich das Universum manifestiert und wird seine scheinbare Form aufrechterhalten. Weil ich genau das sehe, was ich sehe, sehe ich, wohin ich meinen Glauben gesteckt habe. Meine Wahrnehmung der Welt wird sich ändern, wenn ich meinen Glauben von dem, was ich mit meinen körperlichen Sinnen erfassen kann, umschwenke und ins Formlose setze. Damit anerkenne ich, dass die Welt nicht mein Zuhause ist. Meine Sehnsucht und mein Verlangen nach meinem wahren Zuhause werden sich verstärken. Dies wird mir erlauben, Illusionen loszulassen, den Glauben an die Welt aufzugeben und nach der Wahrheit jenseits der Form hinauszureichen.

»Durch Vertrauen lässt du die Welt los, sogar während du in der Welt zu leben scheinst, sodass dein Verlangen nach der Welt dahinschwinden kann. In dieser Art und Weise lebst du in Träumen, sogar während du Träume loslässt und du machst deinen Geist bereit, vollständig zu erwachen.« (Heb 11v24–28.1,2) Möchte ich der Welt entfliehen, weil ich sie für etwas Schlechtes halte, dann hält mich dieses Urteil in ihr gefangen. Jedes Urteil ist eine Investition in die Welt. Die Welt ist weder gut noch schlecht. Sie ist eine Illusion. Alle Erfahrung der Welt stammt aus dem Gesamtgeist. Im Aufgeben des Urteils lasse ich meinen Segen auf der Welt ruhen und setze meinen Glauben ins Formlose jenseits der Wahrnehmung. Dies führt zum ewigen Leben, zum Erwachen aus dem Traum des Todes. Ich stehe in der Welt, ohne ihr Wirklichkeit zu verleihen. In der Erinnerung an die Wahrheit bedarf ich keiner weiteren Ablenkung mehr, weil das Dämmern des Einseins den Geist mit überwältigendem Glück erfüllt.

Jesus wird als Symbol verwendet, weil er dem Weg des Herzens gewissenhaft folgte und in allen Dingen auf das wahre Begehren des Herzens hörte. Ich kann mich leicht durch eigenes Verlangen, das aus der Oberflächlichkeit des Ego stammt, täuschen lassen. Regina berichtet: »Beim Schreiben von NTI sah ich mich noch immer getrennt von Gott und stellte mir vor, dass Gott einen Willen hat und dass ich einen Willen habe. Ich war noch stark mit diesem Glauben verbunden und der Heilige Geist traf mich genau dort, wo ich war. Er half mir, den Wechsel zu machen, den Übergang in der Wahrnehmung von meinem Willen zum Willen Gottes. Und deshalb nannte Er den Willen Gottes nicht Gottes Wille, sondern mein Herz. Denn sogar im Glauben der Trennung ist Gott zwar ein anderer, aber mein Herz ist nicht ein anderes. Um mich nicht von meinem eigenen Verlangen täuschen zu lassen, solle ich es mit meinem Herzen prüfen. Wenn ich das mache, stelle ich fest, dass mein Verlangen nicht wirklich mein wahres Begehren ist, kann es loslassen und durch mein Herz lernen, was mein wahres Begehren ist. So kann ich beispielsweise lernen, andere kontrollieren zu wollen wird mich nie glücklich machen und so kann ich sehen, dass mein wahrer Wille nicht Kontrolle, sondern Toleranz ist.« (2008-09-26 Heb12a 0:18:35)

Der Weg des Herzens ist der Weg der Liebe und was nicht Liebe ist, wird sich als Träume erweisen. Wie wir diesem Weg langsam folgen, werden wir unseren Träumen bewusst und können von ihnen Abschied nehmen. »Die Versuchungen und Prüfungen, die du wahrnehmen magst, wenn du diesen Weg zu MIR gehst, *sind keine* von GOTT gegebenen Prüfungen, um deine eigene Freiheit zu erreichen. Du bist frei! In deiner Freiheit ziehst *du* deine Prüfungen zu dir hin, damit du deine Freiheit durch deine Wahl kennenlernen magst. Erinnere dich, dass jeder Umstand eine Gabe *von dir* ist, gegeben für deine eigene Heilung und du nimmst jede Gabe huldvoll mit der Dankbarkeit an, mit der sie gegeben wurde.« (Heb 12v7–11.1–4)

Der Weg des Herzens ist ein sanfter Weg, auf dem Mitgefühl mir und meinen Brüdern gegenüber immer gerechtfertigt, Züchtigung jedoch immer deplatziert ist. Falle ich zeitweilig in den Schlaf zurück, habe ich bloß vergessen. Jedes Erinnern ist Grund zum Frohlocken, einen Fehler entdeckt zu haben, um ihn freudig loszulassen und den

Weg der Liebe entschlossen weiterzugehen. Sanftmut und Entschlossenheit gehen Hand in Hand im Loslassen der Träume unter der Führung des Herzens. Der Fokus liegt auf dem wahren Begehren des Herzens und nicht auf den Fehlern. Fehler werden auftauchen, um sie zur Kenntnis zu nehmen und in Dankbarkeit loszulassen. Das Loslassen mag nicht immer einfach erscheinen, beispielsweise das Verlangen nach Wertschätzung für eigene Tätigkeiten. Das ist jedoch nur ein Symptom aus der Vergangenheit für einen Mangel an Liebe. In der Dankbarkeit des Herzens finden sich jetzt die Liebe und die Bereitwilligkeit, um zu verstehen, dass alle Lektionen der Heilung der Vergangenheit dienen. Im Freilassen der Vergangenheit entbieten wir uns selbst das Willkommen, ins wahre Herz einzutreten.

Gott ist in allen Dingen, weil alle Dinge durch den Prozess der Schöpfung entstehen. Da ich existiere, bin auch ich der Schöpfungsprozess und Gott ist der Schöpfungsprozess, der ich bin. Alles ist eins und ich bin eins mit allem. Ehrfürchtig bin ich dankbar für alles, wie es ist. Was durch den Schöpfungsprozess entsteht, ist dauerhaft. Alle veränderlichen Dinge müssen folglich Dinge in einem Traum sein, die vergehen werden. Doch ich bin ewig und eins mit allem. In dieser Schau sind alle Dinge ungeachtet ihrer Erscheinungsform Liebe. So setze ich meinen Glauben nicht in die Dinge, wie sie im Traum erscheinen, sondern in die Liebe, die sie in Wirklichkeit sind. Ich lasse mich von den Dingen im Traum nicht mehr aufhalten, sondern folge ihnen als Symbolen zur Wahrheit, zu der sie über sich hinaus hinweisen. »Vertraue dem Prozess, der du bist, damit er dich *durch Träume* hindurch zurückführen möge zur Wahrheit, welche die Erinnerung an dein SELBST ist. Lass Träume vergehen, weil sie nicht deine Wirklichkeit sind. Der GEIST im Inneren führt dich. ER führt dich durch das, was du im Äußeren siehst.« (Heb 13v20–24)

Das falsche Spiel

Vertrauen ist die Grundlage für den Glauben und alle Überzeugungen. Im Vertrauen in den Heilungsprozess verbinde ich mich mit dem wahren Begehren des Herzens. Alle Dinge dienen der Heilung, weil es im Heiligen Geist keine Teilung gibt. Das Ego ist Sein Gegenspieler und rät, sich vor allem Möglichen zu fürchten. Deshalb ist es Angst und alle seine Geschichten enden im Debakel. Der Heilige

Geist ist Liebe und Seine Führung endet in der Befreiung aus aller Angst. Im Vertrauen in Ihn stärkt sich meine Bereitwilligkeit, alle Dinge im Heilungsprozess anzunehmen wie sie sind. Im Annehmen stärkt sich mein Glaube und Segen breitet sich über allen Dingen aus.

»GOTT ist die Wahrheit in dir. Sie versucht dich nicht. GOTT *ist*. Aber GOTT kann durch dein Verlangen zu verleugnen verleugnet werden. Sei dir diesem Verlangen nicht unbewusst. Es ist dort, in deinem Geist drin. Aber es ist ein falsches Verlangen, aus einem Augenblick der Vergangenheit nachklingend. In deiner Müdigkeit folgst du ihm aus Gewohnheit. Aber in deiner Wachsamkeit erinnerst du dich, dieses abgenutzte Verlangen beiseitezulegen.« (Jas 1v13–15.1–9) Illusionen der Angst werden durch die Verleugnung der Wahrheit aufrechterhalten. Das Ende der Verleugnung ist Erwachen. Das Verlangen, mich selbst nicht zu erkennen, ist bloß eine Gewohnheit aus der Vergangenheit. Mein einziger Zweck ist glücklich zu sein. Alles andere dient der Praxis des Loslassens. Was nicht Freude ist, ist nicht mein wahres Begehren, denn das ist: »Erkenne dich selbst.« Was es zu erkennen gilt, ist die absolute Wahrheit: »Gott ist.« Dieser Gedanke eignet sich vorzüglich für die Meditation. Alle vorübergehenden Verlangen lassen sich im Gedanken »Gott ist« auflösen, indem ich mich in diesen Gedanken vertiefe und mich in ihm verliere, um mit ihm eins zu sein.

Die Welt scheint viele Wege anzubieten. Wir mögen damit beschäftigt sein, verschiedene Optionen gegeneinander abzuwägen und auszuwählen. Doch die Vielfalt der Wege ist ein Täuschungsmanöver des Ego, ein individuelles Selbst zu kultivieren und den Geist in der Welt gefangen zu setzen. In dieser Zerstreutheit wird ausgeblendet, dass alle Wege der Welt im Tod enden. Der Weg des Erwachens folgt einem anderen Führer. »Du bist der Führer deines eigenen Erwachens durch den reinen Geist, der kein Verlangen nach Wegen der Welt hat, aber demütig Freiheit von diesen Wegen begehrt.« (Jas 2v5–7.4) Der Weg zur Erleuchtung liegt ausgebreitet vor mir. Ich muss nur die Demut aufbringen, ihn anzunehmen wie er ist. Ich kann darauf vertrauen, dass er genau der richtige ist. Das trifft auf uns alle zu, denn auf einer anderen Bewusstseinsebene haben wir unsere Wege selbst gewählt und uns selbst gegeben. Folglich ist es unmöglich, dass ich einen Fehler begehen kann. Nur in sorgenvoller Fehlwahrnehmung meiner selbst kann ich dem Irrtum aufsitzen, Fehltritte zu begehen. Meine Fehlwahrnehmungen *sind* mein Traum. Diese muss ich mir anschauen und im Licht des wahren Begehrens auflösen lassen. Seit dem Aufleuchten des ersten Lichts im Geist breitet sich das wahre Begehren des Herzens mit wachsender Bereitwilligkeit aus. Auf der metaphysischen Ebene ist der vollständige Plan ausgebreitet und dessen erfolgreicher Abschluss festgesetzt. Tief in mir drin ist diese unausweichliche Wahrheit spürbar. Also kann ich optimistisch vorausblicken, dass ich alle Fehlwahrnehmungen und Träume hinter mir lassen werde.

»Sei ein bewusst gesinnter Lehrer deiner selbst. Sei dir des Ziels bewusst, das du gewählt hast und benutze es als Leuchtfeuer in allen Dingen. Lass dich in allen Entscheidungen durch das LICHT führen und du lehrst dich folgerichtig selbst, dass *du* das LICHT bist.« (Jas 3v1,2.1–3) Auf dem Weg der Erlösung bin ich von nichts von außerhalb von mir abhängig. Der Heilige Geist – das Licht – ist in mir und durch Ihn bin ich mein eigener Führer auf dem Weg des Erwachens. Alle Gedanken und Handlungen leiten sich aus dem Verlangen ab, dem ich folge. Stelle ich fest, dass ich mich in Phantasien oder Ablenkungen vorfinde, dann habe ich mich vom Weg abgewendet und bin einem anderen als dem wahren Begehren gefolgt. Damit stellt sich mir die Frage: »Was will ich wirklich?« Wenn ich bereit bin innezuhalten, kann ich mich wieder mit meinem wahren Begehren verbinden und auf den Weg der Wahrheit zurückkehren, indem ich meine Phantasien und Ablenkungen gehen lasse.

Bei allen Dingen, die mir im täglichen Leben zu geschehen scheinen, ist oft unklar, warum mir dies oder jenes zustößt, weil ich mir nicht bewusst bin, wonach ich verlangt habe. Um eine Ahnung davon zu bekommen, wie der Mechanismus dahinter aussieht, geht es jetzt sehr tief hinein: »Du erbittest von GOTT nicht durch die Ausformulierung deiner Worte oder Gedanken. Du erbittest vom Schöpfungsprozess *durch Verlangen*, in welches du deine Energie steckst.« (Jas 4v1–3.2,3) Die gesamte Welt ist das Resultat des Verlangens nach einer Erfahrung, die anders ist, als die Wirklichkeit des Himmels. In diesem Sinne ist die Welt nichts anderes als ein Gedankenspiel im Geist von Gottes Sohn. Um aus dem Spiel zu erwachen, muss ich aufhören meine Energie in falsches Verlangen zu stecken. Die Erkenntnis meiner selbst ist mein einzig wahres Begehren. Bei jedem anderen Verlangen muss ich mir bewusst machen, wonach ich verlange und mich fragen, was ich wirklich will, um keine Energie mehr in falsche Verlangen zu stecken. Ein großes zu überwindendes Hindernis ist das Loslassen des Urteils, auch in seinen subtilen Formen. Mich für ein vermeintlich falsches Verlangen zu verurteilen ist so ein Verlangen. Jedes Verlangen nach einem Urteil ist als bedeutungslose Illusion loszulassen, denn in Wahrheit brauche ich nichts zu tun, außer mich stetig daran zu erinnern, was ich wirklich will. Es mag hilfreich sein, wenn ich einen Gedanken aus NTI als Notiz mit mir herumtrage und den Gedanken den Tag hindurch wiederholt lese, bis ich mich automatisch erinnere, was ich wirklich will.

Der denkende Geist ist das Spielzeug, das wir gemacht haben, um wie mit einer Puppe ein Spiel zu spielen. Das Spiel hat die Wirklichkeit nicht verändert. Aber tief verborgen im Geist ist der Glaube, mit dem Verlangen nach dem Spiel gesündigt zu haben. Doch Sünde ist nichts als ein falsches Urteil über mich selbst, pure Einbildung. Es bedarf beständiger Aufmerksamkeit und Geduld, über alle Sünden und ihre Folgen als bedeutungslos hinwegzublicken, weil alles nur Einbildung ist. Denn solange ich das Spiel des Urteils spiele, täusche ich mich selbst und leide an meinen Einbildungen.

Regina berichtet: »Jetzt, wo ich seit langer Zeit wieder einmal zwei Tage allein zu Hause bin, kommt mir die Erinnerung in den Sinn, wie ich in der kleinen Stadt San Angelo/Texas lebte, in der Mitte von nirgendwo, drei Stunden Autofahrt von der nächsten vernünftig großen Stadt entfernt. Ich lebte allein. Es gab nicht viel zu tun und ich begann auf die Stimme der Einsamkeit zu hören. Ich war so allein, richtiggehend verzweifelt, hatte keine Freunde und niemanden, mit dem ich hätte sprechen können. Das war rückblickend betrachtet die größte Verzweiflung in meinem Leben. Ich erinnere mich, das echte Gefühl gehabt zu haben, dass ich irgendwie ein Spiel spielte. Es war dramatisch. Ein Teil meines Geistes beobachtete meinen großen Kummer und wusste, dass ich ihn nicht zu wählen brauchte. Ich war so verzweifelt, dass ich die Grenze spüren konnte und wenn ich sie überschreiten würde, dass ich den Verstand verlieren und wahnsinnig werden würde. Da stoppte ich, denn ich wusste, dass ich alles nur vortäuschte und der beobachtende Teil des Geistes sagte einfach: ›Nein, das tun wir nicht!‹ Heute, wo ich wieder allein bin, weiß ich in meinem ruhigen Teil des Geistes, dass alles vollkommen in Ordnung ist.« (2008-11-07 Jas5–1Pe1 0:24:15)

Die Fröhlichkeit des Himmels übersteigt jede Vorstellung von Freude in der Welt. Jedes Verlangen nach Dingen und Erfahrungen in der Welt muss losgelassen werden und Dinge und Erfahrungen der Welt werden zu mir kommen, wie ich sie brauchen kann, um von ihnen zu lernen. Damit wende ich mich dem wahren Begehren des Herzens zu, mich selbst zu erkennen. Mich selbst zu erkennen bedeutet, alles zu erkennen. Mich selbst zu erkennen ist Glückseligkeit.

»Wer immer erkennt, dass er verlangt hat, wonach er nicht verlangt, und noch einmal wählt, in einer neuen Art und Weise zu verlangen, wählt auch, sich selbst eine Menge an Ablenkungen zu ersparen, um sich im Frieden seines eigenen HERZENS niederzulassen. Amen.«
(Jas 5v19,20.2,3)

Es gibt nichts zu fürchten

Die Wahrheit kann nicht wahrgenommen, sondern nur erkannt werden. Sie kann nicht direkt erlangt werden, denn zuerst muss die Fehlwahrnehmung berichtigt sein. Berichtigte Wahrnehmung ist wahre Wahrnehmung. Der Wechsel von Fehlwahrnehmung zu wahrer Wahrnehmung wird auch als Wunder bezeichnet. Jedes Wunder ist die Berichtigung einer falschen Wahrnehmung im Geist. Der Filter im Geist, das Ego, ist der Ursprung der Fehlwahrnehmung. Jeder Fehlwahrnehmung liegt ein Urteil über mich oder andere zugrunde. Das Urteil verleiht der Trennung ihre scheinbare Wirklichkeit. Entscheide ich mich, bei jeder Fehlwahrnehmung eine andere Wahl zu treffen, mich für das Wunder zu entscheiden, dann wechsle ich die Seite vom Ego zum Einssein meines Heiligen Geistes. Mit diesem Wechsel lasse ich das Urteil fallen und erfahre Dankbarkeit und Frieden für die Heilung der Wahrnehmung im Geist. Die stetige Wahl für das Wunder eliminiert alle falschen Definitionen meiner selbst und meiner eingebildeten Weltwirklichkeit, bis nichts davon mehr übrig bleibt. Und dann kann das, was ich in Wirklichkeit bin, wieder hervortreten. »Das WORT GOTTES ist du, und du bist die Ausdehnung SEINES WORTES, sodass alles, was du bist, ER ist. Und alles, was ER ist, bist auch du.« (1Pe 1v22–25.1,2)

Die Wirklichkeit meiner selbst ist zeitlos, vollkommen und unberührt von allem, was in der Welt zu geschehen scheint, aber verborgen durch den Schleier der Fehlwahrnehmung. Falsche Wahrnehmung mag mich dazu verleiten, mich als weniger liebevoll als andere zu beurteilen und außen nach Liebe zu suchen. Liebe und Unschuld wird gerne nach außen projiziert und in Kindern oder Tieren gesehen. Gerade wer ein Schuldgefühl oder ein Gefühl der Unwürdigkeit mit sich herumträgt, wird die Liebe oft auf ein Haustier projizieren. So sind beispielsweise Hundeliebhaber bereit, ihrem Liebling alles zu vergeben, während sie mit sich selbst oder mit anderen ihre liebe Mühe haben. Mit der Wahl für das Wunder können sie von der Liebe, die sie im Hund sehen, durch ihn lernen, dass die Liebe auch in ihnen selbst ist. So wird der Hund zum Lehrer der Liebe. In dieser Art und Weise bekommt alles in der Welt eine neue Bedeutung. Die Welt ist die Widerspiegelung meiner Gedanken und Gefühle über mich. Was ich in der Welt sehe, ist die Wahrnehmung meiner selbst. So kann ich lernen, meine Fehlwahrnehmungen zu sehen und die Wahl für das Wunder treffen. Dies bedingt, dass ich immer wieder innehalte und mir der Fehlwahrnehmungen bewusst werde, um sie heilen zu lassen. Dies scheint ein langsamer Weg zu sein, ist aber der schnelle, weil die Ursache, die unbewusste Schuld, aufgelöst wird.

Alles, was in meine Aufmerksamkeit tritt, habe ich bewusst oder unbewusst herbei gebeten. Die Dinge der Welt lassen sich meist nicht verändern, aber wie ich die Dinge interpretiere, lässt sich sehr wohl verändern. Hierin liegen meine ganze Macht und die Befreiung von meinen Fehlwahrnehmungen. Mir mögen abschätzige Kommentare von meinem Ego über mich oder meine Tätigkeit in den Sinn kommen oder andere mögen sich mir gegenüber unangemessen verhalten. Diese Situationen sollten mich an meine Bereitwilligkeit erinnern, innerlich im Vertrauen an meine Unschuld zu ruhen und die Fehlwahrnehmungen vorüberziehen zu lassen, denn zu diesem Zweck scheine ich sie herbei gebeten zu haben.

Der Heilige Geist ist die Stimme meines wahren Begehrens. Indem ich mich Ihm unterwerfe, befreie ich mich aus der Ego-Gefangenschaft. Das Ego ist die Idee der Besonderheit, eine Fehlwahrnehmung, die mich besser oder schlechter als andere erscheinen lässt. Hinter jedem Gedanken der Besonderheit versteckt sich das Urteil, das Vergleiche mit anderen anstellt. Besonderheit zeigt sich in unzähligen Varianten wie Stolz oder Minderwertigkeit, alles Urteile, die mich von anderen zu trennen scheinen. Alles, was mich von anderen trennt, ist Fehlwahrnehmung. Meine Fähigkeiten und Talente kann ich jedoch einsetzen, ohne mich mit anderen zu messen, indem ich mich durch mein wahres Begehren leiten lasse. Dies wird dazu führen, alle Fehlwahrnehmungen aufzudecken und alles, was mich von anderen trennt, loszulassen. »Wenn du keinen Unterschied zwischen dir und deinem Bruder siehst, sollst du sehen, dass ihr gleich seid. Wenn du siehst, dass ihr gleich seid, sollst du auch sehen, dass ihr eins seid.« (1Pe 3v7.2,3) Gleichheit führt zu Einheit.

Die Welt ist gänzlich neutral. Alle Urteile, die ich in ihr sehe, sind zuerst in meinem Geist und dann sehe ich sie wie auf eine Leinwand projiziert in der Welt. Aller Schmerz und alles Leiden kommen von meinem Urteilen, auch wenn es oberflächlich betrachtet nicht danach aussehen mag. In aller Ehrlichkeit sollte ich bereit sein, den Urteilen in meinem Geist bewusst zu werden und lernen, jedes Mal die Wahl zu treffen, mich dem wahren Begehren des Herzens zu unterwerfen. Damit werden die Fehlwahrnehmungen ausgelöscht, durch wahre Wahrnehmung ersetzt und der Geist dem Frieden zurückerstattet. Da es nur an mir liegt, die Fehlwahrnehmungen loszulassen, bin ich der Führer meines eigenen Erwachens.

»Der Mensch wandelt in Angst, ohne zu wissen, was es ist, das er fürchtet. Er fällt Entscheide, um seine Angst zu vermeiden, nur kann er sich nicht von dem abwenden, was er nicht sehen kann. Weil er ihm gegenüber blind ist, verfolgt es ihn. Weil es ihn verfolgt, fährt er fort wegzulaufen und sich zu verstecken.

Angst ist eine Fehlwahrnehmung. Sie ist eine Fehlwahrnehmung, weil es nichts zu fürchten gibt. Wovon der Mensch wegläuft, ist seine Einbildung, und in seinem Weglaufen bildet er sich mehr ein.

Dies ist, was Jesus als Mensch vom Kreuz lehrte:

Es gibt nichts zu fürchten.

Das ist eine Lektion, die zu akzeptieren du bereit geworden bist.« (1Pe 4v1–6.1–10) Angst hat nichts mit dem gegenwärtigen Augenblick zu tun. Angst ist immer eine Projektion in die Zukunft. Wenn ich nachts auf einem dunklen Weg unterwegs bin und mir vorstelle, dass eine Gefahr hinter einem Busch hervortreten könnte, dann setze ich mich in angstvolle Erwartung. Damit erzeuge ich meine eigenen Fehlwahrnehmungen. Immer wenn ich mich fürchte, sollte ich mich fragen, was ich jetzt gerade denke. Ich werde feststellen, dass ich mir unangenehme Dinge einbilde, die geschehen könnten. Ertappe ich mich dabei, sollte ich die Bereitwilligkeit aufbringen, die Tätigkeit des Fehlerschaffens einzustellen, zum gegenwärtigen Augenblick zurückkehren und mich an das wahre Begehren des Herzens erinnern. Die Angst, die sich im Geist zusammengebraut hat, kann ich an mir vorüberziehen lassen, ohne daran teilzuhaben. Ohne Einbildung zu leben heißt ohne Angst zu leben. Mit dem Fokus auf dem wahren Begehren des Herzens im gegenwärtigen Augenblick erstatte ich meinen Geist der Liebe zurück, denn Liebe ist alles, was übrig bleibt, wenn die Angst vergangen ist.

Angst kommt vom Urteilen, denn das Urteil könnte sich gegen einen selbst richten. Das tut es immer, denn auf metaphysischer Ebene ist alles eins. Das gesamte Universum ist eine einzige Einbildung im scheinbar von Gott getrennten Geist. In diesem Sinne ist jedes Urteil Einbildung, nichts als Illusion. Ungeachtet dessen erfahre ich mich in der Welt als Person. Die Überzeugung, dass ich eine Person bin, ist die größte aller Fehlwahrnehmungen. Es gab nie Personen, nur den Gedanken von Personen im getrennten Geist. Hinter der Identifikation mit der Person, als die ich mich erfahre, steckt das Urteil, dass dies meine Wirklichkeit sei und grenzt mich auf eine vorübergehende Identifikation als Person ein. Damit glaube ich an Illusionen und erkläre meine Fehlwahrnehmung für wahrhaftig. Dies alles beruht aber auf meinem Urteil über mich selbst. Also muss ich in Wirklichkeit mehr sein als die Person, als die ich mich beurteile.

Wer, wenn nicht diese Person, bin ich dann? Das ist die immer wiederkehrende Frage, die das Ego stellt. Es wird nie eine befriedende Antwort geben, weil das Ego das Gegenteil der Vernunft und die Quelle der Fehlwahrnehmung ist. Die einzige dauerhafte Lösung der Frage liegt im Auflösen des fragenden Ego. Mit dem Ego wird die Frage verschwinden und die Liebe, die sich nicht definieren lässt und meine Wirklichkeit ist, wird wieder hervor- und alle Unsicherheit beiseitetreten. Verloren in einem Gewebe aus Fehlwahrnehmungen liegt meine Befreiung im Aufgeben und Rückgängigmachen aller Urteile. Mit dem Herzen als Führer bringe ich Demut, Vertrauen und Bereitwilligkeit auf, Vergebung auf allen Urteilen und Fehlwahrnehmungen ruhen zu lassen, um mich von aller Schuld als Folge des Urteilens freizusprechen. Der sanfte Weg des Friedens führt von falscher zu wahrer Wahrnehmung, welche einzig die Wahrheit spiegelt.

>*GOTT wird in deiner Bereitwilligkeit nichts anderes sehen zu wollen über dich kommen.*< *(1Pe 5v10,11.1)*

Wirkliche Freiheit ist ein Zustand, der im Geist und nicht in der Welt erfahren wird. Ist der Geist aber frei, dann ist die Welt bedeutungslos, weil der Geist nicht mehr durch Fehlwahrnehmungen behindert und getäuscht ist.

Wahre Fülle

Fülle und Überfluss, wie von der Welt definiert, bezieht sich auf materielle Dinge. Ist es somit besser, mehr oder weniger zu haben? Diese Frage stammt aus der Verwechslung der Ebenen von Form und Inhalt. Das mehr oder weniger der Form ist bedeutungslos für das Erlangen wahrer Fülle.

>*Fülle ist das vollständige Gewahrsein deiner göttlichen Natur.*<

>Fülle kann nicht auf eine andere Art und Weise definiert werden. Fülle kann nicht innerhalb der Begrenzungen der Welt definiert werden, weil Fülle unbegrenzt und jenseits aller Definitionen ist.< (2Pe 1v3,4.1–3) Der Geist kann sich in seinen von weltlichen Dingen begrenzten Gedankengängen Fülle gar nicht vorstellen. Indem er versucht, sich ein Bild von Fülle zu machen, grenzt er sich selber nur noch mehr ein. Fülle kann nie vom denkenden Geist kommen, weil er das Mangelprinzip darstellt. Deshalb kann er aus sich heraus wahre Fülle gar nicht begreifen. Immer wenn ich mich in Phantasien von weltlichen Dingen wiederfinde, ist das ein Wink, das Phantasieren loszulassen und zum Herz zurückzukehren. Das Herz kennt nur dasjenige Lied, welches Gedanken der Fülle widerhallt. Das Gewahrsein wahrer Fülle bedeutet, dass der denkende Geist vollständig der Liebe des Herzens zurückgegeben ist. Im Loslassen aller Definitionen lasse ich die Fülle in mir erkennbar werden. Das Licht des funkelnden Sterns im Inneren, das meine unveränderliche Wirklichkeit ist, ist die Fülle. Von diesem Licht geht alles aus. Wenn ich alles als mich angenommen habe, habe ich Fülle begriffen und wiedererkannt.

Der denkende Geist ist in einem Gewirr aus Fehlwahrnehmungen verloren, woraus er seinen Weg nicht finden kann, weil er Fehlwahrnehmung ist. Seine Gedanken haben keine wirkliche Macht über mich, wenn ich mich nicht in sie hineinziehen lasse. Also muss ich seinen imponierenden Gedankengängen, die sich letztendlich immer im Kreise drehen, nicht folgen und bin frei. Immer, wenn ich seine Gedanken ruhen lasse, lehre ich mich Fülle. In meiner Fülle finde ich meine Freiheit, weil meine Freiheit Fülle ist. Fülle ist das Gegenteil von Trennung und löst sie in dem Augenblick auf, in dem ich mich nach innen dem Licht des Herzens zuwende. Dies ist kein Zustand, der irgendwann in der Zukunft angestrebt werden kann, sondern die Entscheidung, mich jetzt nach innen zu wenden.

Die Verheißung meiner Fülle ist jetzt. Erinnere ich mich, was ich wirklich will, dann tritt mein Vertrauen aus dem Inneren hervor und das Gewahrsein meiner Fülle breitet sich aus. So fokussiere ich mich auf mein wahres Begehren und lasse alles andere los. Aus sich heraus sind die Ereignisse der Welt neutral und scheinen beliebigen Veränderungen unterworfen zu sein. Was sich verändert und verändert werden kann, ist nicht meine Wirklichkeit, weil sie das ist, was unveränderbar ist. In meinem unveränderlichen Teil liegen die Stärke und der Frieden, alles, was zu erfahren ich gewählt habe, ohne Anhaftung an wünschenswerten Veränderungen und Ergebnissen an mir vorüberziehen zu lassen. So verleihe ich Illusionen keine Wirklichkeit und besinne mich meiner Fülle aus dem Inneren. Im Fokus auf meiner Fülle lasse ich mich in Frieden zur Erlösung geleiten, meinen wahren Willen und damit mein Selbst zu erkennen.

Dunkle Nacht der Seele

Im Alltagsgebrauch ist mit der Seele üblicherweise die geistige und den körperlichen Tod überdauernde, individuelle Existenz gemeint. Daher wird der Begriff »Seele« in rein nicht-dualen Werken wie NTI und *Ein Kurs in Wundern* nur selten verwendet, weil damit auch der unpersönliche und unsterbliche reine Geist bezeichnet wird, der eins mit Gott ist. »GOTT ist unsere eigene Seele, das Herz unserer Wahrheit, der GEIST, der ohne Ende für immer andauert.« (1Jn 1v8–10.1)

Gott ist das Absolute, reines Gewahrsein, ohne Anfang und ohne Ende, ohne Gegenteil, die Quelle allen Seins, das am Ende des spirituellen Weges als einzig wahre Identität im Inneren wiedererkannt wird. Um mich selbst zu erkennen, muss ich meinen scheinbar individuellen Geist wieder vollständig Gott zurückgeben. Dabei scheine ich die Dunkelheit des eigenen Geistes zu durchwandern, um sie aufzulösen, denn in Gott findet sich überhaupt nichts davon. Ich scheine die Sünden der Welt auf mich zu nehmen, weil die unbewusste Schuld im Geist aufgedeckt wird. Was dabei geschieht, ist das, was viele Menschen mit Nahtoderfahrungen übereinstimmend berichten. Im Augenblick des körperlichen Todes läuft eine Lebensrückschau ab. Dabei durchleben wir aus verschiedenen Perspektiven nochmals allen Schmerz und alles Leid, die wir anderen zugefügt haben. Durch spirituelle Praxis wird die Lebensrückschau vorgezogen, indem die unbewusste Schuld Stück für Stück aufgedeckt und erfahren wird, um sie mithilfe des Heiligen Geistes abzubauen. Ist die gesamte unbewusste Schuld aufgelöst, dann findet beim körperlichen Tod keine Rückschau mehr statt, sondern das, was Regina in ihrer Vision als Jesus am Kreuz erlebt hatte, das Eingehen in die Wahrheit.

Wenn ich mit dem Auflösen der unbewussten Schuld beginne und lerne, dass die Welt nicht wirklich ist, kann es vorkommen, dass ich mich schuldig fühle, wenn ich an der Schönheit der Natur, an Kunstwerken oder anderen Dingen der Welt gefallen finde. Geschieht dies, dann sollte ich nicht die Dinge der Welt, sondern die Schuld aufgeben, denn die Schuld ist die Dunkelheit, die hervortritt, um durch Licht ersetzt zu werden. So werden die Sünden der Welt als Illusion entlarvt und die Dunkelheit losgelassen. Ein einfacher Test, um festzustellen, ob ich die Dunkelheit losgelassen habe, ist, wie ich meine Brüder sehe. Spüre ich gegen einen einzigen nur eine leichte Verstimmung, dann ist die Dunkelheit noch nicht vollständig vergangen. Dies ist Anlass, im Vertrauen in den Heilungsprozess zu ruhen und die Dunkelheit an mir vorüberziehen zu lassen.

»Hab Vertrauen in dein SELBST. Wenn die Gefühle der Finsternis über dich kommen und du die Last und den Schmerz der Schuld spürst, hab Vertrauen in dein SELBST. Du bist das LICHT, das jenseits der Finsternis lebt. Lass dich durch die Illusion des Schmerzes nicht zum Narren halten. Indem du ruhst, heilst du dich selbst und ein großes Dämmern breitet sich aus.« (1Jn 2v12–14.1–5)

»Vertraue deinem SELBST
und vertraue dem Heilungsprozess,
den du gewählt hast.« (1Jn 2v12–14.6)

Regina erzählt: »Ich erinnere mich, als ich mit dieser Art von Erfahrung durch die dunkle Nacht der Seele ging. Genau diese Sätze haben sich in meinem Geist abgespielt, als ich durch die dunkle Nacht ging. Das Vertrauen in den Heilungsprozess fühlte sich an, wie wenn ich die Hand des Heiligen Geistes hielt. 99.9 % meines Bewusstseins sagten mir mit Bestimmtheit, dass ich schrecklich schuldig sei, dass ich bestimmt das schuldigste Wesen sei, das je existiert hatte. Und dann gab es die 0.1 % in meinem Geist, die mir ganz ruhig sagten, vertrau dem Heilungsprozess, ruhe den Geist, dies wird vorübergehen, glaub diesen Gedanken nicht und glaub diesen Gefühlen nicht. Erstaunlich war, dass 99.9 % das Gegenteil schrien. Und während wir heilen, wissen wir, dass wir den 0.1 %, die wir Heiliger Geist nennen, zuhören müssen. Es bedingt der Bereitwilligkeit, den Hass, die immense Schuld, Angst und Unwürdigkeit hervortreten und in der Ruhe der 0.1 % heilen zu lassen. Es ist die Erfahrung, dass ich mich schuldig fühle, aber nicht schuldig bin, und den Heilungsprozess geschehen lasse.« (2009-02-06 1Jn2–3 0:10:36)

Der Ausdruck »dunkle Nacht der Seele« wird dem christlichen Mystiker Johannes vom Kreuz zugeschrieben, der im 16. Jahrhundert lebte und den Transformationsprozess der Läuterung als Reise durch die Finsternis beschrieb. Mutter Theresa soll gemäß ihren 2007 freigegebenen Briefen von 1948 bis beinahe zu ihrem Tod 1997 durch diese dunkle Nacht hindurchgegangen sein, mit zeitweiligen kurzen Unterbrechungen nur. Laut einem ihrer langjährigen Freunde, Father Benedict Groeschel, soll die Dunkelheit sie gegen Ende ihres Lebens verlassen haben. Eine andere Quelle berichtet, dass sie am Ende ihres irdischen Lebens tatsächlich erleuchtet war. (Renard, 3. Kapitel S.126) Mutter Theresa und Regina hatten beide die unbewusste Schuld zur Läuterung hervortreten lassen und schienen sie in ähnlicher Weise internalisiert zu haben, erfuhren sie aber in unterschiedlicher Form als Dunkelheit. Dank Regina haben wir nun eine Anleitung vom Heiligen Geist, die alle metaphysischen Hintergründe aufdeckt und den Prozess der Läuterung stark beschleunigen kann. Wie von Regina an früherer Stelle geschildert, dauern solche Episoden

Der neue Bund

aufgrund ihrer eigenen Erfahrung mit der aktiven Wahl für den Heiligen Geist eine bis maximal 48 Stunden.

Die Welt oder etwas in ihr zu lieben, wie auch gegenteilig die Welt oder etwas in ihr zu hassen, verleiht ihr eine Wirklichkeit, die sie nicht hat. Damit werden die dunklen Wolken der Illusion beibehalten. Ein Maß, das anzeigt, wie stark ich noch in Illusionen verhaftet bin und an sie glaube, ist, wie ich Rangordnungen mit Vorlieben pflege. Wenn ich etwas in der Welt mehr schätze als etwas anderes, zum Beispiel Orte, Speisen oder Jahreszeiten, dann glaube ich an Illusionen. Erst wenn nichts in der Welt mehr der Vorrang vor etwas anderem gegeben wird und nur das wahre Begehren des Herzens über allem steht, werden Illusionen losgelassen und die dunklen Wolken verziehen sich. Nur falsche Verlangen lenken vom Weg ab. Da es immer meine eigenen sind, die mich in der Dunkelheit halten, kann ich jederzeit eine andere Wahl treffen, den Geist vertrauensvoll ruhen lassen und die Liebe sich in mir ausbreiten lassen.

Das Gewahrsein Gottes ist meine unveränderliche Essenz. Sie ist rein und schaut nur auf das, was gänzlich wahr ist. Dieses Gewahrsein ist verschleiert durch das Falsche, das ich in meinem Geist als wahr angenommen habe. Läuterung bedeutet und bedingt die Entscheidung, alles Falsche aus dem Geist gehen zu lassen. Alles Falsche beruht auf irgendeiner Form von Trennung, aber als Tatsache ist sie unmöglich. So ist Sünde eine falsche Idee, denn sie bedingt Trennung, aber ohne sie ist Sünde unmöglich. Desgleichen trifft auf Hass, Ärger, Schuld, Angst, Bedauern etc. zu und zeugt von einem Konflikt zwischen verschiedenen Willen.

»Einssein und die Aktivität des Einsseins, welche LIEBE ist, ist alles, was wahr ist. LIEBE ist die einzige Tatsache, weil Einssein alles ist, was wahr ist. Du brauchst dich nicht zu sorgen, dass du deinen Bruder in Wahrheit nicht liebst, weil LIEBE alles ist, wozu du fähig bist.« (1Jn 3v11–15.6–8) Liebe ist die Wirkung des Einsseins. Aus Sicht des denkenden Geistes, des Ego, hat die Welt eine andere Definition von Liebe: als etwas, das ich einem anderen gebe oder für einen anderen tue. Solange der Gedanke von einem Ich und einem anderen beteiligt ist, besteht der Glaube an Trennung und das unzerbrechliche Gesetz der Liebe ist verschleiert. Das Ego ist weder gut noch schlecht, noch muss es irgendwie bewältigt oder besiegt werden. Es ist lediglich ein Glaube, der losgelassen und vollständig der

Liebe hingegeben werden kann. Totale Hingabe transzendiert alles Trennende und erstattet den Geist dem Einssein der Liebe zurück.

Im Traum der Welt kommt alle Erfahrung aus einer von zwei Quellen, dem denkenden Geist oder dem wahren Begehren des Herzens. Meine Aufgabe besteht im Sortieren aller Gedanken, Gefühle, Überzeugungen, Vorstellungen und Bilder, die ich erfahre, also des gesamten Bereichs der Wahrnehmung. Es geht darum, die Idee loszulassen, dass ich, mein Bruder und die Welt verschieden sind. Wir alle haben die uns innewohnende Fähigkeit, die wahre Quelle zu erkennen, weil wir alle von Gott stammen. Das Erkennen kann sich mir als Intuition zeigen, wenn ich in Ruhe und Frieden weile. Es mag aber passieren, dass ich mich gedrängt fühle, etwas zu tun, das vom Ego stammt und keine Ruhe finde, ehe ich es nicht getan habe. Wenn ich damit niemandem schade, sollte ich mir Fehler zugestehen, den Impuls ausleben und mir die ganze Sache vergeben, um in den Frieden zurückzukehren und wieder der inneren Führung zu folgen.

Alles, was mir zustößt, geschieht mir nach eigener Wahl. Meine Gedanken scheinen mir einfach zu kommen. Wie kann es also sein, dass ich sie wähle? Regina erläutert diesen Zusammenhang anhand eines Erlebnisses: »Ich begann dies am Beispiel zu lernen, als ich mich über meine Tochter ärgerte. Ich dachte nicht, dass ich diesen Ärger gewählt hatte, sondern dass der Ärger einfach geschah, weil sie etwas tat, ich mich ärgerte und das war es. Als ich aber mit dem Heiligen Geist begann, meinen Geist zu beobachten, bemerkte ich Dinge, die mir vorher entgangen waren und es dauerte ein paar Monate, bis das Thema bereinigt war. Wenn sie beispielsweise freche Antworten gab, war ich verstimmt und dachte, ihr Verhalten war die Ursache für meinen Ärger. Mir war aber entgangen, dass zwischen ihrem Verhalten und meiner Reaktion ein Gedankengang wie mit Lichtgeschwindigkeit ablief. Der Gedanke, dass sie mich nicht respektierte, war der Auslöser für meinen Ärger. Und hinter diesem Gedanken, dass sie mich nicht respektierte, steckte eine ganze Reihe von Überzeugungen: Töchter sollten Mütter respektieren und wenn meine Tochter mich nicht respektierte, bin ich eine schlechte Mutter und ich fürchtete mich davor, eine schlechte Mutter zu sein. Als diese unbewussten Gedanken aufgedeckt waren, begann ich zu sehen, dass ich sie nicht mehr zu wählen brauchte. Sie waren zwar immer noch da, aber ich entzog ihnen über die Zeit hinweg ihre Bedeutung und gab ihnen keine Energie mehr, bis zu dem Zeitpunkt, wo ich nicht mehr verstimmt war, als meine Tochter freche Antworten gab. Jetzt kann ich mit meiner Tochter ganz anders interagieren. Was früher zu einem heftigen Familienkrach geführt hätte, ist heute lediglich eine leicht zu lösende Ungereimtheit.« (2009-02-20 1Jn4 0:27:00)

> *»Das GEWAHRSEIN GOTTES betrachtet nichts was falsch ist, deshalb braucht alles, was falsch ist, nicht von dir betrachtet zu werden.« (1Jn 4v4–6.8)*

Diese Lektion umzusetzen bedeutet, in allem, was ich sehe und erlebe, jede Bewertung meinerseits aufzugeben. Beispielsweise bei einem Streit einzugreifen, könnte ihn weiter eskalieren lassen, denn aus den Bildern, die ich im Traum der Welt sehe, kann ich nicht wissen, was zum Besten aller ist. Ich brauche nur meinen Geist mit der Einstellung zu beobachten, dass ich nichts weiß und nichts verstehe. Ist die ganze Ego-Aktivität zur Ruhe gekommen, kann ich mich intuitiv angeleitet fühlen, zu handeln oder weiterhin nichts zu tun.

Gott ist Liebe und Liebe ist alles, was es gibt. Die Eigenschaft der Liebe ist, dass sie frei jeglichen Widerstands ist. Der Kern jeglicher Existenz ist Gott. Er kann nicht vollständig verleugnet werden, denn das würde bedeuten, jegliche Existenz zu verleugnen. Sie kann nicht verleugnet werden, weil sie ist. Aber was ist Existenz? Regina berichtet: »Ich hatte eine Erfahrung, die nur etwa zehn Minuten dauerte, in welcher meine Identität als Regina vorübergehend ausgelöscht war. Da war nicht einmal ein Gedanke an Regina. Ich war einfach ohne Identität. Ich war überhaupt nicht Regina, sah aber durch diesen Körper und konnte durch diesen Körper die Dinge berühren. Als ich niemand war, wurde ich angeleitet, meine Online-Biografie auf der Homepage zu lesen. Es war urkomisch, denn da war der unendlich weit entfernte Gedanke, dass ich einmal gedacht hatte, sie zu sein. Es war absolut lächerlich. Ich konnte sehen, dass sie nichts war, dass ich sie niemals hätte sein können. Als die Erfahrung vorüber war, glaubte ich wieder voll, Regina zu sein. Diese Erfahrung hatte mir gezeigt, dass ›Ich bin‹ die Existenz ist, die ich bin und Regina nicht meine Wahrheit ist.« (2009-02-20 1Jn4 0:47:10)

Diese Wahrheit befreit vom Glauben an alles Vorübergehende. Die Angst vor dem Tod ist lediglich eine Projektion in die Zukunft, denn in jedem Moment existiere ich. »Ich bin« ist die Wahrheit meiner Existenz, das Annehmen meines wahren Selbst. In dieser Wahrheit liegt die Befreiung, denn sie verleugnet die Trennung. Gott ist die vollkommene Liebe. Ihn zu lieben heißt, Ihn zu erkennen. Im Gewahrsein der Liebe verschwindet die Angst, denn sie schien nur eine Folge der Trennung zu sein. Das Falsche aber hatte nie existiert.

Transzendenz

Das Überwinden oder Transzendieren der Welt bedeutet, sie zu sehen und in ihr zu leben und gleichzeitig über sie hinwegzusehen und nicht mit ihr identifiziert zu sein, nicht mehr durch die Bilder der Welt getäuscht zu sein. Christus wird in allen wiedererkannt. Was in allen wiedererkannt wird, ist der Christus in mir, das wahre Selbst. Dahin werde ich geführt, indem ich bei allem, was ich wahrnehme, mir immer die Frage stelle, ob es vom Ego oder vom Heiligen Geist kommt und alles vom Ego als bedeutungslos loslasse. Sehe ich alles mit dem Heiligen Geist, dann bin ich frei von Ego-Anhaftungen und kann am hilfreichsten sein. Alle Angst, durch diesen Prozess die Bodenhaftung zu verlieren, stammt vom Ego, denn dadurch wird es transzendiert. Ohne Ego wird alles ohne Urteil gesehen, denn was bedeutungslos ist, braucht nicht beurteilt zu werden. So nähere ich mich der Vollkommenheit Gottes, die urteilsfrei ist. In der Gewissheit mit dem Heiligen Geist lasse ich jedes Verlangen, das nicht auf die Wahrheit ausgerichtet ist, los. Das alleinige Verlangen nach der Wahrheit geleitet zum weit offenen Himmelstor. Stehe ich davor, dann ist die Welt transzendiert und die wirkliche Welt erreicht.

Nun ist es an der Zeit, den Heiligen Geist nicht mehr als einen Führer getrennt von mir zu betrachten, sondern als der Teil meines Geistes, der für die Wahrheit spricht. Durch meine Wahl, nur noch Seinen Gedanken zuzuhören, höre ich auf meine eigenen wirklichen Gedanken. Es sind einzig liebevolle Gedanken der bedingungslosen Vergebung. Nur auf sie zu hören heißt in Liebe zu wandeln. Im alleinigen Hören auf meinen Heiligen Geist betrachte ich die Welt durch die Augen der Liebe. Dies ist die eine Entscheidung, die zu treffen ich habe. Es ist eine Verpflichtung und ein Versprechen mir selbst gegenüber, konsistent nur das Ziel der Wahrheit zu verfolgen. Wenn sich die dunkle Nacht der Seele wieder ausbreitet, habe ich bloß vergessen und der falschen Stimme Gehör geschenkt. Ungeachtet der Form, die die Schuld angenommen und sich dem Frieden als Hindernis in den Weg gestellt hat, ist meine Aufgabe zu ruhen, die Schuld und die dahinterliegende Selbstverurteilung anzuschauen, ohne ihr den geringsten Glauben zu schenken und die falsche Stimme in Frieden vergehen zu lassen.

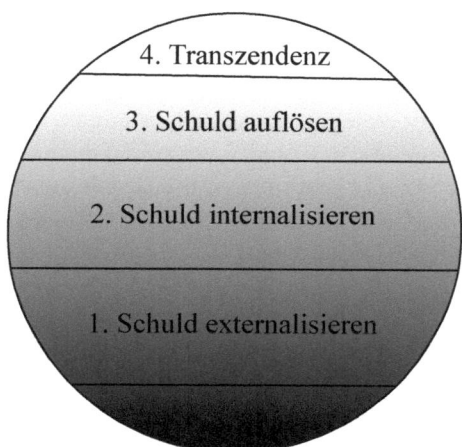

Es gibt nur einen Geist, vorzustellen als weißer Kreis reinen Lichts, in welchem die Antwort auf eine unmögliche Frage scheinbar Einlass gefunden hat, die das Licht teilweise verbirgt, dargestellt in abgestuften Grautönen. Gott ist das unbegrenzte, reine weiße Licht. Er weiß nichts von Grautönen, genauso wie die Sonne nichts von Wolken weiß, die unseren Alltag grau erscheinen lassen können. Als individuelle Fragmente des einen Geistes scheinen wir uns auf unterschiedliche Graustufen zu verteilen. Identifiziert mit einem Fragment scheine ich allein zu sein und um mein Überleben kämpfen zu müssen. Alleine scheine ich zu leiden und dem Horror des Traumgeschehens hilflos ausgeliefert zu sein. Es ist aber nur eine Frage der Zeit, bis die vier horizontalen Linien, die den spirituellen Weg in vier Stufen einzuteilen scheinen, wie nach dem Gesetz der Schwerkraft nach unten wegfallen werden. Sie werden wegfallen, weil unser eine Geist einen ermüdenden Traumkampf mit sich selbst führt. Ermüdet vom sinnlosen Kampf werden wir uns an das Licht erinnern und die Bereitwilligkeit entwickeln, uns dem reinen Licht des Heiligen Geistes im Inneren zuzuwenden und alles anders sehen zu lernen.

Im Heiligen Geist sind wir alle als eins miteinander verbunden. Unsere Brüder sind die Ausdehnung des einen Geistes, wie auch wir es sind. In diesem Sinne gibt es auf der Ebene des Geistes keine Fremden. Wenn ich alles umarme, nehme ich alles an und bin frei von Anhaftungen. Was ich meinem geringsten Bruder tue, bezieht sich nicht auf die Form, die materielle Ebene, sondern auf die Armut im Geist, wenn er nur auf das Äußere ausgerichtet ist. Helfe ich einem anderen, helfe ich mir selbst. Widersetzt sich ein Teil meines Geistes, dann ist mir ein unfreundlicher Gedanke zu Bewusstsein gekommen. Dies widerspiegelt ein altes Verlangen, dem ich jetzt keine Bedeutung mehr geben will und lasse es im inneren Frieden vergehen. So richte ich meine Aufmerksamkeit nach innen. Und von innen heraus tragen wir alle denselben Namen, den Namen Gottes, der alles im einen Selbst der Liebe vereint.

»In der Entscheidung dein SELBST zu sehen bitte ICH dich, dich mit MIR zu verbinden.« (Jude v14–16.6)

»Unser eine Geist ist im Zustand des Erwachens. Wähle im erwachten Zustand bei MIR zu stehen und du wählst unseren Geist zum vollständigen Erwachen aufzuwecken.« (Jude v17–19.2,3) Auf dem Weg vom Ego-Selbst in die Transzendenz des göttlichen Selbst werden wir zwischen Licht und Dunkelheit hin und herpendeln und durch Phasen der dunklen Nacht der Seele gehen oder Schuld in irgendeiner Form von Hass nach außen projizieren. Dies scheint notwendig zu sein, um die verborgene Schuld aus dem Unbewussten freizulegen, die Selbstverurteilung, gegen Gott gesündigt zu haben. In solchen Momenten mag es erscheinen, als ob ich die Barmherzigkeit Gottes vielleicht nicht ganz verdient hätte. Dies ist eine Fehlwahrnehmung meiner selbst, die ich mithilfe des Heiligen Geistes korrigieren muss, um die Fülle der Gnade, des Friedens und der Liebe zu erfahren. Mit der Wahl für den inneren Frieden bin ich nie allein, sondern verbunden mit der Stärke des inneren Lichts.

OFFENBARUNG

Die Offenbarung des Johannes scheint mit ihren Endzeitstimmung vermittelnden Bildern ein sehr mysteriöses Buch zu sein. Wenn uns heutzutage jemand solche Geschichten auftischen würde, wäre wohl die erste Frage, ob er irgendwelche bewusstseinsverändernden Substanzen eingenommen habe. Was wir von Johannes lesen und mit großer Wahrscheinlichkeit von nachfolgenden Autoren abgeändert wurde, ist genau genommen keine Offenbarung, sondern eine Vision. Eine Offenbarung ist die Erfahrung des Absoluten, der nicht-dualen Wahrheit, wie sie beispielsweise von Regina geschildert wird, wie sie als Jesus am Kreuz hing. Es ist das zweifelsfreie Erkennen der Illusion der Welt als illusionär und der Wahrheit als wahr und dem widerstandslosen Begehren, vollständig in die Wahrheit einzugehen. Bei Johannes hingegen vermischte sich in seiner Vision Material aus dem kollektiven Unbewussten mit seinen theologischen Überzeugungen und unbewussten Ängsten, und dies alles nahm er gemäß dem Gesetz des Geistes »Alles, was du siehst und erfährst, siehst und erfährst du durch den Filter deines Geistes.« wahr. Es sind also keine Aussagen über zukünftiges Geschehen oder ein Weltengericht enthalten. Der Heilige Geist deutet die Symbole aus der Offenbarung neu und liefert eine Zusammenfassung, denn nun ist der gesamte Weg zur Wahrheit offengelegt. Als zentrale Praxis werden wir angeleitet, den denkenden Geist ruhen zu lassen und uns im inneren Frieden der Führung des eigenen Heiligen Geistes hinzugeben, die Dinge nicht mehr durch das Analysieren versuchen zu verstehen, sondern die Bedeutung von innen heraus intuitiv zu erfassen.

Alles ist gesagt. Die Wahrheit ist in mir und die Welt außerhalb ist Illusion. Alles Anhaften an Erfahrungen in der Welt, die ich loszulassen habe, ist das Loslassen von Illusionen. Solange ich die Welt und die Erfahrungen darin als wirklich erlebe, werde ich mit Symbolen der Welt arbeiten, um mich von ihnen zu befreien. Es gibt nichts zu vergöttern oder irgendwelche spirituellen Wege, Bücher, Gurus, Lehrer oder Regina zu idealisieren und auf ein Podest zu stellen. Spirituelle Lehrer mögen weiter voran sein oder auch nicht. Die allermeisten befinden sich genauso irgendwo auf dem Weg wie wir selber.

»Du musst *durch Loslassen* voranschreiten, bis dir nichts mehr übrig bleibt, woran du dich festhalten kannst.« (Rev 1v6.3) Alle Symbole der Welt sind wie vorüberziehende Wolken, die eine Weile bei mir bleiben, bis sich ihr Nutzen erledigt hat, um mein Gesichtsfeld wieder zu verlassen. Die einzige Konstante ist das, was ich wirklich bin. Ich bin der Anfang und das Ende, was war, ist, und sein wird, unsterbliches Leben. Wenn sich die Versuchung in irgendeiner Form der Angst im Geist ausbreitet, sollte ich mich erinnern, die Wahl zu treffen, in den Frieden des Herzens zu wechseln. Fühle ich mich schuldig, weil mir die Schönheit der Natur oder der Kunst gefällt, dann kann ich die Selbstverurteilung hinter der Schuld, einen Fehler begangen und gesündigt zu haben, als substanzlos vergehen lassen. Damit habe ich den Anfang aufgedeckt und führe das Ende der Schuld herbei.

Meine Aufmerksamkeit scheint sich auf zwei verschiedene innere Stimmen aufzuteilen. Mit der einen werde ich auf der Suche nach weltlichem Glück durch harte Arbeit beschäftigt und abgelenkt sein und wie auf einem Hamsterrad unablässig meine Runden drehen, auf dem Weg nach nirgendwo. Aus Angst, bekannte Pfade zu verlassen, mag es Überwindung kosten, aus der scheinbaren Sicherheit der unablässigen Beschäftigung und Ablenkung ins Unbekannte hinauszutreten. Doch in der Ruhe des eigenen Herzens wartet die unfehlbare innere Führung. Sie erinnert mich an meinen wahren Zweck. Sie führt mich auf dem kniffligen und verwirrenden Weg durch alle Illusionen des eigenen Geistes hindurch zur Glückseligkeit. Die Wahl, welchen Zweck ich verfolgen möchte, liegt immer bei mir.

Nicht wissen, wer ich wirklich bin, obwohl ich es nie völlig vergessen kann, ist Unglück. »In dir scheint eine üble Stimme zu sein, die von Bösartigkeit, Hass und Angriff spricht. Sie sucht zwar auch nach deinem Glück, aber am falschen Ort, in der Kontrolle und im Alleinsein, weil sie derart verwirrt ist. Suche und finde nicht, scheint ihre Vorgehensweise zu sein. Sie als übel oder schlecht zu beurteilen, bedeutet nichts anderes, als ihr Gehör zu schenken. Sie zu hören, ohne auf sie zu hören, verleugnet sie nicht. So lässt sie sich überwinden.

Die Stimme der Verwirrtheit nicht zu bewerten und sie nicht zu fürchten, bedeutet, ihr nicht zu folgen und auf die STIMME DER KLARHEIT zu hören.« (Rev 2v4–6)

Tief verborgene Überzeugungen werden durch Verleugnung geschützt. Das Verlangen nach der Verleugnung wird durch die Angst genährt, dass etwas Schlimmes zum Vorschein kommen könnte, das wahr ist und im Extremfall das eigene Todesurteil bedeuten könnte. Es gibt aber keinen Tod, nur den Glauben an ihn, denn der Kern meines Wesens ist unsterblich. Dass irgendetwas Schlimmes zum Vorschein kommen und mich umbringen könnte, ist also nur ein Glaube, der als substanzlos betrachtet werden sollte. Noch etwas tiefer in der Dunkelheit des Geistes ist die Angst vor Gott vergraben, die besagt, dass ich bestraft werde, weil ich mich durch den Glauben ans Ego habe verführen lassen. Doch dieser Glaube zeigt lediglich, dass ich auf die Stimme der Verrücktheit gehört habe. Jede Verurteilung stammt von Ego. Der Heilige Geist verurteilt nie. Folglich verurteilt sich das Ego immer nur selbst. Und genau hier liegt die Quelle der Schuld versteckt. Dies alles sollte im Vertrauen an die eigene Unschuld ans Licht gebracht werden. In der Klarheit der Schau des eigenen Heiligen Geistes lösen sich alle Schuld und Angst auf.

Die verschiedenen Formen der Angst wie Sorge, Bedauern, Missmut, Groll, Ärger, etc. wirken wie eine Deckschicht über dem zugrunde liegenden Glauben an die Schuld. Im Vertrauen an den eigenen Heiligen Geist als Licht der Wahrheit muss ich durch alle Formen der Angst hindurch schreiten, um den verborgenen Glauben an die Schuld aufzudecken. Ihn zu betrachten mag furchterregend sein, aber im Hinschauen wird er aufgelöst. Damit sollte klar werden, dass die Schuld aus der Selbstverurteilung herrührt. Wenn ich zum Internalisieren der Schuld neige, wird sie mit aller Kraft aufschreien und behaupten, dass das Selbsturteil korrekt ist und ich der größte Sünder bin. Fühle ich mich in diesem Moment verlassen und allein, dann habe ich auf die Stimme der Schuld gehört. Dieser Versuchung sollte ich mir bewusst werden und mich wieder dem Licht zuwenden.

»ICH habe eine offene Tür vor dich hingestellt, die niemand verschließen kann. Halte deine Augen auf die Tür gerichtet, wenn du durch deine endgültigen Versuchungen gehst. Erinnere dich, dass dich niemand vom Durchschreiten dieser Tür abhalten kann, außer du selbst. Halte dich an MEINER Stärke fest, im Wissen, dass sie auch deine Stärke ist. Die Zeit der Plagen kann nicht andauern und wenn die Zeit der Plagen geendet hat, sollen die Plagen vorüber sein.« (Rev 3v7–10.1–5)

Regina erzählt: »Es gab bestimmt Zeiten, in denen ich mich unbeschreiblich verloren fühlte. Etwa vor einem Jahr wurde ich wieder von meiner Angst, den Heiligen Geist nicht schreibend übermitteln zu können, eingeholt. Bis dahin war ich immer erfolgreich gewesen, diese Angst zu verdrängen und die Tatsache, dass ich viel übermittelte, das gesamte NTI und vieles mehr, legte nahe, dass die Angst unbegründet war. Und trotzdem kam die Angst vor meiner Unfähigkeit, übermitteln zu können, immer wieder zurück. Von außen ist nicht sichtbar, wie schwierig es war und durch welche Tortur ich häufig ging, das alles niederzuschreiben und zu veröffentlichen. Um schreiben zu können, war ich im Beiseitestoßen der Angst immer erfolgreich gewesen, was aber nicht das Gleiche ist, wie sich ihr zu stellen, weil dahinter der Glaube verborgen ist, dass etwas Entsetzliches zum Vorschein kommen könnte. Das Scheußliche in meinem Geist war die Angst davor, dass die Wahrheit nicht wahr ist, dass sie Phantasie und die Welt wirklich ist, dass ich die Wahrheit so verzweifelt wahrhaben wollte, dass mein unbewusster Geist all die Worte erfand und durch mich als Heiliger Geist erscheinen ließ. Es war die Angst, dass jede scheinbar erleuchtete Person durch ihr Verlangen nach der Wahrheit durch eine Phantasie getäuscht ist. Als ich mich der Angst stellte, lag ich wie gelähmt während einer ganzen Woche mit heraushängender Zunge nur herum, betrachtete diesen Glauben direkt in meinem Geist und sah, wie stark ich daran glaubte. Beinahe alles in mir wollte aufgeben und den spirituellen Weg abbrechen. Ich fühlte mich so unbeschreiblich verloren und das Einzige, was mir half zu überleben, war der Gedanke, dass das Verlorensein vorbeigehen und ich mich wiederfinden werde, dass die Zeit der Plagen nicht andauern wird. Wichtig war, dass ich mich dem Glauben nicht widersetzte und einfach nur dalag, während alles über mich kam, um endgültig zu vergehen.« (2009-05-01 Rev3 0:42:00)

Es mag erleuchtete Personen geben, die sich durch eine Phantasie haben täuschen lassen, weil sie durch ihr Einssein mit dem Ego-Geist die Wirklichkeit ins Unbewusste verdrängt haben. Die Plagen haben erst dann ihr definitives Ende gefunden, wenn die Schuld, die das

Ego zu verstecken sucht, transzendiert ist. Die Welt wird anders gesehen werden, weil der Filter im Geist aufgelöst sein wird. Die Zeit des Zweifels wird vorbei und der Geist mit Freude erfüllt sein. Ich werde der Welt nicht mehr auf Gedeih und Verderb ausgeliefert sein, weil das wahre Selbst überall wiedererkannt ist. Ich werde vor der offenen Tür stehen und die Welt wird zur Festtafel werden. In ihr werde ich solange verweilen, wie es im Plan zum Erwachen des einen Geistes hilfreich ist, bis auch dieser glückliche Traum mit dem Durchschreiten der offenen Tür in Frieden enden wird.

Regina erinnert sich an eine weitere Episode: »Als ich Kapitel 4 in der Bibel las, bevor ich die Interpretation des Heiligen Geistes empfangen sollte, überkam mich die Angst, dass ich jetzt die Interpretation all der gelesenen Symbole kennen sollte, was eigentlich seltsam erscheint, denn ich wusste ja aus Erfahrung, dass alles vom Heiligen Geist kommen wird. Aber so etwas geschieht, wenn du in die Verwirrtheit des Ego hineinfällst. Es war eine vorübergehende Angst, weil ich mich allein fühlte und dachte, alles allein wissen zu müssen. Es war die Angst, dass ich etwas bewerkstelligen müsste, wozu ich nicht fähig war. Das Interessante war, dass alles, was ich zu tun brauchte, aus dem Weg zu gehen war und die vollkommene Interpretation kam durch mich hindurch. Diese Erfahrung ist für mich jetzt immer wie eine Mahnung, wenn die Angst aufkommt, dass ich etwas wissen oder herausfinden müsste, beispielsweise wenn jemand eine Frage stellt und ich eine kluge Antwort wissen sollte, dass ich einfach loslassen kann. Ich brauche nichts zu wissen. Ich bin nicht verantwortlich und muss einzig den Heiligen Geist durch mich hindurch kommen lassen, sogar wenn nur Stille folgt. Für mich war das ein denkwürdiges Ereignis.« (2009-05-15 Rev4 0:10:45)

In der Interpretation zu Kapitel 4 antwortete der Heilige Geist direkt auf Reginas Befürchtung: »Zu tief in der Symbolik nach der Bedeutung zu suchen, ist eine Aktivität des denkenden Geistes. Details analysieren und Bedeutung suchen heißt, dir die Bilder vom Ego erklären zu lassen.« (Rev 4v1–6.1,2) Der denkende Geist scheint sich immer mehr oder weniger und ohne Ende im Analysieren von Details zu verlieren. Dabei geht die Gesamtschau verloren. Im nun erreichten fortgeschrittenen Stadium werden wir angeleitet, von den Details zurückzutreten und die Welt als Ganzes zu betrachten. Die gesamte Welt ist das Erzeugnis des denkenden Geistes. Ungeachtet aller separaten Teile und Unterschiede ist alles eins, weil alles aus einer Ursache herrührt. Mit fortgeschrittener Vergebung wird der denkende Geist als Ursache von allem identifiziert, als bedeutungslos losgelassen und durch die Wahl für die Schau des Heiligen Geistes ersetzt. So nähern wir uns Schritt für Schritt der ewigen Schau, die in Dankbarkeit und Freude in den Himmel zurückführt. Im Himmel widerhallt die Schöpfung in Herrlichkeit ihre Ehre an ihren Schöpfer im ewigen Kreislauf der Freude und Liebe.

»Du bist es, von dem die Engel singen. Sie singen nicht von deinem Wert, denn sie können sich nichts als deine Herrlichkeit vorstellen. Sie flüstern nicht von Opfern, weil sie sich nichts als LIEBE vergegenwärtigen können. Sie betrachten dich jetzt und sehen einzig das Weiß eines unberührten Lammes, weil sie nur das sehen, was wahr ist und sie blicken direkt *auf dich*.« (Rev 5v11,12.1–4)

Dies ist, was die Engel über uns singen, die wir diesen Abschnitt lesen. Das unberührte weiße Lamm ist das Symbol der Unschuld, der Harmlosigkeit und wurde für Jesus verwendet, aber symbolisch steht es auch für die Wahrheit von uns allen. Das Buch mit den sieben Siegeln aus der Bibel symbolisiert ebenfalls diese Wahrheit. Jesus hatte den Inhalt des Buches für sich und damit für uns alle aufgedeckt, sodass es keine wirklichen Geheimnisse mehr gibt. Was mich davon abhält, ebenfalls die sieben Siegel zu lösen, ist der Glaube, dass ich bin, was ich nicht bin, der Glaube an meine Unwürdigkeit. Es gibt also zwei Bewertungen meiner selbst, die eigene und diejenige der Engel. Auf welche ist Verlass? Wenn ich bereit bin einzusehen, dass ich mich in meiner Selbsteinschätzung getäuscht habe, kann ich den Glauben an meine Unwürdigkeit, der wie ein dunkler Schleier das Licht in mir verbirgt, ablegen. Denn ich bin würdig, die sieben Siegel zu öffnen und die Erkenntnis meiner Wirklichkeit zu entdecken. Der Heilige Geist erläutert die sieben Siegel als Elemente des Lernens.

Das erste Siegel auf dem Buch des Lebens bezeichnet das, was zuerst kommen muss, die Bereitwilligkeit, mit ungeteilter Hingabe dem wahren Begehren des Herzens zu folgen. Was mit einer kleinen Bereitwilligkeit begonnen hatte, muss wachsen und sich zu uneingeschränkter Bereitwilligkeit entwickeln. Es kann nicht genug überbetont werden, dass einem *einzigen* Verlangen ohne Ablenkung die Treue zu halten ist, denn *es ist das Verlangen, das den Geist lenkt.* Einem einzigen Verlangen zu folgen bedeutet, als Sieger auszuziehen, um zu siegen.

Das zweite Siegel bezeichnet das, was nicht wahr ist, aber wahr zu sein scheint, die Überzeugung, dass Bösartigkeit oder Grausamkeit in meinem Geist verborgen ist und die Angst, dass diese dunkle Seite wahr ist. Dieser Glaube ist nichts als Illusion und wird sich auflösen, wenn er durch Hinschauen ans Licht gebracht wird.

Das dritte Siegel bezeichnet das Urteilen, das die Illusion der Welt aufrechterhält. Das Urteil teilt und lässt Trennung wirklich erscheinen. Das Ego kann das Urteilen nicht aufgeben, aber das Ego kann aufgegeben werden: kein Ego, kein Urteil.

Das vierte Siegel bezeichnet den Tod als das Symbol für die Illusion der Trennung, denn was vom ewigen Leben getrennt ist, kann außer in Illusionen kein scheinbares Leben haben und muss enden. Sogar hier in der Illusion kann die feinsinnige Erfahrung gemacht werden, dass wenn eine Person gestorben ist, sie lediglich die Seite gewechselt hat, um irgendwann wiederzukehren. Der Tod ist das Symbol für das, was nicht wahr ist, für Täuschung.

Das fünfte Siegel bezeichnet die Wahl zwischen Angst und Vertrauen. Im Augenblick der Ungewissheit habe ich mich zu entscheiden. Aus Angst mag ich versucht sein, als scheinbare Sicherheit das Altbekannte zu wählen oder aber im Vertrauen dem spirituellen Weg des eigenen Heiligen Geistes in unbekannte Gefilde zu folgen. Aus dieser Wahl erfolgt alles Weitere.

Das sechste Siegel bezeichnet das Ende der Wahrnehmung. Die Art und Weise der Wahrnehmung ist die Folge meiner Wahl. Wähle ich Illusion als Illusion zu sehen, dann habe ich entschieden, sie loszulassen. Oder ich wähle mich der Angst hinzugeben und werde versuchen, sie zu kontrollieren oder von ihr davonzulaufen. Doch selbst die Wahl der Angst ist eine Illusion, denn was nicht Liebe ist, ist nicht wirklich. Merke ich, dass ich mich für irgendeine Form der Angst entschieden habe, dann kann ich in Dankbarkeit von der Illusion zurücktreten und nochmals wählen. (Rev 6v1-17)

Das Herbeiführen wahrer Wahrnehmung ist ein Prozess des Vergebens. Mit jeder Vergebungslektion wähle ich, über Illusionen hinwegzusehen und mich der Wahrheit der Liebe zu öffnen. Der Heilige Geist hat die Lektionen in zwölf Kategorien zusammengefasst:

1. Du bist unschuldig.
2. Du bist der SOHN GOTTES und alles, was du erfährst, ist eine Gabe an dich selbst.
3. Du wählst den Zweck für alles, was du siehst und der Zweck, den du wählst, ist derjenige, der ihm gegeben wird.
4. Zweck beruht auf Verlangen. Da es nur ein wahres Begehren gibt, gibt es nur einen wahren Zweck. Alles andere ist Illusion.
5. Du bist nie allein. Trennung ist falsch. Das LICHT im Geist leiht dir seine Stärke, weil das LICHT im Geist deine Stärke *ist*.
6. Die Illusion der Welt ist falsch. Sie scheint nur wirklich, weil du ihr deinen Glauben gegeben hast. Aber im Zurücknehmen deines Glaubens muss ihre Echtheit vergehen.
7. Dein Glaube und dein Vertrauen sind alles, denn in was du deinen Glauben steckst, das wirst du erfahren. Dem ist so, weil du der SOHN GOTTES bist.
8. Dein wahres Begehren ist: »Erkenne dich selbst.« Jedes andere Verlangen ist das Verlangen, dich selbst nicht zu erkennen, was bedeutet, Mangel und Angst zu wählen. Du bist bereit, die vorübergehende Erfahrung von Mangel und Angst beiseitezulegen und die Vollständigkeit der Wahrheit erneut zu erkennen.
9. Alles, was nicht Wahrheit ist, ist Illusion. Illusion zu wählen bedeutet, Phantasie zu wählen, aber Phantasie kann die Wahrheit nicht verändern.
10. Phantasien werden im denkenden Geist gesponnen. Indem du den denkenden Geist spinnen lässt, wählst du Phantasie. Indem du den denkenden Geist ruhen lässt, wählst du Wahrheit.
11. Alles, was du erfährst, ist LIEBE. In dieser Aussage gibt es keine einzige Ausnahme. Wenn du glaubst, dass du auf etwas schaust, was nicht LIEBE ist, nimmst du fehlerhaft wahr. Um die LIEBE zu sehen und zu erkennen wie sie ist, lass deine Fehlwahrnehmung los.
12. EINSSEIN ist alles, was jetzt wahr ist. Der Glaube an Trennung ist immer falsch gewesen, also muss alles, was durch die Linse dieses Glaubens gesehen wird, ebenso falsch sein. In dieser Aussage gibt es keine einzige Ausnahme.

Offenbarung

»Diese zwölf Lektionen bereiten dich vor, nur das zu wählen, was wahr ist.« (Rev 7v5–8.3–33) Die Zahl 144.000 gibt einen Hinweis, wie viele Lektionen aufgeteilt auf die zwölf Kategorien zu lernen sind, bis die gesamte unbewusste Schuld im Geist aufgelöst ist. Dies scheint eine große Anzahl zu sein und beinahe ewig zu dauern. Wenn aber täglich zehn Lektionen angenommen werden, wird es etwa vierzig Jahre dauern, bei hundert nur vier Jahre. In der praktischen Umsetzung werden wir wohl irgendwo dazwischen zu liegen kommen. Deshalb sollte Vergebungspraxis zu einer Gewohnheit werden, denn eigentlich ist es sehr einfach: Immer, wenn ich aus dem inneren Frieden kippe, hat sich Angst in irgendeiner Form bemerkbar gemacht, die ich anschauen, ohne Urteilen loslassen und mit der Wahl für den Heiligen Geist durch inneren Frieden ersetzen lassen kann. Der Prozess beinhaltet das komplette Auflösen der bewussten und unbewussten Vergangenheit, genauer gesagt nicht die Erinnerung daran, sondern alle damit verbundenen schuldbeladenen Gefühle und Gedanken. Es ist das Ersetzen der Denkweise des Ego durch diejenige des Heiligen Geistes. Ist die gesamte eingebildete Schuld aufgelöst, erwache ich zum Einssein im Geist und das wahre Selbst ist wiedererkannt. Damit ist wahre Wahrnehmung erreicht und wenn sich deren Nützlichkeit erledigt hat, wird sie mit dem endgültigen Ablegen des Körpers durch die Erkenntnis Gottes ersetzt.

Das siebte Siegel hat überhaupt keine Bedeutung. Alle Bedeutung kommt vom Geist. Der Heilige Geist schlägt uns nun die Aufgabe vor, Kapitel 8 aus der Offenbarung zu lesen und zu beobachten, welchen Gefühlen und Gedanken wir uns bewusst werden und welche Bedeutung uns in den Sinn kommt:

»Und als das Lamm das siebte Siegel öffnete, trat im Himmel eine grosse Stille ein, etwa eine halbe Stunde lang.

Und ich sah die sieben Engel, die vor Gott standen, und es wurden ihnen sieben Posaunen gegeben. Und ein anderer Engel kam und trat an den Altar. Der hatte eine goldene Räucherpfanne, und es wurde ihm viel Räucherwerk gegeben, dass er es mit den Gebeten aller Heiligen hinlege auf den goldenen Altar, der vor dem Thron stand. Und der Rauch des Räucherwerks stieg mit den Gebeten der Heiligen aus der Hand des Engels empor vor Gottes Angesicht. Und der Engel nahm die Räucherpfanne und füllte sie mit dem Feuer vom Altar und warf es auf die Erde. Da erhob sich ein Getöse, Blitz und Donner, und die Erde bebte. Und die sieben Engel, die mit den sieben Posaunen, schickten sich an zu blasen.

Und der erste blies die Posaune: Da gab es Hagel und Feuer, mit Blut vermischt, und es fiel auf die Erde nieder. Und der dritte Teil der Erde verbrannte, und ein Drittel der Bäume verbrannte, und alles grüne Gras verbrannte.

Und der zweite Engel blies die Posaune: Da stürzte etwas wie ein grosser, feuriger Berg ins Meer, und der dritte Teil des Meeres wurde zu Blut. Und es starb ein Drittel der Geschöpfe, die im Meer lebten, und ein Drittel der Schiffe wurde zerstört.

Und der dritte Engel blies die Posaune: Da fiel ein grosser Stern vom Himmel, brennend wie eine Fackel, und er fiel auf ein Drittel der Flüsse und auf die Wasserquellen. Und der Name des Sterns lautet ›Wermut‹, und der dritte Teil des Wassers wurde zu Wermut. Und viele Menschen starben, weil das Wasser bitter geworden war.

Und der vierte Engel blies die Posaune: Da wurde der dritte Teil der Sonne weggeschlagen, und der dritte Teil des Mondes und ein Drittel der Sterne, sodass ein Drittel von ihnen finster wurde und der Tag zu einem Drittel sein Licht verlor, und so auch die Nacht.

Und ich schaute: Und ich hörte einen Adler, der hoch oben am Himmel flog, mit lauter Stimme rufen: ›Wehe, wehe, wehe denen, die die Erde bewohnen, wenn dann die Posaunen der drei Engel ertönen, die noch blasen werden!‹« (NT Off. 8)

Habe ich beim Lesen von Kapitel 8 nur den leisesten Hauch eines Unwohlseins, eines Urteils, einer Angst oder Schuld verspürt, dann habe ich einen verborgenen Glauben aufgedeckt, der sich im Text gespiegelt hat und dies *ist* die Bedeutung, die ich ihm verliehen habe. Ich sollte mir gegenüber absolut ehrlich sein und nichts davon verleugnen, sondern den Unfrieden beim Lesen von Kapitel 8 betrachten und ihn loslassen. Dies ist eine exemplarische Übung, die beliebig wiederholt werden kann. Sie zeigt grundsätzlich das Muster, wie verborgene Überzeugungen in allen Lebenssituationen gleichermaßen aufgedeckt und losgelassen werden können. Denn die Welt ist bedeutungslos, weil alle Bedeutung vom Geist kommt. Wenn ich ihr keine Bedeutung mehr auferlege, werde ich intuitiv erfassen, was die Dinge der Welt aus sich heraus bedeuten.

Beim Lesen der Offenbarung kann es geschehen, dass Symbole intuitiv verstanden werden. So mag der »feurige Berg« auf den Vulkanausbruch auf der griechischen Insel Santorin hindeuten. Durch die Explosionen des Vulkans wurden Tsunamis ausgelöst, die Tod und Zerstörung in bislang unbekanntem Ausmaß brachten und die größte uns bekannte Naturkatastrophe ist, die jemals im östlichen Mittelmeerraum stattgefunden hatte. Der nachfolgende und lang anhaltende Ascheauswurf dürfte durch die Abdunkelung der Atmosphäre zu Missernten und Hungersnöten geführt haben. Diese und weitere historische Katastrophen scheinen sich aus dem kollektiven Unbewussten in der Vision des Johannes, der in der Ägäis lebte, bilderreich visualisiert zu haben und stellen unsere aller Ängste dar.

Die Worte aus der Offenbarung an sich sind bedeutungslos, außer dass sie uns helfen können, die Abgründe in den tiefen Nischen des Geistes aufzudecken. Hervortretende schuldbeladene Gefühle und Gedanken sind die Wirkung falscher Überzeugungen, dass ich unwürdig, schlecht, fehlerhaft, etc. bin. Um sich davon zu befreien, ist es unabdingbar, in diese Abgründe einzutauchen, ohne sich von der Angst zurückhalten zu lassen, sich den unangenehmen Dingen zu stellen und sie wie Spinnweben aus dem Geist wegzuwischen. Alles muss aus den Abgründen ans Licht gebracht und aufgelöst werden.

Beim Schreiben dieses Kapitels machte Regina folgende Erfahrung: »Hier gibt es Aufgaben zu machen, die ich als Schülerin des Heiligen Geistes durchführte. Während einer dieser Aufgaben nahm Er mich auf eine Reise durch meinen Geist mit. Er zeigte mir dort die Angst, die Schuld und die Ideen, die zu diesen Wirkungen führten. Und plötzlich war ich an dem Punkt im Geist, von dem alles herrührt, der einen Ursache, der winzig kleinen Wahnidee. Es war eine formlose Erfahrung, in der ich auf die Welt als ein winzig kleines Stückchen der Nichtigkeit zurückschauen konnte. Regina war nichts, denn ich war weit jenseits von Regina. Aber ich wusste, dass alles, was und alle die, die ich je erfahren hatte, von mir kamen. Ich wusste das, ohne den Hauch des geringsten Zweifels. Früher dachte ich, es gäbe zwei, das Ego und den Heiligen Geist, aber hier sah ich, dass alles aus einer einzigen Quelle hervorkommt und das bin ich, und Ego und Heiliger Geist sind Ideen in meinem Geist. Das Problem war, dass ich das noch nicht mit der Interpretation des Heiligen Geistes sah. Ich konnte es noch nicht feierlich betrachten und in Dankbarkeit und Ehrfurcht sein. Stattdessen hatte ich die Ego-Interpretation der Erschaffung dieser Erfahrung in meinem Geist. Ich dachte, dass es etwas Schlechtes sei und die Tatsache, dass ich dafür verantwortlich sein soll, war keine angenehme Erfahrung. Meine erste Reaktion war, dass ich das nicht wissen wollte. Es war ein Verlangen nach Verleugnung. Ich war am Zurückrudern aus der Erfahrung, auf die ich zufälligerweise gestoßen war. Deshalb ist die erste Lektion des Heiligen Geistes, dass wir unschuldig sind und frei und die Erfahrung ohne Urteil betrachten lernen müssen, um aus ihr in die Wirklichkeit hinaustreten zu können. Wir müssen lernen, dass alles Liebe ist, ungeachtet der Form der Erscheinung und volle Verantwortung zu übernehmen, Liebe als einzige Möglichkeit zu akzeptieren, um nochmals wählen zu können.« (2007-12-28 2Co12–Gal1 0:16:40, 2008-06-27 Tit3Phm 0:39:27, 2009-05-29 Rev7 0:15:55)

Der Text der Offenbarung ist Ausdruck von Angst. Die ihr innewohnende Bedeutung versuchen zu enträtseln, ist, wie wenn ich im Außen nach der Quelle der Bedeutung suche. Im Außen zu suchen verleugnet, wer ich wirklich bin, denn alle Bedeutung kommt vom Geist. Der Heilige Geist schlägt weiter vor, Kapitel 10 zu lesen und sich von der inneren Stimme eine Interpretation geben zu lassen:

»Und ich sah einen anderen starken Engel vom Himmel herabsteigen, bekleidet mit einer Wolke. Über seinem Haupt stand der Regenbogen, und sein Angesicht war wie die Sonne, und seine Füsse waren wie Feuersäulen. In seiner Hand hielt er ein kleines Buch, das geöffnet war. Und er setzte den rechten Fuss auf das Meer, den linken aber auf das Land. Und er rief mit lauter Stimme, so wie ein Löwe brüllt. Und als er rief, erhoben die sieben Donner ihre Stimme. Als die sieben Donner gesprochen hatten, wollte ich es aufschreiben. Doch ich hörte eine Stimme aus dem Himmel sagen: ›Versiegle, was die sieben Donner gesagt haben, und schreib es nicht auf!‹ Und der Engel, den ich auf dem Meer und auf dem Land stehen sah, hob seine rechte Hand zum Himmel empor und schwor bei dem, der in alle Ewigkeit lebt, der den Himmel geschaffen hat und was unter ihm ist und die Erde und was auf ihr ist und das Meer und was in ihm ist: Es wird keine Zeit mehr geben, vielmehr wird in den Tagen, da die Stimme des siebten Engels erklingt, wenn er die Posaune bläst, auch das Geheimnis Gottes vollendet sein, wie er es seine Knechte, die Propheten, hat verkündigen lassen.

Und die Stimme, die ich aus dem Himmel vernommen hatte, redete wiederum mit mir, und sie sprach: ›Geh, nimm das Buch, das geöffnet in der Hand des Engels liegt, der auf dem Meer und auf dem Land steht.‹ Und ich ging hin zu dem Engel und bat ihn, mir das Büchlein zu geben. Und er sagte zu mir: ›Nimm und iss es! Es wird deinen Magen bitter machen, aber in deinem Mund wird es süss sein wie Honig.‹ Und ich nahm das Büchlein aus der Hand des Engels und ass es. Und in meinem Mund war es wie süsser Honig; doch als ich es gegessen hatte, wurde es mir bitter im Magen. Und mir wurde gesagt: ›Noch einmal sollst du weissagen über Völker und Nationen, über Sprachen und viele Könige.‹« (NT Off. 10)

Mit Kapitel 11 erhalten wir die Interpretation des Heiligen Geistes wieder durch Regina. Der Maßstab repräsentiert das Maß des Verlangens. Der Tempel und seine Anbeter repräsentieren die Verlangen im Innersten des Herzens. Der äußere Vorhof des Tempels repräsentiert die Welt, welche lediglich Ablenkung ist. (Rev 11v1–10.1–3) Regina erklärt dazu: »Als ich diesen Teil schrieb, wurde ich in eine Vision geführt, in welcher mich der Heilige Geist anwies, in die innere Kammer des Herzens einzutreten, um darin die Anbeter zu sehen. Es hatte zwei Anbeter und Er wies mich an, nicht zu verleugnen, dass zwei anwesend waren, weil Er wusste, dass ich den einen im Herzen nicht wahrhaben wollte. Im Inneren des Herzens war es wie in einer Höhle, in der Mitte mit einem steinernen Altar mit einem Feuer und den zwei Anbetern. Der eine Anbeter steckte in einem weißen Kapuzenmantel und der andere Anbeter in einem grauen Kapuzenmantel. Ich wusste, dass der weiße Anbeter mein wahres Begehren ›Erkenne dich selbst‹ repräsentierte und der graue Anbeter das Verlangen, mich selbst nicht zu erkennen, auch Widerstand und Angst genannt. Und da war ein Gefühl der Enttäuschung, dass der graue Anbeter in der inneren Kammer meines Herzens anwesend war, denn ich hätte gehofft, nur den weißen vorzufinden. Es war wichtig zu sehen, dass beide in der inneren Kammer meines Herzens waren, beide Verlangen. Dann wies mich der Heilige Geist an, einen Maßstab zu nehmen und das jeweilige Verlangen zu messen. Es gelang mir, das jeweilige Verlangen zu messen und es war eindeutig, dass das wahre Begehren stärker war und meine Enttäuschung verwandelte sich in Freude. Und genau darum ging es, nichts zu verleugnen und zu sehen, dass das wahre Begehren stärker ist, dass es nichts zu fürchten gibt und das wahre Begehren die Führung hat, ich mein Vertrauen in es setzen und ihm folgen kann.« (2007-05-17 Ac5–6 1:27:10, 2007-12-28 2Co11–Gal1a 0:37:30, 2009-07-03 Rev11 0:14:27)

Bei uns allen, die wir so weit voran sind im Aufnehmen dieser Gedanken, muss das wahre Begehren des Herzens stärker sein als der Trennungsgedanke des Ego. Im wahren Begehren vereinen sich der Wille des Heiligen Geistes mit demjenigen von Gottes Sohn, denn sie sind eins. Jeder andere Wille ist der falsche Wille der Illusion. Er mag zeitweilig in Form von Schuld oder Angst aufbegehren, aber das ist nur eine Illusion in einem illusionären Kampf. Mit der Hinwendung zum wahren Begehren werden die dunklen Seiten in den tiefen Nischen des Geistes aus ihrem Versteck hervorgelockt. Die Dunkelheit wird durch das Licht geheilt, das ich in mir trage. Tritt sie als Sorge oder Angst hervor, ist es hilfreich, den Geist ruhen zu lassen. Der Heilige Geist wird keine Probleme für mich lösen, denn das würde ihnen Wirklichkeit verleihen. Er tut absolut nichts in der Welt. Vielmehr gebe ich mich Ihm hin, erfahre inneren Frieden und lasse so den Glauben an Probleme in Ihm auflösen. In der Stille kann die zündende Idee zu einer Problemlösung kommen.

Wenn ich durch eine dunkle Phase gehe, bringt es nichts, durch Analysieren allen gelernten Materials einen Ausweg zu suchen, denn das ist die Lösungsstrategie des denkenden Geistes, der auf einer anderen Ebene das Problem verursacht hat. Ich kann das Gelernte vergessen und mein Vertrauen darauf setzen, dass sich die Dinge zum Besten aller wenden werden. Dies ist nicht ein Vertrauen in Konkretes, dass mein Wunsch oder meine Erwartung erfüllt wird, denn das wäre Anhaftung und würde die Lösungsmöglichkeiten einschränken. Ich setze mein Vertrauen in den Heilungsprozess und lasse mich durch mein wahres Begehren in den inneren Frieden führen.

»Alles, was du liest, ist über dich. Alles, was du erfährst, ist eine Widerspiegelung deines Geistes. Im Realisieren dessen liegt keine Angst. Es gibt nur Verwunderung. Und es ist die Gelegenheit zu realisieren, dass alles von deiner Wahl abhängt, weil du derjenige bist, der wählt.« (Rev 12v1–6.1–5) In Wirklichkeit ist niemand Opfer von

Umständen, wenn ich erst einmal verstanden und akzeptiert habe, dass alle Erfahrung, alle Gedanken und alle Gefühle von der eigenen Wahl abhängen, auf die Interpretation des Ego oder des Heiligen Geistes zu hören. Dann erscheinen Ängste erschreckender, Hassgefühle unappetitlicher, Schuldgefühle unerträglicher und obwohl dies alles schmerzhaft ist, ist es ein Segen. Es ist ein Segen, weil das geschärfte Bewusstsein und der Mangel an Freude die Bereitwilligkeit stärken, eine andere Wahl zu treffen.

Der Film »Revolver« stellt das Ego in genialer Weise dar und bezeichnet es als Feind, der sich als bester Freund ausgibt. Sein größter Schachzug war es, mich glauben zu machen, es sei ich. Gegen Ende des Films steht Jack Green vor der Wahl, den Aufzug oder die Treppe zu benutzen. Er hat panische Angst vor der Enge im Aufzug. Der Gedanke »dort, wo man nicht hingehen will, dort wird man ihn finden«, kommt ihm in den Sinn. Also entscheidet er sich für den Aufzug und der bleibt tatsächlich in der Mitte der Strecke stecken. Angst breitet sich aus und der beste Freund versucht durch Panikmache die Kontrolle zurückzugewinnen. Im hitzigen inneren Zwiegespräch gewinnt die Vernunft die Oberhand und Jack weist den besten Freund ruhig in die Schranken: »Du kontrollierst mich nicht, ich kontrolliere dich.« Damit ist die Angst verflogen, weil ihr der Glaube entzogen wurde und der Aufzug fährt weiter. (2009-08-28 Rev 12–13 0:34:00) Diese Filmszene zeigt anschaulich, dass die Macht der Entscheidung meine einzig verbliebene Freiheit als scheinbar Gefangener dieser Welt ist. Das ist die wirkliche Macht. Ich kann mich gegen die Interpretation des Ego entscheiden und derjenigen des Heiligen Geistes folgen. In diesem Sinne lautet das Mantra des Heiligen Geistes in jeder Situation: »Wähle noch einmal.« (Rev 12v13–17.4)

In unserer Erfahrung scheint die Welt wirklich und konkret zu sein. Sie ist jedoch nur ein Gedanke in unserem einen Geist. Dies haben wir verleugnet, um die Erfahrung wirklich erscheinen zu lassen. Damit schien auch die Fähigkeit zu wählen verloren. Das ist aber bloß die Folge meiner Entscheidung. Jetzt muss ich lernen zu akzeptieren, dass mir alles durch eigene Wahl zufällt und ich der Macher aller Erfahrung bin. Die Freiheit der Wahl steht mir nach wie vor offen. Diese Fähigkeit muss ich zurückgewinnen und anwenden. In der Wahl für den Frieden kann ich alle Angst abwählen und die Vergangenheit ungeschehen machen. In dieser Wahl liegt die Erlösung.

Das Tier aus dem Meer mit den zehn Hörnern und sieben Köpfen und andere Gewaltdarstellungen aus der Bibel können als Symbol für Rom verstanden werden. Das römische Reich war eine gewaltige Militärdiktatur und hatte sich über Europa und den gesamten Mittelmeerraum ausgebreitet. Viele kulturelle Errungenschaften wurden niedergewalzt, ganze Bevölkerungsgruppen ausgelöscht und der Weg ins dunkle europäische Mittelalter bereitet. In diesem Umfeld hatte Johannes seine Vision und in ihr widerspiegelt sich diese kollektive Umbruch- und Untergangssituation. Metaphysisch interpretiert entspricht das Tier dem Ego. Durch das Erscheinen von Jesus als Höhepunkt der kulturellen Entwicklung schien dem Ego die Kontrolle zu entgleiten. Mit einem groß angelegten Vernichtungsfeldzug versuchte das Ego die Kontrolle wieder zurückzugewinnen.

In der Interpretation des Heiligen Geistes entspricht das Tier meinem Urteil gegen mein wahres Selbst, gegen die Wirklichkeit. Das Anbeten des Tieres bedeutet, auf das Urteil zu hören. Jedes Urteil, das ich fälle, ist nur eine Wiederbelebung des ersten Urteils und die Ursache für den Glauben an Angst und Schuld. Die Menschen beten die Wahrnehmung von Angst und Schuld an, welche Selbstverurteilung ist, weil viele Verhaltensweisen aus einem subtilen Schuldgefühl heraus erstehen, beispielsweise wenn wir uns entschuldigen, verteidigen, rechtfertigen, etwas persönlich nehmen oder jemanden berichtigen. Als Übung kann es hilfreich sein, wenn ich beobachte, wie oft ich dies tue und mir jeweils das Schuldgefühl oder Urteil dahinter bewusst mache und es loslasse. Selbstverständlich werde ich mich weiterhin entschuldigen, wenn es der Gepflogenheit entspricht, aber ohne den Glauben an eine Schuld. Wenn ich beobachte, wie sich jemand anderes rechtfertigt oder entschuldigt, bin ich gut beraten, darüber hinwegzusehen, denn wenn ich jemanden zurechtwiese, würde ich dem Urteil Wirklichkeit verleihen. In diesem Sinne muss ich bereit sein, alle Urteile aufzudecken und loszulassen, um mein Selbst als die vollkommene Freiheit, die ich bin, wiederzuerkennen. Diesem Zweck dient das Lesen der Verse 5 bis 10 aus Kapitel 13:

»Und es wurde ihm ein Maul gegeben, das machte grosse Worte und hielt Lästerreden; und es wurde ihm Macht gegeben, dies zweiundvierzig Monate lang zu tun. Und es tat sein Maul auf zu Lästerreden gegen Gott, zu lästern seinen Namen und seine Wohnung und alle, die im Himmel wohnen. Und es wurde ihm gegeben, Krieg zu führen gegen die Heiligen und sie zu besiegen; und es wurde ihm Macht gegeben über jeden Stamm und jedes Volk, über jede Sprache und jede Nation. Und anbeten werden es alle, die die Erde bewohnen, jeder, dessen Name nicht seit Anbeginn der Welt aufgeschrieben ist im Lebensbuch des Lammes, das geschlachtet ist. Wer Ohren hat, merke auf: Wer in Gefangenschaft gerät, zieht fort in die Gefangenschaft. Wer durch das Schwert fallen muss, wird durch das Schwert fallen. Hier ist von den Heiligen Standhaftigkeit und Glaube gefordert!« (NT Off. 13,5–10)

»Das andere Tier, das aus der Erde heraufsteigt, ist Schuld.« (Rev 13v11,12.1) Schuld ist die Folge der Selbstverurteilung und kann somit nicht wirklich sein. Aber wir scheinen in einem Kreislauf von Urteil und Schuld festzustecken. Die unbewusste Folge ist Selbsthass und das Verlangen, die Schuld loszuwerden. Das Gefühl der Schuld unterstützt das Urteilen. Kritisiere ich andere oder lästere über sie, dann ist das Urteil dahinter und der Versuch, die Schuld abzuschieben, offensichtlich, wenn ich es mir bewusst mache. Je mehr Selbsthass ich loslasse, umso mehr beginne ich, alle Menschen zu lieben. Schuld ist keine Tatsache, sondern ein Glaube. Das Lesen der Verse 13 bis 18 aus Kapitel 13 bezweckt, den Glauben an die Schuld aufzudecken, um die Wahl zu treffen, diesen Glauben loszulassen:

»Und es tut grosse Zeichen, sogar Feuer lässt es vor den Augen der Menschen vom Himmel auf die Erde fallen; und es verführt die Bewohner der Erde kraft der Zeichen, die es auf Geheiss des Tieres vor dessen Augen tat. Und es befiehlt den Bewohnern der Erde, ein Bild zu machen für das Tier, das die Wunde des Schwertes hat und wieder lebendig geworden ist. Und es wurde ihm Macht gegeben, dem Bild des Tieres Leben einzuhauchen, ja das Bild des Tieres begann sogar zu sprechen und bewirkte, dass alle getötet wurden, die ihre Knie nicht beugten vor dem Bild des Tieres. Und es bringt alle, die Kleinen und die Grossen, die Reichen und die Armen, die Freien und die Sklaven, dazu, sich auf die rechte Hand oder auf die Stirn ein Zeichen machen zu lassen, so dass niemand mehr etwas kaufen oder verkaufen kann, es sei denn, er habe das Zeichen: den Namen des Tieres oder die Zahl seines Namens. Hier ist Weisheit gefordert! Wer Verstand hat, berechne die Zahl des Tieres, denn es ist die Zahl eines Menschen, und seine Zahl ist sechshundertsechsundsechzig.« (NT Off. 13,13–18)

Bei Vorlesen dieser Verse hatte Regina eine Eingebung zur Bedeutung der Symbolik: »›Es tut große Zeichen vor den Augen der Menschen‹ steht symbolisch für alles, was wir übereinstimmend als Unrecht bezeichnen würden, wie Kindsmissbrauch, Stehlen, Betrügen etc., was wir kollektiv als bösartig verurteilen würden. In der Folge haben wir Gesetze gemacht und religiöse und ethische Regeln aufgestellt. ›Das Bild für das Tier‹ entspricht dem Regelwerk, nach welchem zu leben als gut und gedeihlich erachtet wird, und wonach wir berechtigt zu sein scheinen, Urteile zu fällen. ›Es wurde ihm Macht gegeben ... ja das Bild des Tieres begann sogar zu sprechen‹ bezieht sich auf die Vertreter des Regelwerks wie Priester und Richter, alles Respektspersonen, und diese repräsentieren die Stimme der Rechtschaffenheit, der Macht des Urteils. ›... und bewirkte, dass alle getötet wurden, die ihre Knie nicht beugten vor dem Bild des Tieres‹ bezeichnet das Durchsetzen der Regeln und Gesetze, denn wenn wir sie brechen, müssen wir mit Sanktionen rechnen. Das ›Zeichen‹, das alle tragen mussten, steht symbolisch für unsere Zustimmung zum Regelwerk und den Gesetzen, zur Einsicht, dass wir ohne Urteil nicht leben können, ohne Urteil Chaos ausbrechen würde und unseren Glauben ans Urteilen. Denn sogar Personen, die außerhalb des Gesetzes stehen, berufen sich bei ihrer Verteidigung auf das Gesetz.« (2009-09-04 Rev 13–14 0:22:20)

Weiter berichtet Regina: »Als ich die Zahl 666 las, während ich NTI schrieb, hatte ich die überraschende Einsicht in die Bedeutung dieser Zahl. Es ist die Zahl des Menschen oder des falschen Selbst. Das falsche Selbst, das Ego, ist die auf den Kopf gestellte Wahrheit. Die Lösung für das massive Problem, das wir uns geschaffen haben, das Anbeten des Urteils, das die Illusion am Leben erhält, liegt im Umdrehen der Zahl. Durch das Denken wie ein Mensch behalten wir die Zahl 666 und die Trennung bei. Wenn wir die Zahl auf den Kopf stellen, ergibt sich 999. 999 ist die Antwort. Sie ist repräsentativ für das Göttliche in uns. Das Göttliche in uns beginnt als Bereitwilligkeit und lässt es zu wahrem Begehren anwachsen. Die Stimme des wahren Begehrens ist der Heilige Geist in uns. Mit ihr beginnt das Auflösen des Geflechts der Urteile. Die Wurzel allen wahrgenommenen Übels ist das Urteil, denn aus dem Urteil entstammt alle Schuld, aus der Schuld mehr Urteil, alle Angst und alles, was uns Schrecken einjagt. Das menschliche Denken aufgeben, sich dem inneren göttlichen

Selbst zuwenden und sich von Ihm führen lassen, ist die Lösung, die Zahl 999.« (2009-09-04 Rev13–14 0:32:30)

»Es ist dein wahres Begehren, das dich nach HAUSE führen wird, wie es auch wahres Begehren ist, das dich an diesen Punkt in deiner Bereitwilligkeit, deinem Verständnis und deiner Akzeptanz geführt hat.« (Rev 14v1–5.1) Das wahre Begehren, die Zahl 999, gepaart mit den 144.000 gelernten Lektionen wirken wie ein Schutzschild gegen jeden wahrgenommenen Angriff. Spüre ich wegen jemandem einen Ärger, dann kann ich sehen, dass dieser wahrgenommene Angriff lediglich ein Selbsturteil und der Versuch ist, Schuld abzuschieben. Und ich verstehe, dass nichts davon wirklich ist und ich nicht zu reagieren brauche.

Das Neue Testament ist gemäß der Interpretation des Heiligen Geistes nicht die Grundlage für ein Glaubensbekenntnis, sondern ein kulturhistorisches Dokument, das Material aus unserem kollektiven Unbewussten widerspiegelt. Die in der Offenbarung geschilderten Horrorgeschichten sind das, was wir als Menschheit erleben, die wir das Urteilen anbeten und für wirklich halten. Solange wir dem Urteilen huldigen, tragen wir symbolisch das Kennzeichen des Tieres auf uns und ernten als Folge Schuld und Selbsthass, symbolisiert durch den Zornwein Gottes. Durch das Urteil hat sich im Unbewussten Schuld angehäuft, die wir kollektiv nach außen auf ein rachsüchtiges Gottesbild projizieren. Doch die Stunde von Gottes Gericht ist immer jetzt, wenn ich mich von allem Falschen abwende und sich das eigene göttliche Selbst aus dem Inneren erhebt. Es ist die Zeit der Ernte, wenn der Weizen von der Spreu getrennt wird, das Wahre vom Falschen. Im Abwenden vom Urteil sterbe ich den Tod des Richters, wandle auf dem Weg des ewigen Lebens und der Geist spiegelt nur noch die Wahrheit.

Mit dem Niederlegen des Urteils bin ich bereit, die Dunkelheit in den verbleibenden tiefen Nischen des Geistes aufzudecken. Die gesamte unbewusste Schuld muss ans Licht gebracht werden. Macht sich Angst breit, dann ist dem Richter erlaubt worden, sich zu erheben. Dies ist aber bloß die Wiederauferstehung des Selbsturteils und es gebietet sich innezuhalten, den Geist ruhen zu lassen und wie eine leere Schale zu werden. Das Ego wird nicht locker lassen und sich aus den Tiefen des Geistes durch Widerstand bemerkbar machen.

Mit jedem Aufbäumen ringt das Ego um sein Überleben. Es ist wie ein Sturm im Wasserglas, der vergehen wird, wenn ich ruhe und mich dem wahren Begehren des Herzens hingebe.

Beim Schreiben von Kapitel 15 hatte Regina eine Vision: »Gemäß Bibel werden sieben Engel den Zorn Gottes aus Schalen vergießen und die sieben letzten gewaltigen Plagen werden über die Erde kommen. Alle werden elendiglich zu leiden haben. Der Heilige Geist interpretiert diese Geschichte neu. Wir haben hier zwei Bilder, zuerst die sieben weiß gekleideten Engel, umgürtet mit goldenen Schleifen, und dann das Bild der sieben Schalen. Diese zwei Bilder stellen die Idee des gespaltenen Geistes dar. Die sieben Engel repräsentieren Vollkommenheit, Unschuld und Heiligkeit. Und wenn wir zur Idee mit den sieben Schalen gefüllt mit Gottes Rache kommen, wechselt unsere Aufmerksamkeit sofort zu den Schalen und all den entsetzlichen Dingen, die geschehen werden, wenn sie ausgegossen werden. Durch NTI lernen wir, unsere Augen auf die Engel auszurichten. Weshalb nur lassen wir uns durch die Schalen ablenken?

Die Engel repräsentieren unsere Wahrheit. Sie sind ruhig und friedlich. Das weiße Kleid repräsentiert unsere Vollkommenheit und Unschuld, die goldene Schleife unsere Heiligkeit. Lass uns unsere Augen an den Engeln angeheftet halten und an dem, was sie darstellen. Zu den Schalen sagt uns der Heilige Geist, dass sie leer sind. Mit dem Blick auf die Engel gerichtet, ist nichts in den Schalen. In meiner Vision sah ich aus Holz geschnitzte Schalen und sie waren in der Tat leer. Die Engel wussten, dass die Schalen leer waren, als sie ihnen gereicht wurden, weil sie in Frieden blieben. Sie wussten, dass es so etwas wie Gottes Rache nicht gibt.« (2009-09-11 Rev15–16 0:19:45) Die Zornschalen Gottes sind leer, bedeutet, es gibt keine Dunkelheit in den Tiefen des Geistes, keine unbewusste Schuld. Alles ist Einbildung. Somit führt alle Vergebung dazu, wie eine leere Schale zu werden.

»Es ist Zeit, still zu sein und den Geist ruhen zu lassen. In der Stille ist ein Rascheln, aber was du hörst und empfindest, ist das Rascheln von Illusionen.« (Rev 16v1–6.1,2) Regina erinnert sich wiederum an die Erfahrung beim Schreiben dieses Teils: »Der Heilige Geist bat mich offensichtlich, den Geist ruhen zu lassen. Als ich aber versuchte, den Geist ruhen zu lassen, schien ich zwei Dinge zu erfahren. Ich erfuhr eine Stille, die Stille des Herzens und es fühlte sich an, als ob meine Aufmerksamkeit tatsächlich dort war. Zur gleichen Zeit konnte ich im Hintergrund meinen Geist sich im Gange befindlich hören, als ob jemand den TV eingeschaltet gelassen hätte. Obwohl meine Aufmerksamkeit nicht im Geist war, sondern im Herz und ich Stille empfand, war ich mir dem Rascheln im Geist bewusst. Was dann ziemlich schnell zu geschehen begann, war, dass ich mit meiner Aufmerksamkeit und mit einem Urteil in den Geist ging. Es war das Urteil, dass ich es nicht richtig machte, weil ich nichts hören und mein Geist vollkommen ruhig sein sollte. Diese Gedanken zogen mich aus der Stille, mit der ich in Berührung gestanden hatte.

Der Heilige Geist sagte aber, dass in der Stille ein Rascheln ist. Er hatte mit mir anerkannt, dass im Geist ein Geplapper ist, was ich aber höre und empfinde, ist das Rascheln von Illusionen. Es ist bedeutungslos. Ich gab ihm aber Bedeutung, weil ich meinte, dass es nicht dort sein sollte. Mit dem Gedanken, dass es nicht dort sein sollte, ließ sich meine Aufmerksamkeit wieder dort hineinziehen und ich war wieder im Ego. Der Heilige Geist unterstütze mich also in der Stille zu bleiben, indem Er mir zeigte, dass ich dem Geraschel einfach erlauben muss, da zu sein, weil es bedeutungslos ist, ohne Urteil, weil Er Illusionen nicht beurteilt.« (2009-09-11 Rev15–16 0:24:56)

Das, was in der leeren Schale zu sein scheint, die Rache Gottes, ist nichts weiter als meine Urteile und darunter verborgen mein allererstes Urteil über mich selbst, gegen Gott gesündigt zu haben. Mit dem Ruhen des Geistes steigen alle Urteile in unterschiedlicher Form aus der Schale empor, als Hass, Schamgefühl, Angst, etc., um sie gemeinsam mit dem Heiligen Geist zu betrachten und als bedeutungslos aus der Schale entweichen zu lassen. So werden Illusionen als nichts gesehen und ohne Bewertung losgelassen. In ungestörter Stille werden der wahre Frieden und die Liebe Gottes erkannt.

> *»Nichts geschieht im Geist, wenn irgendetwas*
> *außer LIEBE wahrgenommen wird.*
> *Sei gewillt, nichts loszulassen,*
> *im Vertrauen in die Stille,*
> *welche nicht nichts ist.« (Rev 16v17–21.1,2)*

Die Illusion mit ihren eindrucksvollen Bildern der Welt und des Universums ist die große Täuschung, die von ihrer Ursache abzulenken versucht. Dahinter steckt der Glaube ans Ego, an die Trennung. Sie war einmal ein Gedanke, eine unmögliche Idee, die nie wahr werden, sondern nur als Glaube bestehen konnte. Der Glaube an die individuelle Trennung, dass es ein »Ich« und die »anderen« gibt, dass ich getrennt bin von dem, was ich erfahre, schließt alles außerhalb von mir mit ein. Dieser Glaube muss ans Licht gebracht werden, um ihn vergehen zu lassen. Kehrt das Ego zurück, sollte ich nicht außer mir geraten, denn wenn ich so auf es reagiere, mache ich es wirklich. Wenn es sich bemerkbar macht, wäre es hilfreicher zu frohlocken, ihm teilnahmslos zuzuschauen und im Nichts vergehen zu lassen. So wird die gegenwärtige Ego-Erfahrung als falsch abgetan.

Der Traum mit seinen Illusionen stammt aus der Frage: »Was wäre, wenn alles anders wäre, als es ist?« Als Antwort auf die Frage wurden das Bewusstsein und das Denken gemacht. NTI ist ein Kurs im Verstehen. Verstehen kommt von innen, nicht vom denkenden Geist. Das Denken wurde gemacht, um das Verstehen auszuschließen. Das denkende Bewusstsein liegt wie ein Schleier über der Erkenntnis der Wahrheit. Nur so war es möglich, Illusionen wie wirklich erlebbar zu machen und den Glauben an das Unmögliche zu ermöglichen. Durch das Denken kann ich aber lernen, wie wenig ich verstehe, um es loszulassen, damit sich die Weisheit aus dem Inneren ausbreiten kann. Was vom Heiligen Geist kommt, widerspiegelt die Erkenntnis und braucht nicht hinterfragt oder angezweifelt zu werden. In vielem mag es dem Denken der Welt widersprechen, weil das menschliche Denken die auf den Kopf gestellte Wahrheit ist. Von sich aus wird der denkende Geist nicht aufhören zu denken. Es braucht das aktive Bemühen wahren Begehrens, im Frieden zu ruhen, um den wahren Willen zu erfahren.

Es liegt in der Natur der Sache, dass sich Illusionen durch Unterschiede auszeichnen. Ohne Unterschiede ist keine Trennung und nur Einssein. Wenn wir lernen, dass die Welt nicht wirklich ist, sondern reine Illusion, kann es vorkommen, dass wir in Gleichgültigkeit verfallen, wenn wir stark mit dem Ego verhaftet sind. Das ist eine ungesunde Art der Abwendung von der Erfahrung der Welt und kann zu unüberlegtem und rücksichtslosem Verhalten führen. Selbstverständlich lehrt uns der Heilige Geist, gegenüber traurigen Menschen Mitgefühl zu zeigen, aber gleichzeitig in Frieden zu sein und sich im Geist in Liebe zu verbinden. Er lehrt uns, Verantwortung für die eigenen Gedanken zu übernehmen und den Dramen der Welt keinen Glauben mehr zu schenken.

»Wie sollst du die Illusion jetzt sehen? Mit Augen wahrer Schönheit und der Dankbarkeit des HERZENS. Wie sollst du mit der Illusion umgehen, wenn dir plötzlich klar wird, dass sie nicht wirklich ist? Du sollst ihr das geben, was sie ist und das ist die vom HIMMEL kommende Liebe.« (Rev 18v4–8.1–4) Die Illusion wird verschwinden und in ein Symbol wahrer Schönheit transformiert, sobald in diesem Wechsel kein Verlust gesehen wird. Leiden wird ersetzt durch Freude und Lachen. Hinter aller Form wird das eine gesehen und Einssein widerspiegelt sich im eigenen Geist. »GOTTES Urteil ist wahr, weil GOTTES Urteil nicht urteilend ist. GOTT ist SICH nur GOTT gewahr, sodass Illusion im GEIST GOTTES nicht existiert.« (Rev 19v1,2.1,2)

Alles, was die Augen des Körpers sehen, ist gänzlich neutral. Mir obliegt die Wahl, ob ich es mit dem denkenden Geist wahrnehmen will, der nur Illusionen als wirklich sehen kann, weil er unter falschen Voraussetzungen interpretiert und urteilt, oder durch den Heiligen Geist. Der denkende Geist liegt wie ein Schleier aus Illusionen über der Widerspiegelung der Wahrheit. Wenn er ausgeschaltet ist, werden Illusionen nicht mehr gesehen. »Sei dankbar für dein SELBST, WELCHES jenseits des denkenden Geistes ist. Sei dankbar für Ermahnungen zu ruhen. Beobachte den denkenden Geist. Betrachte wie er funktioniert. Durch Beobachten wirst du lernen, dass du für ihn keinen Bedarf mehr hast.« (Rev 19v4,5.5–9)

Regina erzählt: »Der Heilige Geist weiß, dass wir am denkenden Geist anhaften. Und tatsächlich war ein Teil der Komödie beim Schreiben von NTI, dass der Heilige Geist sehr früh schon bei NTI Matthäus davon spricht, das Denken loszulassen. Einer inneren Stimme zuhörend schrieb ich dieses gesamte Buch, zuerst in ein Notizheft und dann tippte ich alles in den Computer ein und stellte erst am Ende bei NTI Offenbarung fest, dass mich der Heilige Geist bat, das Denken loszulassen. Im ganzen Buch geht es um diesen Punkt und ich sah es nicht. Dies zeigt deutlich, wie leicht wir es übersehen können, wenn wir mit dem denkenden Geist verhaftet sind. Der Heilige

Geist anerkennt, wie stark wir mit dem Denken verhaftet sind und deshalb braucht es Überzeugung, um zu beginnen, diese Gedanken loszulassen. Am überzeugendsten ist es, wenn wir damit beginnen, auf unsere Gedanken achtzugeben. Ich habe ein großartiges Buch gelesen, *Die unbändige Seele* von Michael A. Singer und er beschreibt, dass wenn wir unseren denkenden Geist im Körper einer anderen Person neben uns auf dem Sofa sitzend hätten und uns diese Person all die Dinge sagen würde, die uns der denkende Geist dauernd sagt, würden wir diese Person nach spätestes dreißig Minuten aus dem Haus geschmissen haben. Und genau dies ist, was uns der Heilige Geist wahrhaben möchte: Beobachte den denkenden Geist. Durch Beobachten wirst du lernen, dass du ihn nicht mehr brauchst.« (2009-10-23 Rev19 0:20:50)

Das wahre Begehren, sich selbst zu erkennen, muss die Führung im Auflösen des denkenden Geistes innehaben. Der denkende Geist wird versuchen, sich als wahres Begehren zu tarnen und durch Ablenkungsmanöver vom einen Ziel abzulenken. Durch seine Verzögerungstaktik mag ich glauben, dem wahren Begehren zu folgen. Er mag sich als spirituelles Ego verkleiden, in der spirituellen Gemeinschaft durch bedeutsame Rollen Selbstbefriedigung anstreben und stolz auf seine Errungenschaften sein. Doch wahres Begehren kennt weder Stolz noch Befriedigung eines individuellen Selbst, sondern führt zu wahrer Wahrnehmung im Einssein, in dem Unterschiede der Form bedeutungslos sind.

Das spirituelle Ego kann sogar vorgaukeln, dass ich erleuchtet sei. In diesem Fall ist es heilsam, etwas Zeit mit den Eltern zu verbringen oder, wenn das nicht möglich ist, kann ich mich in Gedanken in die Zeit mit den Eltern zurückversetzen und es werden mir Situationen in den Sinn kommen, in welchen ich nicht besonders pflegeleicht war. Die Beziehung zu den Eltern ist bei vielen Menschen die längste im Leben und sich mit ihr auseinanderzusetzen, wird das spirituelle Ego entlarven. Der denkende Geist kann auch durch Belebung eines Minderwertigkeitsgefühls dazu anleiten, sogenannte erleuchtete Vorbilder aufzusuchen und ihre Unterweisungen mit der Lehre des Heiligen Geistes zu vermischen, um den Zweck zu verwischen. Die einzige Lösung, den Versuchungen des denkenden Geistes zu widerstehen, ist, sich immer im Jetzt auf das wahre Begehren zu besinnen und das Geraschel der Gedanken in der Stille vergehen zu lassen.

*»Du musst gewillt sein, den denkenden Geist bei jeder dir
gegebenen Gelegenheit ruhen zu lassen.«*

»Lerne deine Gelegenheiten kennen, den denkenden Geist ruhen zu
lassen. Wenn du dich angeleitet fühlst zu beten, ruhe und lass ein Gebet aus dem HERZEN aufsteigen. Wenn du eine Antwort auf eine Frage im Geist suchst, ruhe und lass die Antwort ihren Weg in dein Bewusstsein finden. Wenn du dich müde und unsicher fühlst, was du
tun sollst, ruhe und lass ein Gefühl sich einstellen, was du tun sollst.
Wenn du dich geneigt fühlst zu sprechen und nicht weißt, was sagen,
ruhe und lass dir eingegeben werden, was zu sagen ist. Und wenn du
dich aufgeregt oder betrübt oder besorgt fühlst, ruhe und lass Illusionen schwinden.« (Rev 20v1–3.2–8)
  Wenn ein fortgeschrittenes Stadium auf dem spirituellen Weg erreicht ist, wird das Bewusstsein des denkenden Geistes nur noch zeitweilig wie ein dünner Schleier die geistige Schau behindern. Schimmert sie durch, beruht sie auf der Vergegenwärtigung der wahren
Wahrnehmung. Damit anerkenne ich, dass alles der eine Geist ist.
Alles steht miteinander in Wechselwirkung im einen Zweck, aus dem
Traum zu erwachen. Alles als eins zu sehen, löscht die Idee der
Angst komplett aus, weil neben dem einen buchstäblich nichts anderes ist, das es zu fürchten gibt. Diese Schau taucht den Geist in den
absoluten Frieden. Und friedliche Träume werden in Frieden enden
und im Frieden wartet die Erinnerung an das, was ich immer bin.
  »Es gibt christliche Interpretationen, die besagen, dass wir irgendwann nach dem körperlichen Tod wiederauferstehen, zur Bewährung
in einer neuen Welt leben und wenn wir den abschließenden Versuchungen Satans nicht widerstehen, dass wir ein zweites Mal endgültig sterben werden.« (2009-10-30 Rev20–21 0:35:29) Der Heilige
Geist deutet den zweiten Tod aus der Offenbarung als Abschluss der
spirituellen Reise, als Tod des Verlangens nach Träumen. Der erste
Tod ist der Tod der Idee des Urteils, was bereits auf der zweiten Stufe das angestrebte Ziel ist. Auf der dritten Stufe wird die Idee des
Träumens endgültig abgelegt und durch die wahre Wahrnehmung
des Heiligen Geistes ersetzt.

»Dann sah ich einen neuen Himmel und eine neue Erde, denn der
alte Himmel und die alte Erde waren vergangen und es gab keine

Teilung mehr. Und ich sah die heilige Stadt Jerusalem in meinem Geist. Durch diese Kenntnis und dieses Sehen sah ich alles, was ich zuvor nicht sehen konnte. Ich sah, dass ich in GOTT bin und GOTT in mir ist und dass die Trennung der beiden unmöglich ist. Ich sah, dass GOTT in meinen Brüdern ist und meine Brüder in mir sind und dass Trennung und Teilung unmöglich sind. Alles, was ich zuvor gesehen hatte, das mir Schmerz und Leiden und Einsamkeit verursachte, war für immer ausgewischt. Vor mir sah ich einzig den Ausdruck vollkommener Freiheit und ich wusste, dass, was ich sah, LIEBE war.« (Rev 21v1–4)

Regina erzählt: »Als ich diesen Abschnitt empfing, konnte ich die Herrlichkeit dieser Vision und was ich als ihre Pracht bezeichnen würde, fühlen. Was ich aber auch sah, war, wovon wir als wahrer Wahrnehmung sprechen. Mit wahrer Wahrnehmung gibt es immer noch eine Welt. Wir scheinen immer noch durch die Augen eines Körpers zu sehen. Was ich sah, als ich diesen Abschnitt erhielt, war, dass sich in der Welt nichts verändert hatte. Es ist interessant, weil dieser Abschnitt sagt, dass ›Alles, was ich zuvor gesehen hatte, das mir Schmerz und Leiden und Einsamkeit verursachte, für immer ausgewischt war.‹ Die Zeugen Jehovas interpretieren die Bibel an dieser Stelle als eine Welt ohne Krieg, eine Welt ohne Krankheit, eine Welt ohne Tod. Diese Dinge sind für immer vergangen und wir können endlich glücklich sein, weil Gott sie für immer entfernt hat. Aber als ich diesen Abschnitt schrieb, war es nicht das, was ich sah.

Was ich sah, war, dass mein Verständnis dieser Dinge anders war. Was ich sah, war nicht, dass sich die Form der Welt verändert hatte. Die Art und Weise wie ich sah, war verändert. Es ist extrem schwierig in Worte zu fassen, wie du Krieg, Krankheit und all die Dinge in der Welt sehen kannst und nicht mehr daran leidest. Der Grund für unser Leiden liegt in unserem Glauben. Wenn unser Glaube durch Wissen ersetzt ist, betrachten wir alle Dinge anders. Das ist, wenn wir die Gegenwart des Friedens in der Welt werden und dadurch werden wir tatsächlich größtmöglich hilfreich sein. Obwohl wir Mitgefühl für alle, die an die Welt glauben, empfinden, wird unser Glaube vergangen sein und wir sehen den Geist, die Essenz, die Wahrheit hinter allen Dingen. Wir sind jetzt vollkommen und was wir sehen, ist auf die Leinwand der Welt gemalt, aber dies ist überhaupt nicht unsere Wirklichkeit.« (2009-10-30 Rev20–21 0:52:50)

Es scheint drei verschiedene Arten des Erwachens zu geben. Da ist das Einswerden mit dem einen Geist jenseits von Raum und Zeit, der die gesamte Illusion projiziert, das Einssein mit dem Nichts, das wie alles erscheint. Dieses Erwachen wird Buddha zugeschrieben und ist die Aufhebung der Teilung in unzählige Fragmente, aber noch nicht die Aufhebung der Trennung von Gott, weil diese ins Unbewusste verdrängt ist. Dann gibt es das wie oben beschriebene Erwachen, die Auflösung der Trennung von Gott, der ersten Ursache, die meine Identität ist, zugleich mit der Auflösung der Teilung, die meine Brüder von mir zu trennen scheint.

Was oben beschrieben ist, ist die Erfahrung der Transzendenz oder der wahren Wahrnehmung. Diese Art des Erwachens ist das Ziel der Lehre des Heiligen Geistes, wie sie in NTI und *Ein Kurs in Wundern* dargelegt ist. Die abschließende Art des Erwachens ist das, was Regina in ihrer Vision als Jesus am Kreuz erfahren hatte. Es ist das endgültige Ablegen des Körpers und der Übergang des Geistes von der wahren Wahrnehmung in die Erkenntnis Gottes. In diesem Sinne wird Jesus nicht als Körper wiederkehren, weil er uns nie verlassen hat, da er eins mit dem reinen Geist ist, der wir sind. Seine Lehre jedoch, die diejenige des Heiligen Geistes ist, ist in Form zweier Bücher zum Selbststudium zu uns wiedergekommen.

Werden nur 144.000 Auserwählte dieses Ziel erreichen? Die hier beschriebene Verheißung gilt für alles Leben. Es ist garantiert, dass niemand zurückgelassen wird, weil alle Lebewesen als eins erwachen werden, und das bin ich, der ich im Vertrauen dem Heiligen Geist folge, Seine Weisheit aufnehme und mich heilen lasse. Sein Wissen ist jetzt in mir. Ich brauche nur alles, was nicht dieses Wissen ist, loszulassen, ohne mich an irgendetwas Vertrautem festzuhalten, das sich scheinbar sicher anfühlt und das Vertraute wird schwinden, um die Weisheit in den Geist leuchten zu lassen. »Alles, was ist, alles, was jemals war und alles, was kommen wird, ist DU. Du bist das LICHT und das Gefäß, durch welches das LICHT leuchtet. Du bist die Spiegelung, welche aus deinem LICHT gemacht ist. Du bist alles, was ist und in nichts getrennt von ihm. Denn es gibt nur einen, und weil du *bist*, bist du der EINE.« (Rev 21v22–27.1–5)

»Der Baum des Lebens steht symbolisch für die Ewigkeit, die ist. Niemand muss vom Baum des Lebens essen oder in dessen Schatten sitzen, um ewiges Leben zu erlangen. Ewiges Leben ist bereits und ist immer gewesen, weil dies die Wahrheit des LEBENS ist.« (Rev 22v1,2.4–6) Nach traditioneller christlicher Vorstellung müssen wir uns durch gute Taten oder besondere Rituale das Himmelreich verdienen. Wie viele davon braucht es? Genau hier liegt der größte Schwachpunkt der traditionellen Lehre, denn sie kann keine absolute Sicherheit bieten. Der Heilige Geist hingegen teilt uns mit, dass wir ewiges Leben nicht verdienen müssen. Wir müssen nicht vom Baum des Lebens essen oder in dessen Schatten sitzen, weil wir ewiges Leben haben und sind. Die Wahrheit ist in uns und immer in uns gewesen. Was uns von ihr abhält, sind die Illusionen, an denen wir festhalten. Wenn wir alles, wirklich alles, loslassen, wird die Wahrheit übrig bleiben, weil einzig sie unvergänglich ist. »Der Baum des Lebens stirbt nie und ändert sich nie, obwohl seine Blätter im Winde tanzen. Dies ist das Symbol der Schöpfung und Schöpfung ist, was du bist.« (Rev 22v1,2.7,8)

Der Heilige Geist ist die Antwort auf die Frage: »Was wäre, wenn alles anders wäre, als es ist?« Sie lautet: »Nichts hat sich verändert. Alles ist, wie es ist.« Und Erlösung liegt hierin: »Versuche nicht zu verändern, was du siehst, denn dies zu verlangen bedeutet, dass *du* anders bist. Akzeptiere alles, was du siehst, in Herrlichkeit und Frohlocken, denn das, was du siehst, ist das Zeichen des HIMMELS.« (Rev 22v10,11.1,2) Ist Veränderung in der Welt also nicht mehr möglich? Mitnichten! Aber Veränderung sollte nicht aus einer Bedürftigkeit angestrebt werden. Die Bereitwilligkeit, die Dinge sein zu lassen, wie sie sind, muss vollständig werden und die Dinge werden sich aus sich heraus ändern. Wir mögen selbst Teil der Veränderung sein und manchmal erfordert es die Situation, dass wir handeln. Im besten Fall lasse ich mich durch Inspiration anleiten. Dies wird nicht immer gelingen und ich werde ins Ego zurückfallen. Kein Problem. Ich kann immer wieder die Wahl treffen, klar zu sehen. Ich kann lernen, nochmals zu wählen, um die Dinge anders zu sehen.

Als Regina das Ende der Offenbarung in der Bibel las, überkam sie große Angst: »Man könnte argumentieren, dass ich eben das Neue Testament umgeschrieben habe und würde damit nicht unrecht haben. Viele Leute, die NTI zusammen mit der Bibel lesen, legen die Bibel beiseite, weil sich ihre Aufmerksamkeit auf das neuere Buch richtet. Ihr Interesse fokussiert sich weg von der Bibel nur noch hin zu NTI. Als ich das Ende der Offenbarung mit der Drohung las, dass wenn jemand auch nur ein Wort davon ändern würde, ihn all die darin beschriebenen Plagen befallen würden und er ewiges Leben verlieren würde, wurde mir richtig mulmig zumute, denn ich hatte soeben eine komplett neue Interpretation geschrieben. Ich bekam Angst und fragte mich: ›Was habe ich nur getan?‹ Doch dann bat ich den Heiligen Geist um die Interpretation. Dies ist, was Er mir sagte: ›Leg alle Angst beiseite und hör einzig der STIMME DER LIEBE zu. Anerkenne deine wahre STIMME und folge IHR zur Anerkennung von DIR.‹ (Rev 22v18,19) Der Heilige Geist sagte also wörtlich, ignoriere diese Drohung aus der Bibel und alle Angst, welche diese Drohung in dir ausgelöst hat. Höre nur auf die Stimme, die du als dieses Buch aufgeschrieben hast. Vertraue ihr.

Für mich ist das ein vollständiges Aufheben von allem, was mir in meinem gesamten Leben beigebracht wurde. Ich wurde unterrichtet, dass die Bibel das Wort Gottes ist. Und nun sagt mir eine Stimme in meinem Geist buchstäblich, dass die Bibel nicht das Wort Gottes ist. Das Wort Gottes lebt in dir. Folge dieser Stimme zum Erwachen. Hier also habe ich die Wahl zu glauben, was ich immer glaubte oder dieser Stimme in mir zu vertrauen. Ich wählte der Stimme in mir zu vertrauen und bin dankbar, dass ich es tat. Es ist die Stimme meines wahren Selbst und alle anderen Stimmen sind bedeutungslos. Die wahre Stimme kann sich auch in einem Bruder, Lehrer oder Buch zeigen. Aber es ist die innere Stimme in mir, die mich dies erkennen lässt. Ich habe gelernt zwischen dem Ego und dem Heiligen Geist zu unterscheiden. Ich habe den Heiligen Geist gewählt. Und es ist wirklich meine Empfehlung, dass du dasselbe tust.« (2009-11-06 Rev22 0:52:53)

>»Wer zuhört, wird sicherlich hören.*
Wer kommt, wird wissen.
Alle werden kommen, denn niemand wird zurückgelassen.
Dies ist das WORT GOTTES.
Amen.« (Rev 22v20,21)